SEF

STIFTUNG ENTWICKLUNG UND FRIEDEN

Nachbarn in Einer Welt

Der Bericht der Kommission für Weltordnungspolitik

The Commission on Global Governance

EINE Welt

Texte der Stiftung Entwicklung und Frieden

Die Deutsche Bibliothek - CIP-Einheitsaufnahme

Nachbarn in Einer Welt: der Bericht der Kommission für
Weltordnungspolitik / [Hrsg.: Stiftung Entwicklung und Frieden.
Aus dem Engl. übers. von Jobst Ellerbrock. Red.: Andreas
Gettkant]. - Bonn: SEF, 1995
  (Eine Welt ; Bd. 14)
  Einheitssacht.: Our Global Neighbourhood < dt. >
  ISBN 3-927626-32-5
NE: Commission on Global Governance; Gettkant, Andreas [Red.]; GT;EST

Herausgeber:
Stiftung Entwicklung und Frieden
Bonn 1995

This translation of Our Global Neighbourhood originally published in English in
1995 is published by arrangement with Oxford University Press. -
Die Veröffentlichung dieser Übersetzung der Originalausgabe "Our Global
Neigbourhood" in Englisch von 1995 ist durch eine Vereinbarung mit Oxford
University Press ermöglicht worden.

©   The Commission on Global Governance 1995

Aus dem Englischen übersetzt von Jobst Ellerbrock

Redaktion: Andreas Gettkant
Satz und Layout: Dirk Baumann

Alle Rechte vorbehalten

Druckerei Plump, Rheinbreitbach

Vertrieb durch:
Stiftung Entwicklung und Frieden (SEF)
Gotenstraße 152, 53175 Bonn

ISBN 3-927626-32-5

Inhalt

KAPITEL SECHS
Die Stärkung der weltweiten Rechtsstaatlichkeit   335

Vorwort der deutschen Ausgabe

Seit nunmehr gut fünf Jahren sind die deutsche und die europäische Teilung überwunden. Die bipolare Ordnung Europas, entworfen in Jalta und Potsdam, verfestigt durch die Ost-West-Konfrontation des Kalten Krieges und das von Stalin errichtete und von seinen Nachfolgern weiterentwickelte Herrschaftssystem, gehört der Vergangenheit an. Sie war im Laufe der Zeit zu einer Art Weltordnung geworden: Der Herrschaft der beiden nuklearen Weltmächte und dem Versuch vieler Länder, sich der Zuordnung zu einem der beiden Lager durch Neutralität zu entziehen.

Die Welt von Jalta und Potsdam war eine geteilte Welt. Die politische, militärische und ideologische Konfrontation spaltete sie in Blöcke. Wer nicht für eine Seite war, war im Zweifel gegen sie. Noch 25 Jahre nach dem Ende des zweiten Weltkrieges schien es so, als sei diese neue Ordnung der Welt unveränderbar. Viele im Westen sahen in ihr - ungeachtet der Unterdrückung der Menschen und Völker im Osten - eine stabile Ordnung. Die Statik der Abschreckung erschien verläßlich und dauerhaft. Die ständig wachsenden Kosten ihres militärischen Fundaments wurden zwar gerügt. Im Grunde wurden sie jedoch weithin als unvermeidliche Kosten einer geopolitischen Struktur angesehen, die in der Lage schien, zumindest Weltkriege und einen erneuten europäischen Krieg zu verhindern und sonstige militärische Konflikte zu lokalisieren und damit zu domestizieren. Der Westen sprach letztlich mit Moskau, der Osten sprach in letzter Instanz mit Washington. Unter dieser Ebene entwickelte sich im Westen demokratische Vielfalt, im Osten herrschte bis in die letzten Untergliederungen das Prinzip des "demokratischen Zentralismus". Aber auch im freien Teil Europas waren die Möglichkeiten eigenständiger politischer Entwicklungen durch die Konfrontation, die damit verbundene Bedrohung und die Eigengesetzlichkeit der Strukturen begrenzt, derer sich der Westen bediente, um sich vor dem Osten zu schützen.

Auch die sogenannte Dritte Welt - deren Bezeichnung ein Reflex der geteilten Welt war, ehe man sie unter wirtschaftlichen und sozialen Gesichtspunkten in eine Dritte und eine Vierte Welt aufteilte - war in die bipolare Ordnung einbezogen. Entweder wurden ihre Staaten und Völker, nach ihrer Befreiung oder ihrer Entlassung aus der Kolonialherrschaft, dem einen oder anderen Lager zugeordnet. Oder sie fanden sich selbst in der Gruppe der neutralen Staaten zusammen. Auch damit definierten sie ihren Status wiederum durch die Strukturen der bipolaren Welt.

Unter dem Gesichtspunkt der "Global Governance", der Regierbarkeit unserer Einen Welt, des einen Planeten Erde, war die bipolare Ordnung der Nachkriegszeit eine überschaubare Ordnung. Ihre Elemente waren die Dominanz der beiden Weltmächte, das Gleichgewicht der Abschreckung, die innere Kohäsion der Lager der Ersten, der Zweiten und der Dritten Welt - des Westens, des Ostens und der Neutralen - und die Wiederholung dieser Struktur in der Ordnung der Vereinten Nationen, daneben die Gestaltung der Bündnisse und regionalen Organisationen, durch die die Lager sich definierten. Die Stabilität dieser Ordnung schien gesichert. Zumindest für die wichtigsten Beteiligten hatte sich auch ihre kriegsverhindernde Wirkung bewährt. Die große und für die weitere Entwicklung der geopolitischen Einstellung ihrer Bevölkerung wesentliche Ausnahme war die unmittelbare Verwicklung der USA im Vietnamkrieg. Sie stellte jedoch die Prinzipien der herrschenden Weltordnung der Bipolarität nicht in Frage.

Obwohl der Zusammenbruch der bipolaren Ordnung vor allem die Erste Welt unvorbereitet traf, war er doch nicht das Ergebnis einer politischen Veränderung, sondern einer langfristigen, wenn auch kaum erkennbaren Erosion. Diese nahm ihren Ausgang dort, wo auch die Wurzeln der ideologischen Spaltung zu finden waren: in Europa. Die Ostpolitik Willy Brandts, die auf der Tragfähigkeit des westlichen Bündnisses aufbauen konnte, relativierte sowohl die ideologische wie die politische Konfrontation in und über das geteilte Deutschland hinaus. Die Entwicklungsgrenzen, die jedem zentralplanwirtschaftlichen System gezogen sind, zwangen den Ostblock zu Lockerungen im ökonomischen Zentralismus. Gorbatschow sah sich gezwungen, sie durch Lockerungen des politischen Zentralismus zu ergänzen. Damit setzte er Kräfte frei, die in Ungarn, in Polen und in der CSSR, aber auch in der DDR schon früher an die politische Oberfläche gedrungen waren, aber wieder unterdrückt werden konnten.

Auch in der Dritten Welt vollzogen sich, häufig kaum beachtet, nachhaltige Veränderungen. Vielen der bevölkerungsreichsten Länder gelang es, den Analphabetismus nachhaltig abzubauen und eigene wissenschaftlich-technische und organisatorische Eliten heranzubilden. Unterstützt durch Wirtschaftshilfe, aber weit mehr noch aus eigener Kraft schufen sie so die Voraussetzungen für wirtschaftliche Entwicklungen und Teilhabe am Welthandel und an der weltweiten Arbeitsteilung, deren ganzes Potential sich erst entfalten konnte, nachdem die Beschränkungen der bipolaren Weltordnung entfallen waren.

Immer, wenn eine bestehende Ordnung zusammenbricht, weil die Entwicklung neuer Wirklichkeiten ihre Fundamente zerstört hat, ist zunächst Unordnung die Folge. Für den Zusammenbruch der bipolaren Weltordnung galt nichts anderes. Zwar konnten sie auch schon unter ihrer Herrschaft neue Ordnungsformen entwickeln, vor allem in Gestalt der europäischen Einigung im Westen Europas. Auch steht uns mit den Vereinten Nationen eine Weltorganisation zur Verfügung, mit deren Hilfe wir den Übergang zu einer neuen Weltordnung begleiten und gestalten können. Die Erwartung jedoch, die bipolare Ordnung der Welt werde mehr oder weniger nahtlos in eine neue Weltordnung der Vielfalt in der Einheit unserer Welt übergehen, hat sich als Illusion erwiesen. Nirgends zeigt sich dies deutlicher als im heutigen Zustand der ehemaligen "Zweiten Welt", des Ostblocks, und im geopolitischen Mikrokosmos des Balkans. Aus der Unordnung, die uns der Zusammenbruch der Ordnung von Jalta und Potsdam hinterlassen hat, muß erst noch eine neue Weltordnung entstehen. Ob und auf welche Weise dies gelingen kann, ist die wichtigste Frage unserer Zeit: Es ist die Überlebensfrage der heutigen Menschheit.

Der Bericht der "Commission on Global Governance" ist ein Versuch, sie zu beantworten. Schon deshalb ist er von großer Bedeutung. Mit der Analyse der neuen geopolitischen Sachverhalte wirbt er um Aufmerksamkeit für und Beschäftigung mit den revolutionären Veränderungen, die sich in den letzten Jahrzehnten auf unserer Erde vollzogen haben und den Folgen, die sich für jeden von uns daraus ergeben werden. Seine zentrale Botschaft lautet: Die Realität des einen Planeten ist zu einer politischen, wirtschaftlichen und sozialen Realität geworden. Nicht nur der Verkehr, das Telefon, Rundfunk, Fernsehen und Datenverarbeitung haben mit ihren weltweiten Netzwerken alle mit allen zu einer gelebten Einheit der Menschen verbunden. Mit ihren Netzwerken haben sie zugleich Interdependenzen der Schicksale der Menschen, Völker, Nationalitäten und Regionen von einer Dichte geschaffen, die alle bisherigen, in der bipolaren Welt, aber auch in der Menschheitsgeschichte gesammelten Erfahrungen mit dem Zusammenleben auf unserem Planeten in Frage stellen. Zu Recht sprechen wir deshalb vom bisher bedeutsamsten Einschnitt in der Entwicklungsgeschichte der Menschen und damit auch von ihrer größten Herausforderung.

Der Bericht der Kommission ist der Versuch, die Dimensionen dieser Herausforderung zu vermessen und Wege zu ihrer Bewältigung aufzuzeigen. Er ist, wie die Vorsitzenden der Kommission in ihrem gemeinsamen Vorwort feststellen, Teil des Versuches, das Leben auf unserem Planeten zu organisieren und ihm eine Ordnung zu geben, die es uns erlaubt, uns zu regieren. Die Zukunft der Menschheit wird vom Erfolg dieses Versuches abhängen.

Die Herausforderungen sind in der Tat gewaltig. Mehr als doppelt so viele Menschen leben heute auf der Erde wie vor fünfzig Jahren. Jährlich vermehrt sich die Weltbevölkerung um etwa die Wohnbevölkerung Deutschlands. Die schnelle Erhöhung der Lebenserwartung und Geburtenreichtum werden nach heutigen Erkenntnissen dazu führen, daß die Weltbevölkerung im Zeitraum eines weiteren Jahrhunderts auf zehn bis elf Milliarden Menschen anwächst.

Damit wächst auch die Inanspruchnahme der natürlichen Ressourcen unseres Planeten. Landwirtschaftliche Nutzflächen, Wasservorräte und Rohstoffe werden sich verknappen. Bisher nicht bekannte Verteilungsprobleme müssen gelöst werden. Mit der Vernetzung unserer Welt nehmen auch die Nebenfolgen unseres

Handelns für Menschen zu, die an unseren nationalen oder regionalen Entscheidungen nicht beteiligt sind. Die Komplexität unseres Lebens, und damit auch das Umfeld, in dem wir politisch handeln, wird sprunghaft anwachsen. Mit ihrem exponentiellen Zuwachs nehmen auch die Anforderungen zu, die an die Bewältigung dieser Komplexität gestellt werden müssen.

Unsere Fähigkeit zur Global Governance und damit unsere Bereitschaft Nachbarn in Einer Welt zu sein, wird entscheidend von unserer Fähigkeit abhängen, diesen Anforderungen zu genügen. Worum es dabei geht, hat der Bericht der Kommission in mehreren Kapiteln eindrucksvoll behandelt: um die Ziele und Wertvorstellungen, an denen wir uns orientieren, um die Gewährleistung der inneren und äußeren Sicherheit der Staaten und Regionen, um die Ordnung der Wirtschaft und der sozialen Systeme; vor allem jedoch um die Reform der Vereinten Nationen und ihrer Einrichtungen und um die Verwirklichung der Rechtsstaatlichkeit.

Entscheidend jedoch wird sein - auch dies erläutert der Bericht -, ob es uns gelingt, die Führungsleistungen zu mobilisieren, auf die wir auf allen Ebenen des politischen und gesellschaftlichen Geschehens angewiesen sein werden, wenn wir eine befriedete und gerechte Welt schaffen wollen. Im letzten US-Wahlkampf war auf einem Schild, das ein junger Mann vor sich trug, zu lesen: Lead or Leave! Die Führung, die die Menschen erwarten, ist nicht der Befehl des Diktators oder das populistische Versprechen des Demagogen. Sie erwarten Wissen und Können, Überzeugung, Wegweisung und den Mut zur Entscheidung unter Bedingungen der Freiheit. Vor allem erwarten sie Klarheit und Wahrheit. Führung in diesem Sinne ist ein knappes Gut. Wir müssen es vermehren, indem wir viele ermutigen, sich zu beteiligen. Der Bericht der Kommission ist eine solche Ermutigung. Hoffen wir, daß ihr viele folgen.

Dresden, den 15. Mai 1995

Kurt H. Biedenkopf

Vorwort der beiden Vorsitzenden

Und für diese Zwecke ...

Duldsamkeit zu üben
und als gute Nachbarn
in Frieden miteinander zu leben ...

— Charta der Vereinten Nationen

Die Charta der Vereinten Nationen wurde zu einer Zeit geschrieben, in der die Welt noch in die Wirren des Krieges verstrickt war. Angesichts des unsagbaren Leids waren die Führer der Welt entschlossen, es nie wieder zu einem solchen Desaster kommen zu lassen. Sie bekräftigten ihren Glauben an die Würde und den Wert des Menschen und richteten ihr Bemühen auf den Fortschritt aller Völker. Ihre Vision führte zum bislang bedeutendsten weltpolitischen Dokument.

Seit der Unterzeichnung der Charta in San Francisco ist ein halbes Jahrhundert vergangen. In dieser Zeit gab es zwar keinen Weltkrieg mehr, doch die Menschheit mußte mit ansehen, wie weiterhin in unbeschreiblichem Maße Gewalt, Leid und Ungerechtigkeit herrscht. Nach wie vor bestehen Gefahren, die die menschliche Zivilisation, ja die Zukunft der Menschheit bedrohen.

Jedoch sind wir der Ansicht, daß Hoffnung besteht. Wir glauben, daß das wichtigste Merkmal der letzten fünfzig Jahre die Emanzipation und die Befähigung der Menschen zu eigenverantwortlichem Handeln war. Heute haben die Menschen größere Macht, die eigene Zukunft zu gestalten als je zuvor; und darin könnte der grundlegende Unterschied liegen.

Gleichzeitig sind die Nationalstaaten immer weniger in der Lage, mit der Vielzahl der - teils alten und teils neuen - Probleme fertig zu werden. Die Staaten und ihre Bevölkerungen stellen fest, daß sie ihre Geschicke nur in Zusammenarbeit mit anderen bestimmen können. Sie müssen ihre Zukunft durch das Engagement für gemeinsame Verantwortung und durch gemeinsame Anstrengungen sichern.

Die Notwendigkeit der Zusammenarbeit leitete auch die visionären Väter und Mütter der Charta der Vereinten Nationen. Neu ist die stärkere und tiefer greifende Interdependenz der Nationen. Neu sind auch die Rolle der Menschen und die Verlagerung der Aufmerksamkeit vom Staat auf den Menschen. Ein Aspekt dieses Wandels liegt in der zunehmenden Bedeutung der internationalen Zivilgesellschaft begründet.

Diese Veränderungen erfordern Reformen der Art und Weise internationaler Zusammenarbeit und damit der Institutionen und Prozesse einer Global Governance - einer Weltordnungspolitik.

Das mit der Charta der Vereinten Nationen geschaffene internationale System bedarf der Erneuerung. Die Mängel und Unzulänglichkeiten der bestehenden Institutionen müssen überwunden werden. Es muß ein engeres Netz internationaler Normen geknüpft werden, um Rechtsstaatlichkeit weltweit zu verbreiten und die Bürger zur demokratischen Einflußnahme auf globale Prozesse zu befähigen.

Weiterhin glauben wir, daß die von der Weltgemeinschaft zur Regelung ihrer Angelegenheiten getroffenen Übereinkünfte durch bestimmte gemeinsame Werte untermauert werden müssen. Letztendlich wird keine Organisation funktionieren und wird kein Gesetz von Dauer sein, wenn diese nicht auf einer festen Grundlage gemeinsamer Werte beruhen. Diese Werte müssen von gemeinsamer Verantwortung für heutige und künftige Generationen getragen sein.

● ● ●

Willy Brandt war es, der uns beide als Vorsitzende der Commission on Global Governance, der Kommission für Weltordnungspolitik, zusammenführte. Wir haben beide - in unterschiedlichen Funktionen - mit ihm in der Vergangenheit zusammengearbeitet.

Dabei lernten wir ihn als einen Mann kennen, der in seiner Person vielleicht stärker als jeder andere politischen Mut und politische Vorstellungskraft miteinander verband.

Zweimal leistete Willy Brandt wichtige persönliche Beiträge, die den Lauf der Ereignisse veränderten. Seine Ostpolitik bahnte den Weg für die friedliche Beilegung des kalten Krieges. Sein betontes Interesse an globaler Interdependenz und seine Initiativen zur Veränderung der Dynamik von Nord-Süd-Beziehungen vermittelten der Welt eine Vision von mehr Frieden und Gerechtigkeit.

Als 1989 die Berliner Mauer gefallen war und die Ereignisse in Moskau das Ende des kalten Krieges signalisierten, spürte Brandt deutlich, daß wir uns am Anfang eines neuen Zeitalters befanden. Er lud die Mitglieder seiner Kommission über Fragen der internationalen Entwicklung zusammen mit Persönlichkeiten, die anderen Kommissionen angehört hatten - der von Olaf Palme über Fragen der Abrüstung und Sicherheit, der von Gro Harlem Brundtland über Umwelt und Entwicklung und der Südkommission von Julius Nyerere - zu einem Treffen in Königswinter in Deutschland ein.

Dieses Treffen von Königswinter leitete einen Prozeß der ganzheitlicheren Betrachtung der Zukunft der Welt ein, an dem wir beide uns zusammen mit Jan Pronk beteiligten. Die Arbeit führte 1991 zu einer Zusammenkunft in Schweden, bei dem ein Dokument mit dem Titel "Gemeinsame Verantwortung in den 90er Jahren: Die Stockholm Initiative zu globaler Sicherheit und Weltordnung" präsentiert wurde. Dieses Dokument und die darin enthaltenen Vorschläge fanden die Unterstützung zahlreicher führender Weltpolitiker, deren Namen im Anhang dieses Berichtes aufgeführt sind. Im Gefolge der Stockholmer Initiative beriet sich Willy Brandt mit Gro Harlem Brundtland und Julius Nyerere und lud dann uns beide ein, gemeinsam den Vorsitz einer Kommission über Weltordnungspolitik zu übernehmen.

Einer der Befürworter der Stockholmer Initiative von 1991 war Dr. Boutros Boutros-Ghali. Schon bald nach seiner Ernennung zum Generalsekretär der Vereinten Nationen trafen wir uns mit ihm in Genf und erläuterten die Idee für eine Kommission. Sie fand seine volle Unterstützung.

Danach begannen wir, die sechsundzwanzig Männer und Frauen anzusprechen, mit denen wir die Kommission bilden wollten. Sie mußten nicht dazu überredet werden: Die Aufgabe, die sie mit uns teilen sollten, entsprach ihren Vorstellungen.

Sämtliche Mitglieder gehörten der Kommission in persönlicher Eigenschaft an und verkörpern viele verschiedene Bereichen und Denkrichtungen. Doch in den beiden letzten Jahren verband uns alle ein einziger Wunsch: gemeinsame Vorstellungen für den Weg der Weltgemeinschaft beim Übergang vom kalten Krieg und für die Reise der Menschheit ins 21. Jahrhundert zu entwickeln. Wir glauben, daß der vorliegende Bericht eine derartige Vision darstellt.

Jedes Mitglied der Kommission hätte unterschiedliche Worte gewählt, wenn es diesen Bericht allein abgefaßt hätte. Vielleicht haben sich auch nicht alle jeden einzelnen Vorschlag voll und ganz zu eigen gemacht; doch wir waren uns alle über den wesentlichen Inhalt und die Stoßrichtung des Berichtes einig. Die deutlichste unserer Botschaften lautet, daß die Menschheit sich auf eine besseren Weg der Gestaltung ihrer Angelegenheiten einigen kann und heutigen sowie künftigen Generationen Hoffnung zu bieten vermag.

• • •

Die Entwicklung einer Weltordnungspolitik ist Teil der Evolution menschlichen Bemühens, das Leben auf diesem Planeten zu organisieren. Es ist ein nie endender Prozeß. Unsere Arbeit ist lediglich ein Zwischenhalt auf dieser Reise. Wir maßen uns nicht an, einen Entwurf für alle Zeiten vorzulegen. Wir sind allerdings davon überzeugt, daß es für die Menschheit an der Zeit ist, über die im Laufe der Jahrhunderte entwickelten und mit der Gründung der Vereinten Nationen vor fünfzig Jahren neu formulierten Entwürfe hinauszugehen. Wir leben in einer Zeit, die Neuerungswille und Innovation für eine Weltordnungspolitik von uns fordert.

Dieser Bericht stellt klar, daß Weltordnungspolitik bzw. Global Governance keine Weltregierung bedeutet. Hier darf es keine Mißverständnisse aufgrund der Ähnlichkeit der Begriffe geben. Wir schlagen keine Maßnahmen zur Schaffung einer Weltregierung vor. Denn würden wir uns in diese Richtung orientieren, fänden wir uns möglicherweise in einer noch weniger demokratischen Welt als der unseren wieder - einer Welt der verstärkten Machtorientierung, die breiten Raum für hegemoniale Bestrebungen böte und in der Staaten wie auch Regierungen größerer Bedeutung als den Rechten der Menschen zukäme.

Dies soll keinesfalls besagen, daß das Ziel in einer Welt ohne System oder Regeln läge. Eine chaotische Welt würde gleiche oder noch größere Gefahren bedeuten. Die Herausforderung besteht darin, ein Gleichgewicht zu finden, das dem Interesse aller Menschen an einer auf Nachhaltigkeit angelegten Zukunft entspricht, von menschlichen Grundwerten geleitet wird und die weltweite Organisation mit der bestehenden globalen Vielfalt in Einklang bringt.

Der vorliegende Bericht befaßt sich mit den Transformationsprozessen der Welt seit 1945, die eine Veränderung der Ordnungsschemata erfordern. Wir geben viele, zum Teil ziemlich radikale Empfehlungen zur Förderung der Sicherheit im weitesten Sinne, einschließlich der Sicherheit der Menschen und des Planeten. Wir machen Vorschläge zur Gestaltung der wirtschaftlichen Interdependenz und zur Reform der Vereinten Nationen, so daß die Menschen auch bei der Gestaltung der internationalen Zivilgesellschaft eine wichtigere Rolle spielen können. Weiterhin betonen wir die Notwendigkeit, das Prinzip der Rechtsstaatlichkeit auf den internationalen Bereich auszudehnen, welches auf die nationalen Gesellschaften einen so wichtigen zivilisierenden Einfluß ausgeübt hat.

Darüber hinaus fordern wir die internationale Gemeinschaft eindringlich auf, zum fünfzigsten Jahrestag der Gründung der Vereinten Nationen einen entschlossenen Prozeß des Umdenkens und der Reform einzuleiten. Bei diesem Prozeß könnte man auf ein breites Spektrum an Ideen zurückgreifen, die durch das Jubiläum angeregt wurden, einschließlich des vorliegenden Berichtes. Wir leben in einer Zeit, da die Weltgemeinschaft des Mutes bedarf, neue Ideen zu erkunden, neue Visionen zu entwickeln und ein deutliches Engagement für gemeinsame Werte beim Erdenken neuer Gestaltungsregeln zu zeigen.

Im Abschlußkapitel dieses Berichtes weisen wir auf eine hervorstechende Komponente in den Überlegungen der Kommission hin: das Bedürfnis der Welt nach aufgeklärter Führung, welche die Menschen zur Anerkennung ihrer Verantwortung für einander und für künftige Generationen zu inspirieren vermag. Eine solche Führung muß die Werte hüten, deren wir für unser Zusammenleben als Nachbarn und für die Erhaltung unserer Lebenswelt für unsere Nachkommen bedürfen.

In ihrem Bemühen um Effektivität bei gleichzeitiger Wahrung ihrer Unterstützung auf nationaler Ebene sind die politischen Führer vielfältigem Druck ausgesetzt. Ungeachtet der Nachteile des Nationalismus bestärkt uns jedoch selbst die Geschichte dieses Jahrhunderts in dem Glauben, daß sich die wirklich besten internationalen Führer aus den Reihen der besten nationalen Führer rekrutieren. Heute ist ein Gespür für Internationalismus zum notwendigen Bestandteil vernünftiger nationaler Politik geworden. Kein Staat kann Fortschritte machen und Unsicherheit und Not anderenorts unbeachtet lassen. Wir müssen unsere globale Nachbarschaft miteinander teilen und sie stärken, so daß sie für alle unsere Nachbarn lebenswert zu werden verspricht.

• • •

Die Kommission dankt den Regierungen und Stiftungen, die ihre Arbeit finanziell und auf andere Weise gefördert haben, sowie den zahlreichen Organisationen und Persönlichkeiten, die sie auf vielerlei Art unterstützt haben. Alle sind im Anhang dieses Berichtes aufgeführt. Eine große Ermutigung lag für die Mitglieder der Kommission darin, daß so viele Gruppen und einzelne ihrer Arbeit Bedeutung beimaßen, bereit waren, sich mit ihr zu identifizieren, und praktische Beiträge leisteten.

Die Verantwortung für den Bericht liegt natürlich allein bei der Kommission. Wir sind uns bewußt, daß dieser Bericht nicht allumfassend ist, was auch nicht in unserer Absicht lag. Es handelt sich weder um eine akademische Forschungsarbeit noch um ein Handbuch für internationale Angelegenheiten. Er ist in erster Linie ein Aufruf zum Handeln, der auf der Beurteilung der Weltlage durch die Kommission basiert und deren Verbesserungsvorschläge zur Art und Weise, auf die unsere menschliche Gemeinschaft ihre Geschicke steuert, wiedergibt.

Als gemeinsame Vorsitzende der Kommission danken wir besonders unseren Kollegen für ihre Hilfe und Unterstützung und für ihre gelegentlich erforderliche Nachsicht mit uns bei der Abarbeitung einer gewaltigen Tagesordnung. Ebenso dankbar sind wir Hans Dahlgren, dem Generalsekretär der Kommission, den Angehörigen seines kleinen Sekretariats und den Mitarbeitern unserer Büros für ihre Unterstützung während unserer gesamten Arbeit.

• • •

Die Zeit arbeitet nicht für die Unentschlossenen. Wichtige Entscheidungen müssen jetzt getroffen werden, da wir uns an der Schwelle einer neuen Ära befinden. Das Neue ist offenkundig und die Menschen sind sich überall dessen bewußt. Gleiches gilt für die Regierungen, wenn auch nicht alle dies zugeben. So können wir beispielsweise den Weg in eine neues, am Recht, am kollektiven Willen und an gemeinsamer Verantwortung orientiertes Zeitalter der Sicherheit beschreiten, indem wir die Sicherheit der Menschen und des Planeten in den Mittelpunkt rücken. Oder wir können zum Geist und den Methoden zurückkehren, die ein Kommissionsmitglied als "Aufgebot einer Weltpolizei" bezeichnete, in der Verkleidung von vermeintlichem globalen Handeln.

Welchen Weg wir beschreiten sollten, dürfte außer Frage stehen. Doch der richtige Weg erfordert die Bekräftigung der Werte des Internationalismus, das Primat weltweiter Rechtsstaatlichkeit und die zu deren Erhaltung notwendigen institutionellen Reformen. In diesem Bericht werden einige Vorschläge zu entsprechenden Lösungen gemacht.

Vor fünfzig Jahren versuchte eine andere Generation, entsetzt über die Schrecken des Krieges und das entfesselte Potential menschlicher Selbstzerstörung, eine Zukunft zu sichern, die frei von Angst und Entbehrung sein sollte. Das Ergebnis dieser Bemühungen waren die im Namen der Völker der Welt geschaffenen Vereinten Nationen. Angesichts der heute genauso großen und dringlichen Notwendigkeit und des geschärften Gespürs der Menschen für die Unsicherheit der Zukunft muß die Menschheit diese Anstrengung erneuern. Deshalb ist dieser Bericht ein Aufruf zum Handeln.

Dieser Aufruf zum Handeln ergeht an viele Fronten, doch im wesentlichen ist es ein Ruf nach einer besseren Weltordnungspolitik, einem besseren Management des Überlebens, einer besseren gemeinsamen Handhabung der Vielfalt, einem besseren Zusammenleben in einer globalen Nachbarschaft, die unsere Heimat ist. Die Möglichkeiten für das von der Kommission geforderte Handeln sind zweifellos gegeben; es geht lediglich um die Frage des Wollens.

Befreit von der Übermacht der Weltreiche und einer Welt der Sieger und Besiegten, ohne die Zwänge des kalten Krieges, die während der gesamten Nachkriegszeit das sich entwickelnde globale System in seinen Möglichkeiten so stark einengten, betroffen von den Risiken nicht nachhaltiger menschlicher Einwirkungen auf die Natur und im Bewußtsein der globalen Auswirkungen menschlicher Not, bleibt der Welt keine andere Wahl, als sich in aufgeklärter und konstruktiver Weise der Herausforderung des Wandels zu stellen.

Wir rufen unsere Nachbarn in der Einen Welt auf, in all ihrer Vielfalt gemeinsam für dieses Ziel zu handeln - und jetzt zu handeln.

Stockholm und London, im Oktober 1994

Ingvar Carlsson   **Shridath Ramphal**

Nachbarn
in
Einer Welt

Kapitel Eins

Eine neue Welt

Die kollektive Macht der Menschen, ihre Zukunft zu gestalten, ist heute größer als jemals zuvor. Damit ist es aber umso notweniger geworden, diese Macht auch auszuüben. Diese Macht zu mobilisieren, um das Leben im 21. Jahrhundert demokratischer, sicherer und nachhaltiger zu gestalten, ist die größte Herausforderung für die heutige Generation. Die Welt braucht eine neue Vision, um die Menschen allerorts dazu anzustoßen, eine neue Qualität der Zusammenarbeit für gemeinsame Anliegen und ihr gemeinsames Schicksal zu erreichen.

Vor fünfzig Jahren waren internationale Zusammenarbeit, kollektive Sicherheit und das Völkerrecht machtvolle Begriffe. 1945 kamen die Führer der Welt in San Francisco zusammen, um die Charta der Vereinten Nationen zu unterzeichnen, ein Dokument der universellen Hoffnung auf ein neu anbrechendes Zeitalter des internationalen Zusammenlebens und einer neuen Weltpolitik. Der Beginn des kalten Krieges machte diese Hoffnung zwar nicht ganz zunichte, verminderte jedoch erheblich ihre Realisierungsaussichten.

Mit dem Ende des kalten Krieges im Jahre 1989 führte die Revolution in Mittel- und Osteuropa zu einer Ausweitung der Bemühungen um Demokratisierung und wirtschaftliche Transformation und verbesserte die Aussichten auf eine verstärktes Engagement für gemeinsame Ziele durch multilaterale Zusammenarbeit. Die Weltgemeinschaft schien sich einig in dem Gedanken, daß sie in einer Vielzahl von Bereichen größere kollektive Verantwortung übernehmen müsse. Hierzu gehörten Sicherheit - und zwar nicht nur im militärischen, sondern auch im wirtschaftlichen und sozialen Sinne - , nachhaltige Entwicklung, die Förderung von Demokratie, Gerechtigkeit und Menschenrechten sowie humanitäres Handeln.

In den drei Jahren, seitdem der Gedanke einer Commission on Global Governance - einer Kommission für Weltordnungspolitik - von der Stockholmer Initiative vorgebracht und von Politikern überall auf der Welt unterstützt wurde, hat sich das allgemeine Klima beträchtlich verändert. Angesichts der Erfahrungen im Golfkrieg, der Ungeheuerlichkeit der ethnischen Säuberungen auf dem Balkan, der brutalen Gewalt in Somalia und des Völkermordes in Ruanda ist man heute weit weniger zuversichtlich. Darüber hinaus herrscht wachsende Unruhe über die Tätigkeit - und in manchen Fällen die Untätigkeit - von Regierungen und den Vereinten Nationen. Statt sich um eine gemeinsame Vision des Weges in die Zukunft zu bemühen, scheint die Welt Gefahr zu laufen, ihren Weg aus dem Auge zu verlieren.

Der Begriff der Weltordnungspolitik

Auf dem Weg zu einer besseren Welt gibt es keine Alternative zur Zusammenarbeit und zum Einsatz kollektiver Macht.

Ordnungspolitik bzw. Governance ist die Gesamtheit der zahlreichen Wege, auf denen Individuen sowie öffentliche und private Institutionen ihre gemeinsamen Angelegenheiten regeln. Es handelt sich um einen kontinuierlichen Prozeß, durch den kontroverse oder unterschiedliche Interessen ausgeglichen werden und kooperatives Handeln initiiert werden kann. Der Begriff umfaßt sowohl formelle Institutionen und mit Durchsetzungsmacht versehene Herrschaftssysteme als auch informelle Regelungen, die von Menschen und Institutionen vereinbart oder als im eigenen Interesse liegend angesehen werden.

Beispiele für Ordnungspolitik auf lokaler Ebene sind eine nachbarschaftliche Kooperative zum Bau und zur Instandhaltung einer Wasserleitung, ein Gemeinderat, der ein Müllverwertungssystem betreibt, ein Zweckverband mehrerer Städte zur integrierten Verkehrsplanung gemeinsam mit Benutzergruppen, eine unter staatlicher Aufsicht selbstverwaltete Börse oder eine regionale Initiative von Behörden, Industrievertretern und lokaler Bevölkerung zur Kontrolle der Entwaldung. Auf globaler Ebene hat man unter

4

Innerhalb einer Weltordnungspolitik gibt es viele Akteure

An jedem Bereich der Ordnungspolitik kann eine Vielzahl von Akteuren beteiligt sein. Um nur ein Beispiel zu nennen: Zu den gestaltenden Kräften des internationalen Zucker- und Süßstoffhandels gehören transnationale Unternehmen, mit Wettbewerbspolitik befaßte nationale und internationale Behörden, eine globale für den Zuckerhandel zuständige Gruppe (der Internationale Zuckerrat) sowie eine große Anzahl privater Vereinigungen, einschließlich derjenigen der Plantagenarbeiter, der Zuckerrübenproduzenten und der Ernährungsfachleute. Eine internationale Organisation kann durchaus Interesse an einem lokalen Problem entwickeln, beispielsweise, wenn die Weltbank in einem Lande ein landwirtschaftliches Projekt finanziert. Genauso kann auch eine lokale Privatinitiative in einer internationalen Ordnungsstruktur mitwirken.

Ordnungspolitik bisher vorwiegend das System der zwischenstaatlichen Beziehungen verstanden, doch heute müssen auch Nichtregierungsorganisationen (NGOs), Bürgerbewegungen, multinationale Konzerne und der globale Finanzmarkt mit einbezogen werden. Mit diesen Gruppen und Institutionen interagieren globale Massenmedien, deren Einfluß dramatisch gewachsen ist.

Als das System der Vereinten Nationen geschaffen wurde, dominierten Nationalstaaten, einige von ihnen als Weltmächte, die politische Szene. Man glaubte fest an die Fähigkeit der Regierungen, die Bürger zu schützen und ihre Lebensbedingungen zu verbessern. Im Zentrum des weltweiten Interesses standen die Verhinderung eines dritten Weltkrieges und die Vermeidung einer erneuten Weltwirtschaftskrise. Die Schaffung eines Netzes internationaler Institutionen zur Friedenssicherung und Wohlstandserhaltung war daher eine logische und allgemein begrüßte Entwicklung.

Außerdem hatte der Staat nur wenige Rivalen. Die Weltwirtschaft war nicht so stark integriert wie heute. Die Entwicklung der riesigen Anzahl heute bestehender weltweiter Unternehmen und Unternehmensallianzen steckte damals erst in den Anfängen. Der heute selbst den größten nationalen Finanzmarkt in den Schatten stellende globale Kapitalmarkt war damals nicht vorauszusehen. Das gewaltig gestiegenes Verlangen der Menschheit nach Menschenrechten, Gerechtigkeit, Demokratie, Befriedigung der materiellen Grundbedürfnisse, Umweltschutz und Entmilitarisierung hat heute eine Vielzahl neuer Akteure entstehen lassen, die zum Ordnungssystem beitragen können.

All diese neuen Mitspieler und Institutionen sind zusehends aktiv bei der Entwicklung verschiedener politischer, wirtschaftlicher, kultureller und umweltpolitischer Ziele von beträchtlichem globalen Einfluß. Einige ihrer Zielsetzungen sind miteinander vereinbar, andere nicht. Einige sind von konkreter Sorge um die Menschheit und deren Lebensraum getragen, während andere negativistisch, eigennützig oder destruktiv sind. Die Nationalstaaten müssen all diese neuen Kräfte berücksichtigen und sich deren Fähigkeiten zunutze machen.

In der heutigen Praxis wird anerkannt, daß die Regierungen nicht die ganze Last der Verantwortung für Weltordnungspolitik tragen. Doch Staaten und Regierungen sind weiterhin die wichtigsten öffentlichen Institutionen zur Behandlung von Fragen, die Völker und die Weltgemeinschaft als Ganzes betreffen. Ein zureichendes System der Ordnungspolitik bedarf der Fähigkeit zur Steuerung und Mobilisierung der zur Erreichung seiner grundlegenden Ziele erforderlichen Ressourcen. Es muß Akteure umfassen, die ausreichend Macht haben, Ziele zu realisieren, notwendige Kontrollen und Sicherungen enthalten und Manipulationen vermeiden. Dies bedeutet jedoch keine Weltregierung oder einen Weltföderalismus.

Es gibt weder ein einziges Modell oder eine einzige Form der Weltordnungspolitik, noch existiert eine einzige Ordnungsstruktur oder eine Gruppe solcher Strukturen. Es handelt sich um einen breit angelegten, dynamischen und komplexen Prozeß interaktiver Entscheidungsfindung, der sich ständig weiterentwickelt und sich ändernden Gegebenheiten anpaßt. Obwohl Ordnungspolitik den spezifischen Erfordernissen unterschiedlicher Problembereiche zu entsprechen hat, bedarf sie in Fragen des menschlichen Überlebens und Wohlergehens eines integrierten Ansatzes. Angesichts des systemischen Charakters dieser Probleme, ist die Ordnungspolitik zu deren Behandlung ebenfalls von systemischen Ansätzen abhängig.

Eine wirksame globale Entscheidungsfindung muß daher auf lokal, national und regional getroffenen Entscheidungen aufbauen und diese ihrerseits beeinflussen und muß auf die Fähigkeiten und Ressourcen unterschiedlichster Menschen und Institutionen auf vielen Ebenen zurückgreifen. Sie muß Partnerschaften, d.h. Netzwerke von Institutionen und Prozessen, aufbauen, die globale Akteure zur Koordinierung und gemeinsamen Nutzung von Informationen, Wissen und Fähigkeiten und zur Entwicklung abgestimmter politischer Strategien und Verfahrensweisen bei gemeinsamen Problemen befähigen.

In einigen Fällen wird sich Ordnungspolitik in erster Linie auf Märkte und Marktinstrumente stützen, vielleicht mit einem gewissen Maß staatlicher Überwachung. Sie kann auch weitgehend von den koordinierten Anstrengungen zivilrechtlicher Organisationen und staatlicher Behörden abhängen. Umfang und Stellenwert von Regulierung, juristischer Durchsetzung und zentralisierter Entscheidungsfindung wird jeweils unterschiedlich sein. In geeigneten Fällen können Grundsätze wie das Subsidiaritätsprinzip zum Tragen kommen, durch die Entscheidungen so nahe wie möglich an der Ebene, auf der sie wirksam umgesetzt werden können, getroffen werden.

Die Schaffung geeigneter ordnungspolitischer Mechanismen ist heutzutage komplizierter als in der Vergangenheit, weil diese mehr Menschen einbeziehen und teilhaben lassen müssen, d.h. demokratischer sein müssen. Sie müssen genügend flexibel sein, um auf neue Probleme und geänderte Interpretationen alter Probleme reagieren zu können. Es bedarf eines vereinbarten globalen Rahmens für Aktionen und politische Maßnahmen auf geeigneter Ebene. Weltordnungspolitik erfordert eine vielseitige Strategie.

Dies bedeutet eine Reform und Stärkung des bestehenden Systems zwischenstaatlicher Institutionen und eines verbesserten Instrumentariums für die Zusammenarbeit mit privaten Institutionen und unabhängigen Gruppen. Dazu ist eine neue auf den Prinzipien der Beratung, der Transparenz und der Rechenschaftslegung beruhende Ethik erforderlich. Eine solche Politik fördert das Weltbürgertum und hilft bei der Einbeziehung ärmerer, marginalisierter und entfremdeter Teile der nationalen und internationalen Gesellschaft. Sie ist um Frieden und Fortschritt für alle Menschen bemüht und dient der Konfliktprävention und der Verbesserung der Möglichkeiten zur friedlichen Streitbeilegung. Schließlich strebt sie an, willkürliche Machtausübung - wirtschaftlicher, politischer oder militärischer Art - den Regeln des Rechts der globalen Gesellschaft zu unterwerfen.

Eine Weltordnungspolitik in diesem Sinne wird allerdings nicht so bald zu erreichen sein. Sie erfordert ein drastisch verbessertes Verständnis dessen, was es bedeutet, in einer dichter besiedelten, zunehmend interdependenten Welt mit begrenzten Ressourcen zu leben. Doch sie bedeutet auch den Anfang einer neuen Vision für die Menschheit, eine Herausforderung für Menschen und Regierungen. Sie werden erkennen müssen, daß es auf dem Wege zu einer besseren Welt keine Alternative zur Zusammenarbeit und zum Einsatz kollektiver Macht gibt. Diese Vision von Weltordnungspolitik kann allerdings nur dann Erfolg haben, wenn sie auf einem klaren Bekenntnis zu den in der Zivilgesellschaft verwurzelten Prinzipien der Gerechtigkeit und Demokratie beruht.

Wir sind zu der festen Überzeugung gelangt, daß die Vereinten Nationen innerhalb einer Weltordnungspolitik weiterhin eine zentrale Rolle spielen müssen. Kraft ihrer Universalität sind sie das einzige Forum, in dem die Regierungen der Welt regelmäßig und gleichberechtigt zusammenkommen, um nach Lösungen für die dringlichsten Probleme der Welt zu suchen. Jede erdenkliche Anstrengung muß unternommen werden, damit sie die zur Wahrnehmung ihrer Aufgaben erforderliche Glaubwürdigkeit und die notwendigen Ressourcen erhalten.

Trotz ihrer ausschlaggebenden Rolle können die UN die Aufgaben einer Weltordnungspolitik nicht allein leisten. Sie können aber als zentraler Mechanismus dienen, in dessen Rahmen die Staaten sich gegenseitig unter Einbeziehung anderer Teile der Gesellschaft zur multilateralen Behandlung globaler Angelegenheiten verpflichten. Im Laufe der Jahre haben die UN und ihre konstituierenden Organe auf vielen Gebieten entscheidende Beiträge zur internationalen Verständigung und Zusammenarbeit geleistet. Sie bieten weiterhin einen für den globalen Fortschritt unerläßlicher Rahmen der Zusammenarbeit. Doch sowohl die Vereinten Nationen im engeren Sinne als auch das umfassendere UN-System bedürfen einer Neubelebung und Reform. Dieser Bericht behandelt diese Notwendigkeiten im Hinblick auf die neu entstandene Weltsituation.

Die erste Herausforderung für uns als Kommission bestand darin aufzuzeigen, daß die veränderte globale Lage ein neues System zur Regelung internationaler Angelegenheiten unabdingbar macht und die Konzepte und Werte zur Untermauerung eines solchen Systems aufzuzeigen, damit eine bessere zur Förderung von Frieden und Fortschritt für alle Menschen geeignete Weltordnung entstehen kann. In den ersten beiden Kapiteln des Berichtes haben wir versucht, diese Aufgabe zu erfüllen. Darauf aufbauend haben wir in den folgenden Kapiteln inhaltliche Empfehlungen erarbeitet.

Das Phänomen des Wandels

Nie zuvor kam der Wandel derart rasant, in derart globalem Maßstab und weltweit so deutlich erkennbar.

Die Amtseinführung Nelson Mandelas als Präsident der Republik Südafrika im Mai 1994 markierte den faktischen Abschluß einer entscheidenden Veränderung unserer Zeit. Die Verleihung des Wahlrechtes an die schwarze Bevölkerung Südafrikas kann als ein Teil der abschließenden Phase der Befreiung vom Kolonialismus und seinem Erbe gesehen werden. In diesem Prozeß hat sich die Anzahl der souveränen Staaten der Welt nahezu vervierfacht und die Weltpolitik in ihrem Wesen grundlegend verändert.

Eine Auswirkung des Zweiten Weltkrieges bestand in der Schwächung der traditionellen europäischen Großmächte - des Vereinigten Königreichs und Frankreichs -, wodurch eine grundlegende Veränderung des Kräfteverhältnisses der Weltmächte und der Struktur der Weltpolitik ausgelöst wurde. Eine ebenso wichtige Rolle spielte der Krieg beim Zusammenbruch der alten Kolonialordnung. Die wichtigste Entwicklung der letzten fünf Jahrzehnte dürfte im Entstehen neuer wirtschaftlicher und politischer Mächte in den Entwicklungsländern liegen. Innerhalb relativ kurzer Zeit sind Länder wie Indien und Indonesien zu beachtlichen Regionalmächten geworden. Andere Länder wie Brasilien und China sind einen anderen Weg gegangen, jedoch mit dem gleichen Ergebnis. Um das gewaltige Ausmaß dieser Veränderungen zu begreifen, stelle man sich einmal den Unterschied in der Zahl und der Zusammensetzung der Delegierten vor, wenn die Gründungskonferenz der Vereinten Nationen heute im Jahre 1995 in San Francisco stattfände, welchen Einfluß diese hätten und wie anders die Zusammensetzung des Sicherheitsrates aussähe, würde er in der heutigen Zeit geschaffen.

Der Übergang vom Kolonialismus ging einher mit einer Revolution im Kommunikationswesen, ja er wurde von ihr angetrieben. Damals, dreißig Jahre bevor Mandela vom Befreiungsführer vor einem weltweiten Publikum zum Staatsoberhaupt ernannt wurde, übertrug kein Satellit Bilder des Prozesses, bei dem er zu lebenslänglicher Haft verurteilt wurde. Im Laufe der Jahre haben die Medien die Fortschritte des Befreiungskampfes vermittelt und in gewissem Umfang verstärkt. Als 1945 die Vertreter von fünfzig Staaten zur Gründung der Vereinten Nationen zusammenkamen, steckte das Fernsehen noch in den Kinderschuhen. Viele Menschen dürften von dem, was in San Francisco geschah, keine Ahnung gehabt haben. In den vergangenen fünfzig Jahren hat die Revolution der Kommunikationsmittel die Geschwindigkeit der Wechselwirkungen beschleunigt und den Imperativ der schnellen Reaktion gefördert.

Außerdem waren wir in den letzten Jahrzehnten Zeugen eines ungewöhnlich hohen Wachstums der weltweiten Produktivität von Industrie und Landwirtschaft, das einher ging mit tiefgreifenden gesellschaftlichen Folgen. Hierzu gehören Migration und Verstädterung, die ihrerseits traditionelle Familienstrukturen und Geschlechterrollen in Frage stellten. Die gleichen Kräfte haben zur Ausbeutung nicht erneuerbarer natürlicher Rohstoffe und zur Umweltverschmutzung geführt. Darüber hinaus wurden durch sie

10

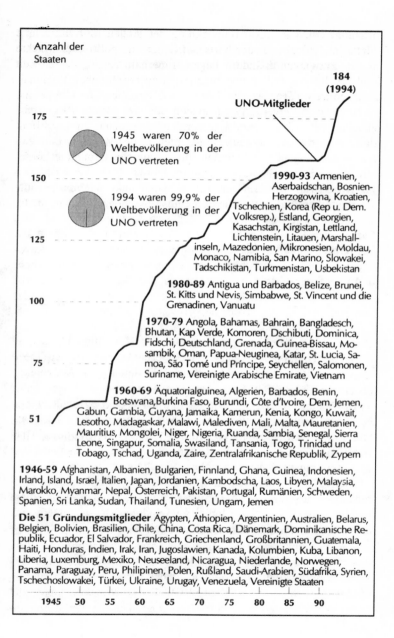

Anzahl der Staaten

184 (1994)

UNO-Mitglieder

175

1945 waren 70% der Weltbevölkerung in der UNO vertreten

150

1994 waren 99,9% der Weltbevölkerung in der UNO vertreten

1990-93 Armenien, Aserbaidschan, Bosnien-Herzogowina, Kroatien, Tschechien, Korea (Rep u. Dem. Volksrep.), Estland, Georgien, Kasachstan, Kirgistan, Lettland, Lichtenstein, Litauen, Marshall-inseln, Mazedonien, Mikronesien, Moldau, Monaco, Namibia, San Marino, Slowakei, Tadschikistan, Turkmenistan, Usbekistan

125

1980-89 Antigua und Barbados, Belize, Brunei, St. Kitts und Nevis, Simbabwe, St. Vincent und die Grenadinen, Vanuatu

100

1970-79 Angola, Bahamas, Bahrain, Bangladesch, Bhutan, Kap Verde, Komoren, Dschibuti, Dominica, Fidschi, Deutschland, Grenada, Guinea-Bissau, Mosambik, Oman, Papua-Neuginea, Katar, St. Lucia, Samoa, São Tomé und Príncipe, Seychellen, Salomonen, Suriname, Vereinigte Arabische Emirate, Vietnam

75

1960-69 Äquatorialguinea, Algerien, Barbados, Benin, Botswana,Burkina Faso, Burundi, Côte d'Ivoire, Dem. Jemen, Gabun, Gambia, Guyana, Jamaika, Kamerun, Kenia, Kongo, Kuwait, Lesotho, Madagaskar, Malawi, Malediven, Mali, Malta, Mauretanien, Mauritius, Mongolei, Niger, Nigeria, Ruanda, Sambia, Senegal, Sierra Leone, Singapur, Somalia, Swasiland, Tansania, Togo, Trinidad und Tobago, Tschad, Uganda, Zaire, Zentralafrikanische Republik, Zypern

51

1946-59 Afghanistan, Albanien, Bulgarien, Finnland, Ghana, Guinea, Indonesien, Irland, Island, Israel, Italien, Japan, Jordanien, Kambodscha, Laos, Libyen, Malaysia, Marokko, Myanmar, Nepal, Österreich, Pakistan, Portugal, Rumänien, Schweden, Spanien, Sri Lanka, Sudan, Thailand, Tunesien, Ungarn, Jemen

Die 51 Gründungsmitglieder Ägypten, Äthiopien, Argentinien, Australien, Belarus, Belgien, Bolivien, Brasilien, Chile, China, Costa Rica, Dänemark, Dominikanische Republik, Ecuador, El Salvador, Frankreich, Griechenland, Großbritannien, Guatemala, Haiti, Honduras, Indien, Irak, Iran, Jugoslawien, Kanada, Kolumbien, Kuba, Libanon, Liberia, Luxemburg, Mexiko, Neuseeland, Nicaragua, Niederlande, Norwegen, Panama, Paraguay, Peru, Philipinen, Polen, Rußland, Saudi-Arabien, Südafrika, Syrien, Tschechoslowakei, Türkei, Ukraine, Urugay, Venezuela, Vereinigte Staaten

| 1945 | 50 | 55 | 60 | 65 | 70 | 75 | 80 | 85 | 90 |

11

ethnische Bindungen, nationale Zugehörigkeit und Religion als Identitätsquellen und Angelpunkte des politischen Engagements zunächst abgebaut und anschließend wieder verstärkt.

Die gleichen Trends, die heute die Entwicklung einer Weltordnungspolitik erforderlich machen und sogar begünstigen, haben andererseits auch als Hindernisse gewirkt. So stand beispielsweise die als notwendig erkannte Zusammenarbeit zwischen Entwicklungsländern - sei es in Regionalorganisationen oder in größeren Gruppen wie der Blockfreienbewegung oder der Gruppe der 77 - im Widerstreit mit dem aus dem Unabhängigkeitskampf erwachsenen starken Nationalismus und dem Streben nach Souveränität. Die Kommission ist überzeugt, daß sich derartige Widersprüche überwinden lassen, und zwar am ehesten durch ein System der Weltordnungspolitik, das das gesamte heute bestehende Spektrum lokaler und globaler, formeller und informeller Vereinigungen und Interessen umfaßt.

Globalisierung

Die mit dem beschleunigten Wandel der Kommunikations- und Computertechnologie einhergehende Deregulierung hat den Trend zum integrierten Weltmarkt verstärkt. In den letzten Jahrzehnten haben die veränderten Strukturen des Wirtschaftswachstums neue dynamische Pole erzeugt. Die im zweiten Weltkrieg unterlegenen Nationen Deutschland und Japan haben das Vereinigte Königreich und Frankreich von den oberen Plätzen der Weltwirtschaftsliga verdrängt. Die Europäische Union ist als Wirtschaftsmacht mit den Vereinigten Staaten gleichgezogen. Neue pulsierende Wirtschaftsregionen entstehen in Lateinamerika. Durch die verblüffenden Leistungen der vier asiatischen "Tiger" und China, dicht gefolgt von Ländern wie Indien und Indonesien, verschiebt sich der Schwerpunkt der weltwirtschaftlichen Aktivitäten.

Durch derartige Entwicklungen verändert sich auch die Bedeutung vieler traditioneller Termini, von denen viele an Sinn verlieren. Man kann nicht mehr einfach Ost und West einander gegenüber stellen. Nach dem Abdanken des Kommunismus ist Kapitalismus noch stärker zu einem Sammelbegriff geworden, hinter dem sich bedeutende Unterschiede zwischen verschiedenen Organisationsformen der Marktwirtschaft verbergen. In ähnlicher Weise verliert der Nord-Süd-Gegensatz an Schärfe. Dabei unterscheiden sich heute die Probleme Afrikas auffällig von denen Südostasiens oder Lateinamerikas. Die Ungleichheiten innerhalb von Nationen und Regionen, im Norden wie im Süden, bringen heute nicht weniger Ungerechtigkeit und Unsicherheit zum Vorschein als die Gegensätze zwischen Nationen und Blöcken.

Der Begriff "Globalisierung" wird vorwiegend zur Bezeichnung einiger Schlüsselaspekte der jüngsten Transformation weltwirtschaftlicher Aktivitäten verwendet. Doch auch einige andere, weniger gutartige Aktivitäten wie der Drogenhandel, der Terrorismus und der Handel mit spaltbarem Material haben eine Globalisierung erfahren. Die Liberalisierung der Finanzmärkte, die zu einer anscheinend grenzenlosen Welt geführt hat, begünstigt auch das internationale Verbrechen und bewirkt für ärmere Länder eine ganze Reihe von Problemen. Durch globale Zusammenarbeit wurden die Pocken ausgerottet. Auch hat diese an den meisten Orten der Welt Tuberkulose und Cholera zum Verschwinden gebracht. Andererseits kämpft die Welt heute gegen das Wiederaufleben dieser traditionellen Krankheiten und gegen die weltweite Ausbreitung von AIDS.

Technologische Fortschritte haben die nationalen Grenzen durchlässiger gemacht. Während die Staaten ihre Souveränität behalten, wird die Autorität von Regierungen ausgehöhlt. Beispielsweise sind diese heute weniger in der Lage, die grenzüberschreitenden Bewegungen von Geld oder Informationen zu kontrollieren. Sie stehen einerseits unter dem Druck zur Globalisierung, andererseits müssen sie sich mit Basisbewegungen und gelegentlichen Forderungen nach Dezentralisierung, wenn nicht gar Sezession, auseinandersetzen. Im Extremfall brechen wie in Liberia und Somalia öffentliche Ordnung und staatliche Institutionen angesichts grassierender Gewalt zusammen.

Es mehren sich die Belege dafür, daß menschliche Aktivitäten negative - und gelegentlich irreversible - Umweltauswirkungen haben und daß die Welt ihre Aktivitäten so organisieren muß, daß die negativen Resultate innerhalb wohlüberlegter Grenzen bleiben und die gegenwärtigen Ungleichgewichte rückgängig gemacht werden. Die Beziehungen zwischen Armut, Bevölkerung, Konsum und Umwelt und die komplexe Natur ihrer Wechselwirkung sind klarer geworden. Das gleiche gilt für die Notwendigkeit integrierter globaler Ansätze zur Lösung dieser Probleme und die weltweite Akzeptanz des Konzepts der nachhaltigen Entwicklung, wie es von der Weltkommission für Umwelt und Entwicklung empfohlen und vom Erdgipfel im Juni 1992 unterstützt wurde. Was wir brauchen, sind radikale Veränderungen der traditionellen Entwicklungsmuster in allen Ländern.

Die Notwendigkeit einer Vision

In den letzten fünf Jahrzehnten haben sich die Welt und die Prioritätenliste von global relevanten Fragen radikal und rapide gewandelt. Doch unsere Generation ist nicht die erste, die den Höhepunkt einer großen Transformation erlebt. Die stürmische Entwicklung des letzten Jahrzehnts ähnelt den Ereignissen beim Aufstieg des Islam im Jahrhundert nach dem Tode des Propheten, der europäischen Kolonialisierung Amerikas nach 1492, dem Beginn der Industriellen Revolution im 18. Jahrhundert und der Schaffung des heutigen internationalen Systems in diesem Jahrhundert. Doch zwischen der aktuellen Erfahrung des Wandels und derjenigen früherer Generationen gibt es einen Unterschied: Nie zuvor kam der Wandel so rasch, ja gelegentlich urplötzlich, nie zuvor hatte er solch globale Ausmaße und war in solch einem Maße weltweit wahrzunehmen.

Eine Zeit des Wandels, in der künftige Strukturen noch nicht klar erkennbar sind, ist zwangsläufig eine Zeit der Ungewißheit. Wir bedürfen der Ausgewogenheit und Besonnenheit - und einer Vision. Unsere gemeinsame Zukunft hängt davon ab, inwieweit die Menschen und Politiker allerorten die Vision einer besseren Welt mit den dazu erforderlichen Strategien und Institutionen und den Willen, diese zu verwirklichen, entwickeln. Unsere Aufgabe als Kommission ist es, ein solches Handeln wahrscheinlicher zu machen, indem wir Vorschläge zur Ordnung der globalen und zunehmend interdependenten menschlichen Gesellschaft machen.

Militärische Transformationen

Das strategische Umfeld ist heute vollständig anders als noch vor fünf Jahren.

Am 6. August 1945 warfen die Vereinigten Staaten die erste Atombombe über Hiroshima ab. Die Zahl der Todesopfer stieg von Ende 1945 bis 1950 von 140.000 auf etwa 227.000 an. Dies aufgrund einer einzigen, nach heutigen Maßstäben atomarer Rüstung kleinen und primitiven Explosion. Seitdem hat die Zerstörungskraft nuklearer Waffen exponentiell zugenommen, und die Welt lebt mit der Möglichkeit, daß das Leben auf der Erde mit einer apokalyptischen Detonation endet.

In den letzten fünfzig Jahren wurden hauptsächlich von den Vereinigten Staaten und der Sowjetunion Billionen Dollar für niemals eingesetzte Waffen ausgegeben. Es heißt, die Atomwaffen hätten verhindert, daß die heftige Rivalität zwischen diesen beiden Ländern in einen großen Krieg umschlug. Dabei läßt sich jedoch nicht übersehen, daß die Entwicklung nuklearer Waffen gewaltige Risiken für die Menschheit mit sich brachte und gleichzeitig Geld verschlang, das für sinnvollere, dem Leben dienliche Zwecke hätte eingesetzt werden können.

Atomwaffen wurden zu Insignien des Großmachtstatus und wurden als potentielles Schutzschild gegenüber einer feindlichen Welt angesehen. Alle ständigen Mitglieder des Sicherheitsrates hielten den Aufbau eigener nuklearer Arsenale für notwendig. Mehrere andere Länder wie Argentinien, Brasilien, Indien, der Irak, Israel, Nordkorea, Pakistan und Südafrika investierten große Summen, um die Fähigkeit zur Produktion derartiger Waffen zu entwickeln. Von anderen wird weitgehend angenommen, daß sie den gleichen Weg eingeschlagen haben. Nach dem Zerfall der Sowjetunion

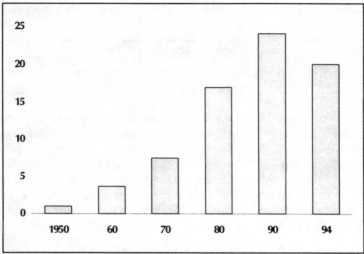

Installierte Atomsprengköpfe
in Tausend

Die ersten Schritte zur atomaren Abrüstung sind getan, doch das Ziel liegt noch in weiter Ferne.

kam es außerdem zu einer noch weiteren Ausbreitung von Kernwaffenmaterial und nuklearer Technologie.

Gleichzeitig erfolgten umfangreiche Verkäufe konventioneller Waffen, insbesondere an Entwicklungsländer. Die Dritte Welt militarisierte sich zunehmend, und dabei wurden dringend benötigte Mittel der wirtschaftlichen und sozialen Entwicklung entzogen.

Ein neues Wettrüsten

In den achtziger Jahren kam durch die Abnahme der Spannungen zwischen den Vereinigten Staaten und der Sowjetunion ein Prozeß in Gang, der zu einer dramatischen Verringerung der nuklearen Arsenale dieser Länder führte. Doch das Ende des Ost-West-Konfliktes bedeutet nicht auch das Ende der Verbreitung nuklearer Waffen. Solange es diese gibt, besteht auch die Gefahr ihres Einsatzes.

16

Die Welt dürfte tatsächlich am Rande eines neuen Wettrennens um den Erwerb von Massenvernichtungswaffen stehen. Dazu gehören neben den nuklearen auch biologische und chemische Waffen. Auch könnte sich an dem neuen Wettrüsten eine größere Anzahl von Ländern beteiligen. Selbst nicht-staatliche Gebilde wie Drogensyndikate, politische Bewegungen und Terroristengruppen könnten sich anschließen. Diesmal müssen die Bemühungen, eine Proliferation zu verhindern, ein weit größeres Spektrum von Interessen und Motiven einbeziehen. Weiterhin sind bei der geplanten Verhinderung des Einsatzes von Massenvernichtungswaffen äußerst komplexe Faktoren zu berücksichtigen. Das Risiko eines unbeabsichtigten Krieges wächst ebenfalls mit der Anzahl der Länder, die derartige Waffen besitzen.

Unter all diesen Gesichtspunkten unterscheidet sich das strategische Umfeld von heute kraß von der selbst noch vor fünf Jahren bestehenden Situation. Dabei stellen die Massenvernichtungswaffen allerdings nur einen Faktor in der globalen Militärgleichung dar. Auch stellen sie für die meisten Menschen im Vergleich zur Gefahr, die von konventionellen Waffen ausgeht, nur eine abstrakte und entfernte Bedrohung dar.

Der Waffenhandel

Der Zeitraum seit 1945 kann nur in dem eingeschränkten Sinne, daß es keinen Krieg zwischen Großmächten gab, als eine lange Friedensperiode angesehen werden. In anderer Hinsicht handelte es sich für große Teile der Welt um eine Zeit häufiger Kriege. An einigen von diesen waren die Vereinigten Staaten und die Sowjetunion direkt beteiligt; bei zahlreichen anderen kam ihrer Unterstützung eine Schlüsselrolle zu.

Zwischen 1945 und 1989 gab es Schätzungen zufolge 138 Kriege mit etwa 23 Millionen Toten. Doch auch anderenorts wurde, ohne daß tatsächlich ein Krieg ausbrach, militärische Gewalt eingesetzt. Beispiele sind Ungarn im Jahre 1956, die Tschechoslowakei 1968 und Grenada 1983. Der Koreakrieg war mit 3 Millionen Toten neben dem Vietnamkrieg mit 2 Millionen Opfern der mörderischste Konflikt. Alle 138 Kriege wurden in der Dritten Welt ausgetragen, und viele wurden mit Waffen der beiden Großmächte oder ihrer Verbündeten angeheizt.

Von 1970 bis zum Ende des kalten Krieges im Jahre 1989 wurden für 168 Milliarden Dollar Waffen in den Mittleren Osten geliefert, für 65 Milliarden Dollar nach Afrika, für 61 Milliarden in den Fernen Osten, für 50 Milliarden nach Südasien und für 44 Milliarden Dollar nach Lateinamerika (zu Preisen von 1985). Die Lieferungen der Sowjetunion und der Vereinigten Staaten machten 69 Prozent der Gesamtsumme von 388 Milliarden Dollar aus. Die aus dieser Ära verbliebene Waffenarsenale, insbesondere von Handfeuerwaffen, sind eine der wichtigsten Voraussetzungen für viele Konflikte, die heute die Welt in Schrecken versetzen.

Doch der Waffenhandel geht weiter. Obwohl die Nachfrage nach Waffen in vielen Ländern angesichts wirtschaftlicher Schwierigkeiten oder aufgrund einer geringer empfundenen Bedrohung seit dem kalten Krieg zurückgegangen ist, finden die Käufer viele Länder als willige Anbieter. Die fünf ständigen Mitglieder des Sicherheitsrates liefern 86 Prozent aller in die Entwicklungsländer exportierten Waffen. 1992 waren die Vereinigten Staaten allein für 46 Prozent dieser Lieferungen verantwortlich. Für die Waffenexporteure - die Vereinigten Staaten, Rußland, Frankreich, Deutschland und China nehmen hier die obersten fünf Plätze der Liste ein - spielen strategische Überlegungen heute eine geringere Rolle als der Erhalt von Arbeitsplätzen und Industriezweigen. Außerdem kann angesichts der gewaltigen Forschungs- und Entwicklungskosten großer Waffensysteme selbst der größte Binnenmarkt keine Gewinne garantieren.

Die Zunahme von Bürgerkriegen

In jedem der letzten fünf Jahre fanden mindestens dreißig bewaffnete Großkonflikte (definiert als Auseinandersetzungen mit mehr als 1000 Toten pro Jahr) statt. Viele dauern schon mehrere Jahre. Jeder dieser Konflikte hat seine eigenen historischen Ursprünge und unmittelbaren Ursachen. Bei vielen Konflikten spielen strukturelle Faktoren auf regionaler oder globaler Ebene eine ausschlaggebende Rolle. Die Kriege in Afghanistan und Angola gehören zum direkten Erbe der Machtpolitik des kalten Krieges. Andere Konflikte wie die in Aserbeidschan, Bosnien, Georgien und Somalia wurden auf andere Weise durch das Ende des kalten Krieges und den Zusammenbruch der alten Regime entfacht. In vielen Fällen wurden die Auseinandersetzungen durch strukturelle Faktoren in Verbindung mit sozialen Gegensätzen ethnischer, religiöser, wirtschaftlicher oder politischer Art ausgelöst. Auch persönlicher Ehrgeiz und verpaßte Chancen spielten eine Rolle.

Die Gefahr von Kriegen zwischen Staaten ist noch nicht beseitigt, und es bestehen weiterhin viele Dissensen, die einen derartigen Krieg auslösen könnten. Krisenherde gibt es in vielen Regionen: die Auflösung der Sowjetunion, die einigen ihrer Nachfolgestaaten gravierende Konfliktpotentiale hinterließ, dürfte hierzu beigetragen haben. Mittlerweile stellen innerhalb nationaler Gemeinwesen entstehende Konflikte - der Jemen, Ruanda und das frühere Jugoslawien sind Beispiele - eine fürchterliche neue Herausforderung für die Weltgemeinschaft dar.

Bis vor kurzem hatten die Vereinten Nationen mit diesen Konflikten nur sehr wenig zu tun. Die Friedens- und Sicherheitsbestimmungen der UN-Charta wurden für Kriege zwischen Staaten entwickelt, und man ging nicht davon aus, daß die UN in die inneren Angelegenheiten souveräner Staaten eingreifen würden. Doch die Vereinten Nationen werden von der Öffentlichkeit zum Handeln gedrängt, wenn innerstaatliche gewalttätige Auseinandersetzungen zu großes menschliches Leid hervorrufen oder die Sicherheit von Nachbarländern bedrohen.

Die Ausbreitung von Gewalt

Ein beunruhigendes Merkmal der heutigen Welt ist die Ausbreitung einer Kultur der Gewalt. Bürgerkriege bewirken die Verrohung Tausender in sie hineingezogener junger Menschen. Der systematische Einsatz von Vergewaltigungen als Kriegswaffe ist ein besonders verheerendes Merkmal einiger Konflikte. Bürgerkriege hinterlassen unzählige Waffen und fortdauernde Gewalt. Mehrere angeblich der Befreiung der Menschen dienende Bewegungen sind zum Terrorismus übergegangen und zeigen dabei nur geringe Achtung vor dem Leben unschuldiger Zivilisten, auch derjenigen, in deren Namen sie kämpfen. Gelegentlich wird Gewalt als Selbstzweck gesehen.

In vielen Ländern hat die Machtübernahme durch das Militär eine Gesinnung unterstützt, die mit Menschenrechten und demokratischen Werten unvereinbar ist. In anderen Gesellschaften ist der Drogenhandel für den allgemeinen Anstieg der Gewalt verantwortlich. Auch in Rußland und einigen Teilen Osteuropas ist eine Welle der Gewalt zu verzeichnen, hervorgerufen durch Verbrechersyndikate, die die neuen Freiheiten mißbrauchen. Der weitverbreitete Anstieg der Kriminalität kann sogar dazu führen, daß staatliche Grundfunktionen nicht mehr ausgeübt werden können. So ist die erschreckend hohe Anzahl von tagtäglichen Tötungsdelikten in den Vereinigten Staaten auch auf die leichte Zugänglichkeit von Waffen zurückzuführen. Eine extreme Form der Barbarei stellt darüber hinaus die in mehreren Teilen der Welt zu verzeichnende ethnisch motivierte Gewalt dar.

Konflikte und Gewalt hinterlassen auch im Leben der Kinder tiefe Spuren. Sie sind die unschuldigen Opfer, die sich nur selten von der Hinterlassenschaft des Krieges befreien können. Die Kultur der Gewalt setzt sich im täglichen Leben fort. Die Gewalt in der Familie, insbesondere gegen Frauen, ist ein weit verbreitetes und gebilligtes, seit langem unterschätztes Phänomen, das sowohl zu den Ursachen als auch zu den Folgen der Kriege innerhalb von Gesellschaften und zwischen diesen gehört. Überall auf der Welt sind Menschen im Teufelskreis der Mißachtung des Lebens und der Integrität anderer gefangen.

Ein hoffnungsvolles Szenario sieht im heutigen Aufkommen von Gewalt ein vorübergehendes Phänomen. Dieser Ansicht zufolge dürfte die Welt für die meisten ihrer Bewohner viel friedlicher und sicherer werden, wenn sie sich einmal von den durch das plötzliche Ende des kalten Krieges hervorgerufenen Verwerfungen erholt haben. Ein anderes Szenario entwirft eine zweigeteilte Welt: eine wohlhabende und sichere Hälfte, die den größten Teil West- und Mitteleuropas, Ostasiens und Nordamerikas umfassen würde, und eine größere Hälfte aus verarmten, von Gewaltkonflikten beherrschten Territorien ohne stabile Regierungen, zu der große Gebiete Afrikas, des Mittleren Ostens und Südasiens und eventuell kleinere Bereiche Mittel- und Südamerikas gehören würden.

In einem dritten Szenario würde die ganze Welt von sich ausbreitender Gewalt verschlungen, und große Gebiete würden unregierbar. Kriminalität, Drogenmißbrauch, hohe Arbeitslosigkeit, Streßkrankheiten in den Verdichtungsräumen, wirtschaftliches Mißmanagement und ethnische Spannungen würden überall auf der Welt zu unterschwelliger Gewalt oder gravierenderen Konflikten führen. Nach dieser Ansicht verkünden die Rebellion in der Chiapas-Region in Mexiko, die Unruhen von Los Angeles, die Morde an Journalisten und Intellektuellen in Algerien und das Auftreten neofaschistischer Bewegungen in Europa für die jeweils betroffenen Gesellschaften und die Welt als Ganzes großes Unheil, so unterschiedlich diese Phänomene auch nach Art und Umfang sein mögen.

Sofern sich nicht das erste Szenario bewahrheitet - selbst wenn die Welt sich nicht voll auf die bedrohlichen Situationen der beiden anderen Szenarien zu bewegt - steht eine Weltordnungspolitik vor einer schweren Prüfung.

Wirtschaftliche Trends
Der strahlende wirtschaftliche Aufstieg mehrerer Entwicklungsländer führt dazu, daß der Blick auf die unvermindert steigende Zahl der Allerärmsten verstellt wird.

Mit dem Ende des 2. Weltkrieges gelangten die Vereinigten Staaten als einziges Land der Welt mit einer blühenden Industrie in eine beispiellose wirtschaftliche Führungsposition. Schon in der ersten Kriegstagen hatten britische und amerikanische Beamte begonnen, eine Reihe internationaler Institutionen zur Förderung des wirtschaftlichen Wiederaufbaus, der Vollbeschäftigung, des Freihandels und der wirtschaftlichen Stabilität zu entwerfen. Die Hilfs- und Wiederaufbauorganisation der Vereinten Nationen, die Bretton Woods Institutionen, das Allgemeine Zoll- und Handelsabkommen und der von den Vereinigten Staaten geschaffene Marshallplan zum Wiederaufbau Europas gehörten zu den Grundlagen der schnellsten und nachhaltigsten Wirtschaftsexpansion der Weltgeschichte.

Treibende Kraft des lang anhaltenden Nachkriegsbooms war die Privatwirtschaft. Wichtige Unternehmen des Bergbaus, des Dienstleistungssektors und des produzierenden Gewerbes aus Europa und Nordamerika hatten bereits in der ersten Hälfte des Jahrhunderts eine beachtliche internationale Präsenz entwickelt. Nach 1945 nahm das Gewicht dieser transnationalen Konzerne in der Weltwirtschaft zu, während sich zu den inzwischen gereiften Pionieren japanische und später auch andere Unternehmen aus Asien und Lateinamerika gesellten. Wichtige staatliche Betriebe, hauptsächlich aus dem Energie- und Dienstleistungssektor, ergänzten diese Gruppe. Gemeinsam und häufig im Rahmen von Joint Ventures erweiterten und intensivierten transnationale Unternehmen die Industrialisierung und bewirkten eine Globalisierung von Produktion, Handel und Investitionen, die zu einer drastischen Erhöhung der Interdependenz der Weltwirtschaft führte. Gleichzeitig verstärkte dieser Trend jedoch die Verletzbarkeit der Schwachen durch ungleiche Gewinnverteilung und Druck auf die natürlichen Ressourcen.

Seit Anfang der 50er Jahre wuchs die Weltproduktion mit historisch beispiellosem Tempo. Während der vier Jahrzehnte bis 1990 vervierfachte sich das reale Volumen. Die Vorteile der wirtschaftlichen Expansion zeigten sich in den westlichen Industrieländern besonders deutlich. Nach 1950 wuchs das Pro-Kopf-Einkommen im größten Teil Europas innerhalb einer Generation genauso stark wie in den vorausgegangenen eineinhalb Jahrhunderten. Eine Flut neuer Verbrauchsgüter ergoß sich über die Märkte in den USA und Europa und führte zu einem grundlegenden Wandel in diesen Gesellschaften, die kurz zuvor noch unter den Entbehrungen der

Alphabetisierungsgrad in Prozent

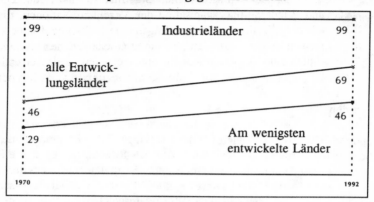

| 99 | Industrieländer | 99 |

alle Entwick-
lungsländer
69

46
46

29
Am wenigsten
entwickelte Länder

1970
1992

Lebenserwartung in Jahren

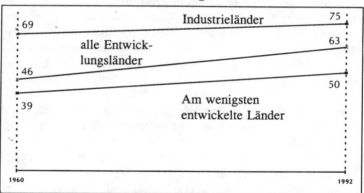

69
Industrieländer
75

alle Entwick-
lungsländer
63

46

50

39
Am wenigsten
entwickelte Länder

1960
1992

*Der Alphabetisierungsgrad hat sich verbessert und die
Menschen leben länger.*

Weltwirtschaftskrise und den Verwüstungen des 2. Weltkrieges
gelitten hatten. Die Lebensqualität verbesserte sich in überwältigender Weise. Insbesondere in Europa wurden umfangreiche
Systeme der sozialen Sicherung geschaffen. Es entstand der Wohl-
fahrtsstaat mit einer in weitem Maße offen zugänglichen medizi-
nischen Versorgung hoher Qualität und verbesserten Bildungschancen. In vielen Ländern konnte die Arbeitslosigkeit auf sehr
niedrigem Niveau gehalten werden.

23

Auch viele Entwicklungsländer erreichten Wachstumsraten, die noch über denen der Industrieländer lagen. Große Fortschritte wurden bei der Bekämpfung von Hunger und Krankheiten, bei der Verbesserung der sanitären Versorgung und im Bildungswesen gemacht. Doch die Vorteile kamen nicht allen gleichermaßen zugute. Einige Gruppen genossen nun einen gewaltig gestiegenen Wohlstand, während andere in Armut dahin vegetierten.

Seit den 70er Jahren hat eine Reihe aufeinander folgender Herausforderungen das Vertrauen in die Nachkriegsordnung erschüttert und das Wachstum in vielen Ländern verlangsamt. Eine Reihe von Schocks - darunter der Beschluß der US-Regierung, 1971 die Bindung des Dollar an den Goldstandard aufzuheben, und der dramatische Anstieg der Ölpreise ab 1973 - signalisierten das Ende der Jahre des leichten Wachstums. Gegen Ende des Jahrzehnts führten die Rezession in den Industrieländern und eine anti-inflationäre Politik zu einem jähen Anstieg der Zinsen. Die Erklärung Mexikos, es könne seine Schulden nicht mehr bedienen, läutete 1982 den Beginn einer Schuldenkrise ein, die auch große Teile Lateinamerikas und Afrikas erschütterte und die dort ohnehin schwierigen Wirtschaftsprobleme noch verschärfte.

Viele Länder gerieten in eine Schuldenfalle und waren nicht mehr in der Lage, für öffentliche oder private Anleihen Zinsen zu zahlen, von Tilgung ganz zu schweigen. Die Investitionen und die Importe gingen zurück, wodurch die Schuldenkrise weiter zugespitzt wurde. Die Wachstumsraten sanken drastisch, und das reale Pro-Kopf-Einkommen war auf beiden Kontinenten rückläufig. Afrika ist heute ärmer als zu Anfang der 70er Jahre. Überall litten die Armen unter den sinkenden Realeinkommen und der wachsenden Arbeitslosigkeit im besonderen Maße.

Die "verlorene Entwicklungsdekade" - von manchen sogar als "verlorene Generation" bezeichnet - hatte ihre Wurzeln sowohl in länderspezifischen Bedingungen als auch im internationalen wirtschaftlichen Umfeld. Wirtschaftsstrategien, die sich zu sehr am Binnenmarkt orientierten, nahmen den Ländern die Fähigkeit, auf äußere schockartige Krisen zu reagieren und erwiesen sich als

Lebenserwartung in Jahren (1992)	**Prozentsatz der Bevölkerung mit Zugang zu Gesundheitsdiensten 1985-1991**

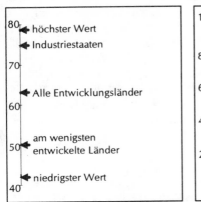
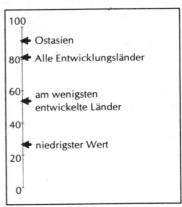

Viele Länder machen Fortschritte, andere bleiben zurück.

nicht nachhaltig. Eine inadäquate Weltwirtschaftsordnung trug nicht nur zur Krise bei, sondern - wohl noch schlimmer - verzögerte auch deren Lösung. Die meisten Länder versuchten die Krise durch schwierige und oft schmerzhafte Strukturanpassungsprogramme zu lösen. Einigen, jedoch nicht allen, ist es damit gelungen, den wirtschaftlichen Abschwung aufzuhalten. Durch eine Politik der makroökonomischen Stabilität und eines marktgetriebenen Aufschwungs erfuhren einige Länder mit mittlerem Einkommen eine Wiederbelebung ihrer wirtschaftlichen Stärke. Die Krise ist jedoch, insbesondere im Hinblick auf die menschliche Entwicklung, noch keineswegs vorüber, obwohl die meisten Länder heute ein besseres Gespür dafür haben, welche Faktoren zu einer nachhaltigen Wirtschaftsentwicklung führen könnten.

Gleichzeitig machten einige Entwicklungsländer in den 80er Jahren vollkommen andere und auch positivere Erfahrungen. Insbesondere in Asien behaupteten sich einige Länder gegenüber den negativen Trends, profitierten sogar von der starken Nachfrage der Industrieländer und erreichten damit ein starkes exportorientiertes Wachstumsniveau. Im Gefolge der spektakulären wirtschaftlichen Erfolge Hongkongs, Singapurs, Südkoreas und Taiwans erzielten auch viele andere Entwicklungsländer, unter ihnen einige der bevölkerungsreichsten der Welt - China, Indonesien, Malaysia und Thailand in Asien, Brasilien, Chile und Mexiko in Lateinamerika - über mehrere Jahre hohe, zeitweilig sogar zweistellige Wachstumsraten. Auch der indische Subkontinent, die Heimat von über einer Milliarde Menschen, weist eine größere Wirtschaftskraft auf. Diese Entwicklungen kommen allerdings nicht allen Menschen gleichermaßen zuteil. Nachhaltiges Wachstum bietet jedoch größere Chancen für Millionen Menschen und führt zu fundamentalen Veränderungen der Weltwirtschaftsbeziehungen.

Anhaltende Armut

Das strahlende wirtschaftliche Aufstieg mehrerer Entwicklungsländer führt jedoch dazu, daß der Blick auf einen weniger imposanten Aspekt der wirtschaftlichen Veränderungen in der Nachkriegswelt verstellt wird: die unvermindert steigende Zahl der Allerärmsten. Obwohl die Weltwirtschaft in den letzten vier Jahrzehnten um das Fünffache expandierte, wurde die krasse Armut weder beseitigt und noch nicht einmal verringert. Selbst einigen sonst erfolgreichen Ländern ist es nicht gelungen, die Armut vollständig auszurotten.

Die Verfestigung der Armut zeigt sich auch darin, daß die Anzahl der von der Weltbank als "absolut arm" klassifizierten Menschen 1993 auf 1,3 Milliarden angestiegen ist. Absolute Armut bedeutet bitterste Not, ein Leben am Rande der Existenz. Für die absolut Armen ist beispielsweise eine sichere Trinkwasserquelle in erreichbarer Nähe ein Luxus; in mehreren Ländern - Bhutan, Äthiopien, Laos, Mali und Nigeria - verfügt darüber nicht einmal die Hälfte der Bevölkerung.

Auch die räumliche sowie die geschlechts- und altersbezogene Verteilung der Armut verdienen Beachtung. Gegen Ende der 80er Jahre war der Anteil der chronisch Unterernährten in Asien auf

19 Prozent der Bevölkerung zurückgegangen, auf die Hälfte des zwei Jahrzehnte zuvor bestehenden Wertes. Doch in den gleichen zwanzig Jahren hat sich die Situation in Afrika nur geringfügig verändert. Dort leidet weiterhin ein Drittel der rasant anwachsenden Bevölkerung an Unterernährung. Afrika südlich der Sahara und Südasien sind heute die mit Abstand ärmsten Regionen der Welt. Insgesamt sind.es über 800 Millionen Menschen, die weder im ausreichenden Maße noch regelmäßig über ·Nahrungsmittel verfügen.

Ein derartiges Ausmaß von Armut und Unterernährung ist erschreckend. Ebenso furchtbar sind die "Feminisierung" der Armut und die Art und Weise, wie dieses Übel und seine Begleiterscheinungen das Leben von Kindern überall auf der Welt beeinträchtigt. Frauen erhalten auf dem Arbeitsmarkt für gleiche Leistung weiterhin weniger Lohn als Männer und haben meist nur Zugang zu monotonen und niederen Arbeiten. Gleichzeitig erfährt ihre unbezahlte Tätigkeit im Haushalt und auf den Feldern keinerlei Anerkennung, obwohl keine Volkswirtschaft ohne diese Arbeit überleben könnte. Die schlechte Einkommenssituation der Frauen wird durch kulturelle Strukturen weiter verstärkt: Dort, wo Nahrungsmittel und Bildungschancen knapp sind, rangieren die Frauen in der Warteschlange hinter den Männern. Ein Drittel der Erwachsenen in den Entwicklungsländern sind Analphabeten, darunter sind wiederum zwei Drittel Frauen.

Die Not wird an die nächste Generation weitergegeben. In den Entwicklungsländern mit niedrigem Einkommen erreichen 73 von 1000 Babys nicht ihren ersten Geburtstag. Die Sterblichkeit von Kleinkindern liegt zehnmal so hoch wie in den reichen Ländern. Von den überlebenden Kindern erhalten viele keine Schulbildung. Kaum mehr als 40 Prozent der Kinder eines Jahrganges besuchen Sekundarschulen.

Die absolute Armut erlaubt selten den Erhalt einer traditionellen Gesellschaft oder verhindert eine Weiterentwicklung hin zur Teilhabe am staatsbürgerlichen Leben. Doch Armut hat nicht nur ein absolutes, sondern auch ein relatives Maß. Die bittere Armut von etwa einem Fünftel der Menschheit muß im Zusammenhang mit dem Überfluß der Reichen der Welt gesehen werden. Selbst, wenn man zur Korrektur unterschiedlicher Preisniveaus auf Kaufkraftparitäten bezogene Daten verwendet, verdient das ärmste Fünftel weniger als ein Zwanzigstel des reichsten Fünftels. Auf Basis der Kaufkraftparität betrug das Bruttoinlandsprodukt pro Kopf 1991 in den USA 22.130 Dollar, in Indien 1.150 Dollar.

Armut und extreme Einkommensunterschiede, die an sich schon ungerecht sind, schüren, wenn sie vom weltweiten Fernsehen sichtbar gemacht werden, einerseits Schuldgefühle und andererseits den Neid. Die Armen fordern neue Maßstäbe in der Weltordnungspolitik ein, wie sie sich in den letzten Jahren allmählich abzeichnen.

Die Erfahrungen in Osteuropa

Durch den Zusammenbruch des Sowjetblocks eröffneten sich den Menschen in Mittel- und Osteuropa neue Möglichkeiten. Mit Ausnahme der bereits industrialisierten Teile Mitteleuropas bescherte das kommunistische Wirtschaftssystem in den Anfangsjahren den Ländern eine gewisse Verbesserung der Wirtschafts- und Lebensbedingungen. Doch die politisch motivierte Abkapselung gegenüber der internationalen Gemeinschaft und der Weltwirtschaft führte zusammen mit der Konzentration auf Militarisierung und Schwerindustrie schließlich zu Stagnation und Niedergang. Versuche, mit Methoden der Kommandowirtschaft Fortschritte zu erzielen, erwiesen sich als langfristig nicht haltbar und umweltpolitisch verheerend. Diese Länder erleben heute einen grundlegenden Prozeß der Transformation ihrer Wirtschaften und der Integration in die Märkte Europas und der Welt.

Der Übergang zu einer erfolgreichen Marktwirtschaft ist ein äußerst schwieriger Prozeß. Der Zusammenbruch der alten Strukturen hat überall zu schweren Produktionsrückgängen geführt. Die Lebensqualität vieler Menschen wurde zerstört. Besonderen Anlaß zur Besorgnis bietet dabei die Situation in Rußland und der Ukraine, die sich in einem dramatischen Anstieg von Sterblichkeit und Kriminalität manifestiert. Bisher steht nicht fest, ob diese Länder die richtige Mischung aus nationaler Befreiung, gemeinsamer Verantwortung und gegenseitiger Achtung und Toleranz erreichen können, ob sie das richtige Gleichgewicht zwischen radikaler Transformation und Stabilität bzw. zwischen Marktreform und politischen, sozialen, umweltpolitischen und sonstigen Zielen erreichen können.

Trotzdem zeigen sich überall in der Region Anzeichen einer neuen ökonomischen Kreativität. Diese Länder mit ihren über 300 Millionen Einwohnern besitzen menschliche und natürliche Ressourcen, die ihnen eine relativ schnelle Entwicklung ermöglichen dürften, sobald einmal funktionierende Marktinstrumente geschaffen sind. Durch ihre Integration in die Weltwirtschaft wird sich der Wettbewerb auf den Weltmärkten verschärfen. Dies kann, beispielsweise in der europäischen Landwirtschaft, durchaus zu einem Verdrängungswettbewerb führen. Doch es gibt auch genügend Raum für einen für beide Seiten nützlichen Handel, insbesondere mit den dynamischen Volkswirtschaften Asiens und anderen Teilen der Dritten Welt. Sofern die Transformation nachhaltige Gestalt annimmt, könnten die globalen Wirtschaftsbeziehungen um eine positive neue Dimension bereichert werden.

Regionale Gruppen

Das Entstehen regionaler Wirtschaftsgruppen vergrößert die Aussichten auf eine neue geo-ökonomische Landschaft. Durch den europäischen Zusammenschluß wurde eine einheitliche Wirtschaftsregion geschaffen, die 40 Prozent der Importe und Exporte der Welt umfaßt. Im Laufe der fortschreitenden Integration wird die Europäische Union immer mehr weltwirtschaftliche Aufgaben wahrnehmen, die traditionell ihren Mitgliedern zufielen. Durch das Nordamerikanische Freihandelsabkommen entstand eine weitere regionale Einheit, die in der Weltwirtschaft eine zunehmend wichtigere Rolle spielen kann.

In Asien spielt der Südostasiatischer Nationenbund (ASEAN) heute eine wichtige regionalwirtschaftliche Rolle, und es besteht

Aussicht auf das Entstehen einer erweiterten asiatischen Wirtschaftsgemeinschaft. Politiker aus Asien und dem pazifischen Raum haben kürzlich das Forum für Wirtschaftliche Zusammenarbeit im Asiatisch-Pazifischen Raum gegründet, das es ihnen erlaubt, gemeinsame Probleme zu diskutieren und eine koordinierte Politik zu entwickeln. Auch sind Schritte zur Gründung einer Ostasiatischen Wirtschaftsregion (East Asian Economic Caucus) unternommen worden.

Fortschritte in Richtung einer engeren regionalen Zusammenarbeit zeigten sich in den letzten Jahren auch in Mittelamerika, der Karibik und Südamerika, wo Demokratisierung und neue Initiativen etablierte Gremien wieder aufleben lassen und Neugründungen wie MERCOSUR und den Karibischer Staatenbund gefördert haben. Anderenorts - in Südasien und Afrika - war Regionalabkommen weniger Erfolg beschieden oder sie entstanden gar nicht erst. In Europa diskutiert man nun über Geschwindigkeit und Umfang der Integration, einschließlich der Ausweitung der Union auf Mittel- und Osteuropa sowie die Mittelmeerländer.

Unklar ist auch, ob Regionalorganisationen sich zu Bausteinen einer ausgewogeneren Weltwirtschaftsordnung entwickeln werden oder ob sie zu Instrumenten eines neuen, die Welt spaltenden Protektionismus verkommen. Es kommt daher darauf an, daß sie zum integralen Bestandteil eines demokratischeren Systems innerhalb einer Weltordnungpolitik werden.

Der private Sektor

Eine weitere Erscheinung der letzten Jahre mit gewaltigen, wenn auch noch unklaren Konsequenzen für die Weltordnungspolitik ist das zunehmende Gewicht privater Unternehmen. Die durch zwei Weltkriege hervorgerufene Nachfrage und die kriegs- und krisenbedingte allgemeine wirtschaftliche Zerrüttung führten in der ersten Hälfte des 20. Jahrhunderts zu massiver Staatsintervention, selbst in Ländern, die sich äußerst nachdrücklich zum freien Unternehmertum bekannten. Zweimal in einer Generation wurden die Wirtschaftsführer der Welt zu Beamten, denen die Verwaltung der militärischen und zivilen Güter kriegführender Staaten oblag.

**Der Umsatz der größten multinationalen Unternehmen
übersteigt das BSP vieler mittlerer Volkswirtschaften.**

in Milliarden US-Dollar

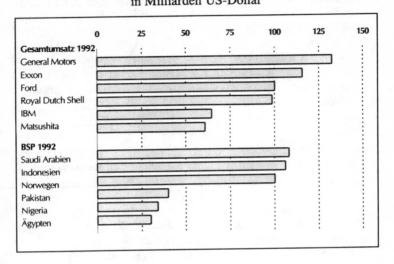

Diese Erfahrung prägte nach 1945 sowohl in den Industrie- als
auch in den Entwicklungsländern die Einstellung der Politiker gegenüber der Privatwirtschaft. Die Wirtschaftspolitiker vertrauten
auf ihre Fähigkeit, die Kräfte des Marktes im Sinne des Gemein-
wohls zu lenken und zu regulieren. Dies fand seinen Niederschlag
in der von den meisten Industrieländern zur Förderung des
Wirtschaftswachstums und zur Verbesserung der Lebensbedingungen verfolgten Wirtschaftspolitik. Es zeigte sich auch in den
von den Architekten der Nachkriegsordnung zur Lenkung der
Weltwirtschaft geschaffenen Institutionen, in den ehrgeizigen
Exportsubstitutionsstrategien Indiens, Mexikos und Brasiliens
sowie in den von diesen und vielen anderen Entwicklungsländern
eingeführten restriktiven Regelungen für Firmen im ausländischen
Besitz.

Doch seit Ende der 70er Jahre hat die kraftvolle Bewegung
zugunsten marktorientierter Ansätze die transnationalen Unter-

nehmen wieder zu Kapitalgebern und technologischen Innovationsträgern mit einer legitimen Rolle im neuen System der Weltordnungspolitik werden lassen. Viele multinationale Unternehmen produzieren heute auf mehreren Kontinenten und kaufen und verkaufen weltweit. Viele Konsumartikel und Markenzeichen sind heute allgegenwärtig. Die Veränderung im wirtschaftspolitischen Umfeld hat auch, insbesondere in den Entwicklungsländern, die Entstehung vieler kraftvoller Kleinunternehmen begünstigt. Dies ist ein weiterer Aspekt des weltweiten Trends zu einer breiteren Machtverteilung.

Veränderungen in Gesellschaft und Umwelt

Die Menschen beginnen, ihr Recht auf Teilhabe an der Gestaltung der eigenen Ordnung einzufordern.

Einhergehend mit der politischen und wirtschaftlichen Transformationen brachten die letzten fünf Jahrzehnte auch einen weitreichenden sozialen und umweltpolitischen Wandel. Das rasante Bevölkerungswachstum war begleitet von zahlreichen Veränderungen in der Lebensweise der Menschen, deren Lebensstandard und Alphabetisierungsgrad aufgrund zunehmender Wirtschaftsaktivitäten stiegen. Die dank neuer Technologie allgegenwärtigen Medien reflektierten einige dieser Veränderungen und beeinflußten andere.

Bevölkerungszunahme und Wirtschaftswachstum bedeuten zusätzliche Belastungen der natürlichen Ressourcen und der Umwelt, und das Management des demographischen und wirtschaftlichen Wandels im Sinne der Interessenwahrung künftiger Generationen ist zu einer der vordringlichsten Aufgabe geworden.

Ebenso bedeutungsvoll wie diese Veränderungen ist die zunehmende Fähigkeit der Menschen, ihr Leben zu gestalten und ihre Rechte einzufordern. Die gewachsene Macht und Fähigkeit der Menschen zeigt sich in der Stärke der Zivilgesellschaft und der demokratischen Prozesse. In diesen erweist sich das Potential menschlicher Kreativität und Zusammenarbeit, die beide von ausschlaggebender Bedeutung für die Überwindung der vielen sicherheitspolitischen, wirtschaftlichen, umweltpolitischen und sozialen Herausforderungen sind, vor denen die Welt heute steht und die Gegenstand einer Ordnungspolitik sein müssen.

Bevölkerung

Heute wird die Erde von mehr als doppelt so vielen Menschen wie zu Beginn der Nachkriegsära bewohnt. In den letzten fünf Jahrzehnten sind sogar mehr Menschen hinzugekommen, als jemals in all den vorausgegangenen Jahrtausenden der Menschheitsgeschichte lebten. Obwohl die Wachstumsgeschwindigkeit der Bevölkerung sich seit einiger Zeit verlangsamt hat, bleibt der jährliche Zuwachs hoch und erreichte 1993 mit 87 Millionen nahezu einen Spitzenwert. Vergleichsweise kamen 1950 nur 37 Millionen Menschen zur Erdbevölkerung hinzu.

Die Fruchtbarkeit der Erde und neue Agrartechniken - neues Saatgut, Düngemittel, Pestizide, Maschinen und Bewässerungstechniken - haben bisher eine malthusianische Krise verhindert, wonach die Anzahl der Menschen über deren Möglichkeiten der Versorgung mit Nahrungsmitteln liegen würde. Wie 1994 bei der Weltkonferenz über Bevölkerung und Entwicklung immer wieder betont wurde, wirft die Aussicht auf ein anhaltendes Bevölkerungswachstum beunruhigende Fragen auf. Dabei geht es nicht allein um die Nahrungsmittelversorgung, obwohl in einigen Teilen der Welt das Bevölkerungswachstum die Ernährungssicherung zunehmend gefährdet. Es geht auch um die Fähigkeit der Erde, den Auswirkungen menschlichen Konsums bei weiterer Bevölkerungszunahme standzuhalten, wenn die gegenwärtigen Trends zunehmender Wirtschaftsaktivitäten und wachsenden Konsums unverändert anhalten. Auch die Verteilung der künftigen Zunahme beunruhigt: Der schnellste Zuwachs wird in Afrika, der gleichzeitig ärmsten und ökologisch sensibelsten Region zu verzeichnen sein.

Die Bevölkerungsstatistiker der UN sind heute der Ansicht, daß sich das Bevölkerungswachstum weit schleppender verlangsamen wird, als ehemals von ihnen erwartet wurde. 1982 rechneten sie damit, daß die Weltbevölkerung Ende des nächsten Jahrhunderts mit 10,2 Milliarden ihren Höchststand erreichen würde. Heute erklären sie, das Wachstum könne noch ein weiteres Jahrhundert lang anhalten, bis 11,6 Milliarden erreicht sind. Bereits heute leben 78 Prozent der Weltbevölkerung in Entwicklungsländern, auf die gleichzeitig 94 Prozent des gegenwärtigen Wachstums entfallen. Ihre Städte werden zunehmend schweren Belastungen ausgesetzt sein, wenn immer mehr Menschen die Landgebiete, in denen sie kein Auskommen mehr finden, verlassen. Die Verstädterung in diesen Ländern erfolgt weit schneller als dies in den heutigen Industriegesellschaften in einem vergleichbaren Entwicklungsstadium jemals der Fall war.

Auch erfolgt die Verstädterung schneller als die Industrialisierung. Die Städte ziehen mehr Menschen an, als ihre wirtschaftlichen Möglichkeiten zur Schaffung von Arbeitsplätzen und Wohnraum, zur Bereitstellung von Wasser, sanitären Einrichtungen und anderen Dienstleistungen erlauben. Auf diese Weise entstehen in den Städten erbärmliche Verhältnisse mit sozialen Spannungen, Kriminalität und anderen Folgeerscheinungen. Großstädte sind seit langem nicht mehr auf fortgeschrittene Industrieländer beschränkt. 1960 lagen drei der zehn größten Städte der Welt in Entwicklungsländern. Ende der 90er Jahre wird es in diesen Ländern 18 von insgesamt 24 Städten mit jeweils mehr als 10 Millionen Einwohnern geben. wobei die Probleme in den schnell wachsenden Städten der Dritten Welt weit dringlicher sind als anderswo. Die Stadt ist ein zentrales Thema auf allen Ebenen der Ordnungspolitik. Eine Weltordnungspolitik kann einen entscheidenden Beitrag leisten, indem sie die Ursachen des übermäßig schnellen Bevölkerungswachstums und der Verstädterung angeht und indem sie auf regionaler, nationaler und lokaler Ebene die Kräfte stärkt, die sich mit den Konsequenzen auseinandersetzen müssen.

Die Ressourcen der Erde

Das schnelle Bevölkerungswachstum ist aufgrund des Einflusses, den die Menschen auf die lebenserhaltenden Ressourcen der Erde haben, eng verknüpft mit dem Problem der ökologischen Sicherheit. Die Belege für eine weitgehende Umweltzerstörung durch menschliches Handeln häufen sich: Fruchtbarkeitsverlust oder Erosion von Böden, Überweidung, Desertifikation, dahinschwindende Fischbestände, aussterbende Arten, abnehmende Waldflächen, Verschmutzung von Luft und Wasser. Hinzu kommen die neueren Probleme des Klimawandels und des Abbaus der Ozonschicht. Durch das Zusammenwirken all dieser Faktoren besteht die Gefahr, daß sich die Bewohnbarkeit der Erde verringert und das Leben riskanter wird.

Sowohl die Geschwindigkeit als auch die Art und Weise der Nutzung von Schlüsselressourcen sind kritische Faktoren bei der Bewertung von Umwelteinwirkungen. Die Industrieländer sind für die unverhältnismäßige Nutzung nicht erneuerbarer Ressourcen verantwortlich. Trotz eines erheblichen Anstiegs des Energieeinsatzes in den Entwicklungsländern in den letzten Jahrzehnten, liegt der Pro-Kopf-Verbrauch an fossilen Brennstoffen in den Industrieländern immer noch neunmal so hoch. Mit weniger als einem Viertel der Weltbevölkerung waren die Industrieländer (einschließlich Osteuropa und der ehemaligen Sowjetunion) in der Periode 1986-1990 für 72 Prozent des Weltverbrauchs an fossilen Brennstoffen verantwortlich. Bei Schlüsselmetallen sind die Disparitäten sogar noch größer. Der jährliche Verbrauch der Entwicklungsländer an Kupfer macht beispielsweise nur 18 Prozent des Weltverbrauchs aus, und der Pro-Kopf-Verbrauch in den Industrieländern liegt 17 mal so hoch.

In den Entwicklungsländern stehen die größten Umweltbelastungen im Zusammenhang mit der Armut. Um zu überleben, zerstören die Armen das Land und den Wald durch Raubbau und untergraben damit die Ressourcenbasis, von der ihr Wohlergehen und ihr Überleben abhängen. Diesen Ländern muß geholfen werden, sich aus der Armut zu befreien, damit der Druck auf ihre Lebensräume verringert wird. Bei geringerer Armut wird sich jedoch der Lebensstandard und damit der Verbrauch erhöhen. Die Welt muß Mittel und Wege finden, damit dies ohne Gefährdung der Umweltsicherheit geschehen kann. Die Entwicklungsländer brauchen Zugang zu ressourcenschonenden und energiesparenden Technologien. Damit der Ressourcenverbrauch bei steigendem Lebensstandard der Armen in vernünftigen Grenzen bleibt, müssen die Überflußgesellschaften weniger verbrauchen.

Bevölkerung, Verbrauch, Technologie, Entwicklung und Umwelt sind miteinander durch eine komplexes Beziehungsgeflecht verbunden, daß in engem Bezug zum Wohlergehen der Menschheit als globale Nachbarn steht. Die wirksame und gerechte Gestaltung dieser Beziehungen erfordert einen systematischen, langfristigen, globalen Ansatz, geleitet vom Prinzip der nachhaltigen Entwicklung, das die zentrale Lehre aus den wachsenden ökologischen Bedrohungen der jüngsten Zeit darstellt. Die universelle Anwendung dieses Prinzips ist eine vorrangige Aufgabe der Weltordnungspolitik.

Globale Medien

Neuerungen in der Kommunikationstechnologie haben nicht nur als treibende Kraft der wirtschaftlichen Globalisierung gewirkt, sondern auch die Medienwelt und die Verbreitung von Informationen verändert, mit wichtigen Konsequenzen für die nationale und die globale Ordnungspolitik. Diese Entwicklung begann in den 40er Jahren mit dem Rundfunk und wurde seitdem durch Fernsehen und Satellitenübertragung erweitert, so daß man heute selbst an entlegenen Orten unmittelbaren Zugang zu Bild und Ton aus einer größeren Welt hat. In einigen Ländern haben neue Kommunikationssysteme den Menschen sogar im eigenen Land nicht zugängliche Nachrichten über lokale Ereignisse vermittelt. Telefondirektwahl und Faxübertragung haben die Flut grenzüberschreitender Nachrichten und Botschaften anschwellen lassen. Eine weitere wichtige Entwicklung liegt in der gemeinsamen Nutzung von Informationen in weltweiten Computernetzen.

Medieninformationen über fremde Kulturen und Lebensweisen können sowohl anregend als auch destabilisierend wirken; sie können zu Wertschätzung, aber auch zu Neid anregen. Die Sorge, daß die Vorherrschaft transnationaler Medien zu kultureller

Gleichschaltung und zur Schädigung einheimischer Kulturen führen könnte, ist nicht auf die Länder außerhalb des Westens beschränkt. Viele Menschen sind besorgt, die Bilder der Medien könnten zu einer übertriebenen Konsumhaltung in Gesellschaften in den Frühstadien der Entwicklung beitragen. Es stellen sich Fragen über eine verzerrte Darstellung und Unausgewogenheit, da die Nachrichten der Welt hauptsächlich über westliche Kanäle gefiltert werden, und die Informationsflüsse aus und innerhalb der Dritten Welt sind unzulänglich. Die Besorgnis über eine Konzentration des Medienbesitzes ist mit der Befürchtung verknüpft, der Einfluß dieses Wirtschaftssektors auf politisches Handeln gehe nicht mit einem entsprechenden Verantwortungsbewußtsein einher. Diese verschiedenen Befürchtungen haben zu der Anregung geführt, daß die Zivilgesellschaft selbst versuchen müsse, eine globale Grundversorgung an Programmen zu sichern, die nicht an kommerzielle Interessen gebunden ist.

Der breitere Informationszugang ist für die Demokratie, deren Bürger besser informiert werden, für die Entwicklung, die wissenschaftliche und wirtschaftliche Zusammenarbeit sowie viele andere Aktivitäten von Nutzen. Die verbesserte Kommunikation kann auch zu einem größeren Bewußtsein der Verbundenheit unter den Menschen beitragen. Die Bilder menschlichen Leides in den Medien veranlassen Menschen, ihre Betroffenheit und ihre Solidarität mit anderen an weit entfernten Orten durch Beiträge zu Hilfsleistungen und durch an Regierungen gerichtete Forderungen nach Erklärungen und Maßnahmen zum Ausdruck zu bringen. In vielen Ländern haben die Medien auch beachtlichen Einfluß auf die Gestaltung der Außenpolitik.

Obwohl sich Reichweite und Einzugsgebiet einiger Medien erstaunlich erweitert haben, besteht weiterhin ein gravierendes Ungleichgewicht beim Informationszugang und in der Verteilung selbst einfachster Technologien. Zwei Milliarden Menschen, d.h. einer von drei Erdbewohnern, haben noch immer keinen Stromanschluß. 1990 hatten Bangladesch, China, Ägypten, Indien, Indonesien und Nigeria zusammengenommen weniger Telefonanschlüsse als Kanada mit seinen lediglich 27 Millionen

Einwohnern. Ein solches Mißverhältnis findet sich auch bei den Besitzverhältnissen an Fernmeldesatelliten, dem Schlüssel zur Globalisierung der Medien.

Träger des Wandels in der Zivilgesellschaft

Zu den wichtigsten Veränderungen im letzten halben Jahrhundert gehört auch das Entstehen einer dynamischen globalen Zivilgesellschaft, das durch die soeben dargestellten Kommunikationsfortschritte und die entsprechende Vereinfachung weltweiter Interaktion begünstigt wurde. Der Begriff der Zivilgesellschaft bezieht sich auf eine Vielzahl von Institutionen, freiwilligen Vereinigungen und Netzwerken - Frauengruppen, Gewerkschaften, Handelskammern, Agrar- oder Wohnungsbaugenossenschaften, Vereinigungen der Nachbarschaftshilfe, religiös motivierte Organisationen usw. Derartige Gruppen kanalisieren die Interessen und Energien zahlreicher nichtstaatlicher Gemeinschaften, von der Wirtschaft und den Berufsständen bis zu Einzelnen, die für das Wohl der Kinder oder eine gesündere Umwelt tätig sind.

Seit Anbeginn des modernen Staates gibt es auch bedeutende Nichtregierungsorganisationen und Bewegungen. Doch in den letzten fünf Jahrzehnten haben Größe, Vielfalt und internationale Einfluß dieser Organisationen auf eindrucksvolle Weise zugenommen. Zunächst konzentrierte sich das spektakuläre Wachstum hauptsächlich auf die Industrieländern mit hohem Lebensstandard und demokratischem Systemen. Neuerdings entfalten sich derartige Organisationen aber auch in Entwicklungsländern und in den ehemals kommunistischen Ländern Europas.

Das Bild der Nichtregierungsorganisationen hat sich aufgrund wirtschaftlicher und gesellschaftlicher Veränderungen gewandelt. Die Gewerkschaften, die national und international zu den mächtigsten NGOs gehörten, haben aufgrund von Veränderungen in der Beschäftigungsstruktur und dem Trend zur marktwirtschaftlicher Ideologisierung der Arbeitsbeziehungen an Bedeutung verloren, obwohl ihr Einfluß und ihre Mitgliederzahlen weiterhin

Internationale NGOs*

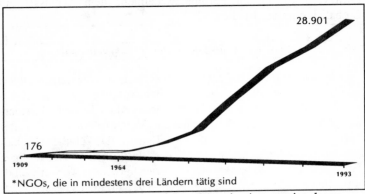

28.901

176

1964

1993

*NGOs, die in mindestens drei Ländern tätig sind

Die Zunahme nichtstaatlicher Organisationen zeigt deren wachsende Rolle

beachtlich sind. Umgekehrt hat die Zahl problemorientierter Massen- und Expertenorganisationen zugenommen.

Alles in allem leisten Bürgerbewegungen und NGOs heute auf zahlreichen Gebieten wichtige nationale und internationale Beiträge. Mit ihrem Wissen, ihren Fertigkeiten, ihrer Begeisterung, ihren unbürokratischen Ansätzen und ihren basisorientierten Betrachtungsweisen bieten sie eine gute Ergänzung zu den staatlichen Institutionen. Viele NGOs sammeln auch beachtliche Summen für Entwicklungsarbeit und humanitäre Hilfe, Aufgaben, bei denen ihr Engagement, ihre administrative Effizienz und ihre Flexibilität von großem zusätzlichen Wert sind. Sie spielen bei der Durchsetzung von Menschenrechten eine führende Rolle und sind bei der Regelung von Streitigkeiten und anderen Aufgaben der Friedenssicherung zusehends aktiv.

Das gewachsene Bewußtsein für die Notwendigkeit einer Teilhabe der Bevölkerung an der Ordnungspolitik und die Ernüchterung über die Leistungen des Staates mit seinen begrenzten Möglichkeiten haben zum Wachstum der NGOs beigetragen. Die Ausbreitung dieser Organisationen ermöglicht eine effektive Ver-

Anteil der Länder, die in internationalen NGOs vertreten sind

1960		1993
8	Afrika	16
	Europa	
14	Asien	17
	N.amerika	
	Lat.amerika	
	Sonstige	

Der Anteil an internationalen NGOs ist in Afrika und Asien am schnellsten gestiegen.

tretung breiter Bevölkerungsgruppen und kann den Pluralismus und die Funktionsfähigkeit der Demokratie stärken. In vielen Ländern haben sich die Organisationen der Zivilgesellschaft eindrucksvoll legitimiert. Einige Regierungen und mächtige Interessengruppen stehen jedoch unabhängigen Organisationen weiterhin mit Argwohn gegenüber, und Probleme der Legitimation und Rechenschaftsfähigkeit werden auch künftig immer wieder auftreten, wenn Nichtregierungsorganisationen einer sorgfältigeren und nuancierteren Beurteilung unterzogen werden. Dieser Sektor umfaßt eine riesige Anzahl unterschiedlicher Vereinigungen, und nicht alle haben demokratische Strukturen oder sind in ihrer Zusammensetzung wirklich repräsentativ.

Einige NGOs dienen sehr begrenzten Interessen, wobei sich diese Tendenz mit zunehmender politischer Bedeutung dieses Sektors verstärken wird. Sie decken in bestimmten Fragen zusehends das gesamte Spektrum von Interessenlagen und politischen Positionen ab. Organisationen der Zivilgesellschaft leisten Gewaltiges bei der

Mobilisierung von Energien und Engagement, doch die Konzentration auf Einzelprobleme, auf der die Stärke und Sachkunde mancher dieser Gruppen beruhen, kann auch den Blick auf eine umfassendere Problematik verstellen. Je stärker sich derartige Organisationen institutionalisieren, desto abhängiger werden sie von den taktischen Notwendigkeiten der Mitgliedergewinnung und Geldbeschaffung.

In Entwicklungsländern stehen Organisationen der Bürgergesellschaft häufig vor dem schwierigen Dilemma, einerseits ihre Finanzierung und den Zugang zu aktuellen Informationen zu sichern und andererseits ihre Unabhängigkeit zu wahren und den Eindruck zu vermeiden, sie stünden unter ausländischem Einfluß. Insgesamt leisten jedoch die Organisationen der Zivilgesellschaft und der NGO-Sektor entscheidende und belebende Beiträge zu den Möglichkeiten wirkungsvoller Ordnungspolitik. Sie müssen in den Strukturen der Weltordnungspolitik einen wichtigeren Platz als bisher einnehmen.

Wie auf nationaler Ebene erkennen auch die Beamten in zwischenstaatlichen Organisationen nur zögerlich die nützliche Partnerrolle der NGOs an. Die Beziehungen zwischen UN und NGOs verbessern sich allerdings mit der Zeit. Wenn auch noch viel zu tun bleibt, ist die Zusammenarbeit heute ein allgemein anerkanntes Merkmal auf der internationalen Ebene. Sie erreichte mit der Konferenz über Umwelt und Entwicklung in Rio im Jahre 1992 einen Höhepunkt: Über 1400 NGOs waren bei der offiziellen Konferenz akkreditiert, und Tausende weiterer nahmen am parallel stattfindenden Globalen Forum teil. Dies war die größte Anzahl von NGOs, die je an einer UN-Veranstaltung teilgenommen hat und wohl auch die bisher engste Zusammenarbeit zwischen dem staatlichen und dem unabhängigen Sektor.

Auch auf den seit Rio abgehaltenen UN-Konferenzen gab es eine hohe Beteiligung von NGOs: bei der Konferenz über Menschenrechte 1993 in Wien, bei der Konferenz über Kleine Inselstaaten in Barbados 1994 und auch bei der Konferenz über Bevölkerung und Entwicklung 1994 in Kairo. Eine ähnliche Beteiligung dürfte sich beim Weltgipfel über Soziale Entwicklung in Kopenhagen im März 1995, bei der Weltfrauenkonferenz im September 1995 in Peking und bei der Konferenz über Siedlungsentwicklung (HABITAT II) in der Türkei im Juni 1996 wiederholen.

Die wachsende Zahl der beteiligten Akteure macht die Aufgaben der Ordnungspolitik komplizierter. Die Politiker müssen eine weit größere Vielfalt von Institutionen einbeziehen, beteiligen und mobilisieren und sich daher mit einem viel breiteren Spektrum von Interessen, Wertvorstellungen und Arbeitsstilen auseinandersetzen. Obwohl die institutionelle Vielfalt den Prozeß verkomplizieren dürfte, könnte sie andererseits weit größere Möglichkeiten zur Befriedigung der komplexen Anforderungen an das ordnungspolitische System bieten. Probleme, die von einer Gruppe von Institutionen unbeachtet bleiben, könnten von einer anderen aufgezeigt werden. Fragen, die die Möglichkeiten bestimmter Organisationen überschreiten, könnten von anderen ohne weiteres behandelt werden.

Dies gilt insbesondere im Bereich der nachhaltigen Entwicklung. Zahlreiche Fehler in der Entwicklungszusammenarbeit sind darauf zurückzuführen, daß nationale oder internationale Bürokraten die wahrscheinlichen Auswirkungen neuer Projekte nicht sehen oder nicht sehen wollten. Die Organisationen der Zivilgesellschaft spielen eine wichtige Rolle, die eigentlichen Entwicklungsbedürfnisse aufzuzeigen und in Projektvorschläge zu überführen. Gelegentlich sind sie auch für die Projektdurchführung und als Mitfinanzierer wichtig. Bei Projekten, die von Regierungen oder zwischenstaatlichen Institutionen finanziert werden, erhöht sich durch die NGO-Beteiligung im Rahmen der Vorbereitung und Evaluierung die Erfolgswahrscheinlichkeit.

Für so viele unterschiedliche Organisationen Wege einer konstruktiven Beteiligung an internationalen Aktivitäten zu schaffen, ist eine anspruchsvolle Aufgabe. Doch die Erfolge seit Rio bieten eine gute Grundlage. Die offiziellen Gremien müssen natürlich regelmäßige Kontakte mit dem nicht-staatlichen Sektor pflegen, statt diesen lediglich an der Vorbereitung großer Konferenzen zu beteiligen. Sie müssen sich in konstruktiver Weise um die Zivilgesellschaft und deren Beiträge in allen Stadien, einschließlich der politischen Entscheidungsfindung, bemühen. Die Träger des Wandel in der Zivilgesellschaft können diesen Prozeß fördern, indem sie für übersichtliche Formen der Beteiligung und für eine ausgewogene Vertretung der eigenen unterschiedlichen Interessen und Positionen sorgen.

Gestaltungsmacht für die Menschen

Die neue Stärke der Zivilgesellschaft ist Ausdruck der stark gewachsenen Fähigkeit und Bereitschaft der Menschen, ihr Leben selbst in die Hand zu nehmen und zu verbessern oder umzugestalten. Diese Entwicklung wurde durch verbesserte Bildungsmöglichkeiten, größere Chancen für Frauen, besseren Informationszugang und politischen Fortschritt gefördert. Eine Reihe von Regierungen, politischen Bewegungen und sonstigen Institutionen haben außerdem bewußte Anstrengungen unternommen, um den Menschen größeren Gestaltungsraum zu geben.

Gestaltungsmacht hängt von der Fähigkeit der Menschen ab, für sich selbst zu sorgen, denn Armut äußert sich für den einzelnen im Mangel an Entscheidungsmöglichkeiten. Wenn Menschen den Freiraum und die Mittel zur Machtausübung haben sollen, bedürfen sie unbedingt wirtschaftlicher Sicherheit. Während sich die Anzahl produktiver Arbeitsplätze weltweit vervielfacht hat, insbesondere durch das Wachstum kleiner Privatunternehmen, sind praktisch alle Gesellschaften von lähmender Arbeitslosigkeit betroffen. Die Situation scheint sich durch den Aderlaß, den Gemeinschaften durch Marginalisierung erfahren, noch zu verschlimmern. Kein Gestaltungsspielraum kann von Dauer sein, wenn die Menschen kein geregeltes Einkommen haben.

Das eklatanteste Defizit bei der Erringung von Gestaltungsmacht ist für Frauen festzustellen. Trotz umfangreicher Emazipationskampagnen und vieler Fortschritte ist ein großer Teil der Frauen der Welt ohne Stimme und ohne Macht. Der Kampf um Chancengleichheit und gleichen Lohn für Frauen geht im wirtschaftlichen

Bereich weiter und sollte zusammen mit einen Kampf um Gleichberechtigung im politischen Bereich ausgetragen werden.

Dennoch ist die Zahl der Menschen mit Mitspracherecht relativ und absolut gesehen heute in allen Teilen der Welt ungleich größer als 1945. Dies ist vor allem ein Ergebnis der Entkolonialisierung, der verbesserten Wirtschaftslage und der Ausbreitung der Demokratie. Heute beginnen die Menschen jedoch, ihr Recht auf Beteiligung an den sie betreffenden Entscheidungen auch außerhalb von Wahlen in Anspruch zu nehmen. Zu diesen Menschen gehören auch indigene Völker, denen seit langem ihr traditionelles Land von Siedlern geraubt wird, ethnische Minderheiten, die sich um Mitbestimmung bei der Regierung bemühen, und regionale und lokale Gruppen, die ihre Interessen von nationalen Politikern nicht vertreten sehen.

Im allgemeinen wandelt sich die Haltung gegenüber dem Staat. Auseinandersetzungen zwischen amtierender Regierung und Opposition sind Lebenselixir jeder Demokratie. Doch heute wächst die Ernüchterung über den politischen Prozeß als solchen. Regierung und Opposition, Politiker jeglicher Couleur, verlieren an Glaubwürdigkeit. Dies mag zum Teil an den wachsenden Ansprüchen der Wähler und der zunehmenden Erfolglosigkeit der Politiker liegen, im Rahmen der begrenzten Möglichkeiten von Einzelstaaten in einer zusehends interdependenten Welt Resultate zu erzielen. Aber auch tiefer liegende Ursachen wie beispielsweise Korruption und Kriminalität von Politkern spielen eine Rolle.

Viele Menschen erwarten mehr von der Demokratie. Alle paar Jahre zwei Minuten in der Wahlkabine zu verbringen, befriedigt nicht ihren Wunsch nach Mitsprache. Viele Menschen hegen einen Groll gegen Politiker, die nach gewonnener demokratischer Wahl große Teile der Gesellschaft - manchmal sogar die Mehrheit der Wähler -, die für die "Verlierer" gestimmt haben, außen vor lassen. Die wachsenden Anzeichen der Politikverdrossenheit erfordern eine Reform der Ordnungspolitik in den Gesellschaften, eine Dezentralisierung, neue Formen der Partizipation und mehr Beteiligung der Menschen, als dies in traditionellen demokratischen System bisher möglich war.

Aufgeklärte Führung

Wir brauchen dringend eine Führung, die alle Länder und Menschen der Erde und nicht nur die mächtigsten vertritt.

1945 kamen in San Francisco fünfzig Länder zusammen, um eine internationale Organisation zu schaffen, die dazu beitragen konnte, auf den Ruinen des Krieges eine neue Welt aufzubauen. Was die Länder damals einte, war nicht so sehr ein klares Bild der Zukunft, sondern die Entschlossenheit, eine Wiederholung der Schrecken und Fehler der Vergangenheit zu vermeiden.

Das Ziel der Konferenz von San Francisco wurde zutreffend in den Worten "nie wieder" zusammengefaßt. Nie wieder sollten die Führer der Welt bei der Verhinderung einer Weltwirtschaftskrise scheitern. Nie wieder sollten sie darin scheitern, gegen aggressve Handlungen vorzugehen. Nie wieder sollten sie Regierungen tolerieren, welche die elementarsten Prinzipien der Menschenwürde ihrer Bürger mit Füßen treten. Nie wieder sollten sie die Gelegenheit zur Schaffung von Institutionen zur dauerhaften Friedenssicherung ungenützt verstreichen lassen. Von diesen Zielen ließen sich die Delegierten in San Francisco - und im Juli 1944 bei der Währungs- und Finanzkonferenz der Vereinten Nationen in Bretton Woods, New Hampshire - leiten und schufen die internationalen Schlüsselinstitutionen, die Teil des Nachkriegssystem einer Weltordnungspolitik wurden.

Nur wenige Delegierte in San Francisco stellten den Staat als solchen in Frage. Was schlechte Staaten durcheinander gebracht hatten, würden gute Staaten wieder in Ordnung bringen können. Viele, die über die erforderliche Qualitäten und notwendige Sachkunde als notwendige Vorrausetzungen für Führungspositionen verfügten, waren schließlich in den vorausgegangenen dreißig Jahren in das Netz des sich stetig ausweitenden Staates einges pannt worden. Die Beamtenmentalität, die während des Krieges einen neuen Höhepunkt erreicht hatte, wurde jetzt für den Aufbau des Wohlfahrtsstaates und des Systems der Vereinten Nationen kanalisiert.

Vierzig Jahre später ist der öffentliche Sektor zusammengeschrumpft und der Dienst am Staat hat seinen herausgehobenen Status verloren. Auch heute bedürfen wir wiederum dringend der Führung, allerdings einer Führung anderer Art, die nicht nur die Potentiale von Politikern und Beamten, sondern auch des freiwilligen Sektors, von Privatunternehmen, ja der gesamten weltweiten Zivilgesellschaft, umfaßt: eine Führung, die alle Ländern und Menschen der Welt und nicht nur die mächtigsten vertritt.

Das Konzept verteilter und demokratischer Führungsrollen sollte nicht als widersprüchlich angesehen werden. Ein solcher Ansatz bezieht seine Stärke gleichermaßen aus Staat und Gesellschaft und beruht viel mehr auf Solidarität als auf Autorität. Er wirkt eher durch Überzeugung, Zusammenarbeit und Konsens anstatt durch Zwang und Machtwort. Ein solches Konzept mag weniger heroisch sein, doch es dürfte die einzige Form der Führung sein, die in der komplexen Welt von heute effektiv ist.

Die globalen Herausforderungen unserer Tage sind weit komplizierter, als diejenigen, vor denen die Delegierten in San Francisco standen. Sie erfordern gemeinsame Anstrengungen zur Schaffung eines der heutigen Situation angemesseneren Systems der Weltordnungspolitik, eines Systems des aufgeklärten Verständnisses für die wichtigen Veränderungen des letzten halben Jahrhunderts, eines Systems mit aufgeklärter Führung.

Kapitel Zwei

Werte für die Nachbarschaft in der einen Welt

Die Präambel der Charta der Vereinten Nationen bekräftigt die Entschlossenheit der Völker der Welt "Duldsamkeit zu üben und als gute Nachbarn in Frieden miteinander zu leben". Die Verfasser des Textes waren nicht die ersten, die die Vision einer Welt entwarfen, in der alle Menschen Nachbarn sind. Ein ähnliches Ideal schwebte in diesem Jahrhundert schon dem Völkerbund vor. Und schon lange davor hatten Philosophen sowie religiöse und politische Vordenker von der "Menschheitsfamilie" gesprochen.

Die Bereitschaft, sich um andere zu sorgen, die zu den höchsten Werten des zwischenmenschlichen Verhaltens gehört, ist für viele Kulturen im Bild der "guten Nachbarschaft" verkörpert. Je mehr innerhalb der sich entwickelnden menschlichen Sozialstruktur das Wissen um immer größere Gruppen von Menschen und die Verpflichtungen zur Loyalität diesen gegenüber wachsen, desto mehr hat sich auch der Umfang der nachbarschaftlichen Pflichten erweitert. Noch 1945 konnten sich nur wenige die Welt als eine große Nachbarschaft vorstellen, jedoch lassen die Veränderungen des letzten halben Jahrhunderts aus der anfänglichen Vision allmählich eine Realität werden.

Realitäten der Nachbarschaft

Niemals zuvor hatten so viele Menschen so viel gemeinsam, aber auch nie zuvor waren die Unterschiede zwischen ihnen so offenkundig.

Der Ausdruck "globales Dorf" faßt die Auswirkungen der elektronischen Eroberung des Raumes zusammen. Dadurch daß Technologien Zeit und Raum zusammenschrumpfen lassen, ist die Welt kleiner geworden. Bilder aus dem Weltraum bestätigten die Bedeutungslosigkeit von Landesgrenzen. Doch seitdem die ersten

Satelliten die Erde umkreisten, ist vieles geschehen. Fortschritte im Verkehrs- und Nachrichtenwesen stellen nur einige der Faktoren dar, die Menschen über große Entfernungen hinweg zu Nachbarn haben werden lassen.

Wie im ersten Kapitel dargestellt, verbinden auch Handel, industrielle Entwicklung, transnationale Unternehmen und Investitionen in vielerlei Hinsicht die Welt heute weit enger als früher. Nur wenige Entwicklungen haben das Bewußtsein für die weltweite Interdependenz mehr geschärft als die wachsende Erkenntnis, daß alle Menschen auf die ökologischen Ressourcen der Erde angewiesen und durch deren Zerstörung bedroht sind. Ein immer engmaschig werdendes Netz wechselseitiger Abhängigkeiten zwingt die Länder zur Zusammenarbeit.

In der Tat müssen die Bürger der Einen Welt zu vielen Zwecken zusammenarbeiten: für die Erhaltung von Frieden und Ordnung, für die Ausweitung wirtschaftlicher Aktivitäten, beim Kampf gegen die Umweltverschmutzung, für die Beendigung oder Minimierung des Klimawandels, bei der Seuchenbekämpfung, der Einschränkung der Waffenverbreitung, der Verhinderung von Desertifikation, beim Erhalt der genetischen Vielfalt und der Vielfalt der Arten, bei der Terrorismusbekämpfung, der Abwehr von Hungersnöten, der Überwindung von Wirtschaftskrisen, der Verteilung knapper Ressourcen, im Kampf gegen den Drogenhandel usw. Immer mehr Themen verlangen nach gemeinsamen Anstrengungen der Nationalstaaten, mit anderen Worten, erfordern nachbarschaftliches Handeln.

Was in weiter Ferne geschieht, ist heute viel wichtiger als früher. Die Verwendung von Spraydosen in Europa kann heute Hautkrebs in Lateinamerika verursachen. Eine Mißernte in Rußland kann zu größerem Hunger in Afrika führen. Eine Rezession in Nordamerika kann Arbeitsplätze in Asien vernichten. Ein Konflikt in Afrika kann mehr Asylbewerber nach Europa bringen. Wirtschaftliche Probleme in Osteuropa können Fremdenfeindlichkeit in Westeuropa erzeugen. Ebenso kann ein Wirtschaftsaufschwung in Ostasien Arbeitsplätze in den Vereinigten Staaten erhalten. Veränderte Zölle in Europa können den Druck auf die Wälder in den Tropen mindern. Industrielle Umstrukturierung im Norden kann die Armut im Süden verringern, was wiederum möglicherweise die Märkte für den Norden·erweitert. Die Verkürzung der Entfernungen, die Mannigfaltigkeit der Verbindungen und die sich vertiefende wechselseitige Abhängigkeit, all diese Faktoren und ihr Wechselspiel haben die Welt zu einem großen gemeinsamen Lebenskreis werden lassen.

Bewegungen, die sich unter dem Banner der Menschenwürde über nationale Differenzen hinwegsetzen, sind ein weiteres Merkmal für eine globale Entwicklung zu diesem großen Lebenskreis. Durch die transnationalen Bewegungen, die für die Emanzipation der Frauen, für den Schutz der Menschenrechte oder der Umwelt und für eine Welt ohne Atomwaffen eintreten, sind die gemeinsamen Werte der Menschheit bestätigt worden. Jedoch reichen diese Entwicklungen allein nicht aus, um unsere Lebenswelt für all ihre Bewohner akzeptabel zu machen.

Die heute existierende Nachbarschaft in der Einen Welt ist wie die meisten derartigen Gemeinschaften keineswegs ideal, sondern voller Unzulänglichkeiten. Nicht alle Nachbarn werden fair behandelt, und nicht alle haben die gleichen Chancen. Millionen Menschen, an denen der Fortschritt der letzten Jahrzehnte vorbeigegangen ist, leben in so großer Not, daß sie an eine solche Nachbarschaft nicht einmal denken können. Sofern sie von der Kommunikationsrevolution berührt worden sind, hat sie diese lediglich in ihrem Gefühl der Isolation bestätigt. Solche Wirkungen widerlegen nicht das Vorhandensein der Einen Welt, aber sie bedeuten eine schwierige Aufgabe für eine Politik, die die Entfremdung unter Nachbarn verringern soll.

Auch bedeutet das Einswerden der Welt nicht, daß die Nationalstaaten überflüssig wären. Doch die Staaten und Völker werden herausgefordert, neue Wege bei der Regelung ihrer gemeinsamen Angelegenheiten zu gehen und im Interesse aller neue Ansätze für die Ordnungspolitik in der Einen Welt zu entwickeln. Ein Großteil dieses Bericht widmet sich der Frage, wie die Welt aus dieser gemeinsamen Nachbarschaft eine sichere Heimstatt für alle ihre Bürger machen kann.

Nachbarschaftliche Spannungen

Nachbarschaft definiert sich durch Nähe. Nachbarn werden eher durch die Geographie als durch gemeinsame Bande und Werte zusammengeführt. Oft mögen die Leute ihre Nachbarn nicht, sie mißtrauen ihnen oder haben Angst vor ihnen und sie versuchen vielleicht, sie zu ignorieren oder ihnen aus dem Wege zu gehen. Doch sie können nicht der Tatsache entfliehen, daß sie mit ihren Nachbarn einen gemeinsamen Raum teilen. Wenn die Nachbarschaft den Erdball umfaßt, gibt es keine Möglichkeit mehr, sich von unerwünschten Nachbarn fern zu halten.

Die im Entstehen begriffene Nachbarschaft in der Einen Welt schmiedet neue Bande der Freundschaft und des gemeinsamen Interesses, sie erzeugt aber auch neue Spannungen. Nie zuvor hatten so viele Menschen so vieles gemein, aber auch nie zuvor waren die Unterschiede zwischen ihnen so offenkundig. In einem riesigen, nur dünn besiedelten Raum fällt Vielfalt oft gar nicht auf. Wenn aber Menschen häufiger aufeinanderstoßen, werden selbst geringfügige Unterschiede erkennbar und geben Anlaß zu Streitigkeiten.

In vielen Teilen der Welt sind multikulturelle Gemeinschaften großem Druck ausgesetzt. Die Teilung Britisch Indiens und die Demarkationslinie auf Zypern sind Zeugnisse für die Unfähigkeit des modernen Staates, Bevölkerung und Territorium in Einklang zu bringen und verfestigte religiöse, ethnische oder sprachliche Identitätsgefühle durch Nationalbewußtsein zu ersetzen. Das gleiche gilt aber auch für Unruhen in US-amerikanischen Städten oder für ausgebrannte Häuser in Belfast. Heute stehen viele Industrieländer vor den Herausforderungen eines neuen, aus der Nachkriegsmigration resultierenden Multikulturalismus. Je stärker die Menschen die Logik der wachsenden Interdependenz der menschlichen Gesellschaft akzeptieren, desto eher werden sie bereit sein, destruktive Vorstellungen vom "Anders sein" oder vom "Getrennt sein" zu überwinden und nach Wegen der Zusammenarbeit zu suchen.

Was die Eine Welt im innersten zusammenhält, ist das Ergebnis mehrerer, im ersten Kapitel beschriebener Veränderungen, insbesondere der Beendigung von Kolonialismus und kaltem Krieg. Eine ebenso wichtige grundlegende Veränderung liegt darin, daß das Industriezeitalter allmählich von einer postindustriellen Ära voller Ungewißheit abgelöst wird. Traditionelle Wirtschaftsbeziehungen werden umgestaltet, und in fortgeschrittenen Volkswirtschaften ersetzen Dienstleistungen das produzierende Gewerbe als Lebensgrundlage. Ganze Wirtschaftszweige werden überflüssig, Arbeitsplätze verschwinden. Doch für einige Menschen tun sich neue ökonomische Nischen auf, während sich die alten Nischen für andere schließen.

Veränderungen in solcher Größenordnung erzeugen Spannungen in der Gesellschaft. Einige von diesen entstehen aus den Erwartungen an eine komplexe und ungewisse Zukunft, andere entstehen aus dem Aufeinandertreffen von Vertrautem und verschiedenartigem. Die Menschen sind gezwungen, sich mit neuen Umständen zu arrangieren. Viele bemerken, daß sie unter Menschen leben, die früher als Fremde galten, und man verlangt von ihnen ein anderes Verhalten in der Öffentlichkeit, am Arbeitsplatz und zu Hause.

Einige Kontroversen ergeben sich daraus, daß große Veränderungen nicht jeden im gleichen Maße betreffen. Der Wandel nützt einigen und bedeutet Nachteile für andere. Er verleiht Gruppen Autorität, die vorher am Rande der Macht standen, während das Gewicht anderer, an Herrschaft gewöhnter Gruppen schwindet. Die Gesellschaft wird bereichert durch größere Freiheit der Frauen, die ihr Schicksal stärker selbst gestalten und größeren Einfluß auf ordnungspolitische Strukturen nehmen können, wobei allerdings das gewandelte Verständnis der Geschlechterrollen den Abschied von tief verwurzelten Einstellungen und sozialen Gepflogenheiten erfordert.

Auf internationaler Ebene sind die traditionellen Großmächte mit den Forderungen der übrigen Welt nach größerer Mitsprache im Rahmen einer Weltordnungspolitik konfrontiert, und das nachdrückliche Einklagen dieses Anspruchs könnte zu zunehmenden Spannungen führen. Spannungen entstehen auch durch korrupte, kriminelle, nur auf die eigenen Zwecke bedachte Kräfte, welche die vorübergehende Instabilität der sich wandelnden Einen Welt ausnutzen.

Während die Flutwellen des geistigen und technologischen Wandels physische und sonstige Grenzen, die Gemeinschaften, Kulturen und Staaten voneinander trennen, unterspülen, werden liebgewonnene Vorstellungen von Staatsbürgerschaft, Souveränität und Selbstbestimmung in Frage gestellt. In der Welt der 90er Jahre haben ideologischer Streit und globale Konfrontation abgenommen.

Die Welt hat jedoch nicht nur einen Pol, sondern mehrere. Sie vermag ein Spektrum von Kulturen und Quellen der Identität zu fördern, das weit über das hinausgeht, was die Vereinigten Staaten oder die Sowjetunion während des kalten Krieges ohne weiteres - und am allerwenigsten im eigenen Lande - hätten tolerieren können. Der Ruf der Vergangenheit nach ideologischer Uniformität und kultureller Gleichschaltung ist schwächer geworden. All dies bedeutet, daß unsere Welt eine bessere ist - oder sein könnte. Doch eine auf die Bedürfnisse der Einen Welt abgestimmte Weltordnung gibt es noch nicht.

Angesichts der bedrückenden Entwicklungstendenzen überrascht es nicht, daß sich so viele Regionen der Welt in Aufruhr befinden, sich so viele Gemeinschaften bedroht fühlen und so viele Menschen nach Sinn und Orientierungshilfe suchen. Dies erschwert eine Einigung der vielen Regierungen, Völker und Institutionen der Welt über gemeinsame Maßnahmen. Aber es schafft auch Möglichkeiten zur Anpassung der Weltordnungspolitik an neue Realitäten und übt auf die Weltöffentlichkeit entsprechenden Druck aus.

In diesem Kapitel befassen wir uns mit den Normen und Werten, die die Welt lenken sollten, mit dem Ethos, von dem das Leben in der Einen Welt durchdrungen sein sollte. Die Kommission war von Anfang an davon überzeugt, daß alle von ihr entwickelten Ideen zur institutionellen und sonstigen Veränderung auf Werten beruhen müssen, welche die Aufgaben der heutigen Welt ansprechen.

Das Ethos der Nachbarschaft

Die Qualität einer Weltordnungpolitik wird von mehreren Faktoren bestimmt. Einen hohen Rang nehmen dabei die breite Akzeptanz eines globalen Ethos der Bürger, nach dem sich das Handeln in der einen Welt richten soll, und eine mutige, von diesem Ethos durchdrungene Führung auf allen gesellschaftlichen Ebenen ein. Ohne ein globales Ethos werden sich die Reibungen und Spannungen beim Zusammenleben in der einen Welt vervielfältigen. Ohne Führung werden selbst noch so gut ersonnene Institutionen und Strategien scheitern.

Nachbarschaft in der Einen Welt erfordert neue Arten der gegenseitigen Wahrnehmung und neue Lebensweisen. Nur wenige haben dies besser erkannt oder besser zum Ausdruck gebracht als Barbara Ward, die 1971 in einer Arbeit für die Päpstliche Kommission Justitia et Pax schrieb:

"Die wichtigste Veränderung, die Menschen bewirken können, besteht darin, daß sie ihre Sichtweise der Welt ändern. Wir können Studiengänge, Arbeitsplätze, Wohngebiete, ja ganze Ländern und Kontinente verändern und dennoch selbst so bleiben, wie wir immer schon waren. Doch wenn wir unseren grundlegenden Blickwinkel verändern, ändert sich alles, unsere Prioritäten, unsere Werte, unsere Urteile, unsere Bestrebungen. Immer wieder hat in der Religionsgeschichte eine solche vollständige Umwälzung der Vorstellungswelt den Anfang eines neuen Lebens bedeutet ... eine Wende im Herzen, eine "metanoia", durch die die Menschen die Welt mit neuen Augen sehen, sich das Weltbild in den Köpfen ändert und die Energien auf neuen Lebensweisen gerichtet werden."

Die Menschen müssen die Welt mit neuen Augen sehen, und das Weltbild in den Köpfen muß sich ändern, ehe man sich wirklich neuen Lebensweisen zuwenden kann. Aus diesem Grunde müssen globale Werte das Kernstück einer Weltordnungspolitik sein. Wir glauben, daß weltweit viele Menschen, insbesondere die jungen, diesen Fragen aufgeschlossener gegenüberstehen als ihre Regierungen, für die im allgemeinen kurzfristige Überlegungen der politischen Zweckmäßigkeit Vorrang haben. Menschen und Regierungen müssen gleichermaßen den Interessen künftiger Generationen, deren Treuhänder wir sind, größere Beachtung schenken.

In unserer sich schnell verändernden Welt werden die auf allgemein akzeptierten Werten und Normen beruhenden Maßstäbe und Beschränkungen immer wesentlicher. Ohne diese wird es schwierig - wenn nicht gar unmöglich -, wirksamere und besser legitimierte Formen einer Weltordnungspolitik zu begründen. Diese Normen müssen den heutigen Umständen entsprechen. Sie unterscheiden sich in dreierlei Hinsicht grundsätzlich von denen früherer Zeiten: dem sich wandelnden Wesen von Gewaltkonflikten, die heute häufig zwischen den Menschen innerhalb eines Staates ausbrechen; der zunehmenden Fähigkeit privater, unabhängiger Akteure zur Auslösung, Behebung oder Verschärfung von Krisen; und den Bedrohungen der Integrität des Planeten und seiner lebenserhaltenden Systeme und damit des menschlichen Überlebens.

Wie im weiteren Verlauf dieses Kapitels dargelegt wird, bedarf die Begründung einer ethischen Dimension der Weltordnungspolitik eines dreifachen Ansatzes:

- Grundwerte der Lebensqualität und der zwischenmenschlichen Beziehungen erarbeiten und deren Akzeptanz fördern sowie das Verantwortungsgefühl für die Eine Welt stärken;
- diese Werte in Form eines globalen Bürgerethos mit spezifischen Rechten und Pflichten ausdrücken, die von allen Akteuren, öffentlichen und privaten, kollektiven und individuellen, gemeinsam getragen werden, und

- diesen Ethos in das entstehende System internationaler Normen einbeziehen, wobei erforderlichenfalls existierende Normen bezüglich Souveränität und Selbstbestimmung den wechselnden Realitäten angepaßt werden müssen.

Werte der Nachbarschaft

Die Menschen sollten einander so behandeln,
wie sie selbst behandelt werden möchten.

Wir glauben, daß die konkrete Ausgestaltung einer Weltordnung, die mit den heutigen Herausforderungen zurechtkommt, durch ein gemeinsames Bekenntnis zu bestimmten Grundwerten, über die sich Menschen jeglicher kultureller, politischer, religiöser oder philosophischer Überzeugung einig sind, sehr erleichtert würde. Diese Werte müssen den Erfordernissen unseres zusehends bevölkerten und vielgestaltigen Planeten entsprechen.

Ungeachtet der im ersten Kapitel dargestellten weitreichenden Veränderungen bleiben die Staaten die wichtigste Einzelgruppe von Akteuren. Solange dem so ist, bleiben die traditionellen Normen der zwischenstaatlichen Beziehungen ein entscheidender Stabilitätsfaktor. Doch einige dieser Normen müssen neuen Gegebenheiten angepaßt werden. Es ist von grundlegender Wichtigkeit, daß die Ordnungspolitik auf allen Ebenen durch Demokratie und letztlich durch die Regeln der Rechtsstaatlichkeit untermauert wird (vgl. Kapitel 6).

In Zeiten der Stabilität, wenn Autorität und Macht etablierter Institutionen stark und gesichert sind, gelten die Grundwerte und Prinzipien menschlichen Verhaltens meistens als selbstverständlich. In Zeiten der Instabilität werden die vorherrschenden Werte eher bezweifelt, in Frage gestellt oder attackiert. Paradoxerweise werden Werte oft am meisten in Zweifel gezogen, wenn sie am dringendsten benötigt werden. Indem sie eine Richtung weisen, können gemeinsame Werte den Blick über unmittelbare Interessenkonflikte hinaus öffnen und im Sinne größerer, langfristiger und gegenseitiger Interessen wirken.

Wir glauben, daß die gesamte Menschheit die Grundwerte der Achtung vor dem Leben, der Freiheit, der Gerechtigkeit, der gegenseitigen Achtung, der Hilfsbereitschaft und der Integrität gemeinsam wahren könnte. Diese Werte sind die Grundlage für die Umgestaltung eines auf wirtschaftlichem Austausch und verbesserten Kommunikationsmöglichkeiten beruhenden Weltsystems zu einer universelleren, moralischen Gemeinschaft, in der die Menschen miteinander durch mehr als Nähe, Interesse oder Identität verbunden sind. Alle diese Werte beruhen letztendlich auf dem weltweit von allen Religionen anerkannten Prinzip, daß die Menschen einander so behandeln sollten, wie sie selbst behandelt werden möchten. Dieser Gebot kommt in der Charta der Vereinten Nationen in dem Aufruf zum Ausdruck, "die angeborene Würde und die gleichen und unveräußerlichen Rechte aller Angehörigen der menschlichen Familie" anzuerkennen.

Achtung vor dem Leben

Achtung vor dem Leben und begleitend dazu Gewaltverzicht, sind für das Wohlergehen jeder Gemeinschaft lebenswichtig. Durch Gewalt gegen Personen wird die angeborene Würde aller Menschen verletzt. Die weit verbreitete Gewaltanwendung in unterschiedlichsten Situationen untergräbt den Zivilisationsanspruch der Menschheit. Die jüngste Geschichte ist voller Beispiele von Konflikten und Unterdrückungssituationen, in denen Menschenleben mit größter Verachtung und Brutalität behandelt wurden. In mehreren Teilen der Welt wurden riesige Blutbäder angerichtet, darunter einige die von Absicht und Umfang her Völkermord waren.

Allgemein betrachtet wird die Sicherheit der Menschen durch eine Kultur der Gewalt gefährdet. Viele Gesellschaften wurden durch sie infiziert mit der Folge, daß die Achtung vor dem menschlichen Leben verloren ging. Dieser Trend ist gelegentlich mit politischem Extremismus der einen oder anderen Art verknüpft, während er anderenorts ein Zeichen des Verfalls der Wertsysteme ist, die die Stabilität von Gesellschaften begründen. Die Unantastbarkeit des Lebens ist eine von Menschen aller Glaubensrichtungen und von nicht-religiösen Humanisten geteilte Auffassung. Die Bekämpfung der politischen, wirtschaftlichen, sozialen und sonstigen Ursachen der Gewalt und die Förderung des Prinzips der Gewaltverzichts sind unentbehrliche Ziele einer Ordnungspolitik.

Freiheit

Wir glauben, daß alle Menschen mit dem gleichen Recht auf Menschenwürde geboren werden und Anspruch auf bestimmte Grundfreiheiten haben: ihre Identität selbst zu bestimmen und zum Ausdruck zu bringen, ihre Religion zu wählen, ihren Lebensunterhalt zu verdienen, frei von Unterdrückung und Verfolgung zu sein und Informationen zu erhalten. Zu den Grundfreiheiten gehören auch die Redefreiheit, die Pressefreiheit und das Wahlrecht. Ohne diese Freiheiten wird die Welt zum Schlachtfeld widerstreitender Individuen und Gruppen, die versuchen, ihre Interessen zu schützen und anderen ihre Autorität aufzuzwingen.

Nach dem Leben ist die Freiheit der wichtigste menschliche Wert. Im weitesten Sinne ist Freiheit alles, was die Menschen befähigt, ihren eigenen Lebensweg zu wählen und sich nach eigenen Vorstellungen zu entwickeln. Die Rechte und Ansprüche, die Menschen heute in den verschiedensten Teilen der Welt genießen, bedeuten bei weitem keine Freiheit in diesem Sinne. Die Verbesserung von Rechten, Entfaltungsmöglichkeiten und Wohlergehen ist ein grundsätzliches Anliegen von Weltordnungspolitik.

Überall auf der Welt sind sich die Menschen der möglichen Bedrohung ihrer Freiheit durch eine Vielzahl von Kräften und Faktoren stärker bewußt geworden. Die Bedrohung kann von autokratischen Herrschern ausgehen, von politischen Gruppen, die sich unrechtmäßig an die Macht klammern oder versuchen, sich diese widerrechtlich anzueignen, von Unterdrückung oder Vertreibung ethnischer Gruppen (gelegentlich sogar der Mehrheit in einem Lande) oder vom Zusammenbruch eines Staates und der damit einhergehenden Anarchie. Selbst dort, wo Ordnung herrscht, ist die Freiheit durch Not, wirtschaftliche Verwerfungen, Unterdrückung wegen des Geschlechts oder der sexuellen Orientierung,

Kindesmißbrauch, Schuldknechtschaft und andere soziale und wirtschaftliche Verhaltensmuster bedroht. Die Gefahr kann auch von außen kommen, von einem räuberisch gewordenen Staat oder sogar von einem Unternehmen, dessen Aktivitäten eine lokale Gemeinschaft oder deren traditionelle Kultur bedrohen.

Die Bedrohung der Freiheit eines Teiles der Weltgemeinschaft muß als Gefahr für die gesamte Gemeinschaft erkannt werden. Es liegt in der gemeinsamen Verantwortung aller, Maßnahmen gegen Versuche zu ergreifen, die das Recht auf Freiheit verletzen.

Gerechtigkeit und Ausgewogenheit

Gerechtigkeit und Ausgewogenheit sind zentrale menschliche Werte. Ihre Achtung ist unerläßliche Voraussetzung für Frieden und Fortschritt, deren Fehlen zu Unzufriedenheit und Destabilisierung führen kann. Wenn auch die Menschen in weitgehend ungleiche wirtschaftliche und soziale Umstände hineingeboren werden, sind große Gegensätze in ihrer wirtschaftlichen Lage und ihren Lebenschancen ein Affront für das menschliche Gerechtigkeitsgefühl. Wenn viele Bürger unfair behandelt werden oder ihnen ihre Rechte verweigert werden und krasse Ungleichheit nicht behoben wird, kommt es unweigerlich zu Unzufriedenheit und wahrscheinlich zum Konflikt. Als die Menschen noch in einer weniger integrierten Welt lebten, fand Ungerechtigkeit vor allem auf lokaler und nationaler Ebene statt. Angesichts der größeren Reichweite der Medien sind die globalen Ungleichheiten heute zusehends offenkundig. Auch wird in zunehmende Maße erkannt, daß viele Ungerechtigkeiten von Entwicklungen an anderen, früher weit entfernten Orten hervorgerufen oder aufrecht erhalten werden.

Das Streben nach Ausgewogenheit läuft nicht auf die Forderung nach Gleichheit hinaus, verlangt jedoch nach bewußten Anstrengungen zur Verringerung krasser Ungleichheit, zur Beseitigung von Faktoren, die Disparitäten auslösen oder unterstützen, und zu einer gerechteren Verteilung von Ressourcen. Ein stärkeres Engagement für Ausgewogenheit und Gerechtigkeit ist für gezielte

Maßnahmen zur Verringerung von Gegensätzen und für eine weltweit ausgeglichenere Chancenverteilung von grundlegender Bedeutung. Das Eintreten für allseitige Gerechtigkeit ist das einzige sichere Fundament für eine menschlichere Weltordnung, in der multilaterales Handeln die derzeitigen Unterschiede abschwächen und damit die globale Wohlfahrt und Stabilität verbessern kann.

Auch in den Beziehungen zwischen der heutigen und künftigen Generationen muß Gerechtigkeit walten. Das Prinzip der Gerechtigkeit zwischen den Generationen ist Grundlage der Strategie einer nachhaltigen Entwicklung. Sie verfolgt das Ziel, eine Beeinträchtigung der Chancen künftiger Generationen durch Ausbeutung des lebenserhaltenden natürlichen Ressourcenvorrates im Rahmen des wirtschaftlichen Fortschrittes zu verhindern. Die Gerechtigkeit erfordert es, daß dieses Ziel von allen Gesellschaften, seien sie arm oder reich, verfolgt wird.

Gegenseitige Achtung

Toleranz ist eine unerläßliche Voraussetzung für das friedliche Miteinander in einer Gesellschaft. Erreicht sie die aktive Form der gegenseitigen Achtung, verbessert sich die Qualität der Beziehungen entscheidend. Gegenseitige Achtung bietet daher die Grundlage für die Gestaltung einer pluralistischen Gesellschaft - um die es ja bei der Einen Welt geht - die nicht nur stabil ist, sondern ihre Vielfalt schätzt und von dieser bereichert wird.

Während der gesamten Geschichte neigte man in schwierigen oder ungewissen Zeiten immer wieder verstärkt zur Intoleranz. Rassistischer und religiöser Extremismus haben in vielen Teilen der Welt in jüngster Zeit erheblich zugenommen. Es kommt zu heftigen Ausbrüchen ethnischer Feindseligkeit, und einige nationalistische Bewegungen tragen starke fremdenfeindliche Züge.

In einigen Teilen Europas haben sich neofaschistische Bewegungen gebildet oder an Stärke gewonnen, und ethnische Minderheiten wurden schon bald zu Zielen der Gewalt. Anderenorts zeigen religiöse Extremisten die Bereitschaft, ihre Ziele gewaltsam zu verfolgen. In vielen zivilen Konflikten zeigt sich ein extremes Ausmaß von Gewalt und Brutalität. Einige dieser Versuche, eine besondere Identität zu artikulieren, dürften als Reaktion auf Globalisierung und Vereinheitlichung, auf Modernisierung und Säkularisierung zu sehen sein. Welches auch immer die Ursachen sein mögen, das gemeinsame Merkmal ist die Intoleranz.

In mehreren Teilen der Welt ist Gewaltanwendung zur Erreichung politischer Ziele zum durchgängigen Verhaltensmuster geworden. Am deutlichsten zeigt sich dies in schrecklichen Bürgerkriegen wie in Afghanistan, Angola, Aserbeidschan, Bosnien-Herzegowina, Liberia, Mosambik, Ruanda, Somalia, dem Sudan und Tadschikistan, aber auch in vielen Gesellschaften, in denen Regierungen zur Unterdrückung der Opposition oder zur Zwangsintegration widerstrebender Gruppen Gewalt anwenden.

Die Weltgemeinschaft sollte die Wichtigkeit der Toleranz und der Achtung vor "dem anderen" erneut bekräftigen: Respekt gegenüber anderen Menschen, anderen Rassen, anderen Überzeugungen, anderen sexuellen Orientierungen, anderen Kulturen. Sie muß zur Erhalt dieser Werte entschlossen sein und Opfern Schutz bieten, deren Werte mit Füßen getreten werden. Das Grundprinzip sollte dabei sein, daß alle Gruppen und Individuen das Recht haben, nach eigenen Maßstäben zu leben, solange sie nicht gegen die gleichrangigen Rechte und Freiheiten anderer verstoßen.

Hilfsbereitschaft

Die Lebensqualität in einer Gesellschaft hängt in starkem Maße davon ab, inwieweit deren Mitglieder sich verpflichtet fühlen, ihren Mitbürger zu helfen. Das Gefühl der Zusammengehörigkeit und des Wohlergehens wird gefördert, wenn eine zunehmende Zahl von Bürgern vom Geiste der Hilfsbereitschaft und der Anteilnahme durchdrungen sind, ob diese Haltung nun einer afrikanischen Tradition, der muslimischen Pflicht zur Gastfreundschaft oder den Gepflogenheiten anderer Kulturen entspringt.

Derartige Einstellungen führen im allgemeinen dazu, daß eine Gesellschaft Maßnahmen zur Linderung von Not und Entbehrung und von vielen anderen Problemen ergreift. Die Gefühle der Fürsorge und des Mitgefühls bilden den Antrieb für humanitäre Aktionen und für das Teilen mit den Benachteiligten. Dieser Handlungsweisen bedürfen alle Gesellschaften. Neben der Motivation zu freiwilligem Handeln kann die Anteilnahme der Bürger auch zum Auslöser für Maßnahmen offizieller Institutionen werden.

Diese Einstellungen sind um so wichtiger geworden, als sich bestimmte soziale Trends, die bisher nur in Industriegesellschaften klar zutage traten, sich jetzt in unterschiedlichem Ausmaß auch in anderen Ländern zeigen. Hierzu gehören die Lockerung der Familienbande, das häufigere Scheitern von Ehen, ein höherer Anteil Alleinerziehender und älterer Menschen an der Bevölkerung und die wachsende Anonymität in den Städten.

In der Einen Welt muß das Gefühl der Anteilnahme globale Dimensionen haben. Millionen von Menschen zeigen dies bereits, indem sie nichtstaatliche Institutionen bei Programmen zur Armutsbekämpfung unterstützen oder sich an humanitären Hilfsmaßnahmen in verschiedenen Teilen der Welt beteiligen. Die Zahl der Menschen, die von solchen Gefühlen angetrieben werden, muß weiter zunehmen. Aufgabe einer Ordnungspolitik ist es, zur Hilfsbereitschaft zu ermutigen, indem die Zusammenarbeit bei der Unterstützung von Benachteiligten oder Hilfsbedürftige überall auf der Welt durch entsprechende Maßnahmen und Mechanismen gefördert wird.

Integrität

Integrität ist die Grundlage für das erforderliche Vertrauen in den Beziehungen zwischen Menschen, zwischen Organisationen und zwischen beiden. Sie ist für jede Organisation oder Gesellschaft funktionsentscheidend und für Ordnungssysteme auf allen Ebenen von ausschlaggebender Bedeutung. Die Qualität der Ordnungspolitik hängt entscheidend davon ab, daß politische und andere

61

Entscheidungsträger sich an die höchsten Prinzipien und Ideale halten.

Integrität wird um so wichtiger, als sich die Belege für Betrug und Korruption vielfältiger Art auf hoher Ebene von Politik und Wirtschaft häufen. Von der Bestechung über Insidergeschäfte bis zur Geldwäsche, ist die Korruption ein gesellschaftliches Übel, durch das demokratische Ordnungspolitik geschwächt wird. Die Hauptgeschädigten sind dabei immer Menschen, und deren Beharren auf Einhaltung der höchsten Maßstäbe im öffentlichen und wirtschaftlichen Leben kann die Integrität sichern. In der Einen Welt müssen wir uns immer und überall für die höchsten Standards der Integrität einsetzen und sie schützen.

Ein Globales Bürgerethos

Langfristig können Rechte nur gewahrt werden, wenn sie verantwortungsvoll und mit der gebührenden Achtung vor den entsprechenden Rechten anderer ausgeübt werden.

Die Realitäten der im Entstehen begriffenen Einen Welt erfordern neben der Förderung der soeben beschriebenen Werte die Entwicklung eines globalen Ethos, das für alle am Weltgeschehen Beteiligten gleichermaßen gilt. Die Wirksamkeit eines solchen Ethos hängt ab von der Fähigkeit der Menschen und Regierungen über enge Eigeninteressen hinauszugehen und zu akzeptieren, daß den Interessen der Menschheit als ganzes am besten durch die Übernahme einer Reihe gemeinsamer Rechte und Pflichten gedient werden kann.

Das globale Ethos, wie wir es uns vorstellen, würde dazu beitragen, die unpersönliche Funktionsweise von Bürokratien und Märkten zu humanisieren, und der Konkurrenz und dem Egoismus von Einzelpersonen und Gruppen Grenzen setzen. Anders ausgedrückt, es würde darauf hinwirken, daß die internationale Gesellschaft von Bürgersinn durchdrungen würde.

Eine wichtige Folge des Entstehens der Einen Welt zeigt sich darin, daß die nationalen Zivilgesellschaften begonnen haben, sich zu einer größeren, globalen Zivilgesellschaft zusammenzuschließen. Vielerlei Gruppen orientieren sich nach außen und knüpfen Verbindungen zu Gleichgesinnten in anderen Teilen der Welt. Ohne den Zielen und der Rahmensetzung, die sich aus einem globalen Ethos ergeben würden, könnte die globale Zivilgesellschaft allerdings orientierungslos und sogar unregierbar werden. Dies könnte eine wirksame Weltordnungspolitik erschweren.

Rechte und Pflichten

In den letzten fünfzig Jahren hat die Welt bei der Erarbeitung universeller Menschenrechte große Fortschritte gemacht. Dieser Prozeß begann mit dem Entwurf der Charta der Vereinten Nationen und wurde weiterhin gefördert durch die Universelle Erklärung der Menschenrechte, durch Konventionen über bürgerliche und politische Rechte sowie über wirtschaftliche, soziale und kulturelle Rechte, durch regionale Vereinbarungen über Menschenrechte und durch die Erklärung über die Rechte und Pflichten der Staaten. Nahezu alle Staaten haben zumindest einen dieser Verträge oder eine dieser Konventionen und Erklärungen unterzeichnet bzw. sich ihnen angeschlossen. Sie bilden einen wichtigen Ausgangspunkt für ein globales Ethos, bedürfen jedoch unter zwei wichtigen Aspekten der Ergänzung.

Erstens werden in der derzeitigen Betrachtungsweise Rechte fast ausschließlich im Hinblick auf das Verhältnis von Bürger und Staat definiert. Wir glauben, daß es heute darauf ankommt, Rechte in einem breiteren Rahmen zu sehen, da Regierungen nur eine Quelle der Bedrohung von Menschenrechten darstellen, während gleichzeitig staatliche Maßnahmen allein immer seltener zum Schutz zahlreicher Menschenrechte ausreichen. Dies bedeutet, daß alle Bürger, als einzelne wie auch als Angehörige verschiedener nicht-staatlicher Gruppen und Vereinigungen die Verpflichtung zur Anerkennung und zum Schutz der Rechte anderer akzeptieren sollten.

Zweitens müssen Rechte mit Pflichten verknüpft werden. Die Tendenz, auf Rechten zu beharren und dabei die Pflichten zu vergessen, hat verheerende Folgen. Langfristig können Rechte nur gewahrt werden, wenn sie verantwortungsvoll und mit der gebührenden Achtung vor den entsprechenden Rechten anderer ausgeübt werden.

Wir fordern daher die internationale Gemeinschaft nachdrücklich auf, geschlossen für ein globales Ethos mit gemeinsamen Rechten und Pflichten einzutreten. Unserer Ansicht nach würde ein solches Ethos die bereits zum Gebäude der internationalen Normen gehörenden Grundrechte weiter stärken und das moralische Fundament für die Schaffung eines wirksameren Systems der Weltordnungpolitik bilden. Umfassen könnte es schließlich das Recht aller Menschen auf:

- ein sicheres Leben
- gerechte Behandlung,
- die Möglichkeit, einen angemessenen Lebensunterhalt zu verdienen und für das eigene Wohlergehen zu sorgen,
- die Bestimmung und Erhaltung von Unterschieden mit friedlichen Mitteln,
- Beteiligung an der Ordnungspolitik auf allen Ebenen,
- freie und angemessene Beschwerdemöglichkeiten bei grober Ungerechtigkeit,
- gleichberechtigten Zugang zu Informationen und
- gleichberechtigten Zugang zu globalen Gemeingütern.

Gleichzeitig haben alle Menschen die gemeinsame Pflicht,
- zum Gemeinwohl beizutragen,
- die Auswirkungen ihrer Handlungen auf die Sicherheit und das Wohlergehen anderer zu berücksichtigen,
- die Gleichberechtigung, einschließlich derer der Geschlechter, zu fördern,
- die Interessen künftiger Generationen zu wahren, indem eine nachhaltige Entwicklung verfolgt wird und die globalen Gemeingüter geschützt werden,
- das kulturelle und geistige Erbe der Menschheit zu wahren,
- sich aktiv an der Ordnungspolitik zu beteiligen und
- sich für die Beseitigung der Korruption einzusetzen.

Wir glauben, daß diese Liste von Rechten und Pflichten die Minimalbasis für den Fortschritt beim Aufbau einer zivilisierteren Weltgesellschaft darstellt. Letztendlich werden jeder einzelne und jede Institution genau festlegen müssen, was zur Erfüllung dieser Pflichten notwendig ist. Wir hoffen, daß im Laufe der Zeit diese Prinzipien in einem verbindlicheren internationalen Dokument verankert werden können, - einer globalen Charta der Zivilgesellschaft - als Grundlage allgemein akzeptierter Regeln für die Eine Welt.

Die Ausbreitung der Demokratie

Die Ausbreitung der Demokratie war eine der erfreulichsten Entwicklungen der letzten Jahre. Die Demokratie ist das Instrument, mit dem sichergestellt wird, daß die Geschicke und die Entwicklung eines Landes im Einklang mit den Interessen und Wünschen der Menschen gelenkt werden. Die Demokratie ist der Rahmen, in dem der Schutz der Grundrechte der Bürger am ehesten gewährleistet ist. Sie bietet die günstigsten Voraussetzungen für Frieden und Stabilität in den internationalen Beziehungen. Auch wenn demokratische Regierungen sich nicht unbedingt immer tugendhaft verhalten, neigen autokratische Regime doch eher zur Aggressivität.

Die jüngste Welle der Demokratisierung hat viele autokratische Systeme und mehrere Führer hinweggefegt, die sich zu lange an die Macht geklammert hatten. In einer großen Anzahl von Ländern fanden Mehrparteienwahlen statt, und die Bürger hatten dabei erstmals eine wirkliche Wahl, wer sie regiert. Die Verankerung einer demokratischen Kultur ist jedoch kein Prozeß, der unmittelbar erfolgt und leicht erreichbar wäre. Während schnell eine Vielzahl von Parteien entsteht und die Wähler begeistert ihre neuen Möglichkeiten nutzen, dauert es lange, bis demokratische Verhaltenstraditionen und die sie unterstützenden Institutionen Wurzeln schlagen.

Wahlen sind daher nur ein erster Schritt auf dem Wege zur Demokratie, allerdings auch ein äußerst wichtiger. Die Legitimation

Demokratie, Frieden und Entwicklung

Die Friedenssicherung, wie sie in der *Agenda für den Frieden* (Agenda for Peace) beschrieben wird, erfordert die Stärkung derjenigen Institutionen die am meisten zur Festigung des Vertrauens unter den Menschen beitragen. Es wird immer klarer, das Demokratie und Entwicklung die entscheidenden Faktoren sind. Demokratien bekämpfen einander fast nie. Die Demokratisierung fördert die Sache des Friedens. Der Frieden ist andererseits eine Voraussetzung für die Entwicklung. Somit ist die Demokratie eine wesentliche Grundlage einer auf Dauer angelegten Entwicklung. Und ohne Entwicklung kann es keine Demokratie geben. Gesellschaften, in denen es an grundlegendem Wohlstand fehlt, neigen zu Konflikten. Daher sind die drei großen Prioritäten miteinander verzahnt.

—Boutros Boutros-Ghali, UN-Generalsekretär
An Agenda for Peace: One Year Later

einer Regierung hängt davon ab, daß die Wahlen frei und fair sind und daß die Wähler das auch weitgehend so wahrnehmen. Internationale Wahlbeobachter haben durch Kontrolle und öffentliche Berichterstattung über die Wahlabwicklung in vielen Ländern nützliche Dienste geleistet. Dazu haben die Vereinten Nationen, andere internationale Institutionen, Regierungen und die Zivilgesellschaft erfolgreich beigetragen.

Wir begrüßen die derzeitigen Anstrengungen zur institutionellen weltweiten Verbesserung und Konsolidierung demokratischer Wahlverfahren. Die Erfahrung der jüngsten Bemühungen um Wahlbeobachtung und Ausbildung von Wahlleitern zeigen die Notwendigkeit, das Verständnis der für demokratische Prozesse geltenden Normen, Regeln und Maßstäbe zu vertiefen. Auch muß auf nationaler Ebene die Fähigkeit zur Entwicklung eines umfassenden demokratischen Instrumentariums gestärkt werden. Dies alles erfordert umfangreiche Forschungsarbeit und Analysen. Wir glauben, daß alle, die zur Zeit an diesen Bemühungen beteiligt sind, aus einer engeren institutionellen Zusammenarbeit bei der Förderung von Wahlprozessen Nutzen ziehen könnten.

Wie die Ereignisse auf Haiti und in Angola zeigen, sollte die internationale Unterstützung demokratischer Transformationsprozesse nicht immer schon mit der Bekanntgabe des Wahlergebnisses enden. In manchen Fällen ist eine länger anhaltende physische Präsenz erforderlich, und fast immer muß die langfristige Entwicklung unterstützend begleitet werden.

Der Abbau von Einschränkungen der politischen Betätigung und der Meinungsfreiheit im Gefolge des demokratischen Übergangs hat in einigen Ländern Bewegungen entstehen lassen, die anderen ihre Rechte abzusprechen versuchen. Viele neu entstandene demokratische Systeme müssen außerdem Wege zur Aussöhnung widerstreitender Forderungen und Interessen finden, damit diese nicht die nationale Stabilität gefährden. Derartige Schwierigkeiten sind natürlich nicht allein in neuen Demokratien anzutreffen, viele Länder mit langer demokratischer Tradition wurden schon durch die einer pluralistischen Gesellschaft innewohnenden Spannungen erschüttert.

Es gibt eine große Vielfalt demokratischer Verfassungsmodelle, wobei diese an die unterschiedlichen Traditionen und sozialen Gegebenheiten angepaßt sind. Obwohl beispielsweise das System der parlamentarischen Demokratie, bei dem der Sieger alles bekommt, in einigen Ländern erfolgreich gewesen sein mag, hat es in anderen eindeutig bei der Sicherung von Minderheitenrechten und der Wahrung der nationalen Einheit durch Kompromißbereitschaft versagt. In diesem Zusammenhang dürften andere, in jüngster Zeit entstandene Verfassungsmodelle ernsthafte Beachtung verdienen. Im französischsprachigen Afrika halten beispielsweise einige Länder (Benin, Kongo, Madagaskar, Mali, Niger und Togo) seit kurzem nationale Konferenzen ab, bei denen alle wichtigen politischen Parteien und Kräfte zusammenkommen, um über die politischen Geschicke des Landes zu entscheiden. Diese Lösung hat sich für die Sicherung eines friedlichen und einvernehmlichen Übergangs zum Mehrparteiensystem als nützlich erwiesen. In Südafrika ging man bei diesem Konzept eines nationalen Paktes noch einen Schritt weiter, indem man für eine fünfjährige Übergangsperiode ein System der geteilten Macht (power-sharing) vorsieht.

Sei es durch Abstimmungsverfahren, Koalitionen, Gewaltenteilung oder andere Mittel, es muß ein Weg gefunden werden, damit innerhalb eines demokratischen Systems auch die Stimme der Opposition Gehör und Beachtung findet. Regierungen regieren, aber Regierungen im Wartestand müssen auch während des Wartens angehört werden. Immer wenn - wie es in nur allzu vielen Ländern der Fall ist - die nationale Aussöhnung von größter Dringlichkeit ist, müssen im Interesse einer guten Ordnungspolitik kreative Wege der Machtteilung - des power-sharing - beschritten werden.

Zentrifugalkräfte sind nicht die einzige Gefahr für die Demokratie. In einer Reihe von Ländern hat die Demokratie darunter gelitten, daß das Militär im nationalen Gemeinwesen eine zu dominante Rolle erlangt hat. Die Länder, in denen sich die Menschen mit der Militärherrschaft abfinden müssen, sind weniger geworden. Doch selbst dort, wo Offiziere und Soldaten nicht an der Macht ist, kann eine starke Stellung des Militärs nicht nur zu einem unausgewogenen Staatshaushalt mit zu geringem Anteil der Entwicklungs- und Sozialausgaben führen, sondern auch zur Aushöhlung der Demokratie und zur Gefährdung einer freien Gesellschaft. Das militärische Ethos ist in sich autoritär und auf Geheimhaltung angelegt. Insbesondere in Entwicklungsländern, in denen die Streitkräfte einer der wenigen Sektoren sind, die sichere und gut bezahlte Arbeitsplätze bieten, kann die Attraktivität von Uniformen einen ungesunden Einfluß haben. Der Aufstieg des Militärs läßt sich in manchen Fällen auf die Instabilität zurückführen, die durch Handlungen unzufriedener Minderheiten bewirkt wurde. Hierin zeigt sich erneut, wie wichtig es ist, die Fähigkeit demokratischer Systeme zur Aussöhnung konkurrierender Ansprüche zu stärken.

Gesellschaften mit tiefen und sich verschärfenden sozialen und wirtschaftlichen Gegensätzen, stehen beim Aufbau und der Erhaltung der Demokratie vor gewaltigen Problemen. Bürger, die tagtäglich um die Befriedigung ihrer Grundbedürfnisse kämpfen müssen und keine Möglichkeit zur Verbesserung ihrer Lage sehen, dürften kaum interessiert oder fähig sein, am Demokratisierungsprozeß mitzuarbeiten. Eine auf Dauer angelegte Demokratie muß ständig die Aussicht einer Verbesserung des Wohlstandes und des Wohlergehens ihrer Bürger bieten.

Aufgrund des Transformationsprozesses der letzten vier Jahrzehnte ist die Beteiligung der Bürger am Regierungsprozeß heute wichtiger denn je. Für Regierungen ohne aktive Unterstützung des Volkes wird das Überleben immer schwieriger. Doch Demokratie ist nicht einfach eine Frage der Stimmabgabe. Sie ist ein dynamischer Prozeß , der ein Bekenntnis zu demokratischen Prinzipien und Institutionen beinhaltet, die den Bedürfnissen der Bürger sowohl im Normalfalle als auch in Krisenzeiten Rechnung tragen. Wirklich demokratische Institutionen beziehen die Menschen auf vielfältige Weise unmittelbar mit ein. Die Kluft zwischen Regierungen und Bürgern muß verringert werden. Eine funktionsfähige Demokratie erfordert eine aktive Bürgergesellschaft. Im besten Falle besteht die Gesellschaft aus Bürgern, die einem breiten Spektrum von Interessen nachgehen, von denen viele Konsequenzen für das öffentliche Leben haben. Gleichzeitig muß die Arbeitsfähigkeit der vielen Institutionen der Zivilgesellschaft sichergestellt werden. Für deren Leiter sollten die gleichen Maßstäbe der Rechenschaftspflicht gelten wie für die politischen Führer.

Eine gute Ordnungspolitik erfordert gute Regierungen. Und Regierungen sind nicht nur auf staatliche Strukturen, sondern auch auf Macht angewiesen. Politische Parteien spielen in der Demokratie eine Schlüsselrolle, jedoch wird ihnen in der Diskussion über Demokratie und Bürgerorganisationen nur wenig Aufmerksamkeit zuteil. Die Arbeit der Parteien muß vielerorts verbessert werden, um mehr Menschen als aktive Teilnehmer in den demokratischen Prozeß einzubeziehen. Die Parteien brauchen für ihre Arbeit Geld und um Korruption zu vermeiden, sollten sie ihre Finanzen offenlegen. Die politischen Parteien spielen nicht nur in der nationalen Zivilgesellschaft eine entscheidende Rolle, sondern auch in der wachsenden globalen Zivilgesellschaft. Für das Umsetzen von Werten in konkretes Handeln ist die Politik von ausschlaggebender Bedeutung.

Zwischen dem Staat, der Zivilgesellschaft, den einzelnen Bürgern und den demokratischen Strukturen besteht eine symbiotische Beziehung. Sie alle bestimmen gemeinsam den Rahmen und die wesentlichen Inhalte einer demokratischen Ordnungspolitik. Doch nicht alle Demokratien bieten das gleiche Bild. Die Gestalt der Demokratie wird bestimmt durch die politischen Traditionen und Erfahrungen eines Landes, durch die wirtschaftlichen und sozialen Bedingungen seiner Bürger und durch die Art der vorhandenen oder neu entstehenden demokratischen Institutionen.

Dennoch besteht ein Konsens darüber, daß Demokratie, in welcher Form auch immer, einen globalen Anspruch hat, ein Recht für jeden einzelnen, das für alle geschützt werden muß. Gleichzeitig entstehen bestimmte internationale Maßstäbe für Demokratie und die gezielte Überwachung der Einhaltung demokratischer Normen. Die Entwicklung des internationalen Menschenrechts und von internationalen Regelungen zur Wahlbeobachtung bestätigen den Zusammenhang zwischen nationalen und internationalen Bemühungen, um die Demokratie zu fördern.

Das Entstehen einer globalen Zivilgesellschaft ist eine wichtige Voraussetzung der Demokratie auf globaler Ebene, wenn es auch diese nicht garantieren kann. Immer mehr Menschen knüpfen Kontakte über Grenzen hinweg und entwickeln aufgrund gemeinsamer Anliegen und Probleme Beziehungen zueinander. Dabei geht es um Umweltschutz, Menschenrechte, den Frieden, die Rolle der Frauen und andere Themen. Dieser Prozeß wird durch Fortschritte im Kommunikationswesen sehr erleichtert. Die Revolutionen in der Informations- und Kommunikationstechnologie tragen zu einer sich auf die ganze Gesellschaft erstreckenden Machtverteilung bei, wobei die Macht oft von hierarchischen Strukturen auf kleine Gruppen übergeht und räumlich getrennte Gruppen zu besserer Kommunikation befähigt werden. Durch Computernetzwerke gewinnt die Zivilgesellschaft eine neue Gestalt und neue Stärke und Partnerschaften mit zwischenstaatlichen Organisationen werden erleichtert.

Doch die Auswirkungen dieser Revolutionen werden auch oft übertrieben dargestellt. Denn in den Entwicklungsländern ist im

Vergleich zu den Industrieländern nur ein verschwindend kleiner Prozentsatz der Bevölkerung an diesem Interaktionsprozeß beteiligt. Die übergroße Mehrheit bleibt derzeit ausgeschlossen. Noch bedeutsamer dürfte die Machtkonzentration im Telekommunikations- und Medienbereich zugunsten einer kleinen Anzahl von Privatunternehmen sein. Technologischer Fortschritt bedeutet nur selten eine eindeutige oder dauerhafte Begünstigung der Demokratie gegenüber der Tyrannei, genauso wenig wie er die Verteidigungsmöglichkeiten gegen Angreifer stärkt. Die Ausbreitung der neuen Technologie ist jedoch so schnell erfolgt, daß die Schlußfolgerung naheliegt, sie werde schon bald allgemein eingesetzt werden und sich insgesamt für die Demokratie positiv auswirken.

Bekämpfung der Korruption

Die Korruption ist ein weltweites Phänomen, das sowohl den öffentlichen als auch den privaten Sektor betrifft und die Prozesse von Gesetzgebung, Verwaltung, Regulierung und Privatisierung gefährdet. In Dutzenden von Industrie- und Entwicklungsländern sind in den letzten Jahren Bestechungsaffären zwischen Wirtschaft und Politik auf sehr hoher Ebene ans Licht gekommen. Die zunehmenden Aktivitäten internationaler Drogenringe bildeten sowohl in den Hersteller- als auch in den Abnehmerländern einen fruchtbaren Boden für die Korruption. Ein weiterer begünstigender Faktor ist die Ausweitung der organisierten Kriminalität, insbesondere in einigen ehemals sozialistischen Ländern. Die Rolle der Mafia bei der Korruption auf beiden Seiten des Atlantik ist legendär.

In einigen Entwicklungsländern blühte die Korruption sowohl unter despotischen Herrschern als auch in Demokratien auf. Riesige Summen aus dem Staatshaushalt, die für nationale Ziele hätten ausgegeben werden sollen, wurden für Investitionen im Ausland oder auf dortige Bankkonten abgezweigt. Die Menschen dieser Länder wurden regelrecht beraubt. Die Großmächte, die korrupte Herrscher in vollem Wissen um deren Käuflichkeit unterstützten, tragen hierfür Mitschuld. Das gleiche gilt für die Banken, die helfen, unredlich erworbene Gelder beiseite zu schaffen und für Drogenhändler und andere Kriminelle die Geldwäsche besorgen.

Die meisten Gelegenheiten zur Korruption in Entwicklungsländern ergeben sich bei Geschäften zwischen deren Politikern und Beamten und Unternehmen in Industrieländern. Die letzteren, einschließlich der Rüstungsproduzenten, sind nur allzu oft bereit, Vertragsabschlüsse und Aufträge mit Bestechungsgeldern zu versüßen. Die Geschäftswelt der Industrieländer hat ihrer Verantwortung für moralisch einwandfreie Geschäftspraktiken ihrer Mitglieder nicht genügt.

Die Stärkung von Demokratie und Rechenschaftspflicht ist ein Mittel gegen die Korruption. Wenn diese auch keine Garantie gegen korrupte Handlungen bieten, wie sich dies ja in vielen Demokratien zeigt, verbessert dennoch eine freie Gesellschaft mit starken, unabhängigen Medien und wachsamen Bürgern die Chancen der Aufdeckung, Bloßstellung und Bestrafung von Korruption. Beamte, die die höchsten Traditionen des Dienstes an der Allgemeinheit achten, bilden eine weitere Verteidigungslinie gegen korrupte Praktiken. Obwohl Maßnahmen innerhalb der einzelnen Länder weiterhin von entscheidender Bedeutung sind, gibt es breiten Raum für die Zusammenarbeit zwischen den Sicherheitsbehörden. Dies gilt nicht nur für begrenzte Bereiche wie den Drogenhandel, sondern auch allgemein für die weltweite Bekämpfung der Korruption. Erfahrungen aus jüngster Zeit bestätigen die Notwendigkeit einer frühen Intervention gegen Verbrechersyndikate, ehe diese sich verfestigen können. Wichtig ist auch, daß bei der Privatisierung von Staatsunternehmen nicht der leiseste Anschein von Unregelmäßigkeit entsteht, da hierdurch der Prozeß wirtschaftlicher Reformen in Mißkredit geraten könnte.

1990 befaßte sich die Südkommission unter dem Vorsitz des ehemaligen tansanischen Staatspräsidenten Julius Nyerere in ihrem Bericht *„Die Herausforderung des Südens"* mit dem Problem der Korruption. Wir bekräftigen die dort getroffenen Feststellungen:

„Im Süden sind zudem die massive Machtkonzentration in den Händen von Regierung und Großunternehmen, die Armut, die Unsicherheit und die schlechte Bezahlung der Beschäftigten im öffentlichen Dienst für einige dieser unerwünschten Praktiken verantwortlich, desgleichen korrumpierende Einflüsse aus dem Norden

im Zusammenhang mit profitträchtigen Verträgen, illegalen Waffen- und Drogengeschäften und anderem.

Unabhängig davon tragen die Regierungen im Süden einen großen Teil Verantwortung für die Korruption in ihren Ländern. Sie haben im allgemeinen keinen besonderen Wert darauf gelegt, die Korruption auszumerzen, obwohl sie deren hohe ökonomische, soziale und politische Kosten kannten. Höhere Anforderungen an Integrität im öffentlichen Leben könnten sehr dazu beitragen, das Vertrauen der Bevölkerung in ihren Staat, den Gemeinschaftssinn und die staatsbürgerliche Verantwortung zu beleben. Aber es geht nicht nur um Käuflichkeit im öffentlichen Bereich. Staatliches Mißmanagement und autoritäres Verhalten, mangelnde Kontrollsysteme und öffentliche Rechenschaftspflicht sowie eine fortschreitende Militarisierung haben die Korruption auch in der Gesellschaft gefördert und erleichtert. Die echte Demokratisierung der politischen Strukturen kann solchem Unwesen einen Riegel vorschieben. Dauerhafter Fortschritt muß sich auf funktionierende demokratische Prozesse stützen. Darüber hinaus müssen die Ermessensspielräume des Wirtschaftsmanagements so eingeschränkt werden, daß die Versuchung der Willkür begrenzt wird. Da man solche Ermessensspielräume nicht vollständig aufheben kann, müssen institutionelle Sicherungen zur Verhinderung von Mißbrauch geschaffen werden. "

Demokratie und Legitimation

Während ein globales Bürgerethos für die Verbesserung der Lebensqualität in der Einen Welt notwendig ist, erfordert eine wirksame Ordnungspolitik überdies demokratische und rechenschaftspflichtige Institutionen und ein rechtsstaatliches System. In der Vergangenheit waren Ordnungspolitik und Recht im allgemeinen fast ausschließlich einzelstaatliche Aufgaben. Die Demokratie war im wesentlichen durch die Rolle von nationalen und regionalen Regierungen definiert, und die Wahrung der Rechtsstaatlichkeit oblag den nationalen Gerichten. Heute reicht eine solche Struktur nicht mehr aus.

Auf nationaler wie auf globaler Ebene müssen demokratische Prinzipien stärkeres Gewicht erhalten. Das Erfordernis einer

gesteigerten Demokratisierung ergibt sich aus der engen Verknüp-
fung von Legitimation und Effektivität. Unzureichend legitimierte
Institutionen sind auf lange Sicht nur selten effektiv. Daher wach-
sen mit zunehmender Rolle internationaler Institutionen in der
Weltordnungspolitik auch die Ansprüche an deren demokratischen
Charakter.

Es ist an der Zeit, die "souveräne Gleichheit" der Staaten stärker
Realität werden zu lassen. Die Charta der Vereinten Nationen
schrieben dieses Prinzip 1945 fest, durch einen später hinzugefüg-
ten Artikel, der einigen Nationen einen höheren Status einräumt,
wurde es jedoch wieder in Frage gestellt. Insbesondere bei der
moralischen Begründung einer neuen Weltordnung müssen die
Nationalstaaten und ihre Völker zwangsläufig den doppelten Maßstab in Frage stellen, nach dem auf nationaler Ebene Demokratie
gefordert wird, während diese gleichzeitig auf internationaler Ebene weiterhin beschnitten wird. Zwischen Ländern wird es immer,
genau wie zwischen den Menschen eines Landes, Unterschiede in
Größe und Stärke geben. Doch das Prinzip der Gleichrangigkeit
als Angehörige eines politischen Gemeinwesens ist in der Staaten-
gemeinschaft genauso wichtig wie in einer nationalen oder lokalen
Gemeinschaft. Das Ethos der Gleichheit vor dem Gesetz ist eine
wesentliche Sicherung gegen die Versuchung des Autoritarismus,
der Neigung der Starken, den Schwachen ihren Willen und ihre
Herrschaft aufzuzwingen.

Damit soll nicht einer schablonenhaften Übertragung nationaler
demokratischer Systeme auf die globale Ebene das Wort geredet
werden. Zwischen beiden Ebenen bestehen Unterschiede, doch die
Normen der Demokratie müssen auf beiden befolgt werden. Der
fünfzigste Jahrestag der Gründung der Vereinten Nationen ist ein
angemessener Anlaß, den Vorrang des demokratischen Prinzips
erneut zu bekräftigen. Wir befassen uns mit dieser Frage im fünften Kapitel bei der Behandlung des Sicherheitsrates, für dessen
Reform wir Vorschläge unterbreiten. Doch dieses Problem stellt
sich auch in anderen institutionellen Zusammenhängen wie bei den
Abstimmungsregelungen in den Bretton Woods Institutionen, für
die wir ebenfalls mehr Demokratie empfehlen.

Demokratie steht im Zusammenhang mit der Ausübung von Macht und mit der Erkenntnis, daß auferlegter Zwang, so ausgefeilt er auch sein mag, unannehmbar und auf Dauer nicht durchführbar ist. Fünfzig Jahre nach Beendigung des Konfliktes, dessen Sieger es für notwendig erachteten, besondere Vorrechte und Pflichten zu übernehmen, ist es nunmehr an der Zeit, daß die Welt sich auf zeitgemäße Normen hin bewegt. Auf unserem Wege in das 21. Jahrhundert gibt es kein stärkeres Ideal als das der Demokratie. In vielerlei Hinsicht sind die Vereinten Nationen Hüter unserer höchsten Ideale. Wir leisten dem Ansehen und damit letztlich der Funktionsfähigkeit der UN einen sehr schlechten Dienst, wenn wir bei ihnen eine Ausnahme von diesem wichtigsten Prinzip machen oder wenn wir außerhalb des UN-Systems uns mit Regelungen abfinden, die Demokratie auf der Ebene der globalen Nachbarschaft schwächen.

Rechtsstaatlichkeit ist das ethische Kernstück jeder freien Gesellschaft. Sie zu wahren ist in der Einen Welt mindestens ebenso wichtig wie im nationalen Rahmen. Eine Weltordnungpolitik ohne Recht wäre ein Widerspruch in sich. Das Primat des Rechts ist Voraussetzung einer effektiven Weltordnungspolitik. Im sechsten Kapital machen wir Vorschläge zur weltweiten Stärkung der Rechtsstaatlichkeit.

Anpassung alter Normen

Die Länder müssen zunehmend akzeptieren, daß auf einigen Gebieten die Souveränität kollektiv ausgeübt werden muß

Trotz der Worte "wir, die Völker" in der ersten Zeile der Charta der Vereinten Nationen war die Nachkriegsordnung hauptsächlich an den Interessen einer Staatenwelt ausgerichtet. Ihre Architekten gingen davon aus, daß Staaten die maßgebenden internationalen Kräfte waren. Diese Annahme fand ihren Niederschlag in den von ihnen geschaffenen Institutionen und Normen.

Diesbezüglich war die Schaffung des UN-Systems lediglich ein Teil der kontinuierlichen Evolution des auf den souveränen Rechten der Territorialstaaten fußenden Systems internationaler Beziehungen. Es war auf das stärkste durch die Entwicklung des europäischen Staatensystems geprägt, das im Westfälischen Friedensvertrag von 1648 seinen symbolischen Ausdruck gefunden hatte. Der allmähliche Übergang von einer auf der Vorherrschaft von Großmächten basierenden eurozentrischen Ordnung zu einer sich auf universelle Normen stützenden weltweiten Ordnung dauerte lange. Die Versailler Friedenskonferenz von 1919 war eine Phase dieses Überganges, die Konferenz von San Francisco 1945 eine weitere. Selbst heute ist dieser Wandel noch unvollständig, aber es besteht zumindest ein System universeller Normen.

Im Laufe der Jahre wurde eine Vielzahl derartiger Normen festgelegt, verfeinert und in einer Fülle von Erklärungen, Konventionen und Verträgen immer wieder zum Ausdruck gebracht. Zwei Normen von zentraler Bedeutung sind Souveränität und Selbstbestimmung.

Souveränität

Souveränität ist das Prinzip, daß ein Staat über alle in sein Territorium fallenden Angelegenheiten die höchste Autorität genießt, und steht im Mittelpunkt des modernen Staatensystems. Aus diesem Grundprinzip leiten sich drei weitere wichtige Normen her. Erstens, daß alle souveränen Staaten, ob groß oder klein, gleiche Rechte haben. Zweitens, daß die territoriale Integrität und die politische Unabhängigkeit aller souveränen Staaten unantastbar sind. Und drittens, daß die Einmischung in die inneren Angelegenheiten souveräner Staaten unzulässig ist. Während der gesamten Nachkriegsära bildeten diese drei Grundsätze eine wesentliche Grundlage der internationalen Stabilität. Wegen ihrer weitgehenden Akzeptanz kam es bemerkenswert selten zu offener Aggression gegen souveräne Staaten. Und wenn es dazu kam, stand der Aggressor weitgehend im internationalen Abseits.

Diese Normen und das von den Staaten auf ihrem Territorium in Anspruch genommene Gewaltmonopol stärkten die Möglichkeiten des Staates zur Unterdrückung abweichender Meinungen. Sie dienten der jeweils amtierenden Regierung zur Stärkung ihrer

Machtbasis, während Andersdenkenden Mittel und Unterstützung verweigert wurden. Weiterhin begrenzten sie die offene Intervention der Großmächte in die inneren Angelegenheiten kleinerer Staaten, obwohl sie keinen vollständigen Schutz gegen Intervention oder gar Subversion bedeuteten. Ohne diese Normen wäre die Welt weit unsicherer und weniger friedlich. Aggression und Subversion wären weit üblicher, und die Kleinen und Schwachen wären ständig der Gnade der Großen und Mächtigen ausgeliefert.

Souveränität geht letztendlich vom Volk aus. Sie ist eine Macht, die vom Volk, für das Volk und in seinem Namen ausgeübt wird. Allerdings ist dieses Prinzip zu oft mißbraucht worden. Gelegentlich haben mächtige Länder ihr angebliches Recht auf Souveränität als Waffe gegen schwächere Länder eingesetzt. In anderen Fällen haben Herrscher ihre Kontrolle über das Instrumentarium des Staates benutzt, um die aus dem Souveränitätsprinzip resultierenden Privilegien sich widerrechtlich anzueignen. Sie haben die Vorteile, die sich aus der Mitgliedschaft in der Völkergemeinschaft ergeben, für ihre Eigeninteressen monopolisiert. Sie haben die Souveränität als Schutzschild gegen internationale Kritik an einer brutalen und ungerechten Politik benutzt. Und in ihrem Namen haben sie ihren Bürgern den freien und ungehinderten Zugang zur Welt verwehrt.

Aus diesen Gründen müssen die bestehenden Normen der souveränen Gleichberechtigung, der territorialen Unabhängigkeit und der Nichteinmischung in zweierlei Hinsicht gestärkt werden. Erstens müssen Anstrengungen zu ihrer universellen Durchsetzung unternommen werden. Es darf nicht mehr mit zweierlei Maß gemessen werden: Staaten dürfen sich nicht mehr in einem Augenblick auf den Schutz der Souveränität berufen, um sich im nächsten über deren Grenzen hinweg zu setzen. Zweitens müssen Mittel und Wege gefunden werden, die eines Souveränitätsmißbrauchs durch die gerade Herrschenden verhindern. Die Ausübung souveräner Macht muß an den Willen des Volkes geknüpft sein. Wenn dem Mißbrauch von Souveränität nicht Einhalt geboten wird, wird es unmöglich die Achtung für sich aus ihr ergebende Normen zu vergrößern.

In einer zusehends interdependenten Welt verlieren alte Begriffe wie Territorialität, Unabhängigkeit und Nichteinmischung teilweise ihren Sinn. Nationale Grenzen werden durchlässiger und in mancher Hinsicht weniger relevant. Über das alte System der nationalen Deiche zum Schutz staatlicher Autonomie und Herrschaft ergießt sich heute eine globale Flut von Geld, Bedrohungen, Bildern und Ideen. Die Freizügigkeit der Menschen ist immer noch durch strenge Grenzkontrollen eingeschränkt, obwohl diese gelegentlich, wenn die Menschen auf der Flucht vor Krieg, Hungersnot und anderen Katastrophen Sicherheit suchen, gelockert oder einfach zunichte gemacht werden. Die territoriale Souveränität wird allerdings durch illegale Grenzübertritte beeinträchtigt, und in vielen Ländern ist man besorgt darüber, daß politische und wirtschaftliche Entwicklungen diesen Einwandererstrom anschwellen lassen könnten.

Heute ist es schwieriger, Handlungen, die allein die inneren Angelegenheiten eines Landes betreffen, von solchen zu trennen, die sich auf die inneren Angelegenheiten anderer Staaten auswirken. Damit wird auch die Festlegung der legitimen Grenzen souveräner Autorität erschwert. So können sich beispielsweise Änderungen in der Zinspolitik Deutschlands, Japans oder der USA unmittelbar auf die Staatsverschuldung oder Beschäftigung anderer Länder überall auf der Welt auswirken. Unruhen auf Haiti oder in Rußland können zu wirtschaftlichen Spannungen in Miami und Berlin führen. Die in Washington beschlossene Umweltpolitik kann sich auf Beschäftigung und Emissionsgrenzwerte in Rio de Janeiro auswirken. Die Länder müssen zunehmend akzeptieren, daß auf einigen Gebieten die Souveränität kollektiv ausgeübt werden muß, insbesondere hinsichtlich der globalen Gemeingüter. Überdies haben in der heutigen Welt die größten Gefahren für nationale Souveränität und territoriale Integrität häufig ihren Ursprung in internen Problemen, und nicht selten werden andere Regierungen dafür kritisiert, daß sie lieber abseits bleiben, statt zu intervenieren.

Aus all diesen Gründen müssen das Souveränitätsprinzip und die aus ihm abgeleiteten Normen weiter an die sich wandelnden Realitäten angepaßt werden. Staaten erfüllen weiterhin wichtige Aufgaben und bedürfen der Kompetenzen, um diese Aufgaben effektiv wahrnehmen zu können. Doch diese müssen auf dem ständigen Konsens und der demokratischen Vertretung des Volkes beruhen. Auch sind sie durch fundamentale Interessen der Menschheit eingeschränkt, die unter bestimmten schwerwiegenden Umständen gegenüber den üblichen Rechten von Einzelstaaten Vorrang genießen müssen.

Nirgends zeigt sich dieses Problem krasser als in der Frage der "humanitären Intervention". Die meisten Gefahren für die physische Sicherheit von Menschen gehen heute von einer Verschlechterung der Situation innerhalb eines Landes aus, von Bürgerkrieg und ethnischen Konflikten, von natürlichen oder von Menschen verursachten Katastrophen und in Extremfällen von dem Zusammenbruch der staatlichen Ordnung. Machmal liegen mehrere dieser Faktoren vor, oder einer von ihnen löst den nächsten aus.

Wenn solche Umstände zu menschlichem Leid in großem Maßstab führen, erhebt sich zwangsläufig die Forderung nach Maßnahmen der UN, ungeachtet der Tatsache, daß derartige Maßnahmen eine Einmischung in die inneren Angelegenheiten souveräner Staaten darstellen. Insbesondere kleine und weniger mächtige Staaten sehen in der Souveränität und der territorialen Unverletzlichkeit ihr wichtigstes Verteidigungsmittel gegen Mächtigere, raublüsterne Länder und erwarten von der Weltgemeinschaft die Aufrechterhaltung dieser Normen.

Dort, wo Menschen massivem Leid und Elend ausgesetzt sind, muß jedoch das Recht eines Staates auf Autonomie gegen das Recht seiner Bevölkerung auf Sicherheit abgewogen werden. Die jüngste Geschichte zeigt, daß in einem Land extreme Umstände entstehen können, unter denen die Sicherheit der Menschen so stark gefährdet ist, daß eine kollektive Intervention im Rahmen des Völkerrechts gerechtfertigt ist. Derartige Maßnahmen sollten, soweit irgend möglich, mit Einwilligung der Behörden des betreffenden Landes erfolgen. Doch wird dies nicht immer möglich sein, und wir unterbreiten diesbezüglich im dritten Kapitel entsprechende Vorschläge. Es kommt darauf an, daß jede derartige Maßnahme eine in echtem Sinne kollektive Unternehmung der Weltgemeinschaft ist, d.h. sie sollte von den Vereinten Nationen oder in deren Auftrag und unter ihrer Kontrolle durchgeführt werden, so wie die UN dies mit großer Entschlossenheit im ehemaligen Jugoslawien versucht haben.

Die Vereinten Nationen mögen von Zeit zu Zeit stolpern oder sogar versagen, doch dies gilt auch für jedes Land, das einmal versucht hat eine Führungsrolle zu übernehmen. In der Einen Welt ist es eine Hauptpflicht eines jeden - der Staaten wie auch der Menschen - Nachbarschaftsaktionen zu unterstützen, aber nicht zu usurpieren. Wesentlich ist überdies, daß sich UN-Aktionen an auf Prinzipien beruhenden Kriterien orientieren. Sie sollten widerspruchsfrei und ausgewogen sein; vor allem sollten sie nicht unangemessen von regional oder global mächtigen Ländern beeinflußt werden. Die UN würden als aktiv handelnde Organisation nicht mehr lange legitim und wirksam agieren können, wenn sie zur Verschleierung der Intervention durch Einzelstaaten benutzt würden.

Die Bereitschaft des Sicherheitsrates, über UN-Aktionen - einschließlich militärischer Interventionen aus humanitären Gründen - zu beschließen, stellt eine richtige und notwendige Weiterentwicklung seiner Rolle bei der Ausübung internationaler Verantwortung dar. Bisher hat die Charta diese Rolle abdecken können, wenn auch vielleicht nicht immer zweifelsfrei und dauerhaft. Es handelt sich hier um eine Dimension des Internationalismus, die der sorgfältigen und umsichtigen Weiterentwicklung innerhalb der soeben aufgezeigten Rahmenbedingungen und Grenzen bedarf. Im Idealfall wird man humanitäre Aktionen der UN künftig als Nachbarschaftshilfe ansehen, motiviert durch die höchsten Ziele der kollektiven Hilfe für die Sicherheit von Menschen, von Nachbarn. Derartige Aktionen müssen, wie im dritten Kapitel ausgeführt, eindeutig durch die Charta autorisiert sein und auf deren Grundlage durchgeführt werden, nicht aber ad hoc oder willkürlich.

Selbstbestimmung

Das zweite Kernprinzip der bestehenden internationalen Ordnung ist die Selbstbestimmung. Weniger altehrwürdig als die Souveränität, leitet sich dieses Prinzip aus dem Aufstieg der Demokratie und des Nationalgedankens her, die beide beigetragen haben zum Zusammenschluß der zersplitterten europäischen Fürstentümer zu modernen Nationalstaaten, zum Niedergang der europäischen Weltreiche in Nord- und Südamerika und zum Zusammenbruch des Habsburgischen und des Ottomanischen Weltreiches.

Bei der Versailler Friedenskonferenz nach dem Ersten Weltkrieg wurde das Prinzip der Selbstbestimmung anerkannt, doch erst nach der Gründung der Vereinten Nationen 1945 wurde es zu einer effektiven, weltweit gleichermaßen anwendbaren Norm. Während der gesamten Nachkriegsära wurde Selbstbestimmung im allgemeinen als ein auf territorial eingegrenzte, unter Kolonialherrschaft stehenden Bevölkerungsgruppen beschränktes Recht angesehen. Als solches spielte es eine entscheidende Rolle beim Prozeß der Entkolonialisierung, der nacheinander viele neue souveräne Staaten entstehen ließ.

Im letzten Jahrzehnt haben zwei Entwicklungen die Welt zu einer Überprüfung der Selbstbestimmungsproblematik gezwungen. Die erste war der Zerfall einzelner Länder, wobei die Sowjetunion und Jugoslawien besonders dramatische Beispiele sind. Beide waren multinationale Föderationen, die von einer Zentralregierung mit eiserner Faust zusammengehalten wurden. Mit den politischen Umwälzungen in der Sowjetunion und in Jugoslawien zu Anfang der 90er Jahre verloren diese beiden Staaten ihre Macht und ihre Legitimation - ihre nationalen Komponenten konnten zu unabhängigen Staaten werden. In ähnlicher, wenn auch weit friedlicher Weise kam es in der Tschechoslowakei und nach einem vorausgegangenen langwierigen Konflikt in Äthiopien zu Trennungen auf dem Verhandlungswege. Während die Gewalt und die Wirren nach dem Zerfall der Sowjetunion und Jugoslawien ernste Fragen hinsichtlich der Ausübung des Selbstbestimmungsrechtes aufwerfen, ist strittig, ob hier in prinzipieller Hinsicht neue Probleme entstanden sind.

Eine Entwicklung mit weit größeren Konsequenzen zeigt sich darin, daß in vielen Teilen der Welt indigene Bevölkerungsgruppen und andere Gemeinschaften einen Anspruch auf Selbstbestimmung erheben. In diesen Fällen geht es bei der Selbstbestimmung um eine komplexe Verkettung historischer und anderer Fragen, die weit über das Problem der Errichtung eines neuen Staates auf einem zuvor existierenden territorialen Gebilde hinausgehen. Hier geht es auch um Fragen der Identität, der Menschenrechte und der Gestaltungsmacht, die wenig mit früheren Grenzen zu tun haben.

Selbstbestimmung ist ein Recht aller Nationen und Völker, solange sie mit der Achtung anderer Nationen und Völker vereinbar ist. Die Herausforderung liegt nun darin, Mittel und Wege zur Definition und zum Schutz dieses Rechtes im Rahmen der Einen Welt zu finden. Es wird immer schwieriger, die aus konkurrierenden Ansprüchen auf Selbstbestimmung entstehenden Probleme auf der Grundlage einer getrennten Volkszugehörigkeit jedes einzelnen Anspruchstellers zu klären. Dadurch könnte ein Prozeß der territorialen Aufsplitterung eingeleitet werden, der für die Welt eine wesentliche Verschlechterung mit weit größerer Unsicherheit und Instabilität bedeuten würde. Überdies wird eine Umgestaltung der Landkarten nicht zum Abbau von Ungerechtigkeiten und zur Verringerung des Risikos von Bürgerkriegen führen, wenn die neuen Staaten nicht über praktikable Instrumente für die Auflösung widerstreitender Ansprüche auf Macht, Ressourcen, Status und Land verfügen.

Das Fehlen einer klaren Definition der Begriffe "Nation" oder "Volk" macht das Problem nicht einfacher. Es ist an der Zeit, über Selbstbestimmung in einem neuen Kontext nachzudenken, dem Kontext der Einen Welt, statt im traditionellen Rahmen einer Welt getrennter Staaten.

Die Forderung nach Separation und die Gewaltanwendung zu deren Unterstützung folgen häufig auf die Enttäuschung über gescheiterte Bemühungen, mit konstitutionellen Mitteln weniger drastische Veränderungen zu erreichen. Hier zeigt sich, wie wichtig es ist, daß Regierungen Verständnis zeigen für die Bestrebungen ethnischer und anderer Gruppen, die sich ausgegrenzt oder bedroht fühlen. Die meisten der über 200 Nationalstaaten der Welt bestehen aus mehr als einer Volksgruppe. Folglich gibt es erheblichen Raum für Auseinandersetzungen über die Verteilung von Macht und Ressourcen und die Politik der Regierungen. Doch der Pluralismus hat auch eine positive Seite, wie sich in mehreren erfolgreichen Vielvölkerstaaten zeigt. Vielfalt muß nicht zwangsläufig ein Grund zur Spaltung sein. Aufgabe einer Ordnungspolitik ist es, aus ihr eine Quelle der Bereicherung zu machen.

Wenn sich die Tragödien nicht verhundertfachen sollen, muß die Wahrung der Interessen aller Bürger, ungeachtet ihrer rassischen, stammesmäßigen, religiösen oder sonstigen Zugehörigkeit, einen hohen Stellenwert im Verhalten der Menschen einnehmen, die heute in der Einen Welt leben. Die Rechte der Menschen, insbesondere das Recht in Würde zu leben, das Recht auf Erhaltung der eigenen Kultur, die ausgewogene Beteiligung an den Erträgen des nationalen wirtschaftlichen Wachstums und das Recht auf Mitwirkung bei der politischen Gestaltung des Landes müssen geachtet werden. Eine Vernachlässigung dieser Werte könnte in vielen Teilen der Welt zu einer Gefahr für Frieden und Stabilität werden. Die Weltgemeinschaft muß diese Rechte verstärkt schützen, selbst wenn dadurch Sezessionsabsichten vereitelt werden, die sich aus der Verletzung eben dieser Rechte ergeben. Die Weltordnungspolitik steht vor keiner größeren Herausforderung als dieser.

Kapitel Drei

Förderung der Sicherheit

Durch das Ende des Kalten Krieges bieten sich neue Möglichkeiten zur effektiveren Gestaltung des kollektiven Sicherheitssystems der Welt sowie zu dessen Anpassung an die breiteren Sicherheitsbedürfnisse der Menschen und des Planeten.

Fünfzig Jahre nach San Francisco muß sich die Weltgemeinschaft überlegen, ob die Bestimmungen der UN-Charta zur Friedenssicherung erneuert werden sollten oder ob der Änderungsbedarf weniger bei den Mechanismen und Verfahrensweisen als in der Einstellung der Nationen liegt - was heißen würde, daß nicht die Maschinerie repariert werden müßte, sondern über deren Einsatz und Verwendungsformen nachgedacht werden sollte. Darüber hinaus stellt sich die Frage: was muß die Weltgemeinschaft tun, um den Frieden nicht nur zwischen den Staaten, sondern auch innerhalb dieser zu sichern?

Auf diese Fragen gibt es keine einfachen Antworten, jedoch ist die Kommission überzeugt, daß es an der Zeit ist, die herrschenden Vorstellungen über Friedenserhaltung und Sicherheit zu überprüfen und an die Entwicklung wirksamerer Mittel zur Erhaltung friedlicher Beziehungen zwischen den Staaten zu denken.

Die Aufgabe, Frieden und Sicherheit zu gewährleisten, ist heute in jeder Hinsicht eine ebenso große Herausforderung, wie sie es 1945 war. Die Alternative zu einem zivilisierten internationalen System, zu einer globalen Gemeinschaft, die im Sinne gemeinsamer nachbarschaftlicher Werte und mit Hilfe wirksamer kollektiver Mechanismen der gemeinsamen Sicherheit friedlich zusammen lebt, ist zu grauenvoll, als daß man sie auch nur in Erwägung ziehen könnte. Sollten wir in der Nachkriegszeit ein zweites Mal beim Aufbau eines wirksamen Systems der kollektiven Sicherheit scheitern, würde dies unseren Anspruch, eine humane Gesellschaft und wirksame Treuhänder künftiger Generationen zu sein, in Frage stellen.

Das veränderte Wesen der globalen Sicherheit

Das Konzept der globalen Sicherheit muß von seiner traditionellen Konzentration auf die Sicherheit von Staaten um die Sicherheit der Menschen und des Planeten erweitert werden.

Zwischen souveränen Staaten haben immer schon Rivalitäten geherrscht. In der Vergangenheit bedeuteten die Bemühungen der Staaten um die Verbesserung der eigenen Sicherheit, indem die militärische Schlagkraft vergrößert und Bündnisse mit anderen Militärmächten abgeschlossen wurden, eine Bedrohung der Sicherheit anderer Staaten. Das Ringen um nationale Sicherheit war ein ständiges Nullsummenspiel, bei dem einige Staaten gewannen und andere verloren. Auf diesem Wege weiterzumachen, hieße eine Katastrophe heraufzubeschwören.

Im 21. Jahrhundert dürfte es kaum noch Gewinner in einem Krieg zwischen Staaten geben. Dazu ist die Welt zu klein geworden, die Weltbevölkerung zu sehr angewachsen, ihre Menschen sind zu sehr miteinander vermischt und zu abhängig voneinander, ihre Waffen sind zu tödlich. Ballistische Raketen, Langstreckenflugzeuge und Massenvernichtungswaffen haben die Sicherheit durch nationale Grenzen illusorisch werden lassen. Versuche von Großmächten, ihre militärische Vorherrschaft zu erhalten, werden neu entstehende Mächte zu größeren militärischen Anstrengungen veranlassen. Gleichzeitig können die Versuche neuer Mächte, das militärische Ungleichgewicht zu verändern, nur dazu führen, daß die traditionellen Mächte ihre Arsenale weiter ausbauen. Die Ergebnisse eines solchen Teufelskreises werden wachsende politische Spannungen, vergeudete Ressourcen und - schlimmer noch - durch Unfälle oder aus Versehen ausgelöste Kriege sein.

Seit dem 17. Jahrhundert wird die internationale Sicherheit fast ausschließlich im Hinblick auf den nationalen Fortbestand definiert. Sicherheit bedeutet den Schutz des Staates mit seinen Grenzen, Menschen, Institutionen und Werten gegen Angriffe von außen. Dieses Konzept ist in der internationalen Tradition tief verwurzelt. Es ist der Grund dafür, daß die Vereinten Nationen und andere internationale Institutionen die Unverletzlichkeit der Grenzen und das Verbot der äußeren Einmischung in die inneren Angelegenheiten souveräner Staaten besonders betonten.

Wenn diese Normen auch die Häufigkeit zwischenstaatlicher Aggression verringert haben mögen, so hatten sie doch auch andere, weniger wünschenswerte Konsequenzen. Das Konzept der staatlichen Souveränität in Sicherheitsfragen lieferte häufig die Begründung für den Aufbau mächtiger nationaler Militärapparate, diente zur Rechtfertigung einer Haushaltspolitik, die Verteidigung vor die Wohlfahrt der Menschen setzte und begünstigte Maßnahmen, durch die Rechte und Freiheiten der Bürger gravierend beschnitten wurden.

Der Schutz vor äußeren Angriffen bleibt natürlich ein wesentliches Ziel der Nationalstaaten und damit der internationalen Gemeinschaft. Doch dies ist lediglich eine der im Rahmen globaler Sicherheit zu lösenden Aufgaben. Trotz zunehmender Sicherheit der meisten Staaten der Welt fühlen sich die Menschen in vielen Gebieten unsicherer als je zuvor. Ursache dafür ist nur selten eine Bedrohung von außen. Andere ebenso wichtige Sicherheitsprobleme ergeben sich aus Gefahren für die lebenserhaltenden Systeme der Erde, aus extremer wirtschaftlicher Not, aus der Verbreitung von konventionellen Kleinwaffen, aus der Terrorisierung der Bevölkerung durch bestimmte Gruppen im Lande selbst und durch grobe Verstöße gegen die Menschenrechte. Diese Faktoren stellen eine größere Gefahr für die Sicherheit der Menschen dar als die Bedrohung durch äußere Aggression.

So, wie sich das Bild der globalen Gesellschaft gewandelt hat, ist auch das Wesen der globalen Sicherheit verändert. Zu den häufig verwendeten vielfältigen Sicherheitsbegriffen zählen die gemeinsame Sicherheit, die kollektive Sicherheit und die umfassende Sicherheit. Der Begriff der gemeinsamen Sicherheit wurde erstmals von der Unabhängigen Kommission für Abrüstung und

> **Gemeinsame Sicherheit**
>
> Unsere Alternative ist die gemeinsame Sicherheit. In einem Atomkrieg kann es keine Hoffnung auf einen Sieg geben. Vielmehr wären beide Seiten im Leiden und in der Zerstörung vereint. Überleben können sie nur gemeinsam. Sicherheit muß deshalb nicht gegen den Gegner, sondern mit ihm erreicht werden. Internationale Sicherheit muß auf einem Engagement für das gemeinsame Überleben beruhen, nicht aber auf der Drohung gegenseitiger Zerstörung.
>
> — Olof Palme, "Einleitung"
> *Gemeinsame Sicherheit: Ein Programm zur Abrüstung*
> Bericht der Unabhängigen Kommission für
> Abrüstung und Sicherheitsfragen

Sicherheitsfragen unter dem Vorsitz des verstorbenen Olof Palme artikuliert. Dieses von der Kommission verwendete Konzept beinhaltet die Erkenntnis, daß dauerhafte Sicherheit nur zu erreichen ist, wenn sie von allen geteilt wird, und daß diese nur durch Zusammenarbeit auf der Grundlage der Prinzipien der Ausgewogenheit, Gerechtigkeit und Gegenseitigkeit zu erreichen ist.

Kollektive Sicherheit, wie sie in der Charta der Vereinten Nationen entworfen wurde, beruht auf dem Gedanken, daß Mitglieder einer bestimmten Gruppe auf die Anwendung von Gewalt gegeneinander verzichten und sich gleichzeitig verpflichten, jedes Mitglied der Gruppe gegen äußere Angriffe zu verteidigen. Dieses Konzept stützt sich in seinem Kern auf den militärischen Sektor. Bei der umfassenden Sicherheit liegt demgegenüber das Hauptgewicht auf einer Veränderung des derzeitigen militärischen Sicherheitskonzepts. Zu den wichtigsten Ideen gehören dabei Zusammenarbeit, Vertrauensbildung, Transparenz, schrittweise Abrüstung, Konversion, Demobilisierung und Entmilitarisierung. In jüngster Zeit hat ein neues Konzept, die *Globale Menschliche Sicherheit*, Beachtung gefunden. Dabei handelt es sich um einen auf den Menschen bezogenen Ansatz, bei dem es nicht so sehr um Waffen als um die grundlegende Menschenwürde geht. Wie im *Bericht über die menschliche Entwicklung 1994* (Human Development Report 1994) dargestellt, umfaßt menschliche Sicherheit den Schutz vor chronischen Bedrohungen wie Hunger, Krankheit und Unterdrückung wie auch vor plötzlichen und tiefgreifenden Störungen des gewohnten Alltagslebens.

Obwohl wir allen diesen Konzepten und ihren Implikationen nahestehen, halten wir es doch für angebracht, uns auf die Sicherheit der Menschen und des Planeten zu konzentrieren, wie sie in diesem Kapitel definiert wird. Wir glauben, daß das Konzept der globalen Sicherheit mit seiner traditionellen Konzentration auf die Sicherheit von Staaten um diese anderen, heute wichtigeren Dimensionen erweitert werden muß.

Die Sicherheit der Menschen

Das Konzept der Sicherheit der Menschen beinhaltet die Erkenntnis, daß globale Sicherheit über den Schutz von Grenzen, herrschenden Eliten und exklusiven Staatsinteressen hinausgeht und den Schutz der Menschen einbeziehen muß. Dabei werden militärische Bedrohungen nicht aus dem Katalog der Sicherheitsfragen ausgeklammert. Statt dessen wird vor dem Hintergrund der drängenden humanitären Probleme nach dem Ende des Kalten Krieges eine umfassendere Definition der Bedrohungen vorgeschlagen.

Die Kommission ist davon überzeugt, daß die Sicherheit der Menschen ein ebenso wichtiges Ziel ist wie die der Staaten. Letztlich stehen die beiden Ziele nicht miteinander im Konflikt: Staaten können nicht auf längere Zeit sicher sein, wenn nicht auch ihre Bürger sicher sind. In der Vergangenheit wurde allerdings die Erhaltung der staatlichen Sicherheit zu oft als Vorwand für eine Politik benutzt, die die menschliche Sicherheit untergrub.

Obwohl der Angriff des Irak auf Kuwait uns daran erinnert, daß Kriege zwischen Staaten noch nicht endgültig der Vergangenheit angehören, dürfte die Welt in den kommenden Jahren eher durch Gewaltausbrüche im Inneren von Ländern erschüttert werden. In Afghanistan, dem Sudan, Sri Lanka und anderen Ländern dauern Bürgerkriege teilweise schon seit langem an. El Salvador, Kambodscha, Somalia, Ruanda, Bosnien und Angola zeigen, welches

Elend solche Konflikte langfristig über große Bevölkerungsgruppen bringen können.

Wie diese Beispiele zeigen, ist in vielen Ländern die Sicherheit der Menschen in furchtbarem Maße verletzt worden, ohne daß eine äußere Aggression oder eine Verletzung der territorialen Integrität oder der staatlichen Souveränität vorlagen. Den Begriff der Sicherheit allein auf den Schutz von Staaten zu beschränken, heißt, sich über die Interessen der Menschen hinwegzusetzen, die Bürger des Staates sind und in deren Namen die Souveränität ausgeübt wird. Dies kann zu Situationen führen, in denen an der Macht befindliche Regime meinen, sie könnten das Recht ihres Volkes auf Sicherheit ungehindert mißbrauchen. Überdies gab es bereits Bürgerkriege, bei denen die menschliche Sicherheit äußerst gefährdet war und die Konfliktparteien auf das Leben von Zivilisten kaum Rücksicht nahmen.

Obwohl das Recht der Staaten auf Sicherheit weiterhin gewahrt bleiben muß, damit sie sich gegen äußere Bedrohungen schützen können, muß die internationale Gemeinschaft den Schutz der Menschen und ihrer Sicherheit zu einem Ziel der globalen Sicherheitspolitik erheben.

Die Sicherheit des Planeten

Die beispiellose Steigerung des Umfanges und der Intensität menschlicher Aktivitäten seit der industriellen Revolution hat in Verbindung mit der ebenfalls beispiellosen Bevölkerungszunahme dazu geführt, daß die Auswirkungen menschlicher Handlungen heute die grundlegenden lebenserhaltenden Systeme des Planeten gefährdet. Durch den Abbau der Ozonschicht in der Atmosphäre sind Menschen und andere Lebensformen erhöhter ultravioletter Strahlung ausgesetzt. Gewaltige Zunahmen der Kohlendioxyd- und anderen Treibhausgasemissionen beeinträchtigen die das Weltklima bestimmenden Prozesse in der Atmosphäre und erhöhen die Wahrscheilichkeit von Klimaänderungen, durch die die Bewohnbarkeit des Planeten drastisch verschlechtert werden könnte.

Pflanzen- und Tierarten sterben weit schneller aus, als es im normalen Evolutionsprozeß der Fall wäre. Verluste der Waldflächen und der Artenvielfalt verändern einige der für das Leben und das Wohlergehen der Menschen wesentlichen Gleichgewichte und Ressourcensysteme, darunter den Kohlenstoffkreislauf, die Photosyntheseleistung, den Wasserkreislauf, die Systeme der Nahrungsmittelproduktion und die genetischen Ressourcen.

Die wachsenden Mengen für menschliche Zwecke produzierter Chemikalien, von denen viele in der Natur nicht anzutreffen sind, belasten die Umwelt so stark, daß sich die chemische Zusammensetzung der Gewässer, des Bodens, der biologischen Systeme und der Atmosphäre verändern. Und das immer noch gewaltige Arsenal an Nuklearwaffen und die friedliche Nutzung der Kernenergie in Form von Atomreaktoren besitzen aufgrund möglicher Strahlungsfreisetzungen ein riesiges, lebensbedrohendes Gefährdungspotential.

Obwohl die Wissenschaftler über das Ausmaß oder die Dringlichkeit dieser Gefahren keineswegs einer Meinung sind, stimmt man doch darin überein, daß sie ihrem Wesen nach beispiellos sind und die menschlichen Lebensmöglichkeiten auf dem Planeten auf Dauer bedrohen könnten. Neu an diesen Gefahren ist, daß sie das Überleben an sich und nicht nur das Wohlergehen ganzer Gesellschaften bedrohen. In diesem Sinne stellen sie zusammen mit der Gefahr eines Atomkrieges das höchste Sicherheitsrisiko dar.

In Anbetracht dieser Risiken besteht das einzig annehmbare Vorgehen in der Anwendung des "Vorsorgeprinzips": selbst angesicht der Ungewißheit über das Ausmaß oder den zeitlichen Ablauf der Umweltzerstörungen ist vorsichtiges Handeln erforderlich, wenn im Ergebnis die Fortsetzung des bisherigen Wegs schweren oder irreversiblen Schaden zur Folge haben könnte. Es muß jetzt gehandelt werden, um die Risiken, die von menschlichen Aktivitäten ausgehen, unter Kontrolle zu bringen und in akzeptablen Grenzen zu halten. Dabei müssen Regierungen und Bürger sich von den besten verfügbaren Erkenntnissen der Wissenschaft leiten lassen, können es sich aber nicht leisten, darauf zu warten, bis die wissenschaftlichen Beweise vollständig sind.

Eine ernüchternde Tatsache ist, daß alle bis heute erkannten Umweltschäden und Risiken für die lebenserhaltenden Systeme des Planeten bei einem Bevölkerungsstand und einem Grad menschlicher Aktivitäten festgestellt wurden, die weit unter den künftig zu erwartenden Werten liegen. Man rechnet bis zur Mitte des 21. Jahrhunderts mit einer Bevölkerungsverdoppelung, ehe es zu einer Stabilisierung kommen wird, und die wirtschaftlichen Aktivitäten dürften bis dahin um das Vier- bis Fünffache zunehmen. Deshalb müssen die notwendigen Vorsorgemaßnahmen unmittelbar ergriffen werden, und die bereits vorhandenen wie z.B. das Rahmenabkommen über Klimaänderungen, die Konvention über die biologische Vielfalt und das Protokoll zum Schutz der Ozonschicht und seine Zusatzvereinbarungen, um nur einige wenige zu nennen, müssen zügig umgesetzt und inhaltlich konkretisiert werden.

Glücklicherweise sind einige Maßnahmen zur Gewährleistung der planetarischen Sicherheit "ohne Bedenken" realisierbar, denn sie sind sowohl wirtschaftlich als auch umweltpolitisch sinnvoll. Ein hervorstechendes Beispiel ist die Notwendigkeit einer effizienteren Energienutzung. Das Electric Power Research Institute in den USA schätzt, daß der gesamte Energiebedarf dieses Landes mit 55% weniger Energie als derzeit befriedigt werden könnte, ohne daß dazu wesentliche Änderungen der Lebensweise oder der Lebensqualität erforderlich wären. Andere halten eine sogar noch größere Energieeinsparung für möglich. Das gleiche gilt im übrigen für praktisch alle Industrieländer.

Für die Entwicklungsländer ist ein effizienter Energieeinsatz angesichts des wachsenden Energiebedarfs und des dafür erforderlichen, aber in herkömmlicher Form nicht finanzierbaren Kapitalinvestitionen ein wirtschaftlicher Imperativ. Dabei liegt es eindeutig im Interesse der industrialisierten Welt sicherzustellen, daß die Entwicklungsländer für eine möglichst umweltschonende, wirtschaftlich vernünftige und auf Dauer tragbare Deckung dieses

Energiebedarfs die erforderliche finanzielle und technologische Unterstützung erhalten.

Sicherheitsgrundsätze für ein neues Zeitalter

Alle Menschen haben ebenso wie alle Staaten ein Recht auf gesicherte Existenz, und alle Staaten sind zum Schutz dieses Rechtes verpflichtet.

Die Welt muß diese Sicherheitskonzepte für die Ära nach dem Kalten Krieg in Prinzipien umsetzen, die Bestandteil internationaler Vereinbarungen werden können. Wir schlagen die folgenden Prinzipien als Normen der Sicherheitspolitik für das neue Zeitalter vor:

- Alle Menschen haben ebenso wie alle Staaten ein Recht auf gesicherte Existenz, und alle Staaten sind zum Schutz dieses Rechtes verpflichtet.
- Die vorrangigen Ziele globaler Sicherheitspolitik sollten darin bestehen, Kriegen und Konflikten vorzubeugen und die Integrität der lebenerhaltenden Systeme des Planeten zu bewahren. Diese Ziele sollten durch die Beseitigung der wirtschaftlichen, sozialen, umweltlichen, politischen und militärischen Bedingungen, welche die Sicherheit der Menschen auf der Erde bedrohen, sowie durch frühzeitige Erkennung und Lösung von Krisen, ehe sie zu bewaffneten Konflikten eskalieren, angestrebt werden.
- Militärische Gewalt ist kein legitimes Mittel der Politik, es sei denn zur Selbstverteidigung oder unter Aufsicht der UN.
- Die Entwicklung militärischer Kapazitäten über das zur nationalen Verteidigung und zur Unterstützung von UN-Aktionen erforderliche Maß hinaus stellt eine potentielle Bedrohung der Sicherheit der Menschen dar.
- Massenvernichtungswaffen sind kein legitimes Instrument der nationalen Verteidigung.
- Die Waffenproduktion und der Waffenhandel sollten von der internationalen Gemeinschaft kontrolliert werden.

Die Übernahme dieser Normen würde einen großen Schritt vorwärts bei der Lösung der dringlichsten Sicherheitsprobleme des

21. Jahrhunderts bedeuten: Dadurch würden die bereits erfolgten Fortschritte bei der Sicherung der Staaten gegen Kriegsgefahren bewahrt und vertieft werden, gleichzeitig könnten Wege gefunden werden, Methoden zum Schutz der Menschen vor Brutalität und großer Not im eigenen Land zu entwickeln und den Bestand und die Funktionsfähigkeit der lebenserhaltenden planetarischen Systeme zu sichern.

Die Pflicht zum Handeln

Die Trennlinie zwischen Innenpolitik und globalen Angelegenheiten
läßt sich nicht am grünen Tisch ziehen, doch jeder weiß,
wann sie überschritten ist.

Wir glauben, daß die internationale Gemeinschaft im Falle der Gefahr für die Menschen die Pflicht zum Handeln hat. In dieser Hinsicht ist es wichtig, zwischen den humanitären Aktionen, die vom Sicherheitsrat ausgehen und die Sicherheit der Menschen betreffen, und Aktionen im Rahmen anderer UN-Gremien und Sonderorganisationen sowie vieler anderer Organisationen der Zivilgesellschaft zu unterscheiden.

Die immer zahlreicheren humanitären Aktionen in der Ära nach dem Kalten Krieg erfolgten nicht immer aufgrund von Beschlüssen des Sicherheitsrates und waren auch nicht immer vorwiegend militärischer Art. Zahlreiche andere Gremien und Institutionen innerhalb und außerhalb der UN spielen durch ihre humanitären und sonstigen Aktivitäten eine wesentliche Rolle bei der Gewährleistung von Sicherheit. Für ihre Aktionen sind sie nicht zwangsläufig auf die Zustimmung des Sicherheitsrates angewiesen.

Der Hohe Flüchtlingskommissar der UN (UNHCR) und das Rote Kreuz haben beispielsweise ein auf klaren humanitären und juristischen Normen fußendes besonderes Mandat, Menschen in Situationen zu schützen, in denen ihre Sicherheit stark gefährdet ist. In den letzten Jahren war der UNHCR nicht mehr nur am Schutz und der Unterstützung von Flüchtlingen beteiligt, sondern kümmerte sich auch zunehmend um Vertriebene - sog. displaced persons

- innerhalb einzelner Länder. Die Bitte um derartige Aktivitäten ging vom Sicherheitsrat, vom Generalsekretär und von anderen UN-Organen aus. Darüber hinaus spielen verschiedene Menschenrechtsorganisationen beim Schutz der Sicherheit von Menschen eine wichtige Rolle oder wären dazu in der Lage. Insbesondere leisten die Aktivitäten des Hochkommissars für Menschenrechte einen innovativen Beitrag zur Sicherheit der Menschen.

Die Sicherheit der Menschen wird gestärkt, wenn humanitäre Institutionen nicht nur Hilfsmaßnahmen durchführen, sondern sich auch um die grundlegenden Menschenrechte und die Sicherheit aller Opfer von durch Menschen oder die Natur verursachten Katastrophen kümmern. Die Notwendigkeit solcher Aktionen wird zunehmen, wenn sich ethnische Konflikte weiter ausbreiten.

In den letzten Jahren hat die Anzahl der Resolutionen des Sicherheitsrates zugenommen, in denen Maßnahmen zur Sicherung oder Durchsetzung des Friedens mit humanitärer Hilfe verknüpft wurden. Die unzähligen Resolutionen zu Schutzgebieten, zur humanitären Hilfe und zur Bewegungsfreiheit humanitärer Organisationen im ehemaligen Jugoslawien sind typische Beispiele. Sicherheitsratsresolutionen zu Somalia, Ruanda, Liberia und Georgien bestätigen die zunehmende Verknüpfung militärischer und politischer mit humanitären Zielen. In diesem Zusammenhang bedarf das komplexe, sich neu entwickelnde Verhältnis zwischen humanitären Aktionen mit militärischer Unterstützung bzw. unter militärischem Kommando einerseits und humanitären Aktionen unter zivilem Kommando andererseits der Erörterung. So standen die militärische Hilfen, weitgehend in Form von logistischer Unterstützung der humanitären Hilfe - z.B. für Sarajevo oder für die Flüchtlingslager in Zaire - zwar unter dem Kommando der jeweiligen nationalen Streitkräfte, erfolgten jedoch unter Aufsicht der UN.

Meistens gehen humanitäre Aktionen den Maßnahmen zur Friedenssicherung und Friedensdurchsetzung voraus und werden stets nach diesen weiter fortgesetzt. Um jedoch ihre Aufgaben effektiv wahrnehmen zu können, müssen humanitäre Institutionen wie der UNHCR streng neutral und unparteiisch bleiben. In der Praxis mag es oft schwierig sein, zwischen militärisch durchgeführten Friedensoperationen und humanitärer Hilfe eine klare Trennlinie zu ziehen. So kann beispielsweise für die Öffnung eines Flughafens oder eines Landweges für den Transport von Hilfsgütern humanitärer Organisationen militärische Gewalt notwendig sein. In Konfliktsituationen sind möglicherweise auch militärische Hilfsmittel zur Kapazitätstärkung der Hilfsorganisationen erforderlich. Wenn das militärische Engagement jedoch zur Parteinahme wird oder als solche angesehen wird, können die Gegner die humanitären Hilfsorganisationen auch als Konfliktparteien ansehen oder so behandeln. Derartige Entwicklungen werfen für die humanitären Organisationen, die sich für die Konfliktopfer unparteiisch und neutral einsetzen müssen, grundsätzliche Fragen auf.

Im Hinblick auf vom Sicherheitsrat ausgehende Aktionen meinen wir, daß ein reformierter Sicherheitsrat (vgl. Kapitel 5) eine Reihe von Prinzipien zur Verantwortung der UN bei der Wahrung der globalen Sicherheit entwickeln und Reaktionsweisen auf die möglichen Formen der Friedensbedrohungen erarbeiten muß.

Bei zwischenstaatlichen Konflikten läßt sich relativ leicht definieren, was unter einer eindeutigen Aggression zu verstehen ist. Doch derartige Situationen sind selten. In vielen Fällen ist die Identität des Aggressors unklar, und selbst die grundlegenden Fakten sind oft strittig.

Eine schwierigere Frage ist das Recht - und noch mehr die Pflicht - der Vereinten Nationen, bei rein internen Konflikten in einem Lande einzugreifen. Sicherlich sollte sich die internationale Gemeinschaft nicht in die Innenpolitik eines Landes einmischen. Wir glauben nicht, daß der Artikel 2.7 der UN-Charta über die Nichteinmischung in innere Angelegenheiten geringzuschätzen ist oder daß man sich über das darin enthaltene Grundprinzip hinwegsetzen sollte. Andererseits sind wir jedoch der Ansicht, daß in Situationen innerhalb einzelner Länder, bei denen die Sicherheit der Menschen grob verletzt wird, auch die Rechte und Interessen der internationalen Gemeinschaft gewahrt werden müssen.

Natürlich kann es sein, daß eine innenpolitische Auseinandersetzung in der Einen Welt solche Ausmaße annimmt, daß sie den Weltfrieden gefährdet. Derartige Konflikte gehören nicht mehr "ihrem Wesen nach zur inneren Zuständigkeit eines Staates". Wenn der Sicherheitsrat feststellt, daß eine "Bedrohung oder ein Bruch des Friedens oder eine Angriffshandlung" vorliegt, sind Zwangsmaßnahmen nach Kapitel VII der Charta nicht aufgrund von Artikel 2.7 ausgeschlossen. Eine solche Feststellung kann sich aus der Erkenntnis des Sicherheitsrates ergeben, daß in einem bestimmten Fall die Angelegenheit ihrem Wesen nach keine innenpolitische ist oder aufgehört hat, eine solche zu sein.

Recht häufig dürften jedoch Bedrohungen der menschlichen Sicherheit, die ein internationales Eingreifen rechtfertigen, keine Gefahr für internationalen Frieden und Sicherheit darstellen. Manchmal handelt die internationale Gemeinschaft aufgrund humanitärer Erfordernisse, ohne daß eine die Souveränität ausübende Regierung vorhanden ist, wie dies in Somalia der Fall war, oder weil - wie im Falle Ruanda - ein Land, das selbst Mitglied des Sicherheitsrates ist, eine UN-Intervention wünscht. Doch dadurch steht die Praxis der "humanitären Intervention" möglicherweise auf einer schwachen Grundlage. Es gibt Situationen, in denen die internationale Gemeinschaft große Schwierigkeiten haben wird, Bestimmungen der Charta, die für zwischenstaatliche

Streitigkeiten und Konflikte entwickelt wurden, auf rein innerstaatliche Situationen auszudehnen.

Der Sicherheitsrat ist bereits heute völkerrechtlich befugt, in
gewissen, die Sicherheit von Menschen gefährdenden Extrem-
situationen auch ohne Vorliegen einer äußeren Bedrohung Maßnahmen zu ergreifen. Eine Bestimmung, durch die die Anrufung
des Sicherheitsrates ermöglicht wird, findet sich in der Konvention über die Verhütung und Bestrafung des Völkermordes, die bis
September 1994 von 114 Staaten angenommen wurde und
vorsieht, daß jede Vertragspartei die zuständigen UN-Organe mit
Maßnahmen gegen Akte des Völkermordes befassen kann.

Wir sind durchaus dafür, die Möglichkeiten der Charta durch
aufgeklärte Interpretation zu erweitern, doch wenn eine solche
Auslegung an die Grenzen der Glaubwürdigkeit stößt, kann sie
unhaltbar werden. Allerdings gibt es noch ein weiteres, weit
wichtigeres Argument. Wenn die internationale Gemeinschaft sich
mit einer so heiklen Frage befaßt, bedarf es der Klarheit über
Wesen und Grenzen der Handlungsermächtigung. Wir glauben,
daß heute ein globaler Konsens über humanitäre UN-Maßnahmen
in Fällen krasser Gefährdung der menschlichen Sicherheit besteht.
Wenn wir jedoch versuchen, Interventionsanlässe aufgrund von
Interpretationen seitens des Sicherheitsrats zu definieren, was
könnte dann derartige Interventionen begrenzen, wenn man einmal
von selbstverleugnerischen Verfügungen durch den Sicherheitsrat
selbst absieht? Was wäre, wenn er - unter dem Druck mächtiger
Mitglieder - beispielsweise beschließt, daß in Fällen von Menschenrechtsverletzungen, undemokratischen Verfahrensweisen
oder aus sonstigen Gründen interveniert werden sollte, ohne daß
eine klare und allgemein anerkannte Bedrohung der menschlichen
Sicherheit vorliegt?

Wenn es dem Sicherheitsrat möglich sein soll, sich über das
Verbot der Einmischung in die inneren Angelegenheiten nach
Artikel 2.7. hinwegsetzen zu können, so muß dies unter in der
Charta eindeutig festgelegten Bedingungen geschehen. Natürlich
wird stets eine Beurteilung des Einzelfalles erforderlich sein, doch

Die Konvention über die Verhütung und Bestrafung des Völkermordes

Artikel II

In dieser Konvention bedeutet Völkermord eine der folgenden Handlungen, die in der Absicht begangen wird, eine nationale, ethnische, rassische oder religiöse Gruppe als solche ganz oder teilweise zu zerstören:

(a) Tötung von Mitgliedern der Gruppe;

(b) Verursachung von schwerem körperlichen oder seelischen Schaden an Mitgliedern der Gruppe;

(c) vorsätzliche Auferlegung von Lebensbedingungen für die Gruppe, die geeignet sind, ihre körperliche Zerstörung ganz oder teilweise herbeizuführen;

(d) Verhängung von Maßnahmen, die auf die Geburtenverhinderung innerhalb der Gruppe gerichtet sind;

(e) gewaltsame Überführung von Kindern der Gruppe in eine andere Gruppe.

Artikel VIII

Eine Vertragschließende Partei kann die zuständigen Organe der Vereinten Nationen damit befassen, gemäß der Charta der Vereinten Nationen die Maßnahmen zu ergreifen, die sie für die Verhütung oder Bekämpfung von Völkermordshandlungen oder einer der sonstigen in Artikel III aufgeführten Handlungen für geeignet erachten.

diese Beurteilung muß in einem von allen akzeptierten, klar umgrenzten Rahmen erfolgen. Daher schlagen wir eine entsprechende Änderung der Charta vor, aufgrund derer solche Interventionen gestattet werden, wobei sie jedoch auf Fälle beschränkt sein sollen, die eine derart grobe und extreme Verletzung der menschlichen Sicherheit darstellen, so daß sie ein internationales Eingreifen aus humanitären Gründen erfordern. Dadurch würden gleichzeitig die weltweite Akzeptanz des Konzeptes der menschlichen Sicherheit gestärkt und die Ausarbeitung humanitärer Maßnahmen als Antwort auf deren Verletzung innerhalb klar erkennbarer Grenzen gehalten.

Intervention ist natürlich immer mit Risiken behaftet. Außenstehende verstehen vielleicht nicht immer in vollem Umfang die Lage, die die Maßnahmen erforderlich gemacht hat; vielleicht sind die Interventionskräfte nicht auf Dauer zur Objektivität fähig und

Interventionen können zu einer Verschärfung der Problemlage beitragen. Die Gefahr des Mißbrauchs des Interventionsrechts ist der Grund für das nur langsame Handeln der Weltgemeinschaft in Fragen der innerstaatlichen Zuständigkeit. Bei jedem neuen Schritt zur Legitimation von Interventionen muß sorgfältig darauf geachtet werden, daß die Maßnahmen auf die Fälle streng begrenzt bleiben, in denen internationalen einvernehmlich die Verletzung der menschlichen Sicherheit für nicht mehr tolerierbar erachtet wird. Die Prinzipien der Nichteinmischung müssen solange respektiert werden, bis ein derartiger Konsens sich in den Beschlüssen eines im Sinne der Vorschläge in Kapitel 5 reformierten Sicherheitsrates widerspiegelt.

Die Trennlinie zwischen Innenpolitik und globalen Angelegenheiten läßt sich nicht am grünen Tisch ziehen, wir sind überzeugt, daß in der Praxis jeder weiß, wann sie überschritten ist. Das Uganda des Idi Amin, die Apartheid in Südafrika, die Roten Khmer in Kambodscha und die jüngeren Ereignisse in Bosnien, Somalia und Ruanda sind ausgezeichnete Beispiele, bei denen nur wenige widersprechen würden. Dennoch erfordert jeder einzelne Fall eine besondere Beurteilung.

Unserer Ansicht nach sollte die folgende Schüsselfrage erörtert werden: Unter Berücksichtigung der fortbestehenden Bedeutung der Prinzipien der Souveränität und der Nichteinmischung in innere Angelegenheiten hat sich eine derart tiefgreifende Verschärfung der Situation ergeben, daß die menschliche Sicherheit gravierend verletzt ist und aus humanitären Gründen eine internationale Antwort erforderlich ist? Fällt die Antwort des Sicherheitsrates positiv aus - was bei jedem der soeben erwähnten Beispiele der Fall hätte sein kann -, dann wäre die geänderte Charta kein Hindernis mehr für vom Sicherheitsrat ordnungsgemäß genehmigte und unter seiner Kontrolle durchgeführte Maßnahmen.

Aktionen bedeuten natürlich nicht unmittelbare Gewaltanwendung. Durch die Genehmigung von Aktionen werden in erster Linie eine Reihe von Maßnahmen legitimiert, von denen die meisten ohne Gewalt durchgeführt werden.

Uns ist klar, daß dieser Ansatz ein Eingreifen der UN in innere Angelegenheiten erst dann zuläßt, wenn die Lage extreme Verhältnisse angenommen hat. Diese Einschränkung ist nicht nur unvermeidlich, sondern auch wünschenswert. Überdies wird das Risiko, daß diese Empfehlung zu schwach ist, durch einige Faktoren vermindert. Erstens dürfte die Erkenntnis, daß die Souveränität bei groben Verletzungen der menschlichen Sicherheit nicht mehr als Schutzschild gegen internationale Maßnahmen benutzt werden kann, selbst schon abschreckend wirken. Zweitens wären auch Nichtregierungsorganisationen (NGOs) in der Lage, eine für die menschliche Sicherheit in einem Lande bedrohliche Situation ins Licht der Öffentlichkeit zu rücken.

In Kapitel 5 empfehlen wir eine institutionelle Reform, durch die ein neues globales Warninstrumentarium geschaffen werden könnte: die Schaffung eines Petitionsrates, dem gegenüber nichtstaatliche Akteure ein neues "Petitionsrecht" hätten. Auf diese Weise könnten innerstaatliche Bedrohungen der Sicherheit den Vereinten Nationen und ihrer Mitgliedsstaaten zur Kenntnis gebracht werden. Das die Petition bearbeitende Gremium würde darüber befinden, ob die Situation akut oder potentiell eine Bedrohung solchen Ausmaßes darstellt, so daß der Sicherheitsrat sich mit ihr befassen sollte.

Weiterhin empfehlen wir, daß der Sicherheitsrat durch die um das Petitionsrecht erweiterte Charta ermächtigt werden sollte, die Beteiligten aufzufordern, eines oder mehrere der in Artikel 33 für die friedliche Beilegung von Streitigkeiten genannten Mittel einzusetzen, wenn nach seinem Dafürhalten eine Gefährdung der menschlichen Sicherheit vorliegt. Dieser Artikel bezieht sich auf die Beilegung von Streitigkeiten zwischen Staaten, doch die Methoden sind genauso auf innerstaatliche Auseinandersetzungen anwendbar.

Gewaltanwendung sollte nur dann zugelassen sein, wenn die zuvor genannten Mittel zur friedlichen Beilegung von Streitigkeiten versagt haben und der Sicherheitsrat befindet, daß im Rahmen der oben vorgeschlagenen Änderung der Charta eine derartige Intervention aufgrund der Verletzung der menschlichen Sicherheit gerechtfertigt ist. Doch selbst dann wäre Gewaltanwendung das letzte Mittel.

Unabdingbar ist die Schaffung einer internationalen Atmosphäre, in der der Einsatz von Gewalt zur Konfliktlösung das letztmögliche Mittel ist, zumal wenn solche Maßnahmen aus humanitären Gründen genehmigt worden sind. Sowohl aus ethischen wie auch aus praktischen Überlegungen heraus muß ein Ansatz gewählt werden, bei dem Überzeugungskraft, Aussöhnung und Schlichtung vor Zwang sowie gewaltfreier Druck vor Gewaltanwendung rangieren. Die internationale Gemeinschaft muß dieses grundlegende Problem lösen. Die Aufgabe besteht darin, eine angemessene Grundlage für humanitäre Maßnahmen zu finden, bei denen die Würde und die Unabhängigkeit von Staaten geachtet werden, ohne dabei den Mißbrauch der Souveränität zur Verletzung der menschlichen Sicherheit innerhalb der Staatsgrenzen zu sanktionieren.

Es ist möglich, daß die von uns als Prüfkriterium vorgeschlagene Frage, ob Maßnahmen des Sicherheitsrates berechtigt sind, in Zukunft häufig gestellt werden muß. Wenn die Eine Welt für alle eine annehmbare Heimstatt bieten soll, muß in ihr der Friede gewahrt bleiben. Friedenswahrung muß eine kollektive Aufgabe sein. Die gemeinsame Sicherheit der Menschen hängt davon ab, daß die Verantwortung für diese Aufgabe übernommen wird.

Frühzeitige Erkennung und Vorbeugung von Krisen

Die internationale Gemeinschaft sollte ihre Kompetenz erweitern, Konflikte frühzeitig zu erkennen, vorauszusehen und zu lösen, ehe diese zu bewaffneten Auseinandersetzungen führen.

Eine umfassende Präventionsstrategie muß sich zunächst auf die einem Konflikt zugrundeliegenden politischen, sozialen, wirtschaftlichen und ökologischen Ursachen konzentrieren. Langfristig liegt in deren Besserung der wirksamste Weg zur Vorbeugung eines Konfliktes. Ein solcher Grundansatz wird auch wahrscheinlich weniger kosten als Maßnahmen nach dem Ausbruch eines Konfliktes. Die Konfliktvorbeugung in vom Streit zerrissenen Ländern wie Angola und Somalia hätte weit weniger gekostet, als sich erst heute mit den Ergebnissen auseinanderzusetzen. Unsere Empfehlungen zu wirtschaftlichen und sozialen Problemen in Kapitel 4 und unsere Feststellungen zur Bedeutung gemeinsamer Werte in Kapitel 2 sind integraler Bestandteil eines umfassenderen Ansatzes zur Schaffung einer sichereren Welt. Zur Zeit der Gründung der Vereinten Nationen war ja eines der erklärten Zielen die Schaffung sozialer und wirtschaftlicher Bedingungen, unter denen Frieden und Sicherheit gedeihen konnten.

Die zahlreichen, teilweise lang andauernden Bürgerkriege in verschiedenen Teilen der Welt sind Beweise für die Unfähigkeit des bestehenden internationalen Sicherheitssystems, innerstaatliche Konflikte vorzubeugen. Wenn, wie wir vorschlagen, die Sicherheit des Planeten und der Menschen zu Prüfsteinen der Sicherheitspolitik werden sollen, müssen Mechanismen zur Vermeidung von Umweltzerstörung und zur Verbeugung bewaffneter Konflikte innerhalb von Staaten entwickelt und durchgesetzt werden. Dabei müßte es gleichermaßen um die frühzeitige Verhinderung neuer Bürgerkriege als auch um die Beendigung der bereits begonnenen gehen. Präventivmaßnahmen haben bisher weit weniger Priorität genossen als die Bemühungen um die Beendigung von Bürgerkriegen.

Ein zentraler Grund für das Versagen der Weltgemeinschaft bei der Vorbeugung von Kriegen liegt in der mangelnde Bereitschaft oder Unfähigkeit von Regierungen, auf jede Krise oder Krisengefahr unverzüglich zu reagieren. Um Ressourcen zu schonen oder schwierige Interventionsentscheidungen zu vermeiden, ignorieren Regierungen oft einen potentiell friedens- und sicherheitsgefährdenden Konflikt solange, bis er zur tödlichen Auseinandersetzung eskaliert ist.

Häufig stehen auch die Schwierigkeiten der Regierungen, die Öffentlichkeit zur Unterstützung potentiell riskanter Operationen zu bewegen, ehe zwingende Beweise für eine humanitäre Katastrophe vorliegen, einem frühzeitigen, präventiven Eingreifen im Wege. Die Menschen lassen sich überall auf der Welt bei der Entscheidung, ob ein Problem internationale Maßnahmen rechtfertigt, meistens von den Medien leiten; und dies sind vorwiegend westliche Medien. Für viele Menschen ist die Fernsehberichterstattung über eine Situation zur Vorbedingung des Handelns geworden. Für die meisten kommerziellen Fernsehnetze ist jedoch das Vorhandensein einer Krise Voraussetzung für eine Berichterstattung. Ehe die Medien von einer Entwicklung Notiz nehmen, muß es in großem Umfang Gewalt, Zerstörung oder Tote geben. Solange das nicht der Fall ist, stehen die Regierungen nicht unter ernsthaftem innenpolitischen Druck, etwas zu unternehmen. Und wenn es dann soweit ist, sind die Optionen der internationalen Gemeinschaft eingeengt und nur schwer durchsetzbar.

Auch haben die Medien einen übermäßigen Einfluß auf das Bild, das sich die Menschen vom Erfolg oder Mißerfolg einer internationalen Aktion machen. So veranlaßten die Fernsehberichte über den Tod von US-Soldaten in Somalia die Amerikaner, die Mission als gescheitert oder verfehlt anzusehen, und Präsident Clinton beschloß auf Druck des Kongresses, die amerikanischen Truppen binnen sechs Monaten abzuziehen.

Diese Probleme erschweren vorbeugende Maßnahmen der Vereinten Nationen. Die Welt verläßt sich auf ein ad-hoc-System der internationalen Sicherheit, dessen treibende Kräfte politische Überlegungen und Wahrnehmungen der Großmächte sind. Dies führt zur Unberechenbarkeit der internationalen Sicherheitsüberlegungen und -maßnahmen.

Umweltzerstörung, vor allem in Gebieten allgegenwärtiger Armut und regelmäßiger Trockenheit, ist eine zunehmende Ursache potentieller Konflikte. Aus dem natürlichen Kreislauf der Trockenheit entsteht in Gebieten, in denen zunehmende Bevölkerung und wachsende Tierbestände bereits zu weitgehender Zerstörung der Wald- und Pflanzenbestände und zur Bodendegradation geführt haben, sehr schnell die menschliche Tragödie einer Hungersnot. Dies trägt, wie im Falle der großen Hungersnot in Afrika in den

Jahren 1984-1986, zu umfangreichen innerstaatlichen und grenzüberschreitenden Bevölkerungsbewegungen bei. Die soziale Zerrüttung und die internen Konflikte in Ruanda, Somalia und auf
Haiti wurden zweifellos durch Umweltzerstörung in Verbindung
mit wachsendem Bevölkerungsdruck verschärft. Diese Phänomene
werden, wenn sie nicht unter Kontrolle gebracht werden, in weit
größerem Maße als bisher die Voraussetzungen für künftige Konflikte bilden. Dabei kann ihnen von ihrem Wesen her nur durch
Präventivstrategien begegnet werden.

Die internationale Gemeinschaft hat ein vorrangiges Interesse daran, die Hindernisse auf dem Weg zu vorbeugenden Maßnahmen
zu überwinden. Langfristig wird der Erfolg von Bemühungen um
die Beseitigung von Atomwaffen und anderen Massenvernichtungswaffen sowie um nationale Entmilitarisierung von der Fähigkeit des internationalen Systems abhängen, bewaffnete - sowohl
zwischenstaatliche als auch innerstaatliche - Konflikte vorzubeugen.
Solange es noch nennenswerte Gefahren von zwischenstaatlichen
Kriegen oder Bürgerkriegen gibt, werden Länder ihre militärischen Optionen nur zögerlich begrenzen. Ebenso wichtig ist, daß
sie ihren Verteidigungsbedarf an Maximalerfordernissen zu orientieren pflegen. Demzufolge wird es schwierig, das Niveau der militärischen Einsatzbereitschaft und die Kriegsgefahr zu reduzieren.

Wie die jüngste Erfahrung zeigt, fällt es zusehends schwerer, für
internationale Interventionen Unterstützung zu erlangen, wenn die
Gefahr von Todesopfern oder hohen Kosten besteht. Trotz zahlreicher Beispiele für den engagierten Einsatz des beteiligten Personals erhöht sich die Gefahr, daß die internationale Gemeinschaft
abseits bleibt, während Millionen Menschen der Brutalität bewaffneter Konflikte ausgesetzt sind. Derartiges beginnt sich bereits ab-
zuzeichnen, wie die monatelange Untätigkeit im Falle Ruanda zeigt.
Hält diese Entwicklung an, so wird die Welt kalt und unwirtlich
werden, und die Visionen von einer in menschlicher Solidarität
verbundenen Weltgemeinschaft werden sich in nichts auflösen.

Obwohl Präventivstrategien zunächst bei den Grundursachen eines
Konfliktes ansetzen müssen, wäre es naiv zu glauben, daß ein grö-

ßerer und ausgewogener wirtschaftlicher und sozialer Fortschritt allein zur Gewährleistung der internationalen Sicherheit ausreichen würde. Die Notwendigkeit, bewaffnete Konflikte vorzubeugen und auf diese zu reagieren, wird bestehen bleiben. Wir glauben deshalb, daß die internationale Gemeinschaft ihre Kompetenz erweitern sollte, Konflikte frühzeitig zu erkennen, vorauszusehen und zu lösen, ehe diese zu bewaffneten Auseinandersetzungen führen, und darüber hinaus Kriterien und Möglichkeiten für eine frühzeitige Intervention bei bewaffneten Konflikten entwickeln sollte. Mit dem hier vorgeschlagenen Präventionsansatz werden zwei strategische Ziele verfolgt: die Früherkennung von Krisen vor deren Ausbruch und die frühzeitige und schnelle Reaktion auf Krisen. Aus unserer Sicht ist es hilfreich, die zur Verfügung stehenden Möglichkeiten als Stufen einer Leiter zu sehen, die von der Frühwarnung und Tatsachenermittlung über die Streitbeilegung und Friedensicherung bis zu erzwingenden Maßnahmen der Friedensdurchsetzung führen.

Die ungleichen und oft ungerechten Auswirkungen politischer, wirtschaftlicher und ökologischer Veränderungen auf unterschiedliche Bevölkerungsgruppen führen häufig zu gewaltsamen Auseinandersetzungen. Armut und Unterentwicklung sind eine Grundursache vieler Konflikte. Doch nicht alle gescheiterten Entwicklungsbemühungen führen zu Sicherheitskrisen. Es ist zu unterscheiden zwischen den allgemeinen Bedingungen der Armut, Ungleichheit und Umweltzerstörung, die zu langfristiger Instabilität führen können (und als Teil größerer Anstrengungen zur Förderung nachhaltiger Entwicklung angegangen werden müssen), und den spezifischen Entwicklungen, politischen Maßnahmen oder Mißbrauchsfällen, die einen Konflikt heraufbeschwören und zu sporadischer oder anhaltender Gewalt führen können.

Die beste Lösung für Sicherheitskrisen besteht natürlich in der Beseitigung oder Abschwächung der Faktoren, die Menschen, Gruppen und Regierungen zur Gewaltanwendung veranlassen. Wenn die Gewalt einmal ausbricht, sind die Handlungsmöglichkeiten der internationalen Gemeinschaft beschränkt. Nur selten, in Fällen extremer humanitärer Besorgnis, dürfte es einen Konsens

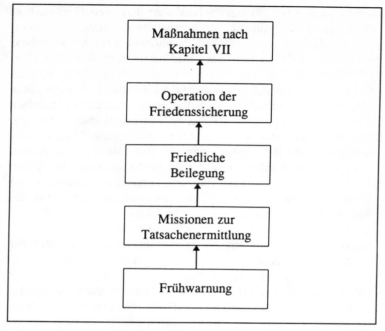

```
┌─────────────────────────┐
│     Maßnahmen nach       │
│      Kapitel VII         │
└─────────────────────────┘
            ↑
┌─────────────────────────┐
│     Operation der        │
│   Friedenssicherung      │
└─────────────────────────┘
            ↑
┌─────────────────────────┐
│      Friedliche          │
│      Beilegung           │
└─────────────────────────┘
            ↑
┌─────────────────────────┐
│     Missionen zur        │
│   Tatsachenermittlung    │
└─────────────────────────┘
            ↑
┌─────────────────────────┐
│      Frühwarnung         │
└─────────────────────────┘
```

für eine Intervention geben. Und selbst dann, wenn ein solcher Konsens entsteht, können unzureichende Ressourcen die Handlungsmöglichkeiten stark einschränken.

Um Abhilfe zu schaffen, sollten internationale und bilaterale Hilfsmaßnahmen, einschließlich derer der Zivilgesellschaft im allgemeinen, auf die Verringerung dieser grundlegenden Ursachen der Gewalt abzielen. Wie bereits zuvor erwähnt, regen wir in Kapitel 5 die Schaffung eines UN-Ausschusses an, der sich mit Petitionen von Bürgern und Organisationen befassen soll, welche die Aufmerksamkeit auf offenkundige Ungerechtigkeiten in bestimmten Bereichen lenken möchten. Dies wäre ein Mechanismus zur Alarmierung der Weltgemeinschaft in Situationen, die ohne rechtzeitige Präventivmaßnahmen zu menschlichen Tragödien führen könnten. Die Schaffung von Öffentlichkeit wäre keine Garantie für die gewaltfreie Konfliktlösung, sie könnte jedoch einen mäßigenden Einfluß ausüben. Überdies würde sie die formale

Möglichkeit eines Eingreifens der internationalen Gemeinschaft durch die UN vergrößern.

Frühwarnung

Frühe Anzeichen sich anbahnender Krisen lassen sich in politischen und militärischen Entwicklungen wie auch in sozioökonomischen und ökologischen Faktoren erkennen. Wenn derartige Anzeichen erkannt werden und Warnungen, um nützlich zu sein, rechtzeitig erfolgen sollen, gewinnen die Erfassung, Analyse und Verbreitung von Informationen besondere Bedeutung. Wir schlagen vor, daß die UN ein Informationssystem zur Erfassung von Trends, die zu Gewaltkonflikten oder menschlichen Tragödien führen können, entwickeln.

Damit ein solches System effektiv ist, müssen die Vereinten Nationen Informationen von Regierungen nutzen können, die über umfangreiche Möglichkeiten der Datenerhebung verfügen. Alle Länder sollten Informationen über Tendenzen, die zu Konflikten oder Tragödien führen können, an die UN weitergeben.

Aufgrund ihrer Arbeit vor Ort und ihres engen Kontaktes zu lokalen Gemeinschaften sind einige NGOs oft sehr gut in der Lage, die internationale Gemeinschaft vor potentiellen Konflikten zu warnen. Ihre Bereitschaft, Wissen und Erkenntnisse mit den Vereinten Nationen zu teilen, sollte gefördert werden. Auch die Regional- und Länderrepräsentanten der UN könnten Beobachtungsaufgaben wahrnehmen. Wir unterstützen die Vorschläge für einen Frühwarnsystem von NGOs, bei dem die UN mit einschlägigen NGOs an der Entwicklung von Frühwarnmechanismen arbeiten würden, die sowohl beratender als auch operativer Natur sind.

Auch wenn die Notwendigkeit der Sammlung, Analyse und Verbreitung von Informationen gar nicht genug betont werden kann, besteht eine noch wichtigere Aufgabe darin, auf der Grundlage von Frühwarnungen vor möglichen Konflikten Maßnahmen zu ergreifen.

Missionen zur Tatsachenermittlung

Artikel 99 der Charta ermächtigt den Generalsekretär, "die Aufmerksamkeit des Sicherheitsrates auf jede Angelegenheit zu lenken, die nach seinem Dafürhalten geeignet ist, die Wahrung des Weltfriedens und der internationalen Sicherheit zu gefährden".

Um diese Aufgabe zu erfüllen braucht der Generalsekretär unbedingt regelmäßigen Zugang zu Informationen und, erforderlichenfalls, die Möglichkeit einer Überprüfung vor Ort. Missionen zur Tatsachenermittlung können bei der Sichtung und Bewertung von Informationen helfen. Ihre Gegenwart in einem Lande kann außerdem Konfliktparteien oder potentielle Konfliktparteien anregen, nach friedlichen Lösungen zu suchen. In Situationen, in denen sich die Positionen zu verfestigen beginnen und Flexibilität aufgrund politischer Zwänge schwerfällt, werden derartige Missionen oft als neutrale Dritte begrüßt.

Wir begrüßen es, daß der Generalsekretär nunmehr größere Freiheit zur Entsendung von Missionen zur Tatsachenermittlung hat und hoffen, daß er darin nicht eingeschränkt wird. Für derartige Missionen müssen unbedingt die erforderlichen Mittel bereitgestellt werden. Gelegentlich muß die Arbeit dieser Missionen diskret, ohne große Öffentlichkeit, erfolgen. Ihre Berichte an den Generalsekretär könnten in der Folge die Grundlage informeller Beratungen im Sicherheitsrat bilden. In anderen Fällen könnte die offene Diskussion im Sicherheitsrat nützlich sein, die bestehende Situation öffentlich zu machen. Über eine anschließende Aktion müßte natürlich der Sicherheitsrat entscheiden.

Reaktion auf Krisen

Militärische, politische, humanitäre und entwicklungspolitische Arbeit sollten als komplementäre und einander unterstützende Aktivitäten angesehen werden.

Der Zusammenbruch des bipolaren Systems der Zeit des Kalten Krieges bedeutet, daß die Reaktion auf Sicherheitskrisen, sowohl

Kapitel VI — Die friedliche Beilegung von Streitigkeiten

Artikel 33

1. Die Parteien einer Streitigkeit, deren Fortdauer geeignet ist, die Wahrung des Weltfriedens und der internationalen Sicherheit zu gefährden, bemühen sich zunächst um eine Beilegung durch Verhandlung, Untersuchung, Vermittlung, Vergleich, Schiedsspruch, gerichtliche Entscheidung, Inanspruchnahme regionaler Einrichtungen oder Abmachungen oder andere friedliche Mittel eigener Wahl.

2. Der Sicherheitsrat fordert die Parteien auf, wenn er dies für notwendig hält, ihre Streitigkeit durch solche Mittel beizulegen.

Artikel 34

Der Sicherheitsrat kann jede Streitigkeit [...] untersuchen, um festzustellen, ob die Fortdauer der Streitigkeit oder der Situation die Wahrung des Weltfriedens und der internationalen Sicherheit gefährden könnte.

Artikel 35

1. Jedes Mitglied der Vereinten Nationen kann die Aufmerksamkeit des Sicherheitsrates oder der Generalversammlung auf jede Streitigkeit [...] lenken.

Artikel 36

3. Der Sicherheitsrat soll ferner berücksichtigen, daß Rechtsstreitigkeiten im allgemeinen von den Parteien dem Internationalen Gerichtshof vorzulegen sind.

—Auszüge aus der Charta der Vereinten Nationen

in Form von Präventivbemühungen als auch darüber hinaus, durch eine größere Gruppe von Staaten und Organisationen als bisher erfolgen muß. Die Hauptverantwortung liegt bei den Vereinten Nationen, insbesondere beim Sicherheitsrat. Doch regionale Gremien und eine Vielzahl von Organisationen der Zivilgesellschaft sind heute in der Lage, nützliche Rollen zu übernehmen. Die Beteiligung dieser Gruppen ermöglicht eine sinnvolle Arbeitsteilung und vermeidet die Überlastung des UN-Systems.

Organisationen der Zivilgesellschaft haben bisher in mehrfacher Weise auf Konflikte reagiert, indem sie humanitäre Hilfe leisteten, als Vermittler tätig waren, Flüchtlinge schützten und zur Friedensschaffung beitrugen. Ihre Aktivitäten gehen heute oft über die reine Hilfeleistung hinaus. Bei der Operation "Lifeline" im Sudan arbeiteten beispielsweise einige NGOs mit UNICEF zusammen, um Regierung und Aufständische zu bewegen, das Recht der Zivilbevölkerung auf humanitäre Hilfe zu respektieren.

Häufig ist jedoch festzustellen, daß Organisationen der Zivilgesellschaft in den Bereichen von Sicherheit und Konfliktregelung weniger aktiv sind als auf Gebieten wie Umwelt und Entwicklung. Dies mag oft daran liegen, daß ihnen der notwendige Zugang verwehrt wird oder daß ihnen keine Sicherheitsgarantien für ihre Mitarbeiter geboten werden. Die Weltgemeinschaft sollte die wichtige Rolle anerkennen, die NGOs über humanitäre Hilfe hinaus in Konfliktsituationen spielen können. Zugang zu Konfliktgebieten und internationaler Schutz humanitärer Helfer wären wesentliche Schritte zur Förderung des entscheidenden Beitrages dieser Organisationen

Die friedliche Beilegung von Streitigkeiten

In Kapitel VI der UN-Charta werden die an einem Konflikt beteiligten Parteien aufgefordert, sich unter Verwendung einer Vielzahl von Methoden um dessen friedliche Beilegung zu bemühen. Zu viele Streitigkeiten führen zu Gewalt, was letztendlich kontraproduktiv ist und den Interessen aller Beteiligten sowie der breiten Bevölkerung schadet. Die Vorherrschaft des Rechts und das Prinzip, daß Aggression nicht belohnt werden darf, müssen gewahrt bleiben. Neben dem Internationalen Gerichtshof in Den Haag bieten die vielen anderen Mechanismen, die in der Charta für die friedliche Beilegung von Streitigkeiten aufgezahlt werden, ein unzureichend verwendetes Instrumentarium. Sowohl der Sicherheitsrat als auch der Generalsekretär sollten diese verstärkt nutzen.

In machen Fällen, wenn die streitenden Parteien sich in starren Positionen festgefahren haben und ihre Bewegungsfreiheit durch innenpolitische Rücksichten eingeschränkt ist, könnte ein Schritt der internationalen Gemeinschaft willkommen sein. Dadurch könnten die Parteien eine Positionsänderung vornehmen, ohne dabei das Gesicht zu verlieren. In anderen Fällen werden internationale Initiativen vielleicht weniger begrüßt, insbesondere von Regierungen, die befürchten, daß eine Beteiligung der UN zur Einmischung anderer Regierungen in eine als rein innenpolitisch angesehene Streitigkeit führen könne. In solchen Fällen kann möglicherweise eine NGO oder sogar eine hochangesehene Privatperson den Parteien bei der Suche nach einer friedlichen Lösung helfen.

Die Anzahl der Organisationen, die bereit sind, ihre guten Dienste anzubieten oder die Parteien einer Streitigkeit zusammenzubringen oder mit anderen bei der Suche nach Lösungen zusammenzuarbeiten, hat zugenommen. Wir brauchen heute eine pragmatische Einstellung zu der Frage, wie positive Bemühungen um friedliche Konfliktlösungen gefördert werden können und wer solche Bemühungen unternehmen sollte. Das Problem, nicht die Institutionen oder ihr Mandat, sollte im Mittelpunkt stehen, und Konfliktlösungen sollten nicht durch Kompetenzstreitigkeiten behindert werden.

Neue Rollen für Friedenswahrer

Die Vereinten Nationen sind aktiver geworden, und ihre Rolle ist umfassender, da sie sich zunehmend mit innerstaatlichen Konflikten befassen. Auch wird die Tätigkeit der UN genauer geprüft und ist stärkerer Kritik ausgesetzt. Von den Vereinten Nationen wird heute allgemein erwartet, daß sie Spannungen zwischen Streitparteien verringern, die politische Aussöhnung fördern und betroffenen Gruppen der Zivilbevölkerung humanitäre Hilfe leisten.

Diese Aufgaben sind weit anspruchsvoller als die klassische Friedenssicherung. Dies zeigt sich auch in finanzieller Hinsicht: Die Ausgaben für Friedenssicherung haben in den letzten vier Jahren explosionsartig zugenommen.

Durch die neue Rolle sind die UN sowohl physisch als auch politisch stärker exponiert. In der Vergangenheit spielten die UN bei schwierigen Konflikten - vor allem wenn diese die Großmächte betrafen - häufig keine wesentliche Rolle. Heute sind sie an vielen der höchst komplexen Konflikte beteiligt, wobei die meisten vorwiegend innerstaatlicher Art sind.

Auch der neue Typus komplexer Operationen zur Friedenssicherung, die teilweise erzwingendem Charakter besitzen, hat für die UN neue Probleme geschaffen. Unserer Ansicht nach sind insbesondere zwei Maßnahmen zur Verbesserung der Situation erforderlich.

Erstens muß die Integrität des UN-Kommandos respektiert werden. Um das Vertrauen der Entsendestaaten in die Art der Durchführung militärischer Operationen zu stärken, sind weit bessere Informations- und Konsultationsmechanismen zu schaffen. Die Ressourcen der UN für die Durchführung und Kontrolle von Operationen zur Friedenssicherung müssen gestärkt werden. Für jede Operation sollte, wie dies ursprünglich der Fall war, ein beratender Ausschuß geschaffen werden, dem auch Vertreter der Entsendestaaten von Truppen angehören sollten. Dieser Ausschuß, der als Nebenorgan im Sinne des Artikels 29 der Charta geschaffen werden könnte, sollte immer dann konsultiert werden, wenn der Sicherheitsrat eine Erneuerung oder Änderung des Mandats in Erwägung zieht.

Zweitens sollte das Prinzip soweit wie möglich eingehalten werden, daß Länder, die ein spezifisches Interesse an einem Konflikt oder einen historischen Bezug zu diesem haben, keine Truppen zu einer Operation der Friedenssicherung beisteuern sollten. Andererseits erkennen wir jedoch an, daß die frühere Auffassung aufgegeben werden muß, daß die fünf ständigen Mitglieder des Sicherheitsrates bei der Friedenssicherung keine aktive Rolle spielen sollten. Die logistische Unterstützung von UN-Operationen durch Großmächte (Lufttransport, Satellitenkommunikation usw.) ist nicht nur angebracht, sondern oft sogar entscheidend für die Effektivität der UN-Befehls- und Kontrollstrukturen.

Die Forderungen nach UN-Aktionen zur Friedenssicherung sind so zahlreich geworden, daß die Reaktionsfähigkeit der Organisationen durch die mangelnde Bereitschaft der Mitgliedsstaaten, die

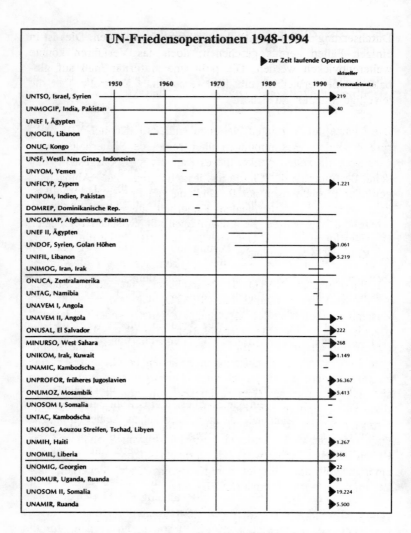

UN-Friedensoperationen 1948-1994

▶ zur Zeit laufende Operationen

	1950	1960	1970	1980	1990	aktueller Personaleinsatz
UNTSO, Israel, Syrien						▶219
UNMOGIP, India, Pakistan						▶40
UNEF I, Ägypten						
UNOGIL, Libanon						
ONUC, Kongo						
UNSF, Westl. Neu Ginea, Indonesien						
UNYOM, Yemen						
UNFICYP, Zypern						▶1.221
UNIPOM, Indien, Pakistan						
DOMREP, Dominikanische Rep.						
UNGOMAP, Afghanistan, Pakistan						
UNEF II, Ägypten						
UNDOF, Syrien, Golan Höhen						▶1.061
UNIFIL, Libanon						▶5.219
UNIMOG, Iran, Irak						
ONUCA, Zentralamerika						
UNTAG, Namibia						
UNAVEM I, Angola						
UNAVEM II, Angola						▶76
ONUSAL, El Salvador						▶222
MINURSO, West Sahara						▶268
UNIKOM, Irak, Kuwait						▶1.149
UNAMIC, Kambodscha						
UNPROFOR, früheres Jugoslavien						▶36.367
ONUMOZ, Mosambik						▶5.413
UNOSOM I, Somalia						
UNTAC, Kambodscha						
UNASOG, Aouzou Streifen, Tschad, Libyen						
UNMIH, Haiti						▶1.267
UNOMIL, Liberia						▶368
UNOMIG, Georgien						▶22
UNOMUR, Uganda, Ruanda						▶81
UNOSOM II, Somalia						▶19.224
UNAMIR, Ruanda						▶5.500

notwendigen Mittel bereitzustellen, beeinträchtigt wird. Eine Möglichkeit bestünde bei bestimmten Konflikten darin, die konkrete Durchführung einer Operation einer regionalen Organisation oder den Partnern eines regionalen Abkommens zu übertragen, aber gleichzeitig an der Kontrolle des Sicherheitsrates bei der

Durchsetzung und der politischen Führung festzuhalten. Dies ist in einigen Fällen bereits geschehen, doch das Verfahren könnte weiterentwickelt werden. Die politische Autorität muß auf globaler Ebene verbleiben, um die internationale Kontrolle über die jeweilige Situation zu sichern.

Die Charta der Vereinten Nationen enthält in Kapitel VIII mehrere besondere Bestimmungen über regionale Sicherheitsvereinbarungen. Im ersten Artikel dieses Kapitels wird klargestellt, daß keine Bestimmung der Charta das Bestehen regionaler Abmachungen oder Einrichtungen zur Behandlung von Fragen des Weltfriedens oder der internationalen Sicherheit ausschließt. Mehrere Jahrzehnte lang wurde die Zusammenarbeit zwischen regionalen Organisationen und den UN nach Kapitel VIII durch die Rivalität des Kalten Krieges behindert.

Bündnisse wie die NATO, der Warschauer Pakt und die Südost-Asiatische Vertragsorganisation (SEATO) waren damals für eine Zusammenarbeit mit den UN nicht geeignet. Andere Regionalorganisationen wie die Organisation Amerikanischer Staaten (OAS), die Organisation für Afrikanische Einheit und die Arabische Liga hatten zwar bei einigen Anlässen bescheidene Erfolge zu verzeichnen, waren jedoch zu locker organisiert und bezogen sich auf ein zu großes Gebiet, um kraftvoll zu agieren und Konflikte zu verhindern oder einzudämmen, die oft von der Konkurrenz der Supermächte beherrscht waren. Dennoch ist die Rolle einiger regionaler Institutionen beim Abbau von Spannungen des Kalten Krieges keineswegs zu vernachlässigen, wie sich dies eindrucksvoll am Beispiel der Konferenz über Sicherheit und Zusammenarbeit in Europa (KSZE) zeigt.

Durch das Ende des Kalten Krieges eröffneten sich neue Möglichkeiten für die Zusammenarbeit zwischen Regionalorganisationen und den UN bei der Reaktion auf lokale Konflikte. Wir unterstützen das Plädoyer des UN-Generalsekretärs in der *Agenda für den Frieden* für einen aktiveren Einsatz regionaler Organisationen gemäß Kapitel VIII, insbesondere, da die Vereinten Nationen heute überfordert und überlastet sind. Der Beitrag der

ASEAN-Staaten in Kambodscha, der OAS und der Contadora-Gruppe in Zentralamerika sowie der Europäischen Union, der KSZE, der NATO und der WEU im ehemaligen Jugoslawien zeigen, daß es hier ein enormes Potential gibt.

Das Verhältnis zwischen den UN und regionalen Organisationen muß im Lichte der jüngsten Erfahrungen neu geklärt werden. Der Konflikt im ehemaligen Jugoslawien hat zu einer Reihe von Sicherheitsratsresolutionen mit ausdrücklicher Bezugnahme auf Kapitel VIII und aktiver Beteiligung von EU, NATO und WEU geführt. Doch es gibt zwischen den UN und den Regionalorganisationen Koordinierungsprobleme. Obwohl eine gewisse Flexibilität erhalten bleiben muß, sind stärker strukturierte Mechanismen der Zusammenarbeit erforderlich. So sollten ständige Vereinbarungen zwischen den UN und Regionalorganisationen, häufige Kontakte auf hoher Ebene und gemeinsame Arbeitssitzungen sowie die Harmonisierung von Befehlsstrukturen eingeleitet oder verbessert werden. Darüber hinaus sollte bei der Zusammenarbeit eine bessere Nutzung von wirtschaftspolitischen Instrumenten, von Finanzhilfe bis zu Wirtschaftssanktionen, angestrebt werden.

Damit die Vereinten Nationen in komplexen Notsituationen effektiv handeln können, müssen ihre verschiedenen Aufgaben, soweit irgend möglich, gleichzeitig wahrgenommen werden. Militärische, politische, humanitäre und entwicklungspolitische Arbeit sollten als komplementäre und einander unterstützende Aktivitäten angesehen werden. Dabei sollte keine zeitliche Abfolge von Maßnahmen konstruiert werden, die mit Militäreinsatz beginnt und mit Entwicklungsprogrammen endet.

Maßnahmen nach Kapitel VII

Die letzten vier Jahre waren für den Sicherheitsrat eine hektische Periode. Er tagte fast ständig, und nur einmal wurde, in einer Frage von untergeordneter Bedeutung, ein Veto eingelegt. Jetzt endlich wird der Sicherheitsrat als Forum verwendet, in dem Situationen, die den Weltfrieden und die internationale Sicherheit gefährden, behandelt werden.

Die Bedeutung der vom Sicherheitsrat verliehenen besonderen Befugnisse steht nicht zuletzt in Zusammenhang mit der häufigen Bezugnahme auf Kapitel VII in den Resolutionen der letzten Jahre. Dieses Kapitel befaßt sich mit Zwangsmaßnahmen - oder, wie der Titel lautet, mit "Maßnahmen bei Bedrohung oder Bruch des Friedens und bei Angriffshandlungen".

Der Sicherheitsrat hat in den letzten Jahren eine beispiellose Anzahl von Zwangsmaßnahmen, einschließlich Sanktionen und Militäreinsätze, beschlossen. In seiner neuen aktiven Rolle hat er die UN verstärkt zur militärischen Durchsetzung des Friedens veranlaßt, wodurch die Organisation verletzbarer wird und Gefahr läuft, zur Konfliktpartei zu werden. Ein Resultat war, daß die Verluste der UN höher lagen als bei früheren Operationen der Friedenssicherung. Negative Reaktion auf diese Verluste in einigen Ländern, die Truppenkontingente stellten, haben die Bereitschaft verschiedener Regierungen zur Teilnahme an UN-Operationen sinken lassen.

Der Rückzug der US-Truppen und mehrerer anderer Länder aus Somalia aufgrund der Verluste im Oktober 1993 belegt die Schwierigkeiten, ausreichende Unterstützung für Maßnahmen zu finden, die ein umfangreiches militärisches und finanzielles Engagement erfordern und das Risiko von Verlusten beinhalten.

Sanktionen Umfassende Sanktionen gegen ein Land sind ein legitimes Mittel, einen Wandel herbei zu führen, aber sie haben viele Konsequenzen. Die Wirkungen von Sanktionen müssen von den zuständigen internationalen Organisationen und auch von unabhängigen Institutionen gründlich analysiert werden.

Wir empfehlen, daß sich der Sicherheitsrat bei Sanktionen ein genaueres und gezielteres Vorgehen zu eigen macht. Ein Waffenembargo ist normalerweise einer der ersten Schritte bei der Behandlung eines Konfliktes durch den Sicherheitsrat. Darin kann ein starkes politisches Signal an die Konfliktparteien liegen, daß die internationale Gemeinschaft die Entwicklungen sorgfältig beobachtet. Bisher bestand der zweite Schritt gewöhnlich in umfassenden Wirtschaftssanktionen, die oft große Risiken für besonders verletzbare Bevölkerungsgruppen beinhalten. Die politischen Führer oder andere Gruppen, die durch die Sanktionen beeinflußt werden sollen, sind häufig gegen deren Wirkung immun. Andere, weniger schuldige oder gänzlich unschuldige, sind unausweichlich stärker betroffen. Auch wirken sich Sanktionen im allgemeinen negativ auf Nachbarländer aus. Ein geeigneterer zweiter Schritt bestünde daher in stärker auf bestimmte Zielgruppen ausgerichteten Maßnahmen. Dazu könnten Maßnahmen zur Unterbindung bestimmter Wirtschaftstransaktionen, das Einfrieren von Auslandsguthaben und die Unterbrechung des Flugverkehrs und anderer Verkehrsverbindungen gehören.

Führen diese Maßnahmen nicht zum gewünschten Ergebnis, könnte der Sicherheitsrat umfassende Wirtschaftssanktionen der Art verhängen, wie sie Mitte 1994 gegen den Irak und das ehemalige Jugoslawien angewendet wurden. Dabei sollte der Sicherheitsrat die folgenden Punkte berücksichtigen:

- Der Sicherheitsrat sollte bei der Verhängung von Sanktionen Vorkehrungen für humanitäre Hilfsprogramme treffen, die die schwächsten Bevölkerungsgruppen unterstützen.
- Die momentan in Artikel 50 der Charta vorgesehenen Regelungen, nach denen von den Sanktionen betroffene Nachbarländer um besondere Hilfe nachsuchen können, sind eindeutig unzureichend. Der Sicherheitsrat sollte der Weltbank und anderen multilateralen Finanzinstitutionen eine Vorzugsbehandlung für derartige Länder empfehlen können. Der regelmäßig zur Entscheidung über einzelne Sanktionsangelegenheiten zu bildende Sanktionsausschuß sollte ein zusätzliches Mandat in dieser Frage erhalten.
- Bei der Entscheidung über umfassende Wirtschaftssanktionen sollte der Sicherheitsrat so klar wie möglich festlegen, unter welchen Umständen die Sanktionen aufzuheben sind. Dadurch könnten Sanktionen wirkungsvoller eingesetzt werden, da die Aufhebung bestimmter Sanktionen bei Verhandlungen als Anreiz angeboten werden könnte.

In bestimmten Situationen können sich Sanktionen als weniger wirksam erweisen. Trotz dieses Nachteiles sind wir dennoch überzeugt, daß Sanktionen ein legitimes und nützliches Mittel sind, um Veränderungen in Gang zu setzen.

Die Anwendung von Gewalt Die Drohung mit der Anwendung von Gewalt ist, wie die Ereignisse in Bosnien zeigen, weder glaubhaft noch wirksam, wenn die Bereitschaft oder die Fähigkeit zu deren tatsächlichem Einsatz fehlen. Die Ereignisse in Somalia im Jahre 1993 trugen zu einem Vertrauensverlust in die von den UN geführten Operationen bei einigen Mitgliedsstaaten, darunter nicht zuletzt den USA, bei.

Offensichtlich sollten Friedensoperationen künftig im voraus sorgfältiger als im Falle Somalia geprüft werden. Dennoch ist es von entscheidender Bedeutung, daß die UN die Fähigkeit behalten, gegen Aggressionen vorzugehen und die Sicherheit von Menschen zu schützen, so wie sie dies in Somalia und Bosnien versucht haben. Alle Länder sollten bereit sein, dem Sicherheitsrat, wie in der Charta vorgesehen, Streitkräfte zur Verfügung zu stellen. Es ist empfehlenswert, daß einige Länder Schritte in diese Richtung unternehmen und Spezialtruppen für den UN-Einsatz ausbilden.

Obwohl die Befehlsgewalt bei großen Operationen wie Wüstensturm wahrscheinlich an ein einziges Land oder eine einzige Organisation übertragen wird, ist es ebenfalls wichtig, daß das UN-Sekretariat geeignete Möglichkeiten zur Übernahme der Befehlsgewalt bei kleineren Aktionen der Friedenssicherung entwickelt.

Der Generalstabsausschuß wurde nach Artikel 47 eingesetzt, um "den Sicherheitsrat in allen Fragen zu beraten und zu unterstützen, die dessen militärische Bedürfnisse zur Wahrung des Weltfriedens und der internationalen Sicherheit, den Einsatz und die Führung der dem Sicherheitsrat zur Verfügung gestellten Streitkräfte, die Rüstungsregelung und eine etwaige Abrüstung betreffen". Ein neu belebter und gestärkter Generalstabsausschuß könnte durch Bereitstellung militärischer Informationen und sachkundigen Rates dazu beitragen, daß die Entscheidungen des Rates in Fragen militärischer Intervention auf kompetenten und professionellen Beurteilungen beruhen.

Selbst wenn die USA ihre Möglichkeiten zur Durchsetzung von Sicherheitsratsresolutionen verbessern, können zur Durchführung bestimmter Zwangsmaßnahmen der UN "Koalitionen" gebildet werden. Gruppen, wie sie 1991 für den Golfkrieg und Ende 1992 für Somalia gebildet wurden, sichern die Bereitstellung von Streitkräften, von politischer Unterstützung und finanziellen Ressourcen in einem Umfang, zu dem die UN derzeit nicht in der Lage sind. Diese Unfähigkeit der UN ist zu bedauern, weil dadurch die UN an der vollen Wahrnehmung ihrer durch die Charta gegebenen Aufgaben gehindert wird.

Doch auch für die Schaffung von Koalitionen bietet die Charta eine Grundlage. In Artikel 48 heißt es, daß "die Maßnahmen, die für die Durchführung der Beschlüsse des Sicherheitsrates zur Wahrung des Weltfriedens und der internationalen Sicherheit erforderlich sind, je nach dem Ermessen des Sicherheitsrates von allen oder von einigen Mitgliedern der Vereinten Nationen getroffen werden". Wesentlich ist, daß die Gesamtführung durch die UN anerkannt wird, selbst wenn ein Koalitionskommando geschaffen wird, und daß der Sicherheitsrat darüber befindet, ob eine Maßnahme einer Koalition von Ländern übertragen werden soll.

Eine Freiwilligentruppe der UN

Die Vereinten Nationen haben zur Zeit nicht die Möglichkeit, zur Durchführung eines Auftrages des Sicherheitsrates unverzüglich eine gut ausgebildete Truppe im Frühstadium einer Krise einzusetzen, ehe diese völlig außer Kontrolle gerät. Die Regierungen zögern verständlicherweise, den UN schnell Truppen zur Verfügung zu stellen, insbesondere bei Bürgerkriegen und innerstaatlichen Konflikten, bei denen das Risiko des Verlustes an Menschenleben höher ist als bei traditionellen Operationen der Friedenssicherung. Dadurch wurde das Interesse an einer ursprünglich 1948 von Trygve Lie, dem ersten UN-Generalsekretär, vorgeschlagenen Idee wiedererweckt. Er forderte damals die Schaffung einer kleinen "Schutztruppe" der Vereinten Nationen, die vom Generalsekretär rekrutiert werden und dem Sicherheitsrat zur Verfügung gestellt werden sollte.

Die Idee von Trygve Lie fand damals bei den Regierungen der Mitgliedsstaaten keine Unterstützung. Doch heute, da der Sicherheitsrat sich viel leichter über Maßnahmen in einer Krise einigt, könnte hieraus ein Instrument entwickelt werden, mit dessen Hilfe sich klarer festlegen ließe, wie Beschlüsse des Sicherheitsrates schnell und wirksam umzusetzen sind.

Bei vielen der heutigen Krisen ist klar, daß durch ein frühes Eingreifen spätere negative Entwicklungen zu verhindern gewesen wären und viele Menschenleben hätten gerettet werden können. Das Problem bestand darin, schon im Frühstadium und kurzfristig Kräfte für eine glaubwürdige und wirksame Friedensaktion zu mobilisieren. Dies unterstreicht die Notwendigkeit einer erstklassig ausgebildeten Freiwilligentruppe der UN, die erforderlichenfalls bereit ist, das Kampfrisiko einzugehen, um den Teufelskreis der Gewalt schon im Frühstadium zu durchbrechen. Dies wäre bei kleineren, aber gefährlichen Konflikten von besonderem Nutzen.

Eine solche internationale Freiwilligentruppe unterstünde ausschließlich dem Sicherheitsrat und würde, wie Friedenstruppen, ihre tagtäglichen Anweisungen vom Generalsekretär erhalten. Ihr Einsatz würde nicht an die Stelle von Vorbeugemaßnahmen traditioneller Friedenstruppen oder umfassender Zwangsmaßnahmen nach Kapitel VII der Charta treten. Vielmehr würde sie eine Lücke füllen, indem der Sicherheitsrat die Möglichkeit erhielte, seine vorbeugende Diplomatie durch eine unmittelbare und überzeugende Aktion vor Ort zu untermauern. Die Truppe wäre die Speerspitze und Erkundungsvorhut einer späteren, weit größeren Operation, wenn sich diese als notwendig erweisen sollte.

Gegen diesen Vorschlag sind einige Einwände erhoben worden. Es wurde vorgetragen, eine solche Truppe gebe dem Sicherheitsrat oder dem Generalsekretär zuviel Macht, der Gedanke beschwöre das Gespenst der Supranationalität herauf, die Freiwilligen würden als Söldner angesehen werden und das ganze wäre ein kostspieliges Unternehmen.

Der Unterhalt einer Freiwilligentruppe der UN - wir denken dabei an eine strikte Begrenzung auf maximal 10.000 Personen - würde wahrscheinlich Ausgaben bedingen, die über den derzeitigen Verteilungsschlüssel der UN hinausgehen. Wenn dem so ist, wäre diese Truppe vorrangig im Rahmen des in Kapitel 4 vorgeschlagenen Systems der automatischen Ressourcenzuweisung für bestimmte Aktivitäten zu berücksichtigen. Die UN können sich nicht ihrer Verantwortung entziehen, wenn sie - wie im Falle Ruandas - durch die Bedenken von Mitgliedsstaaten, selbst für einhellig beschlossene Friedensmissionen Truppen bereitzustellen, zu deren Geisel werden. Gleichermaßen wäre eine für schnelles Eingreifen notwendige Freiwilligentruppe gelähmt, wenn sie von ungewissen nationalen Beiträgen abhinge, einschließlich des Problems ständiger Zahlungsrückstände. Eine hervorragende Führung, ein hoher Standard bei Einstellung und Ausbildung und das Bekenntnis zu den Prinzipien und Zielen der Vereinten Nationen sollten dazu beitragen, einige der sonstigen Bedenken gegen eine Freiwilligentruppe zu zerstreuen.

Die von Präsident Roosevelt 1944 gewählten Worte, als er der amerikanischen Öffentlichkeit seine Gründe für die Schaffung einer internationalen Organisation mit der Fähigkeit zur weltweiten Friedenssicherung vortrug, sind ein wirkungsvolles Argument für eine Freiwilligentruppe der UN: "Ein Polizist wäre kein sehr effektiver Polizist, wenn er bei der Beobachtung eines Einbruchs, ehe er den Täter verhaften könnte, erst ins Rathaus gehen und einen Ausschuß einberufen müßte, der einen Haftbefehl ausstellt".

Die Truppe wäre natürlich kein Ersatz für von Mitgliedsstaaten bereitgestellte Friedenstruppen. Diese wären aus unserer Sicht im Rahmen der für die UN angestrebten größeren internationalen Rolle bei der Erhaltung von Frieden und Sicherheit sogar von entscheidender Bedeutung. Noch wäre eine solche Truppe ein Ersatz für die (wenn auch nie verwirklichte) Absichtserklärung nach Artikel 43 der Charta, daß die Mitgliedsstaaten mit dem Sicherheitsrat Abkommen über die Bereithaltung nationaler Kontingente für internationale, vom Sicherheitsrat autorisierte Aufgaben schließen sollten.

Es wird gewiß mehr als genug Freiwillige für eine derartige Elitetruppe zur Friedenssicherung geben. Das Problem läge in der Auswahl, der Organisation und der Ausbildung der Besten und in der anschließenden Entwicklung einer geeigneten Befehls- und Unterstützungsstruktur entsprechend den geltenden Einsatzregeln und Arbeitsweisen. Es wird eine gewisse Zeit dauern, bis eine solche Truppe einsatzbereit ist. Gleichzeitig würde mit zunehmenden Können, Erfahrungsschatz und Ansehen einer solchen Truppe die Notwendigkeit zur Gewaltanwendung wahrscheinlich abnehmen.

Allein schon die Existenz einer unmittelbar einsatzbereiten und effektiven UN-Freiwilligentruppe könnte eine Abschreckung bewirken. Auch bei Verhandlungen und der friedlichen Beilegung von Streitigkeiten könnte darin eine wichtige Unterstützung liegen. Es ist höchste Zeit, daß dieser Gedanke einer Freiwilligentruppe der Vereinten Nationen Gestalt annimmt.

Finanzielle Beiträge für den Frieden

Mitte 1994 liefen weltweit 17 Operationen der Vereinten Nationen zur Sicherung oder Durchsetzung des Friedens. Daran waren über 70.000 Soldaten beteiligt, und die Kosten der Friedenssicherung lagen 1993 bei schätzungsweise 3,2 Milliarden $. Der UN-Haushalt für die Friedenssicherung wies im August 1994 ein Defizit von 2,4 Milliarden $ auf. Trotz gestiegener Kosten der Friedenssicherung wird in einem glaubwürdigen Bericht über die Finanzen der UN im Jahre 1993 geschätzt, daß die Mitgliedsstaaten auf jeweils 1000 $ für die eigenen Streitkräfte im Durchschnitt nur 1,40 $ für die Friedenssicherung ausgaben.

Ausgaben der UN für die Friedenssicherung 1990-94
in Milliarden US-Dollar

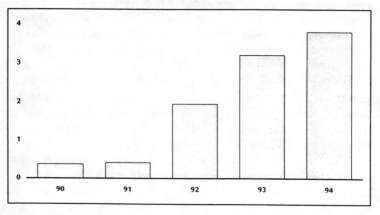

Die Anforderungen an die UN, Operationen zur Sicherung und Durchsetzung des Friedens durchzuführen, nehmen ständig zu. Mehrere Einsätze - in Namibia, in El Salvador, in Kambodscha und auf den Golan-Höhen - gehören zu den großen Erfolgen der UN. Die Fähigkeit der UN zur Durchführung von Friedensoperationen und frühzeitigen, vorbeugenden Maßnahmen aller Art ist für die Zukunft der Einen Welt von grundlegender Bedeutung. Doch man hat den UN bei weitem nicht die für diese Aufgabe erforderlichen Mittel gegeben.

Ausgaben für die Friedenssicherung sind eine sehr kostengünstige Investition in menschliches Leben, denn sie verfolgen den Zweck, Tod und Zerstörung vorzubeugen. Jedoch ist die Aufbringung der Mittel für Friedensoperationen zunehmend ein Problem. Wir regen an, daß die internationale Gemeinschaft in den nächsten Jahren erheblich mehr Mittel für die Friedenssicherung bereitstellt. Dies sollte möglich sein, wenn ein Teil der Gelder, die durch die Verringerung von Verteidigungsausgaben frei werden, hierfür verwendet wird.

Eine Möglichkeit zur Lösung dieser finanziellen Probleme könnte in der Konsolidierung der Kosten aller Friedensoperationen in einem einzigen, von allen Regierungen gemeinsam finanzierten Haushalt bestehen. Wir schlagen daher vor, die Kosten aller Friedensoperationen und der zu ihrer Unterstützung erforderlichen Einrichtungen wie Befehls- und Kontrolleinheiten nach und nach in einen einzigen Haushalt zu integrieren und entsprechend einem Verteilungsschlüssel von allen UN-Mitgliedern finanzieren zu lassen.

Um den schnellen Einsatz von Friedenstruppen zu erleichtern, sollte ein erheblicher Betrag für friedenssichernde Maßnahmen in Reserve gehalten werden.

Beendigung der Gefahr durch Massenvernichtungswaffen

Die Bürger der Kernwaffenstaaten und der atomaren Schwellen länder wären in einer Welt ohne Kernwaffen und andere Massenvernichtungswaffen ungleich sicherer.

Seit drei Jahrzehnten hat die Welt beachtliche Fortschritte bei der Kontrolle der Ausbreitung und des Einsatzes von Kernwaffen und anderer Massenvernichtungswaffen gemacht. Zu den einschlägigen internationalen Vereinbarungen gehören heute der Vertrag von 1963 über das Teilweise Verbot von Kernwaffenversuchen, der Vertrag von 1967 über das Verbot von Kernwaffen in Lateinamerika (der Vertrag von Tlatelolco), der SALT II Vertrag von 1968, der Nonproliferationsvertrag von 1968, der Vertrag über Antiballistische Raketen von 1972, die Konvention über Biologische Waffen von 1972 und der Vertrag über eine Kernwaffenfreie Zone im Südpazifik von 1985.

In den letzten Jahren wurde der Fortschritt beschleunigt u.a. durch die Entscheidungen Argentiniens, Brasiliens und Südafrikas, Programme zur Entwicklung von Kernwaffen einzustellen und rückgängig zu machen; durch die Unterzeichnung des Nichtverbreitungsvertrages (Non-Proliferation Treaty, NPT) durch China, Frankreich und Südafrika; durch eine 1993 nach jahrzehntelangem Bemühen erreichte globalen Übereinkommen über ein Verbot der Entwicklung, der Lagerung und des Einsatzes chemischer Waffen;

durch von vier der offiziellen Kernwaffenstaaten befolgte Moratorien für Atomtests; und durch Verringerung der Kernwaffenarsenale der Vereinigten Staaten und der früheren Sowjetunion aufgrund der Verträge über die Strategische Abrüstung (START I und START II).

Es gibt jedoch einige beunruhigende Anzeichen. Dazu gehören die Kontroverse über die Inspektion von Atomreaktoren in Nordkorea Mitte 1994, Hinweise, daß einige Wissenschaftler aus der ehemaligen Sowjetunion zum Verkauf nuklearen Wissens auf dem freien Markt bereit sind, und die Kontroverse um die Bedingungen und die Dauer einer Verlängerung des Nichtverbreitungsvertrages nach seinem Auslaufen 1995. Außerdem haben einige an der Schwelle zur Atommacht stehende Länder wie Indien, Israel und Pakistan immer noch nicht den Nonproliferationsvertrag unterzeichnet.

Die Beseitigung von Kernwaffen

Die internationale Gemeinschaft sollte ihr Bekenntnis zur schrittweisen Beseitigung von Atomwaffen und anderen Massenvernichtungswaffen in allen Ländern bekräftigen und ein Programm zur Realisierung dieses Zieles in einem Zeitraum von 10 bis 15 Jahren in Angriff nehmen. Zwischenzeitlich sollten die Verfahren zur Überwachung, Kontrolle und Begrenzung des Einsatzes von Waffen erheblich intensiviert werden.

Das Ende des Kalten Krieges bietet eine neue Gelegenheit, diese internationale Verpflichtung zu bekräftigen und ihr gerecht zu werden. Solange einige Staaten an Kernwaffen festhalten und darauf bestehen, diese seien legitime Mittel der Landesverteidigung, wird eine effektive, langfristige Kontrolle der nuklearen Weiterverbreitung nicht möglich sein. Mit dem Entstehen neuer Weltmächte ist es wahrscheinlich, daß diese auf dem gleichen Recht der Selbstverteidigung wie andere bestehen.

Deshalb ist es dringend erforderlich, daß alle Länder, insbesondere die heutigen Atommächte das Prinzip der endgültigen Beseitigung von Kernwaffen akzeptieren. Wichtiger ist noch, daß zum Aufbau eines gerechten und weltweiten Systems der Nichtverbreitung sowohl die Kernwaffenstaaten als auch die atomaren Schwellenländer zur Schaffung eines Klimas des Vertrauens und der Offenheit beitragen müssen. Sie sollten zu diesem Schritt bereit sein, da ihre Bürger in einer Welt ohne Kernwaffen und andere Massenvernichtungswaffen ungleich sicherer wären.

Die Erlangung der Fähigkeit, Kernwaffen herzustellen, - oder Schritte in diese Richtung - sind nicht zwangsläufig irreversibel. Maßnahmen in Schweden in den 50er Jahren, in Taiwan und Südkorea in den 70er Jahren und seitdem in Argentinien, Brasilien und Taiwan beweisen überzeugend, daß Kernwaffenprogramme rückgängig gemacht werden können. Eine neue Verpflichtung der Atommächte und anderer Staaten, alle Massenvernichtungswaffen abzuschaffen, könnte in Verbindung mit einem konkreten Aktionsprogramm einen Prozeß von Verhandlungen und einseitigen Maßnahmen einleiten, der schließlich zu echter atomarer Abrüstung führen könnte. Im Hinblick auf dieses Ziel sollte die internationale Gemeinschaft vier Schritte unternehmen:

- Baldmöglichst bestehende Abkommen über Massenvernichtungswaffen (einschließlich der Konvention über Chemische Waffen; des START II Vertrages, der zur drastischen Verringerung der amerikanischen und russischen Kernwaffenarsenale führen würde; und der Verpflichtung Weißrußlands, Kasachstans und der Ukraine zur Beseitigung von Kernwaffen und zum Beitritt zum Nichtverbreitungsvertrag) ratifizieren und umsetzen;
- Unbegrenzte Verlängerung des Nichtverbreitungsvertrages;
- Abschluß eines Vertrages über die Beendigung aller Atomtests und
- Aufnahme von Gesprächen zwischen allen offiziellen Nuklearmächten, um einen Prozeß zur Verringerung und schließlichen Abschaffung aller Nukleararsenale einzuleitem.

Es ist nunmehr auch notwendig, über Sicherungsmaßnahmen und Lagerungsmöglichkeiten nachzudenken, wodurch die Abschaffung der in den nationalen Arsenalen vorhandenen Waffen durchführbar würde. Während des Kalten Krieges ging man davon aus, es sei möglich, Unmengen von Waffen zu bauen und die Kontrolle über diese zu behalten. Aufgrund der schwindenden staatlichen Macht ist die Kontrolle über die Waffenvorräte jedoch schwieriger geworden. Wenn die Kontrolle über Nuklearwaffen und ihre Trägersysteme verloren geht, können beunruhigende Situationen entstehen. Unabhängige Organisationen und Wissenschaftler könnten als erste Vorschläge zur sicheren Beseitigung von Waffen machen, so wie sie sich im jüngsten Bericht der National Academy of Sciences der USA zur Beseitigung von Plutonium aus Kernwaffen finden. Die schrittweise Durchführung von Maßnahmen reicht nicht mehr aus. Angesichts der radikalen Veränderungen der Weltpolitik in den letzten Jahren besteht die Möglichkeit, das endgültige Ziel einer atomwaffenfreien Welt zu erreichen.

Der Nichtverbreitungsvertrag

Der Atomwaffensperrvertrag ist das Kernstück der Regelungen zur Nichtverbreitung von Atomwaffen. Im April 1995 tritt eine Konferenz zusammen, die über die Dauer seiner Verlängerung entscheiden soll. Kein anderer Vertrag ist für den weiteren Fortschritt bei der Eindämmung und Rückgängigmachung der nuklearen Proliferation wichtiger. Alle Länder, ob sie Kernwaffen besitzen oder nicht, werden bei seiner unbegrenzten Verlängerung Gewinner sein.

Würde es nicht gelingen, den Nichtverbreitungsvertrag unbegrenzt zu verlängern, so entstünden drei gravierende Risiken. Erstens würde die Glaubwürdigkeit des Systems der Nichtverbreitung ernsthaft gefährdet. Zweitens könnte es zu einer schnellen und unkontrollierten Proliferation von Kernwaffen kommen, durch die sich sowohl das kurzfristige Risiko eines Nuklearunfalles als auch die langfristige Gefahr eines Atomkrieges beträchtlich vergrößern würden. Drittens könnten sich die Vereinigten Staaten und andere Nuklearmächte veranlaßt sehen, einseitige Maßnahmen zur Verhinderung der Proliferation zu ergreifen.

Viele Entwicklungsländer, die nicht über Kernwaffen verfügen, sind darüber beunruhigt, daß im Nichtverbreitungsvertrag Staaten mit und ohne Kernwaffen unterschiedlich behandelt werden. Ihrer Ansicht nach haben die Nuklearmächte ihren Teil des in Artikel VI des Nichtverbreitungsvertrages festgelegten Handels nicht erfüllt, nämlich, daß die meisten Länder auf Kernwaffen verzichten und im Austausch dafür die Nuklearmächte für nukleare Abrüstung und die Bereitstellung von friedlicher Kerntechnologie sorgen.

Die Atommächte müssen weitere Maßnahmen ergreifen, um den Nichtverbreitungsvertrag für die Entwicklungsländer ohne Kernwaffen attraktiver zu machen. Alle vernünftigen Einwände gegen eine Verlängerung des Vertrages ohne Bedingungen und Einschränkungen lassen sich auffangen durch ein umfassendes Programm zur weltweiten Abschaffung von Kernwaffen nach einem genauen Zeitplan in Verbindung mit der Vereinbarung eines umfassenden Verbotes von Atomtests. Zusätzliche Sicherheit würden ein Verbot der Herstellung von spaltbarem Material für militärische Zwecke sowie ein Verbot der Stationierung von Kernwaffen auf fremdem Territorium bieten.

Ein Verbot von Atomtests

Die Einführung eines umfassenden Verbotes von Atomtests besitzt seit langem einen hohen Symbolwert für eine ernsthafte Verpflichtung der Atommächte zur Abschaffung aller Kernwaffen. Wir hoffen, daß die Verhandlungen über ein solches Verbot zu einem baldigen Abschluß kommen werden, idealerweise in Verbindung mit der Konferenz zur Überprüfung des Nichtverbreitungsvertrages im Jahre 1995. Diese internationale Vereinbarung ist notwendig, damit den Bemühungen um eine endgültige Abschaffung dieser Waffen Erfolg beschieden sein kann.

Tatsächlich dürfte ein umfassendes Verbot von Atomtests die wichtigste Maßnahme der Rüstungskontrolle sein. Kein anderer einzelner Akt würde die Bereitschaft der internationalen Gemeinschaft zur Abschaffung von Kernwaffen eindeutiger zum Ausdruck bringen. Dadurch würde die Glaubwürdigkeit der Verpflichtung zur endgültigen Abschaffung von Kernwaffen erhöht, und das wichtigste Hindernis für eine Verlängerung und Stärkung des Nichtverbreitungsvertrages beseitigt. Langfristig würden durch einen Teststopp auch die Entwicklung komplizierterer Kernwaffen oder die militärische Anwendung hoch komplexer Nukleartechnologien verhindert. Auch würde es für Nichtnuklearmächte schwieriger, derartige Waffen zu entwickeln.

Der Nichtverbreitungsvertrag enthält bereits eine Verpflichtung, ein derartiges Verbot anzustreben, und diese Zusage ist wichtiger Bestandteil des Tauschgeschäftes, bei dem die Nichtnuklearstaaten auf die Entwicklung derartiger Waffen verzichtet haben. Jahrzehntelang haben die Nuklearmächte um ein umfassendes Testverbot herumgetanzt und sind dann immer, wenn eine Einigung möglich schien, einen Schritt zurückgetreten. Seit dem Ende des Kalten Krieges haben sie keine Ausrede mehr.

Im Januar 1994 begannen auf der Genfer Abrüstungskonferenz multilaterale Verhandlungen, jedoch gibt es für deren Abschluß keinen vereinbarten Zeitrahmen. Wenn der Abschluß eines Umfassenden Teststoppvertrages scheitert, würde dies einen großen Rückschlag für die Bemühungen um Eindämmung der nuklearen Weiterverbreitung bedeuten. Die Aussichten, daß den Verhandlungen über einen Umfassenden Teststoppvertrag bis April 1995 Erfolg beschieden sein wird, sind vielversprechend. Für ein wirksames und effektives Versuchsverbot sehen wir drei Grundkomponenten.

- Die internationale Gemeinschaft muß über institutionelle Vorkehrungen zur Sicherung der verbleibenden Kernwaffen sorgen. Beispielsweise sollten umfassende, gegenseitige und effektive Regelungen zur Überwachung von Sprengköpfen und spaltbarem Material getroffen werden, die Schutz vor den Gefahren "herumvagabundierender" Atomwaffen bieten und den Verlust oder Diebstahl von Sprengmaterial aus Nuklearanlagen verhindern könnten.

- Die Völker müssen ein umfassendes und effektives Überprüfungssystem schaffen, um die Einhaltung des Teststopps überwachen zu können.
- Die Mitgliedschaft zu diesem Vertrag sollte universell sein. Deshalb sollte sie Kernwaffenstaaten, Staaten mit fortgeschrittenen Möglichkeiten der Nukleartechnik und alle anderen Staaten umfassen. Kurzfristig sollten jedoch alle derzeitigen und potentiellen Kernwaffenstaaten ein unmittelbares und bedingungsloses Moratorium für Atomtests verkünden und auf den Einsatz ihrer vorhandenen Arsenale verzichten.

Atomwaffenfreie Zonen

Regionale Vereinbarungen wie der Vertrag von Tlatelolco, mit dem eine atomwaffenfreie Zone in Lateinamerika geschaffen wurde, sind wirksame Schritte auf dem Wege zur vollständigen Abschaffung von Kernwaffen. Ähnliche Vereinbarungen in anderen Regionen könnten zum Ziel einer atomwaffenfreien Welt beitragen.

Angesichts der praktischen Schwierigkeiten, die gewaltigen Unterschiede der Umstände und Interessenslagen der verschiedenen Regionen in Einklang zu bringen, bietet der Ansatz, eine globale Erklärung mit Verhandlungen in der jeweiligen Region zu verknüpfen, die besten Aussichten auf die Schaffung einer atomwaffenfreien Welt. Es besteht bereits eine Vereinbarung über die Schaffung einer atomwaffenfreien Zone im Südwestpazifik. Doch deren Verwirklichung wurde bisher durch Einwände der Nuklearmächte, insbesondere Frankreichs, das in dieser Region Tests durchführt, verzögert. Alle Länder, insbesondere die Kernwaffenstaaten sollten die Protokolle zur Atomwaffenfreien Zone im Südpazifik unterzeichnen.

Durch Anstreben von Vereinbarungen in Gebieten mit einer einfacheren Sachlage - wie z.B. Afrika, in dem zwischenstaatliche Rivalitäten begrenzt sind und es heute keine Kernwaffenstaaten gibt - sollte die Entwicklung von Präzedenzfällen und das Ausüben von Druck möglich sein, um Verhandlungen in den schwierigeren Gebieten zu erleichtern. Afrika schuf im April 1993 ein exemplarische Beispiel, indem eine Expertengruppe zur Abfassung eines Vertragsentwurfes über die Entnuklearisierung des Kontinentes einberufen wurde. Mit dem Vertragsentwurf wird das Ziel verfolgt, Atomwaffen zu verbieten und den friedlichen Einsatz der Kernenergie zu fördern. Ähnliche Aktivitäten sollten auch in anderen Regionen unterstützt werden.

Chemische und biologische Waffen

Die Proliferationsgefahr ist nicht auf Atomwaffen beschränkt. Auch der potentielle Einsatz und die Verbreitung von chemischen und biologischen Waffen stellen eine erhebliche Bedrohung der Sicherheit dar.

Der Einsatz chemischer Waffen gegen das kurdische Volk durch den Irak erinnerte die Welt an die Schrecken dieser Waffen. Im Januar 1993 unterzeichneten über 130 Länder ein Abkommen über das Verbot der Entwicklung, Produktion, Lagerung, Weitergabe und Verwendung chemischer Waffen. Dies ist ein Erfolg von großer Tragweite. Die *Konvention über das Verbot der Entwicklung, Produktion, Lagerung, Weitergabe und Verwendung Chemischer Waffen und deren Vernichtung* ist ein Werkzeug, um die Welt von einem besonders abscheulichen Mittel der Kriegführung zu befreien, indem eine ganze Kategorie von Massenvernichtungswaffen für ungesetzlich erklärt und ein durchgreifender und hochgradig komplexer Implementierungsmechanismus geschaffen wird.

Doch die Konvention bedarf noch der Umsetzung. Nach der in ihr vorgesehenen Regelung tritt sie erst 180 Tage nach der Ratifizierung durch den 65. Unterzeichnerstaat in Kraft. Bis September 1994 hatten lediglich vierzehn Staaten das Übereinkommen ratifiziert. Deren Verfahrensregelungen werden schwierig umzusetzen sein und die Mitarbeit aller Länder erfordern. Obwohl die Umsetzung der Konvention teuer sein wird, wäre die Alternative sowohl in finanzieller als auch in menschlicher Hinsicht weitaus kostspieliger.

Wir hoffen, daß die Länder, die das Übereinkommen bisher noch nicht unterzeichnet haben, den Nutzen eines unverzüglichen Beitritts erkennen, und wir rufen alle Länder auf, das Abkommen bis Ende 1995 zu ratifizieren. Die Welt sollte ohne chemische Waffen in das 21. Jahrhundert eintreten.

Das Gespenst der bakteriologischen Kriegführung, das die Feindseligkeiten im Golfkonflikt überschattete, hat andererseits zu einer noch größeren Entschlossenheit der internationalen Gemeinschaft geführt, die Kontrollen gegen den möglichen Einsatz biologischer und toxischer Waffen zu verschärfen. Das wichtigste Rechtsinstrument in bezug auf biologische Waffen ist die *Konvention über Biologische Waffen* aus dem Jahre 1972. Gemeinsam mit dem Genfer Protokoll von 1925 verbietet sie die Entwicklung, Herstellung, Lagerung, den Besitz und den Einsatz biologischer und toxischer Waffen.

Leider enthält weder die Konvention noch das Protokoll irgendwelche Überprüfungsverfahren oder Sanktionen. Nach Artikel 10 der Konvention von 1972 verpflichten sich die Parteien jedoch "zur Förderung des größtmöglichen Austausch von Geräten, Materialien und wissenschaftlichen und technologischen Informationen zur friedlichen Nutzung bakteriologischer (biologischer) Substanzen und Toxine und sind zur Teilnahme an diesem Austausch berechtigt". Wird dieser Artikel, insbesondere von der Wissenschaft, ernstgenommen, so läge darin ein effektiver Weg zur Überwachung sowohl legaler als auch illegaler Aktivitäten. Neben anderen Maßnahmen ist ein möglichst umfassender Austausch von Biotechnologie erforderlich. Staaten, die die Konvention von 1972 noch nicht ratifiziert haben, sollten dazu ebenfalls veranlaßt werden.

Chemische und biologische Waffen sind im öffentlichen Bewußtsein direkt miteinander verknüpft. Wir sind davon überzeugt, daß mit dem notwendigen politischen Willen die Welt von diesen Massenvernichtungswaffen befreit werden kann.

Entmilitarisierung der internationalen Gesellschaft

Alle Regierungen müssen sich gemeinsam ein konkretes Ziel für die Verringerung der Verteidigungsausgaben setzen.

Als der Kalte Krieg 1989 endete, erschien es vernünftig, die Aussichten auf eine Entmilitarisierung der internationalen Beziehungen ernsthaft aus einer neuen Perspektive zu betrachten. Die Rivalität des Kalten Krieges - die hohe Militäraugaben, die Suche nach neuen Waffentechnologien und das Vertrauen in militärische Konfliktlösungen gefördert hatte - war vorbei, und ein neues Zeitalter weltweiter Harmonie erschien möglich. Diese Euphorie war allerdings nur kurzlebig. Obwohl sich die Demokratie zusehends ausbreitete, konnte dies nicht das anschließende Ausbrechen einer Vielzahl grausamer und verheerender Bürgerkriege verhindern. 1991 und 1992 brachen elf größere Kriege aus, und die Verluste an Menschenleben in allen damals andauernden Kriegen erreichten nach Angaben von Ruth Leger Sivard sechs Millionen.

Dennoch ändert sich trotz anhaltender Konflikte und der Entstehung neuer globaler Spannungsherde die internationale Sicherheitslage grundlegend. Wie bereits angemerkt, wird Sicherheit nicht mehr nur rein militärisch gesehen; es handelt sich vielmehr um ein komplexes Geflecht wirtschaftlicher, sozialer, politischer und militärischer Faktoren. Die Behandlung der miteinander verknüpften Grundursachen in jedem dieser Bereiche ist für die Verringerung globaler Spannungen und schließlich für einen signifikanten Rüstungsabbau von Bedeutung. Zwischen den Vereinigten Staaten und Rußland hat sich ein neues Verständnis der Zusammenarbeit entwickelt, das um seiner selbst Willen und im Rahmen einer globale Zusammenarbeit gefördert werden muß. Die beiden Regierungen verringern ihre Rüstungskäufe und Waffenarsenal; internationale Vereinbarungen wurden unterzeichnet, die zu einem Abbau - und nicht nur zu einer Kontrolle - von Rüstung führen werden; und, wenn auch mit geringem Tempo, sind die Militärausgaben der Welt schon seit mehreren Jahren rückläufig. All dies sind ermutigende Tendenzen, die darauf hindeuten, daß trotz des derzeitigen Konfliktniveaus die einmalige Gelegenheit besteht, bei der Entmilitarisierung der Weltpolitik beachtliche Fortschritte zu machen.

Wir rufen die internationale Gemeinschaft auf, ihre Anstrengungen zu Entmilitarisierungsmaßnahmen und zur Entwicklung realistischer, praktischer, gut organisierter Programme der Zusammenarbeit zu verdoppeln. Nur wenn dies geschieht, und auch nur im Laufe der Zeit, wird die Sicherheit der Welt wirklich zunehmen. Wir haben uns bereits mit den Fragen der Verringerung der strategischen Atomstreitkräfte befaßt; die beiden anderen wesentlichen Aspekte der Entmilitarisierung sind Militärausgaben und Rüstungstransfer.

Militärausgaben

Die Statistiken der letzten Jahre belegen einen Rückgang der weltweiten militärischen Gesamtausgaben. Die globalen Militärausgaben, die 1987 mit etwa 995 Milliarden US-Dollar (zu Preisen und Wechselkursen von 1991) erreicht hatten, sind rückläufig. (Siehe Tabelle 3-1.) Die mit dem Ende des kalten Krieges einsetzende Abnahme war weitgehend auf Haushaltskürzungen in der ehemaligen Sowjetunion zurückzuführen; ähnliche, wenn auch im Verhältnis geringere Abnahmen waren im Westen zu verzeichnen. Obgleich der Rückgang sich langsam vollzieht, ist er doch kontinuierlich.

Es gibt wichtige Ausnahmen vom allgemeinen Trend. Länder im Mittleren Osten, am persischen Golf und in Südasien betonen weiterhin die Notwendigkeit großer, moderner Streitkräfte und wenden dafür weiterhin relativ hohe Summen auf, obwohl derzeitige Haushaltsverknappungen zu gewissen Einschränkungen geführt haben. Die Länder in Ostasien befinden sich, obwohl es dort seit vielen Jahrzehnten nur sehr wenige militärische Auseinandersetzungen gegeben hat, in einem Prozeß umfangreicher Aufrüstung. Fast jeder Staat in dieser Region gibt seit den 70er

135

Tabelle 3-1. Globale Militärausgaben
(in Milliarden US-Dollar, zu Preisen und Wechselkursen von 1991)

Gebiet	1987	1988	1989	1990	1991	1992	*1993	*1994
Welt	995	970	945	890	855	815	790	767
Industrie- länder**	850	835	815	760	725	690	669	649
Entwicklungs- länder	145	135	130	130	130	125	121	118

* Schätzungen
**inclusive China

Quelle: UNDP, 1994 Human Development Report, New York, Oxford University Press, 1994.

Jahren mehr für Rüstung aus, und viele sind dabei, bedeutende Rüstungsindustrien aufzubauen, die zusätzliche Anreize für hohe Militärausgaben schaffen werden.

Die Rekrutierung, Ausbildung und Ausrüstung moderner Streitkräfte bedeutet überall auf der Welt eine große Belastung des Staatshaushaltes. Die meisten Länder würden ihre Mittel lieber für produktivere Zwecke verwenden, jedoch führte die langfristige Unterhaltung von Streitkräften und Rüstungsindustrien während des Kalten Krieges zu erstarrten politischen, sozialen und wirtschaftlichen Systemen. Die Verringerung von Streitkräften und Waffenproduktion haben auf diese Systeme negative Auswirkungen, die zu Arbeitslosigkeit und Unruhe führen. Viele Regierungen in Entwicklungs- und Industrieländern stehen unter starkem Druck, die Verringerung der Militärausgaben zu verlangsamen oder rückgängig zu machen.

Um diesem Druck zu begegnen, verdienen Initiativen Beachtung, die Anreize zur Verringerung der Militärausgaben bieten und der Unterstützung von Projekten zur Konversion bestehender militärischer Ressourcen dienen. Wir befürworten die Entwicklung eines langfristigen globalen Aktionsplanes, der die wirtschaftlichen und sozialen wie auch die militärischen Aspekte der Entmilitarisierung

136

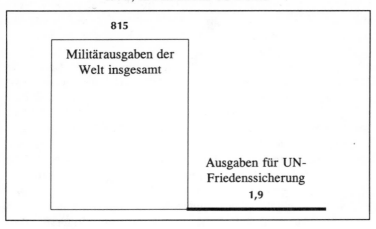

**Ausgaben für den Krieg und
Ausgaben für den Frieden**
1992, in Milliarden US-Dollar

815

Militärausgaben der
Welt insgesamt

Ausgaben für UN-
Friedenssicherung
1,9

behandeln sollte. Zu den mit zu berücksichtigenden Bereichen
zählen die Umverteilung von Finanzmitteln, die Umorientierung
von militärischer Forschung und Entwicklung, die Umstrukturierung der Industrie, die Umschulung des militärischen Personals
für zivile Arbeitsplätze, die Umwandlung militärischer Anlagen
und die alternative Verwendung oder Verschrottung überzähliger
Waffen.

Um an die aktuellen Trends anzuknüpfen und diese zu verstärken,
schlagen wir vor, daß alle Regierungen gemeinsam ein konkretes
Ziel für die Verringerung der weltweiten Verteidigungsausgaben
setzen. Beispielsweise glauben wir, daß es den Regierungen möglich wäre, ihre kollektiven Militärausgaben bis Ende der 90er
Jahre auf 500 Milliarden Dollar zu verringern, im Vergleich zu
640 Milliarden, auf die sie zur Zeit zusteuern (wiederum zu Preisen und Wechselkursen von 1991), wenn es bei einer jährlichen
Verringerungsrate von drei Prozent bleibt. Wir treten in der Tat
entschieden für Verhandlungen ein, die für einen festgelegten

Zeitraum zu einem vereinbarten Prozentsatz der Verringerung führen. Ein spezifischer detaillierter Zeitplan ist auszuarbeiten, um die miteinander verknüpften Probleme der Abrüstung und Konversion anzugehen und die wirtschaftlichen und sozialen Vorteile herauszustellen, die eine Umorientierung menschlicher und finanzieller Ressourcen für Menschen und Regierungen hätte.

Die wichtigsten Hebel bei den Militärausgaben sind finanzielle Zwänge. Wir regen an, daß multilaterale Kreditinstitutionen und Geberländer von Entwicklungshilfe die Militärausgaben des Empfängerlandes in ihre Überlegungen zur Vergabe von Hilfsgeldern einbeziehen. Übermäßige Militärausgaben gefährden die finanzielle Gesundheit und die wirtschaftlichen Entwicklungschancen. Nationale und internationale Entwicklungshilfeinstitutionen müssen daher mit politischen Mitteln Verteidigungsausgaben unattraktiv machen, insbesondere, wenn diese im Mißverhältnis zu den Ausgaben für Gesundheit und Bildung stehen. Andererseits sind die Verbindungen zwischen Entwicklungshilfe und Militärausgaben komplex und bedürfen der gründlichen Untersuchung, wenn die politische Konditionalität wirkungsvoll sein soll.

Ein Entmilitarisierungsfonds

Um positive Anreize für eine Verringerung der Militärausgaben zu bieten, sollte ein Entmilitarisierungsfonds zur Unterstützung der Entwicklungsländer geschaffen werden, der sie bei der Reduzierung ihrer militärischen Verpflichtungen unterstützt. Dieser auf Vereinbarungen zwischen den beteiligten Regierungen beruhende Fonds könnte von einer multilateralen Institution wie der Weltbank verwaltet werden.

Der Fonds würde sich auf die Unterstützung von Konversionsaktivitäten in Entwicklungsländern konzentrieren, die sich zur Verringerung ihrer Militärausgaben auf das für ihre Selbstverteidigung oder ihre Beiträge zur Friedenssicherung erforderliche Mindestmaß verpflichten. Wir glauben, daß der Fonds dem derzeitigen Trend zur Entmilitarisierung zusätzlichen Schwung verleihen würde, indem die Entwicklungsländer belohnt würden,

wenn sie sich um Abrüstung und Demobilisierung ihrer Streitkräfte sowie um die Reintegration des Militärs in das Zivilleben
durch Umschulung für andere wirtschaftliche Tätigkeiten und für
die Beteiligung an der Zivilgesellschaft und eines demokratischen
Staatswesens bemühen.

In vielen Teilen der Welt dienen große stehende Heere keinem
sinnvollen Zweck. Statt Sicherheit zu bieten, bedeuten sie oft eine
ernsthafte Gefahr für die menschliche Sicherheit im eigenen Lande. Trotz dieser sich abzeichnenden Realität fällt es den Regierungen sehr schwer, ohne positive Bestärkung und finanzielle
Unterstützung einseitige Schritte zum Abbau oder auch nur zur
signifikanten Verringerung ihrer Militärs zu unternehmen.

Rüstungstransfer

Die Waffenlieferungen gingen nach 1987 schneller zurück als die
globalen Militärausgaben, von etwas mehr als 70 Milliarden
Dollar auf etwa 32 Milliarden im Jahre 1993. (Siehe Tabelle 3-2.)
Der Golfkrieg führte zu einer Belebung des Interesses an Waffen-
käufen, wobei die Vereinigten Staaten, die im Waffenhandel
hinter der Sowjetunion gelegen hatten, der Hauptnutznießer einer
Flut neuer Aufträge waren. 1992 erreichten die USA die Position
des mit Abstand größten Waffenlieferanten der Welt, und ihre
Aufträge beliefen sich auf mehr als die Hälfte des Gesamtwertes
aller abgeschlossenen Verträge. 1993 war der Anteil weiter auf
fast 70 Prozent gestiegen, hauptsächlich aufgrund von Großauf-
trägen aus Saudi-Arabien und Kuwait.

Die Dritte Welt ist weiterhin der größte Waffenkäufer. 1993 belief
sich der Wert von Verträgen mit der Dritten Welt über
Waffenkäufe auf fast 65 Prozent aller derartigen Abschlüsse
weltweit. Der Rückgang des Gesamtwertes der Waffenlieferungen
ergibt sich aus mehreren Faktoren, darunter die Begrenztheit der
verfügbaren Mittel, das Wachstum einheimischer Industrien, der
Verlust von während des Kalten Krieges eingeräumten Sonder-
konditionen und der Widerstand internationaler Institutionen gegen
Militärausgaben.

Tabelle 3-2. Gesamtsumme der Vertragsabschlüsse über Waffenlieferungen, nach Lieferanten (in Millionen US-Dollar zu Preisen von 1993)							
Land	1987	1988	1989	1990	1991	1992	1993
Vereinigte Staaten	9087	13744	11744	21006	19653	23466	22253
Rußland/ Sowjetunion	30750	24755	17952	13121	6356	1837	2800
Frankreich	4428	2511	5096	3781	3663	4389	1100
Vereinigtes Königreich	2091	25712	2085	2335	1077	2654	2300
China	5781	2990	1853	2558	539	306	400
Deutschland	2337	1555	7297	1668	1400	2041	800
Italien	246	359	579	445	539	715	100
übriges Europa	10824	4903	5559	2002	1831	1633	600
Alle übrigen Länder	4551	4664	3822	2780	2154	1837	1500
insgesamt	70096	81192	55988	49695	37212	38879	31853

Quelle: Richard F. Grimmett, Conventional Arms Transfers to the Third World, 1986-1993, Washington, D.C., Congressional Research Service, Library of Congress, 1994.

Wir regen an, daß alle waffenexportierenden Länder, insbesondere die Hauptlieferanten von Waffen, sich in Zurückhaltung beim Rüstumgsverkauf üben. Überdies schlagen wir vor, daß die militärischen Großmächte erneut Verhandlungen über Richtlinien für den Export höherer Waffensysteme aufnehmen. 1992 unterzeichneten die fünf ständigen Mitglieder des Sicherheitsrates ein Abkommen über Entscheidungsgrundsätze für den Rüstungstransfer. Hierin lag ein positiver Schritt, denn die Unterzeichner nahmen zügig Gespräche auf, um genauere Bedingungen für Waffenverkäufe festzulegen. Leider scheiterten diese Gespräche noch im gleichen Jahr. Sie sollten zügig wieder aufgenommen werden.

Außerdem sollten die Verpflichtungen zur Berichterstattung über militärische Aktivitäten und Abrüstungsmaßnahmen international und national erweitert werden. Wir fordern nachdrücklich eine fortgeführte Diskussion und Entwicklung von Institutionen wie dem (1993 eingeführten) UN Register für Konventionelle Waffen, um den Rüstungshandel transparenter zu machen und die Länder stärker für Exporte und Importe großer Waffensysteme rechenschaftspflichtig zu machen. Auch muß untersucht werden, wie sich Transparenz beim Handel mit militärisch und zivil nutzbaren (dual-use) Komponenten und Technologien erreichen läßt.

Regierungen und Bürger setzen sich seit Jahrzehnten mit den Problemen des Rüstungstransfers auseinander. Zur Zeit drängen NGOs in Europa und den Vereinigten Staaten ihre Regierungen zur Annahme eines Verhaltenskodex mit Richtlinien für den Waffenexport, die auf einer Reihe vereinbarter Verhaltensgrundsätze bestehen. Nach diesem Kodex würden sich die Regierungen verpflichten, in Länder, die eine Aggression begehen oder Menschenrechte verletzen, keine Waffen zu liefern. Die internationale Gemeinschaft sollte überdies Schritte zur Verhinderung des Waffenexports oder -schmuggels in Länder unternehmen, die wie das ehemalige Jugoslawien oder Somalia tief in innere Konflikte verstrickt sind.

Alle Staaten haben ein Recht auf Erwerb von Waffen für die nationale Verteidigung, doch die derzeitigen Rüstungsströme liegen bezogen auf den Verteidigungsbedarf der Staaten jenseits aller vernünfigen Maßstäbe. Darüber hinaus werden in vielen Teilen der Welt durch die leichte Verfügbarkeit von Waffen lokale Kriege geschürt. Auch ist wohlbekannt, daß durch den versteckten Waffenhandel sich Terroristen, Drogenhändler und irreguläre Milizen überall auf der Welt ohne weiteres Waffen beschaffen können. Doch die größten regulären Lieferanten des versteckten Waffenhandels sind nicht etwa selbständige Privathändler, sondern die Regierungen selbst. Außerdem sind durch die stark gewachsene Vernichtungskraft moderner Waffen die Verluste an Menschenleben, auch wenn nur Kleinwaffen und Artillerie eingesetzt werden, entsetzlich gestiegen.

Es muß etwas gegen diejenigen unternommen werden, die Waffen in Krisengebiete liefern, insbesondere, wenn dies unter Bruch internationaler Sanktionen geschieht. Zur Durchsetzung von Sanktionen könnten größere Mittel bereitgestellt und die Strafen für Sanktionsbrecher erhöht werden. In vielen Fällen dürften Regierungen wissen, wer die größten Sanktionsbrecher sind. Solche Regierungen müssen erkennen, daß die aus ihrem Land oder durch dieses gelieferten Waffen letztlich für andere als die ursprünglich beabsichtigten Zwecke Verwendung finden. Wer ein Waffenembargo verletzt, gefährdet die menschliche Sicherheit und sollte daher keine Immunität genießen.

Um diesen Bereich besser zu regeln, empfehlen wir den Staaten, unverzüglich Verhandlungen mit dem Ziel der Schaffung einer internationalen Konvention über die Begrenzung des Rüstungshandels aufzunehmen. Eine solche Konvention muß aufbauen auf der bereits von nationalen Parlamenten, internationalen Organisationen sowie von privaten Instituten und NGOs geleisteten Arbeit. Dabei sollten die derzeitige freiwillige Berichterstattung im Rahmen des *Waffenregisters* verbindlich gemacht werden. Außerdem sollten durch ein solches Übereinkommen die staatliche Finanzierung oder Subventionierung von Rüstungsexporten verboten oder starken Beschränkungen unterworfen werden. Der Abschluß einer Konvention über die Begrenzung des Waffenhandels wird einen großen Schritt in Richtung auf die Entmilitarisierung der internationalen Gesellschaft bedeuten.

Landminen und Kleinwaffen

Die Gespräche über Rüstungstransfer im Jahre 1992 konzentrierten sich auf Waffen mit fortgeschrittener Technologie. Der Export moderner Flugzeuge und anderer hochtechnisierter Waffen kann die Beziehungen zwischen Staaten verkomplizieren, das militärische Kräfteverhältnis in einer Region destabilisieren und das Kriegsrisiko erhöhen. Doch die meisten Verluste an Menschenleben werden durch Landminen, Kleinwaffen und Artillerie verursacht. Angesichts der in den letzten Jahren in so vielen Teilen der Welt durch Landminen verursachten Blutbäder ist eine

142

> **Die Auswirkungen von Kleinwaffen**
>
> Die Menschen, die (seit dem 9. August 1945) in Kriegen umgekommen sind, wurden größtenteils mit billigen Waffen aus Massenproduktion und kleinkalibriger Munition getötet, wenig teurer als die Transistorradios und Trockenbatterien, die die Welt im gleichen Zeitraum überschwemmt haben. Weil billige Waffen das Leben in den Industrieländern, mit Ausnahme der begrenzten Bereiche des Drogenhandels und des politischen Terrorismus, nur wenig gestört haben, hat die Bevölkerung der reichen Länder nur langsam die Schrecken im Gefolge dieser Seuche erkannt. Nach und nach breitet sich jedoch die Erkenntnis dieses Schreckens aus.
>
> —John Keegan, *A History of Modern Warfare*

Beschränkung des Verkaufs dieser Waffen durch die internationale Gemeinschaft seit langem überfällig.

Eine typische Splittermine ist ein harmlos aussehender Plastikgegenstand, der ohne weiteres in eine hohle Hand paßt. Doch die menschlichen und finanziellen Kosten ihrer Anwendung sind fast unvorstellbar.

Man schätzt, daß seit 1975 über eine Million Menschen, die allermeisten von ihnen Zivilisten, durch Landminen getötet oder verletzt wurden. Ungefähr 100 Millionen Splitterminen liegen in über 60 Ländern verstreut. Weitere 100 Millionen dürften einsatzbereit in Arsenalen liegen. Die Kosten von Splitterminen können sehr niedrig gehalten werden: weniger als 3 Dollar. Doch ihre Beseitigung kostet bei Einsatz einheimischen Minensucher zwischen 300 und 1000 Dollar. Gegenwärtig werden pro Jahr mindestens eine Million Minen gelegt, während nur 100.000 im selben Zeitraum beseitigt werden.

Die sozialen und wirtschaftlichen Kosten der Verbreitung von Landminen sind daher schwindelerregend, und das Problem nimmt zu. Sie haben in den letzten Jahren soviel Leid hervorgerufen, daß die Welt nun endlich bereit sein sollte, effektive Maßnahmen zur Begrenzung der Produktion, des Verkaufs und des Einsatzes dieser Waffen zu ergreifen. Wir unterstützen die

Vorschläge für ein weltweites Verbot der Herstellung und des Exports von Landminen.

Die Verankerung einer Kultur der Gewaltfreiheit

Die Welt darf nicht mehr nur über eine Entmilitarisierung der internationalen Beziehungen reden. Was wir brauchen, ist eine Entmilitarisierung der internationalen Gesellschaft. Militarisierung bedeutet heute nicht allein, daß Regierungen mehr als notwendig für den Aufbau ihrer Militärarsenale ausgeben. Sie ist zusehends auch zu einem globalen gesellschaftlichen Problem geworden, wie sich dies im überhandnehmenden Erwerb und Einsatz immer tödlicherer Waffen durch Zivilisten zeigt, seien es nun einzelne auf der Suche nach Mitteln der Selbstverteidigung, Straßenbanden, Verbrecher, politische Oppositionsgruppen oder terroristische Organisationen.

Die Konzentration auf die menschliche Sicherheit erfordert, daß die Regierungen sich mit der fragwürdigen Kultur der Alltagsgewalt befassen, die heute eine der größten Sicherheitsbedrohungen für Menschen überall auf der Erde darstellt. Diese Kultur der Gewalt - die im täglichen Leben, insbesondere gegen Frauen und Kinder, genauso präsent ist wie auf den Fernsehbildschirmen - infiziert Industrie- und Entwicklungsländer, arm und reich, gleichermaßen, wenn auch auf unterschiedliche Weise. Um diesen Trend umzukehren und den Keim einer gewaltfreien Kultur zu setzen, muß auf lokaler und kommunaler Ebene wie auch international jede erdenkliche Anstrengung unternommen werden.

Wir unterstützen mit Nachdruck Gemeinschaftsinitiativen zum Schutz des individuellen Lebens, zur Entwaffnung von Zivilisten und zur Begünstigung einer sicheren Atmosphäre in Wohngebieten. Dabei haben alle eine Rolle zu spielen, einschließlich des Fernsehens, des Kinos und anderer Medien. Die Aufgabe der Förderung der gemeinsamen Sicherheit in der Einen Welt wird unvergleichlich schwieriger, wenn in den Gesellschaften überall auf der Welt sich eine Kultur der Gewalt ausbreitet und überall persönliche Unsicherheit herrscht.

Sicherheit für ein neues Zeitalter

1. Die Sicherheit von Menschen und die Sicherheit des Planeten sollten neben der Sicherheit von Staaten Ziele einer globalen Sicherheitspolitik sein.

2. Die Charta der Vereinten Nationen sollte geändert werden, um dem Sicherheitsrat Maßnahmen in Situationen innerhalb von Ländern zu gestatten, jedoch nur, wenn die menschliche Sicherheit so extensiv verletzt wird, daß eine internationale Reaktion aus humanitären Gründen erforderlich ist.

Frühzeitige Erkennung von Krisen

3. Der präventive Sicherheitsansatz sollte gestärkt werden, wobei die UN ihre Fähigkeit zur frühzeitigen Erkennung und Lösung von Krisen und zur frühen Reaktion auf bewaffnete Konflikte verbessern sollten.

4. Die Vereinten Nationen sollten ein umfassenderes System zur Sammlung von Informationen über Trends und Situationen entwickeln, die zu Gewaltkonflikten oder humanitären Tragödien führen können; alle Staaten sollten Informationen über derartige Trends und Situationen an die UN weitergeben.

5. Dem Generalsekretär sollten ausreichende Mittel zur Verfügung gestellt werden, damit er das Instrument der Missionen zur Tatsachenermittlung im Rahmen seiner Bemühungen um Frieden und Sicherheit vollständig nutzen kann.

Reaktion auf Krisen

6. Sowohl der Sicherheitsrat als auch der Generalsekretär sollten die für die friedliche Beilegung von Streitigkeiten in Artikel 33 der Charta aufgeführten Mechanismen stärker nutzen.

7. Bei Friedensoperationen sollte die Integrität des UN-Oberbefehls respektiert werden, und für jede Operation sollten Beratungsausschüsse unter Einbeziehung der Länder, die Truppen bereitstellen, gebildet werden.

8. Der Sicherheitsrat sollte bei Sanktionen einen exakteren und zielgerichteteren Ansatz verfolgen.

9. Alle Länder müssen ihre im Rahmen der Charta eingegangene Verpflichtung zur Bereitstellung von Truppen für den Sicherheitsrat erfüllen.

10. Der in der Charta vorgesehene Generalstabsausschuß sollte aktiviert werden, um dem Sicherheitsrat militärische Informationen und sachkundigen Rat zur Verfügung zu stellen.

11. Eine UN-Freiwilligentruppe sollte gebildet werden und für schnelle Einsätze unter dem Befehl des Sicherheitsrates zur Verfügung stehen.

12. Die internationale Gemeinschaft muß für Operationen der Friedenssicherung erheblich höhere Mittel bereitstellen.

13. Die Kosten von Friedensoperationen sollten Schritt für Schritt in einem einzigen jährlichen Haushalt integriert werden, der nach einem Verteilungsschlüssel von allen UN-Mitgliedern zu finanzieren wäre.

Die Bedrohung durch Massenvernichtungswaffen

14. Die internationale Gemeinschaft sollte ihre Verpflichtung zur Abschaffung von Kernwaffen und anderen Massenvernichtungswaffen in allen Ländern erneut bekräftigen und ein Programm zur Erreichung dieses Zieles innerhalb von zehn bis fünfzehn Jahren einleiten.

15. Der Nichtverbreitungsvertrag sollte auf unbegrenzte Zeit verlängert werden.

16. Die Verhandlungen über ein Umfassenden Teststoppvertrag sollten in Verbindung mit der Konferenz zur Überprüfung des Nichtverbreitungsvertrages im Jahre 1995 zu einem erfolgreichen Abschluß gebracht werden.

17. Atomwaffenfreie Zonen sollten als Mittel zur Begrenzung der Ausbreitung von Kernwaffen eingerichtet werden.

18. Die Konventionen über Biologische und Chemische Waffen sollten von allen Staaten, die dies noch nicht getan haben, unverzüglich unterzeichnet und ratifiziert werden, und ihre Vorschriften sollten zügig umgesetzt werden.

Entmilitarisierung

19. Die internationale Gemeinschaft sollte der Entmilitarisierung erhöhte Priorität einräumen.

20. Die Regierungen sollten gemeinsam ein konkretes Ziel für eine Verringerung der globalen Militärausgaben setzen.

21. Ein Entmilitarisierungsfonds sollte eingerichtet werden, um Ländern bei der Reduzierung ihres militärischen Engagements zu helfen.

22. Die Staaten sollten schon bald mit Verhandlungen über eine Verringerung des Waffenhandels beginnen, durch die u.a. die Berichtspflichten nach dem bestehenden Waffenregister verbindlich werden. Bis dahin sollten die rüstungsexportierenden Ländern bei Waffenverkäufen Zurückhaltung üben.

23. Es sollte ein weltweites Verbot der Herstellung und des Exports von Landminen eingeführt werden.

Kapitel Vier

Das Management der wirtschaftlichen Interdependenz

In den letzten fünfzig Jahren wurde das Gebäude der weltwirtschaftlichen Ordnungspolitik erweitert, ausgebessert und den gewaltigen technologischen, wirtschaftlichen und politischen Veränderungen angepaßt. In diesem Kapitel werden die zu Grunde liegenden Triebkräfte, die sich in der heutigen Struktur der Ordnungspolitik niedergeschlagen haben, untersucht. Es erfolgt eine Bewertung der grundlegenden Rahmenbedingungen des Multilateralismus, es wird ein Vorschlag zu dessen Stärkung mit Hilfe eines Rates für Wirtschaftliche Sicherheit unterbreitet, und wir untersuchen im Detail die spezifischen Stärken und Schwächen der gegenwärtigen Regeln und Institutionen im Bezug auf Handel, Investitionen, internationales Finanzwesen und Umwelt.

Aufgaben einer Wirtschaftlichen Weltordnungspolitik

Stabilität erfordert ein sorgfältig ausgewogenes Gleichgewicht zwischen der Freiheit der Märkte und der Bereitstellung öffentlicher Güter.

Im Rahmen einer wirtschaftlichen Weltordnungspolitik steht die internationale Gemeinschaft heute vor gewaltigen Herausforderungen. Diese beziehen sich auf die wachsende Interdependenz zwischen den Volkswirtschaften und der Zivilgesellschaft, die anhaltende Verarmung eines Großteiles der Welt und das dadurch bewirkte ungenutzte menschliche Potential sowie auf die wachsende Erkenntnis über die Gefährdungen der Umwelt und damit des Überlebens auf dem Planeten, wie in Kapitel 3 behandelt.

Wachsende Interdependenz

Während die Welt von heute in wirtschaftlicher Hinsicht weit stärker integriert ist als früher, haben die Mechanismen für ein sta-

Private Netto-Kapitalströme in Entwicklungsländer
in Milliarden US Dollar

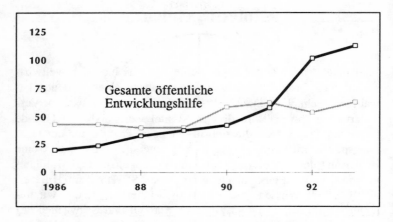

Die privaten Kapitalströme in Entwicklungsländer haben erheblich zugenommen...,

biles und nachhaltiges Management des weltwirtschaftlichen Systems mit dieser Entwicklung nicht Schritt gehalten. Das heutige hohe Niveau der wirtschaftlichen Integration und die sich daraus ergebende Interdependenz sind teilweise auf verbesserte Kommunikation zurückzuführen. Als das Nachkriegssystem einer Weltordnungspolitik entwickelt und ausgehandelt wurde, waren Fernsehen, Computer und internationale Telefonnetze noch etwas neues.

Das Geschäftsleben, die Produktionsmethoden, der Geschmack und die Lebensweisen haben sich seitdem vollständig verändert. Die heutigen Fortschritte in der multimedialen Kommunikation und Informationsverarbeitung werden die Entfernungen noch weiter schrumpfen lassen und den Wandel noch stärker beschleunigen. Ein auffälliges Merkmal dieser Verknüpfung liegt in der rasanten Ausbreitung von Computernetzen wie Internet, durch die Millionen Anwender unmittelbar miteinander kommunizieren können.

Regionale Verteilung der privaten Kapitalströme in Entwicklungsländer, 1990-1992

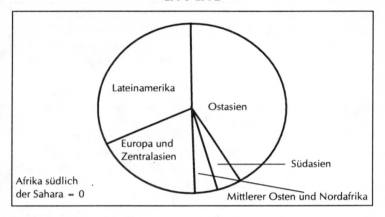

... doch sie fließen in nur wenige Regionen

Die durch Technologie geschaffenen Möglichkeiten werden durch die unbarmherzige Logik der wirtschaftlichen Spezialisierung und Struktur noch weiter gesteigert. Der Handel hat kontinuierlich schneller zugenommen als die Weltproduktion. Die Kapitalflüsse sind sogar noch schneller angewachsen. Im letzten Jahrzehnt sind ausländische Direktinvestitionen viermal so schnell angestiegen wie das Welthandelsvolumen. In einigen Branchen - der Automobilindustrie, in der Elektronik und der Informationsverarbeitung - ist die Produktion so stark globalisiert, daß die Kategorie der Nationalität keinen qualitativen oder quantitativen Sinn mehr ergibt. Die Ford Motor Company, um nur ein Beispiel zu nennen, hat sich von einer vorwiegend amerikanischen Firma, die mit einigen Auslandsfilialen auch bestimmte lokale Märkte bediente, zu einem integrierten Unternehmen mit regionalen Zweigen entwickelt, das in Europa den Gemeinsamen Markt bedient und in koordinierter Arbeitsweise ein "Weltauto" produziert.

In den letzten beiden Jahren gab es einher gehend mit der wirklichen Globalisierung der Aktienmärkte eine regelrechte Explosion von Portfolioinvestitionen durch institutionelle Anleger - Versicherungen, Rentenfonds und Investmentfonds - auf "jungen Märkten". Man kann heute rund um die Uhr mit den führenden Währungen der Welt handeln und sich dabei einer wachsenden Vielfalt von Finanzinstrumenten bedienen. Im Finanzwesen haben nationale Grenzen nur noch wenig Bedeutung; das "Ende der Geographie" ist nahe.

Daß es zu dieser globalen Wirtschaftsintegration gekommen ist, ist zum Teil der relativen Ordnung und Stabilität der wirtschaftlichen Ordnungspolitik der Nachkriegszeit sowie den neuen Technologien zu verdanken. Für die Gesellschaften und für das Individuum entstehen gleichermaßen riesige Möglichkeiten. Jedoch gibt es auch Unausgewogenheiten und Risiken.

Mit zunehmender Interdependenz der Volkswirtschaften vervielfachen sich nicht nur die Möglichkeiten zur Schaffung von Wohlstand, gleichzeitig ist auch das Risiko gewachsen, daß sich destabilisierende Schocks von einem Land auf das andere übertragen können. Einige dieser Schocks wurden durch internationale Zusammenarbeit verhütet oder gemildert (wie beispielsweise durch die Maßnahmen nach dem Börsenkrach von 1987), doch andere (wie die Schuldenkrise der 80er Jahre) konnten ihre volle Wucht entfalten und wirtschaftlichen Schaden und soziales Leid anrichten. Es gibt keine zufriedenstellenden Mechanismen, um künftige globale Schocks im Vorfeld wahrzunehmen oder um sofort auf diese zu reagieren. Dem Internationalen Währungsfonds (IWF), der bei der Abwehr destabilisierender Schocks eine wichtige Rolle spielen sollte, sind durch begrenzte Ressourcen die Hände gebunden.

Sowohl die Dynamik als auch die Instabilität des weltwirtschaftlichen Integrationsprozesses haben damit zu tun, daß dessen Ursprung weitgehend im privaten Sektor liegt. Zukünftige Stabilität erfordert ein sorgfältig ausgewogenes Gleichgewicht zwischen der Freiheit der Märkte und der Bereitstellung öffentlicher Güter. Die staatlichen Möglichkeiten, den zur Stabilitätssicherung und zur Verhinderung von Monopolmißbrauch und anderer Schwächen des Marktes notwendigen Regelungsrahmen und die erforderliche Zusammenarbeit zu schaffen, stehen zur Zeit in keinem Verhältnis zum Tempo der Globalisierung der Finanz- und sonstigen Märkte. Nationale Lösungsansätze sind bei derartigem Marktversagen innerhalb eines globalisierten Wirtschaftssystems sehr stark begrenzt.

Aber auch die Strukturen einer Weltordnungspolitik, die notwendig wären, um den Verpflichtungen seitens des öffentlichen Interesses in einer interdependenten Welt Nachdruck zu verleihen, sind unterentwickelt. Im Rahmen des multilateralen Allgemeinen Zoll- und Handelsabkommens (GATT) beginnt man erst jetzt mit Verhandlungen über grenzüberschreitende Dienstleistungen und Datenströme, obwohl diese bereits seit einem Jahrzehnt eine wesentliche Erscheinung sind. Auf regionaler Ebene - wie z.B. in der Europäischen Union - erfolgen vielerlei Anstrengungen, neue ordnungspolitische Strukturen zu schaffen. Doch selbst dort konnte eine ernsthafte Destabilisierung des Europäischen Währungssystems aufgrund umfangreicher Kapitalbewegungen nicht verhindert werden.

Sorge bereitet auch, daß die Integration der Märkte nicht unbedingt harmonisch erfolgt. Unterschiedliche Systeme in der Handelsgesetzgebung, im Steuerrecht, Sozialwesen, im bürokratischen Entscheidungsprozeß, im Gesellschaftsrecht, Arbeitsrecht und vielen anderen Bereichen haben Auswirkungen darauf, wie Unternehmen verschiedener Länder im Handel und bei Direktinvestitionen miteinander konkurrieren. Ohne gute, klare und weitgehend akzeptierte Regeln kommt es durch Mangel an Fairneß oder durch Unverständnis zu "Systemreibungen".

Wachsende wirtschaftliche Interdependenz bringt im Guten wie im Schlechten einen freieren Handel mit sich. So beherrscht heute der internationale Drogenhandel die Wirtschaft einer ganzen Reihe von Ländern; sein Volumen kann eventuell sogar größer als das des Nahrungsmittelhandels sein. Der legale oder illegale Waffenhandel, der Mülltourismus und der Menschenhandel wie im Falle der Prostitution sind alle zu mächtigen globalen Wirtschaftszweigen geworden.

Die Regierungen haben erkannt, daß Kommando- und Kontrollsysteme in der Wirtschaft nicht funktionieren. Doch sie müssen erst noch, insbesondere auf globaler Ebene, wirksame alternative Instrumente der Ordnungspolitik schaffen. Durch das Abkommen von Marrakesch über die Schaffung einer Welthandelsorganisation (WTO) besteht zumindest die Hoffnung, daß derartige Werkzeuge entworfen werden können.

Wachstum und Armut

Wie schon zuvor festgestellt, lebt in der heutigen Zeit eine höchst komplizierte, globalisierte und zunehmend wohlhabendere Welt Seite an Seite mit einer marginalisierten globalen Unterklasse. Das Nachkriegssystem wirtschaftlicher Ordnungspolitik ergab - und begünstigte - das bemerkenswerteste Wirtschaftswachstum und die größte Verbesserung des Lebensstandards in der Geschichte der Menschheit. Trotz einer Bevölkerungszunahme von 2,3 auf 5,6 Milliarden liegt das durchschnittliche Pro-Kopf-Einkommen heute etwa dreimal so hoch wie 1950. Viele Indikatoren für sozialen Fortschritt - Säuglingssterblichkeit, Alphabetisierungsgrad, Lebenserwartung, Ernährung - haben sich signifikant verbessert, zumindest im globalen Durchschnitt. Als Großbritannien Ende des 18. und zu Beginn des 19. Jahrhundert als erstes Land mit der Industrialisierung begann, dauerte es sechs Jahrzehnte, bis sich der Lebensstandard verdoppelt hatte; heute vollbringt China, neben anderen Ländern, die gleiche Großtat in zehn Jahren.

Gleichzeitig ist den Menschen aufgrund besserer Kommunikationsmöglichkeiten das globale Problem der anhaltenden Armut zunehmend bewußt. Die Anzahl der absolut Armen, der wirklich Mittellosen, wurde von der Weltbank für 1993 auf 1,3 Milliarden geschätzt und wird wahrscheinlich weiter zunehmen. Ein Fünftel der Menschheit lebt in Ländern, hauptsächlich in Afrika und Lateinamerika, in denen der Lebensstandard in der 80er Jahren real gesunken ist. Mehrere aggregierte Armutsindikatoren sind nicht weniger erschütternd als vor 25 Jahren: z.B. haben 1,5 Milliarden Menschen keinen Zugang zu hygienisch unbedenklichem Wasser und 2 Milliarden verfügen nicht über ausreichende Sanitäranlagen; über eine Milliarde Menschen, darunter die Hälfte aller Frauen im ländlichen Raum, sind Analphabeten. Die Lage dieser zwanzig Prozent der Menschheit - und weiterer Millionen, die annähernd diesen gefährlichen Zustandes erreicht haben - sollte mit der allerhöchsten Priorität behandelt werden.

Die Aufgaben der globalen Entwicklung haben sich, seitdem sie u.a. von der Pearson- und von der Brandt-Kommission analysiert wurden, in mehrfacher Hinsicht gewandelt. Erstens verwischt sich die alte Unterscheidung zwischen Industrie- und Entwicklungsländern, zwischen dem Norden und dem Süden, obwohl es noch immer einige auffällige Ungleichgewichte gibt; die reichen Länder bestreiten über 80 Prozent des Welthandels, tätigten in den 80er Jahren 85 Prozent aller Direktinvestitionen im Ausland und sind an Forschung und Entwicklung mit 95 Prozent beteiligt. Es gibt verschiedene Arten des Südens und verschiedene Arten des Nordens, in denen sich Unterschiede in der Entwicklungs- und Wachstumserfahrung, der inneren Disparitäten von Einkommen und Chancen und unterschiedliche Größen- und Wirtschaftsstrukturen der Länder widerspiegeln. Wenn auch beispielsweise die Bilder des asiatischen Entwicklungswunders und der afrikanischen Entwicklungskatastrophe eine journalistische Überzeichnung darstellen, waren die Erfahrungen dieser Regionen doch sehr unterschiedlich.

Zweitens wirkt die Beendigung des Kalten Krieges nach. Rußland und andere ehemals kommunistische Länder Mittel- und Osteuropas haben eine der anspruchsvollsten und schwierigsten Wirtschaftstransformationen der Geschichte in Angriff genommen. Ist dieser Prozeß erfolgreich, so wird er dem Wachstum der Weltwirtschaft großen Auftrieb verleihen. Scheitert er, so könnten sich katastrophale Konsequenzen ergeben: Nämlich dem Zusammenbruch des geordneten Staatswesens in diesen Ländern, von denen viele noch über Kernwaffenvorräte verfügen.

Für eine wirtschaftliche Weltordnungspolitik bedeutet diese Transformation eine beachtliche Herausforderung: Etwa dreißig neue Länder müssen in globale und regionale Institutionen und Handelsregelungen einbezogen werden; es besteht großer Bedarf an zusätzlichem staatlichen Kapital zur Unterstützung der Anpassung und zur Förderung privater Kapitalzuflüsse in einer Situation mit gewaltigen und weitgehend beispiellosen Problemen; riesige, technisch hochkomplizierte Rüstungsindustrien müssen bei gleichzeitiger Sicherung des Lebensunterhalts von Millionen dort beschäftigter Menschen abgebaut werden. Ohne jeden Zweifel sind dadurch einige Menschen enormen Entbehrungen ausgesetzt. Dennoch kommen aus Osteuropa und in geringerem Maße auch aus Rußland ermutigende Signale, daß das Wachstum des privaten Sektors dort allmählich an die Stelle des schrumpfenden Staatssektors tritt.

Eine der vielen weiterreichenden Konsequenzen liegt im Ende des "Kalten Krieges" der Ideen. Statt eines polarisierten und unproduktiven Konfliktes zwischen entgegengesetzten ideologischen Systemen besteht heute in wirtschaftspolitischen Fragen weit größere Übereinstimmung. Daß über die angemessene Rolle des öffentlichen und des privaten Sektors weiterhin in gewissem Maße unterschiedliche Meinungen herrschen, ist unvermeidlich. Jedoch ist man sich in vielen Ländern weitgehend über die Notwendigkeit einig, in ausgewogener Weise die Energien eines profitablen privaten Sektors, der globalen Märkte und des Wettbewerbs zu nutzen und gleichzeitig die Möglichkeiten des Staates zur Gewährleistung von Sicherheit, zur Schaffung eines ordnungspolitischen Rahmens für den Wettbewerb, für den Erhalt der Umwelt sowie für die Durchsetzung von Gerechtigkeit und sozialen Zusammenhalt einzusetzen. Die schmerzlichen Erfahrungen, die man früher mit einer vollkommen falschen Gestaltung dieses Gleichgewichtes gemacht hat, sollten heute die Entwicklung erleichtern.

Ein weiterer Wandel vollzieht sich in einigen Industrieländern. Insgesamt verlangsamt sich ihr Wachstum, und zwar nicht einfach nur aufgrund der aktuellen Rezession. Hier sind verschiedene Faktoren im Spiel, darunter die Überalterung der Bevölkerung und die Probleme der Anpassung an eine postindustrielle Dienstleistungsgesellschaft. Diese Trends haben für die Entwicklungsländer sowohl positive als auch negative Auswirkungen. In positiver Hinsicht dürfte es weniger Konkurrenz um knappe Ressourcen, vor allem um Investitionskapital, geben. Gleichermaßen bedeutet jedoch niedriges Wachstum in reichen Ländern eine schwächere Nachfrage nach Exportgütern aus den Entwicklungsländern.

Die Beschäftigungskrise und die damit verbundenen Übel wachsender Armut und des sozialen Abstieges könnten auch in vielen Industrieländern zu einem politischen Klima führen, in dem nur wenig Bereitschaft zur schnellen Anpassung an neue Konkurrenz besteht. "Billigimporte" und ausländische Arbeitskräfte werden oft zu Sündenböcken für die Arbeitslosigkeit gestempelt.

Eine der größten Ironien der heutigen Situation (und potentiell eine der größten Gefahren für die Zukunft) liegt darin, daß ausgerechnet zu einer Zeit, da die Entwicklungsländer und die ehemals kommunistischen Länder den Nutzen von Liberalisierung und größerer Offenheit entdecken, die reichen Länder sich auf sich selbst zurückziehen könnten. Eine zentrale Aufgabe der Weltordnungspolitik wird darin bestehen, zu verhindern, daß diese gefährliche Situation zwischen verschiedenen Ländern und innerhalb einzelner Länder neue Klüfte aufreißt.

Ungenutztes menschliches Potential

Eine große Schwäche der bisherigen Entwicklung - gleichermaßen in reichen und armen Ländern - liegt darin, daß eine hohe Anzahl von Menschen sich nicht entfalten kann. Arbeitslosigkeit, Diskriminierung von Frauen oder Minderheiten, schlechte Bildungsmöglichkeiten, ein unzulängliches Gesundheitswesen, Elendsquartiere in überfüllten Städten und ähnliche Erscheinungen finden sich in unterschiedlichem Ausmaß überall auf der Welt. Sie beeinträchtigen nicht nur Gesundheit und Wohlergehen der Menschen, sondern sind auch an sich Hindernisse für die Entwicklung. Die Wirtschaftspolitik, so gut sie auch geplant sein mag, kann für sich allein jedoch nicht den sozialen Fortschritt und einen besseren

Lebensstandard in größerer Freiheit gewährleisten, so wie es die UN-Charta in Aussicht stellt.

Das Unvermögen, die Sozialpolitik, und zwar im weitesten Sinne, in den Rahmen der Wirtschaftspolitik zu integrieren, hat viele Länder auf den Weg wirtschaftlicher Verschwendung geraten lassen. Westeuropa verliert zum Beispiel durch Arbeitslosigkeit die potentielle Wertschöpfung eines Zehntels oder mehr seiner Arbeitskräfte, mit verheerenden Folgen für den einzelnen, die Familien und die Gemeinschaften. Während die Grundursachen für die Erwerbslosigkeit fortbestehen, erfordert die Unterstützung der Arbeitslosen immer größere Summen aus den Staatshaushalten und führt zu Defiziten, die wirtschaftliche Probleme weiter verschärfen. Menschen werden in großer Zahl aus dem Arbeitsprozeß gedrängt und vegetieren am Rande der Gesellschaft.

In Afrika, Lateinamerika und Osteuropa wurden bei unterfinanzierten Strukturanpassungsprogrammen häufig die sozialen Konsequenzen der Sparmaßnahmen vernachlässigt. Obgleich makroökonomische Stabilität und Marktliberalisierung zweifellos notwendige Ziele sind, erfuhren die langfristigen Aussichten auf wirtschaftlichen Fortschritt durch das Fehlen vorbeugender Maßnahmen gegen die starken gesellschaftlichen Belastungen und durch die Kürzung langfristiger Investitionen in die Ausbildung der Menschen Rückschläge und die politische Unterstützung für eine dauerhafte Anpassung wurde geschwächt.

Die größte, fast überall anzutreffende Verweigerung menschlicher Entfaltungsmöglichkeiten liegt in der Diskriminierung, unter der Frauen weltweit leiden müssen. Die Gesellschaft hat vom wirtschaftlichen Beitrag der Frauen gewaltigen Nutzen, obwohl dies nur selten anerkannt wird. Damit wird der Hälfte der Menschheit, wenn auch in unterschiedlichem Ausmaß, weiterhin systematisch das Recht auf volle Entfaltung der Persönlichkeit verweigert, mit unerhörten Konsequenzen für die Frauen selbst und gewaltigen Kosten für die Gesellschaft, der viele Leistungen verloren gehen, die Frauen zusätzlich erbringen könnten. Das Problembewußtsein wurde durch die Weltkonferenz über Bevölkerung und Entwick-

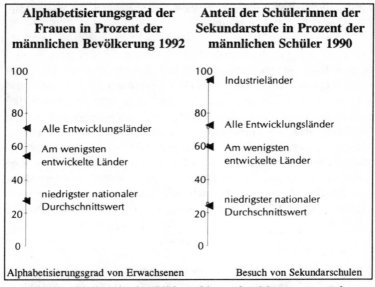

Alphabetisierungsgrad der Frauen in Prozent der männlichen Bevölkerung 1992	Anteil der Schülerinnen der Sekundarstufe in Prozent der männlichen Schüler 1990
100	100 Industrieländer
80 ◄ Alle Entwicklungsländer	80 ◄ Alle Entwicklungsländer
60 ◄ Am wenigsten entwickelte Länder	60 ◄ Am wenigsten entwickelte Länder
40	40
◄ niedrigster nationaler Durchschnittswert 20	niedrigster nationaler Durchschnittswert 20 ◄
0	0
Alphabetisierungsgrad von Erwachsenen	Besuch von Sekundarschulen

Frauen bleiben in der Bildung hinter den Männern zurück

lung in Kairo sehr geschärft und wird durch die Weltfrauenkonferenz in Peking 1995 weiter verstärkt werden. Heute ist die Notwendigkeit weitgehend ins Bewußtsein gedrungen, daß die Frage der geschlechtsspezifischen Diskriminierung in allen Phasen der Entwicklung, Entscheidungsfindung und Durchführung von Projekten multilateraler Institutionen besondere Beachtung finden muß, und in Kapitel 5 empfehlen wir einige Wege, wie dieses Ziel erreicht werden kann.

Sozialpolitik ist nicht nur eine Angelegenheit für die nationale, sondern auch für die globale Ordnungspolitik. Gesellschaften unterscheiden sich u.a. in ihren Präferenzen für Einkommensverteilung, Sozialleistungen, Arbeitsschutz und Bildungswesen. Trotzdem wirken die Gesellschaften immer stärker aufeinander ein und sind isoliert nicht funktionsfähig. Fehlschläge der gesellschaftlichen Entwicklung, die beispielsweise zu einer unfreiwilligen Massenmigration führen, lassen sich nicht an nationalen Grenzen auf-

159

halten. Beim Weltgipfel für Soziale Entwicklung 1995 werden die Prioritätsbereiche für gemeinsame Maßnahmen auf dem Gebiet der Sozialpolitik konkreter festgelegt werden.

Der Bericht über die menschliche Entwicklung (Human Development Report) des UN-Entwicklungsprogramms (UNDP) und die Kampagne von UNICEF "Anpassung mit menschlichem Antlitz" haben erheblich dazu beigetragen, daß soziale Anliegen in die Wirtschaftspolitik einbezogen werden. Obwohl der Beschäftigungsgipfel der G7-Länder in Detroit keine konkreten Ergebnisse zeitigte, lenkte er die Aufmerksamkeit nicht nur auf die mißliche Lage der Langzeitarbeitslosen in den G7-Ländern, sondern auch auf die 800 Millionen oder mehr Menschen, die weltweit wegen Arbeitslosigkeit oder Unterbeschäftigung in Armut leben.

Die Umwelt

Eine der wirklich folgenschwersten Veränderungen der letzten Jahre - eine Veränderung, die von den Vätern des Weltwirtschaftssystems der Nachkriegszeit nicht einmal ansatzweise vorhergesehen werden konnte - liegt in dem wachsenden Bewußtsein für die Bedeutung der physischen Umwelt und das Ausmaß der heutigen Gefahren für verletzbare Ökosysteme. Die Regierungen sind dadurch gezwungen, sich mit dem Ausmaß der Interdependenz ihrer Länder auseinanderzusetzen. Dem UN-System gebührt Anerkennung dafür, daß es zu diesem Bewußtsein beigetragen hat, wobei die Stockholmer Konferenz von 1972 ein richtungsweisendes Ereignis war. Der Erdgipfel 1992 in Rio hinterließ eine Agenda von großem politischen Gewicht.

Das wachsende Bewußtsein für die globalen Umweltgefährdungen war für die Regierungen Anlaß, kooperative, wenn auch schwache Formen der Ordnungspolitik zu entwickeln, um dem Überfischen der Ozeane, der Ausrottung bestimmter Arten, der Bedrohung der Antarktis durch kommerzielle Erschließung, dem Abbau der Ozonschicht und den Risiken der Klimaänderungen durch die zunehmende Konzentration von Treibhausgasen in der Atmosphäre entgegenzuwirken. (Siehe auch Kapitel 5.)

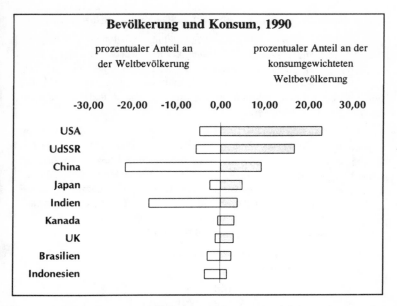

Bevölkerung und Konsum, 1990

prozentualer Anteil an der Weltbevölkerung · prozentualer Anteil an der konsumgewichteten Weltbevölkerung

-30,00 -20,00 -10,00 0,00 10,00 20,00 30,00

USA
UdSSR
China
Japan
Indien
Kanada
UK
Brasilien
Indonesien

Umweltbelastungen entstehen aus einem Ungleichgewicht zwischen dem Verbrauch der Menschen und dem, was die natürlichen Systeme zur Verfügung stellen. Die menschlichen Auswirkungen auf die Biosphäre bestehen im wesentlichen aus dem, was Menschen nutzen und verschwenden. Etwa 80 Prozent dieses Konsums gereichen zum vermeintlichen Wohlstand - zur Schaffung von Reichtum und Vergnügen - von 20 Prozent der Menschheit. Diese Unausgewogenheiten sind dann von Wichtigkeit, wenn im Rahmen einer nachhaltigen Umweltpolitik Konsumeinschränkungen auf globaler Ebene erforderlich sind, einschließlich größerer Effizienz der Ressourcennutzung wie im Falle der CO_2-Emissionen.

Es bestehen auch enge Beziehungen zwischen Umweltbelastung und Armut. Bisher waren die Auswirkungen lokal begrenzt, z.B. Veränderungen des Mikroklimas und Überschwemmungen als Ergebnis der durch Subsistenzlandwirtschaft bewirkten Entwaldung. Doch es gibt bereits Beispiele großer Bewegungen von Umweltflüchtlingen - wie am Horn von Afrika oder auf Haiti - die weitreichendere Konsequenzen haben.

Beziehungen zwischen Konsum und Bevölkerungswachstum

In der Debatte (über nachhaltige Entwicklung) wird häufig behauptet, Entwicklungsländer mit größerer Bevölkerung bedeuteten eine größere Gefährdung der globalen Umwelt als entwickelte Länder mit kleinerer Bevölkerung. Es ist jedoch bestens bekannt, daß entwickelte Länder ein höheres Konsumniveau haben als Entwicklungsländer und daß Konsum Umweltbelastung bedeutet.

Die Schlußfolgerungen, die aus den Schätzungen der nach dem Konsum gewichteten Bevölkerungszahlen gezogen werden können, stellen die Annahme, daß Länder mit größerer Bevölkerung ein größeres Umweltrisiko darstellen, ernsthaft in Frage. Nachhaltige Entwicklung fußt auf der Prämisse, daß es zwischen Konsum und Bevölkerung innerhalb der natürlichen Grenzen ein Gleichgewicht geben muß. Damit wird klar, daß für die Erlangung der Nachhaltigkeit nicht nur eine Verringerung der Bevölkerung, sondern auch des Konsums erforderlich ist.

Nach dem Konsum gewichtete Bevölkerungszahlen (in Millionen)
Ausgewählte Länder, 1990

Land	Bevölkerung Bevölkerungszahl	gewichtete
China	1139	9329
Indien	853	3907
Sowjetunion	289	16828
Vereinigte Staaten	249	22993
Kanada	27	3159

—Auszüge aus "Consumption: The Other Side of Population for Development", vorgelegt vom Earth Council anläßlich der Weltkonferenz über Bevölkerung und Entwicklung, September 1994

Wirtschaftswachstum und die Vervielfachung der Bevölkerung werden schließlich zu einer Weltwirtschaft von der mehrfachen Größe der heutigen führen. Das von der Weltkommission für Umwelt und Entwicklung (der Brundtland-Kommission) entwickelte Konzept der "nachhaltigen Entwicklung" liefert einen politischen Rahmen, innerhalb dessen sich das für die Überwindung der Armut notwendige hohe Wirtschaftswachstum erreichen läßt, während gleichzeitig politische Maßnahmen zur vollen Berücksichtigung der Umweltbelange ergriffen werden. Dazu sind größere Veränderungen der wirtschaftlichen Praktiken erforderlich.

Selbst wenn dies geschieht, wird es einen erheblichen Druck auf einige empfindliche Ökosysteme geben. Einige knappe Umweltressourcen - wie Fischbestände, tropische Wälder und Wassereinzugsgebiete - werden zur Zeit in einem nicht-nachhaltigen Umfang genutzt. Diese Ressourcen müssen gemeinsam genutzt und sachgerecht verwaltet werden, um eine Übernutzung zu verhindern. Das hohe Konsumniveau bei diesen Ressourcen muß reduziert werden, ohne daß bei der Armutsbekämpfung Abstriche gemacht werden. Gelingt es nicht, einen gemeinsamen Ansatz zu finden, so kann dies katastrophale Folgen haben.

Globale Entscheidungsfindung

Welches Entscheidungsmodell sollte man in ein neues System der Wirtschaftsordnung übernehmen? Für ein solches Modell müssen Lehren aus regionalen und nationalen Erfahrungen und aus wirtschaftlichen Organisationsformen gezogen werden, bei denen inflexible Kommando- und Kontrollstrukturen sich als nicht tragfähig erwiesen haben. Heute entstehen vielschichtige Entscheidungssysteme, die auf Beratung, Konsensbildung und flexiblen "Spielregeln" beruhen. Doch bei zwischenstaatlichen Organisationen sind immer noch grundlegende Fragen darüber offen, wer die Regeln festlegen sollte und nach welchen Prinzipien dies geschehen sollte.

Eine besondere Herausforderung liegt in der wachsenden Anzahl von Ländern. An der Gründung der Vereinten Nationen und der Bretton Woods Institutionen - des internationalen Währungsfonds und der Weltbank - waren etwa 50 Länder beteiligt. Durch das Ende des Kolonialismus und in jüngerer Zeit den Zerfall des Sowjetimperiums kamen viele neue Länder hinzu, so daß sich heute die Anzahl der beteiligten Länder auf nahezu 200 beläuft. Sie wollen nicht nur Eigenstaatlichkeit, sondern auch Mitsprache bei internationalen Wirtschaftsentscheidungen. Die weltwirtschaftliche Integration und Interdependenz müssen sich einer postimperialen

Welt formaler politischer Unabhängigkeit anpassen, und diese mitgestalten.

Es besteht eine unabweisbare Spannung zwischen dem demokratischen Ideal universeller Teilhabe und dem Erfordernis zügiger, effizienter Entscheidungsfindung sowie zwischen den entsprechenden Ansprüchen auf Eigenstaatlichkeit, Bevölkerung und Wohlstand. Mit wachsender Anzahl der Staaten hat diese Spannung zugenommen, während globale Wirtschaftsentscheidungen keineswegs das Bild einer polyzentrischen Welt widerspiegeln, sondern in den Händen der Vereinigten Staaten, Europas und Japans konzentriert sind, die gerade 10 Prozent der Weltbevölkerung umfassen.

Diese Konzentration der Entscheidungsprozesse spiegelt sich in den Abstimmungsregeln der Bretton Woods Institutionen wider. Insbesondere ist sie eine der Ursachen für die Exklusivität von Gruppen wie der G7. Großmächte beherrschen auch die GATT-Verhandlungen, bei denen alle Parteien nominell gleichberechtigt, in der Realität aber sehr ungleich sind. Die Länder, die aus dieser Ungleichheit den Nutzen ziehen, würden derart undemokratische Regelungen niemals für ihre eigenen Gesellschaften akzeptieren, und ihre wirtschaftliche Stärke ergibt sich, zumindest teilweise, aus eben dieser Ablehnung.

Wie es auch immer um die demokratische Legitimation der heutigen zwischenstaatlichen Regelungen im Bereich weltwirtschaftliche Ordnungspolitik stehen mag, das sich verschiebende Gravitationszentrum der Weltwirtschaft macht einen neuen Ansatz erforderlich. Insgesamt gesehen, sind die Volkswirtschaften der Entwicklungsländer in den letzten drei Jahrzehnten schneller gewachsen als die der westlichen Industrieländer. Der Anteil der Volkswirtschaften in der OECD an der Weltproduktion ist gemessen an der Kaufkraftparität auf knapp die Hälfte geschrumpft. Nach Kaufkraftparität gehören China, Indien, Brasilien und Rußland zu den zehn größten Volkswirtschaften, mit geringem Abstand gefolgt von Mexiko, Indonesien und der Republik Korea.

Doch keines dieser Länder gehört der G7 an, und alle sind im Verhältnis zu ihrer Bevölkerungsgröße und zu ihrem wirtschaftli-

China und Indien gehören zu den sieben größten Volkswirtschaften, doch beide gehören nicht der G7 an

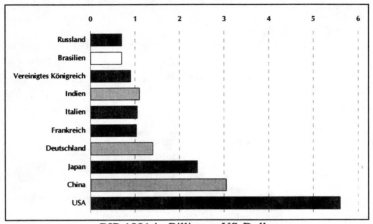

BIP 1991 in Billionen US-Dollar
zur Berücksichtigung internationaler Preisunterschiede bezogen
auf die Kaufkraft im jeweiligen Lande (Kaufkraftparität)

chen Gewicht hinsichtlich ihres Stimmrechtes in den Bretton Woods Institutionen unterrepräsentiert. China und Rußland sind noch nicht einmal Mitglied im GATT. Es liegt im gemeinsamen Interesse, daß die Hauptakteure der Weltwirtschaft an den Entscheidungen über gemeinsame Probleme in vollem Umfang miteinbezogen werden.

Wenn man sich jedoch auf zwischenstaatliche Beziehungen konzentriert, ist zu bedenken, daß die traditionelle Rolle der Nationalstaaten Veränderungen unterworfen ist. Machtvolle Kräfte wirken auf eine stärkere Dezentralisierung der Entscheidungsprozesse hin. Nationale Zentralsysteme mit von oben nach unten verlaufenden Entscheidungsprozessen, wie sie beispielhaft in der ehemaligen Sowjetunion existierten, sind zusammengebrochen. Großflächige Staaten stehen unter wachsendem Druck zur Dezentralisierung zugunsten kleinerer Verwaltungseinheiten auf regionaler und kommunaler Ebene, ebenso wie auch Unternehmen ihre

Managementverantwortung dezentralisieren müssen. In Groß-regionen wie Westeuropa, in denen stärkere Regionalinstitutionen im Entstehen begriffen sind, findet eine heftige Debatte über "Subsidiarität" statt, das Prinzip der Zuständigkeitszuweisung an die niedrigste geeignete Ebene im Bereich der globalen, regionalen, nationalen und lokalen Verwaltungen. Eine globale Politik der Wirtschaftsordnung muß diese Aufsplitterung der Entscheidungs-prozesse berücksichtigen und gleichzeitig anerkennen, daß es immer noch zwingend eines ordnungspolitischen Gesamtrahmens bedarf.

Argumente für den Multilateralismus

Die Zeit ist nunmehr reif, ja überreif, ein globales Forum zu schaffen, das in den Bereichen der Wirtschaft, der Umwelt und der Sozialpolitik richtungsweisend wirkt.

Historisch gesehen, hat sich die Weltordnungspolitik bis heute ohne globale Institutionen entwickelt. Das 19. Jahrhundert war eine Zeit fortschreitender Integration und einer beispiellosen Ausweitung von Handel, Investitionsströmen und Bevölkerungsver-schiebungen. Ein Teil der weltweiten Ordnung beruhte auf der Herrschaftsausübung durch Weltreiche, insbesondere durch das britische Empire. Dieses System war politisch stabil, doch es fehlte ihm die Zustimmung der Regierten, und damit war es letzt-lich auch nicht nachhaltig. Ebenso war es in starkem Maße von selbstregulierten Märkten abhängig, die krisenanfällig waren und die Staaten zu einem aktiveren Eingreifen in ihre Wirtschaft zwangen. Dies wiederum trug zu einem destruktiven wirtschaftli-chen Nationalismus bei und damit indirekt zu den großen Konflik-ten des 20. Jahrhunderts.

Es gibt keinerlei Argumente für eine Rückkehr zu einem System des 19. Jahrhundert. Ohne starke internationale Regeln werden jedoch die mächtigsten Länder im Alleingang vorgehen oder das System zu kontrollieren versuchen, was auf Regeln basierende Prozesse noch unentbehrlicher macht. Die Migration ist zum Bei-spiel ein Bereich, in dem die Politik überwiegend unilateral be-stimmt wird. Ein erstrebenswertes System der Ordnungspolitik

166

darf nicht auf der Fähigkeit starker Länder beruhen, auf schwächere Zwang auszuüben. Dies ist aber die unausweichliche Konsequenz der unilateralen Umsetzung von Macht, in der Wirtschaft ebenso wie im militärischen Bereich.

Die Regeln und das Ordnungsgefühl, die jedes stabile und erfolgreiche System untermauern müssen, lassen sich als internationale "öffentliche Güter" beschreiben. Es liegt in ihrem Wesen, daß sie nicht von Märkten oder isoliert handelnden einzelnen Regierungen bereitgestellt werden.

Die meisten Regierungen akzeptieren ihre Verantwortung für die Bereitstellung öffentlicher Güter wie Polizei und Rechtsprechung, finanzielle Stabilität oder Umweltschutz. Ein gegenteiliges Verhalten würde die Aufgabe wesentlicher Funktionen des Staates bedeuten. Die gleiche Verantwortlichkeit gilt auf internationaler Ebene, wird aber weniger bereitwillig anerkannt. Zu den grundlegenden internationalen öffentlichen Gütern, die eine Weltwirtschaftsordnung bereitstellen sollte, gehören:

- systemimmanente Finanzstabilität: d.h. ein stabiles Währungssystem, die Fähigkeit, größere systembedingte Rückschläge und Krisen zu bewältigen, und eine vorausschauende Regulierung internationaler Finanzmärkte;
- Rechtsstaatlichkeit: ein offenes Handelssystem, Technologietransfer und Investitionen, mit einem allseitig akzeptierten Instrumentarium der Konfliktregelung;
- Infrastruktur und Institutionen: gemeinsame Standards für Maße und Gewichte, Zeit und viele andere technische Größen und einvernehmliche Systeme zur Gestaltung und Gewährleistung der Freiheit der Meere und der gemeinsam benutzten Flugsicherungs- und Telekommunikationsnetze;
- Umwelt: durch Schutz der globalen Gemeingüter und den erforderlichen politischen Rahmen zur Förderung nachhaltiger Entwicklung; und
- Gerechtigkeit und sozialer Zusammenhalt: durch wirtschaftliche Zusammenarbeit im weitesten Sinne, einschließlich internationaler Entwicklungs- und Katastrophenhilfe.

Durch die zunehmende Interdependenz der Weltwirtschaft und der globalen Umwelt wachsen sowohl der Nutzen dieser öffentlichen Güter als auch die bei ihrer Vernachlässigung entstehenden Nachteile. Dennoch wehren sich einige Staaten, einen Teil ihrer Souveränität abzutreten, was für funktionsfähige multilaterale Regelungen und Institutionen unerläßlich wäre. Der Kampf um den Vorrang der GATT-Regelungen vor der unilateralen Handelspolitik, das Abdrängen des IWF aus der Kontrolle des internationalen Währungssystems, der andauernde Kampf um die Hilfsgelder internationaler Institutionen und der praktische Ausschluß der UN aus dem zentralen Bereich der weltwirtschaftlichen Ordnungspolitik, all das belegt diesen Widerstand.

Regionalismus und informeller Multilateralismus

Ein arbeitsfähiges System weltwirtschaftlicher Ordnungspolitik basiert nicht nur auf globalen Vereinbarungen. Viele Aufgaben lassen sich unter Nachbarn erledigen. Bisher hat nur die Europäische Union ein dauerhaftes System regionaler Handelsliberalisierung bei gleichzeitiger Verpflichtung auf enge politische Zusammenarbeit geschaffen. Anderer Staaten werden dem Beispiel wahrscheinlich folgen. Die regionale Integration findet zur Zeit anderenorts, insbesondere in Nord- und Südamerika und in Südostasien große Aufmerksamkeit, während in Afrika und Südasien nur geringe Fortschritte erzielt wurden.

Einige Probleme werden am besten regional statt global behandelt (z. B. lokale Ausbreitung von Umweltverschmutzung). Regionale Wirtschaftsgruppierungen können auch zur Beilegung historischer Feindschaften beitragen, indem sie engere politische und wirtschaftliche Beziehungen entwickeln, Einsparungen durch Produktionserweiterung realisieren, gemeinsame Infrastruktur aufbauen und den Weg für neue Methoden zur vertieften Integration freimachen und somit Fortschritten auf globaler Ebene vorgreifen. Das in Europa heftig diskutierte Konzept der Subsidiarität bietet einen Rahmen für die effiziente Verteilung von Zuständigkeiten auf globale, regionale, nationale und lokale Institutionen.

Damit regionale Institutionen zu Bausteinen einer Weltwirtschaftsordnung statt zu abgeschotteten Blöcken werden können, sollten sie offen sein, sowohl im Hinblick auf die Aufnahme neuer Mitglieder zu gleichen Bedingungen als auch hinsichtlich des Marktzuganges. Zwischen der für die Schaffung einer regionalen Identität erforderlichen Exklusivität und der zur Trennung führenden Abschottung besteht nur eine schwache Trennlinie. Die Europäische Union besitzt, insbesondere seit ihrer Erweiterung, viele Merkmale der Offenheit; doch einige andere Merkmale wie z. B. die Gemeinsame Agrarpolitik sind protektionistisch und behindern den Handel. Die Befürworter einer "Festung" Europa sind in der Minderheit, jedoch sind sie nicht unbedeutend. Obwohl regionale Vereinbarungen die globale Politik der Wirtschaftsordnung stärken können, kann eine falsche Art von Regionalismus diese auch schwächen.

Viele ordnungspolitische Aufgaben können und werden von Ländergruppen wie der G7, der OECD oder dem Commonwealth informell wahrgenommen. Die G7 stellt eine wichtige Entwicklung dar, und ihre Rolle wird später noch ausführlicher behandelt. Die OECD spielt eine wichtige Rolle bei der Entwicklung von Verhaltensgrundsätzen für internationale Investitionstätigkeit, für das Umweltmanagement und die Vergabe von Exportkrediten. Und sie ist dabei, durch Erweiterung und Dialog eine größere Anzahl von Ländern einzubeziehen.

Auch mehrere funktionelle Sonderorganisationen sollten Erwähnung finden. Hierzu gehören die Internationale Fernmeldeunion (ITU), die Internationale Seeschiffahrtsorganisation, die Bank für Internationalen Zahlungsausgleich (BIZ) und der Pariser Club. Die ITU ist - heute gemeinsam mit dem GATT - zuständig für die Schaffung eines weltweiten Ordnungssystems für das rasant expandierende Fernmeldenetz, die Multimediasysteme und die Systeme der Informationstechnologie. Die BIZ unterstützt das Weltfinanzsystem durch kooperative Überwachung. Auf diese unauffällige und unspektakuläre Weise entsteht, wenn auch nur stückweise, ein System der Weltordnungspolitik.

Weltordnungspolitik erstreckt sich jedoch nicht nur auf den öffentlichen Sektor. Multinationale Unternehmen bestreiten einen wesentlichen und wachsenden Teil der Wirtschaftsaktivitäten. Einige Industriezweige von zentraler Bedeutung - insbesondere der wahlweise als Telekommunikation, Information oder Multimedia bezeichnete Komplex, die Automobilindustrie, das Bank- und Finanzdienstleistungswesen - werden heute weitgehend von multinational arbeitenden Privatunternehmen entwickelt. Ihre Interessen beziehen sich zwangsläufig auf die Gesamtheit ihrer Geschäftstätigkeit statt auf ein einzelnes Land. Wir werden uns im weiteren Verlauf dieses Kapitels mit den Kontroll- und Aufsichtsmechanismen befassen, die notwendig sind, damit Unternehmen auf globaler Ebene in einem breiteren Rahmen sozialer Verantwortung agieren.

Schließlich gibt es noch ein System, das man etwas unpräzis als die internationale Zivilgesellschaft bezeichnen könnte. Hierzu gehören Nichtregierungsorganisationen, internationale humanitäre Hilfswerke wie das Rote Kreuz und der Rote Halbmond, freiwillige Institutionen mit Regelfunktionen wie der Internationale Normenausschuß (ISO) und Gruppen von Wissenschaftlern wie dem Internationalen Rat der wissenschaftlichen Vereinigungen (International Council of Scientific Unions).

Diese Einrichtungen haben oft den großen Vorteil der Flexibilität, schnellen Reaktionsfähigkeit und der begeisterten Mitarbeit ihrer Mitglieder. Sie spielen zu Recht eine wachsende Rolle in der Ordnungspolitik. Sie können jedoch zu exklusiven und selbsterwählten Organisationen werden. Weniger als 15 Prozent der beim Wirtschafts- und Sozialrat der UN akkreditierten NGOs stammen aus Entwicklungsländern. Obwohl die NGOs bei der Schaffung von Ordnungsstrukturen im weitesten Sinne von unschätzbarem Wert sind, dürfen sie nicht als Ersatz für effektive zwischenstaatliche Strukturen angesehen werden.

Ein Spitzengremium: Ein Rat für Wirtschaftliche Sicherheit

Das Grundprinzip Die internationale Gemeinschaft hat kein befriedigendes Verfahren, um sich mit globalen Wirtschaftsproblemen in ihrer Gesamtheit und mit den Verbindungen zwischen wirtschaftlichen, sozialen und Umweltproblemen sowie Sicherheitsfragen im weitesten Sinne zu befassen. Die Grenzen zwischen Handels- und Wettbewerbspolitik, Umweltpolitik, Makroökonomie und Sozialpolitik werden immer verschwommener. Eine saubere funktionale Trennung zwischen diesen Fragen gibt es nicht mehr, und die traditionellen institutionellen Regeln reichen nicht mehr aus. Wie bereits angemerkt, nimmt die globale Interdependenz aufgrund mächtiger technologischer und wirtschaftlicher Faktoren zu. Die politischen Strukturen, die ein Gemeininteresse artikulieren und Meinungsverschiedenheiten schlichten könnten, halten weder auf nationaler und noch weniger auf globaler Ebene mit dieser Entwicklung Schritt.

Die Gruppe der Sieben ist die Organisation, die einem Spitzengremium für weltwirtschaftliche Fragen am nächsten kommt. Sie kann sich einige Erfolge zurechnen, beispielsweise die Verhinderung eines tiefgreifenden deflationären Schocks nach dem Börsenkrach von 1987. Doch sie ist weder für die Gesamtbevölkerung der Welt repräsentativ, noch ist sie sonderlich effektiv. Die G7 steht lediglich stellvertretend für 12 Prozent der Weltbevölkerung. Durch den Ausschluß von China und Indien kann sie noch nicht einmal für sich in Anspruch nehmen, die großen Weltwirtschaftsmächte zu repräsentieren. Das für den größten Teil der Welt so wichtige Entwicklungsthema hat auf ihrer Tagesordnung eine niedrige Priorität. Wenn man einmal einige Jahrzehnte vorausschaut, dann erscheint es anachronistisch, daß die Volkswirtschaften der Nicht-OECD-Länder, die einen großen und wachsenden Anteil an der Weltwirtschaft haben, in dem wichtigsten Gremium, das internationale Wirtschaftsfragen überblicken soll, nicht vertreten sind.

An der "Themendebatte" im Wirtschafts- und Sozialrat und in der Generalversammlung der UN ist zwar eine größere Anzahl von Staaten beteiligt, doch bisher haben die UN kein befriedigendes Forum für eine praxisorientierte internationale Wirtschaftsdiskussion mit den richtigen Schwerpunkten geboten. Zudem schenken die Bretton Woods Institutionen den UN keine besondere Aufmerksamkeit. Zu den Sitzungen kommen nur selten Minister, ganz zu schweigen von Wirtschaftsministern der führenden Nationen, so daß die Wirkung gering ist. Allzu oft werden die UN als "Quasselbude" abgetan. Den UN wurde bisher nicht die Chance geboten, die für eine wirkliche Beeinflussung der Entscheidungsträger erforderliche dauerhafte wirtschaftspolitische Arbeit auf hoher Ebene zu leisten.

Aus realistischen Gründen hat sich statt dessen die Aufmerksamkeit auf die Bretton Woods Institutionen verlagert. In den 80er Jahren wurden einige einfallsreiche Ideen entwickelt, wie man den Interimsausschuß und den Entwicklungsausschuß dieser Institutionen als Instrument eines weltwirtschaftlichen Dialogs nutzen könnte. Obwohl die Bretton Woods Institutionen über erheblichen wirtschaftlichen Sachverstand verfügen und unter bestimmten Aspekten weltwirtschaftlicher Ordnungspolitik auch von praktischer Bedeutung sind, haben sie doch zwangsläufig eine parteiische Sichtweise der Dinge.

Ein anderer Weg wurde im Nord-Süd-Dialog beschritten, so 1975 bei der Konferenz über Internationale Wirtschaftliche Zusammenarbeit, und - dem Vorschlag der Brandt-Kommission folgend - beim Treffen von 24 Regierungschefs in Cancún im Jahre 1981. Diese Dialogversuche haben weder die Industrie- noch die Entwicklungsländer zu einer Weiterarbeit in dieser Richtung bewegt.

Jedoch haben sich die Umstände verändert. Es gibt nur noch wenig ideologische Konfrontation; die meisten Entwicklungsländer und ehemals kommunistischen Länder treten heute nicht weniger deutlich als die Industrieländer für eine Liberalisierung der Märkte, für Privatinvestitionen und offenen Zugang ein; die Ländergruppen sind heute stärker gemischt und in geringerem Maße auf Konfrontation aus. Neue Bereiche gemeinsamen Interesses (vor allem globale Umweltprobleme) erweisen sich als starke Triebfeder für die Diskussion.

Die Zeit ist nunmehr reif, ja überreif, ein globales Forum zu schaffen, das in den Bereichen der Wirtschaft, der Umwelt und der Sozialpolitik richtungsweisend wirkt. Es hätte eine breitere

Grundlage als die G7 oder die Bretton Woods Institutionen und wäre effektiver als das gegenwärtige UN-System. Obwohl es keine rechtsverbindlichen Entscheidungen treffen könnte, würde es durch Kompetenz und Sachbezogenheit Einfluß gewinnen und in internationalen Wirtschaftsangelegenheiten den Status erlangen, den der Sicherheitsrat in Fragen der Sicherheit und des Friedens hat.

Wir schlagen die Schaffung eines Rates für Wirtschaftliche Sicherheit (RWS) vor. Der Gedanke ist nicht originell - andere haben ähnliche Vorschläge gemacht - doch wir glauben diesen Vorschlag so formuliert zu haben, daß er die besten Aussichten auf eine baldige Verwirklichung und gute Erfolgschancen hat.

Ziele Der vorgeschlagene Rat für Wirtschaftliche Sicherheit hätte folgende Aufgaben:

- kontinuierlich die weltwirtschaftliche Gesamtlage und die gegenseitige Beeinflussung der wichtigen Politikbereiche zu bewerten;
- einen langfristigen strategisch-politischen Rahmen für die Förderung einer stabilen, ausgewogenen und nachhaltigen Entwicklung zu entwickeln;
- die Vereinbarkeit der politischen Zielsetzung der großen internationalen Organisationen, insbesondere der wichtigsten multilateralen Wirtschaftsinstitutionen (Bretton Woods Institutionen und die zukünftige Welthandelsorganisation -WTO) zu sichern und gleichzeitig deren unterschiedliche Aufgabenbereiche anzuerkennen und
- einen konsensgerichteten Dialog zwischen Regierungen über die Fortentwicklung des Weltwirtschaftssystems zu fördern sowie ein Forum für einige neue Kräfte in der Weltwirtschaft, z. B. regionale Organisationen, bereitzustellen.

Die zunehmende Begrenztheit der gegenwärtigen Strukturen wie der G7 machen es wahrscheinlich, daß ein repräsentativeres und effektiveres Forum weitgehende Anerkennung finden wird, selbst von Regierungen, die in der Vergangenheit wenig Begeisterung für eine stärkere Rolle der UN in der Wirtschaftspolitik gezeigt haben. Insbesondere schlagen wir keinen großen neuen bürokratischen Apparat für den RWS vor; dieser würde eng mit den Bretton Woods Institutionen zusammenarbeiten und stünde nicht in Opposition zu ihnen.

Die Arbeit des Rates könnte tatsächlich eine Stärkung der Effektivität und Autorität des IWF und der Weltbank bewirken, die traditionell ihre Stichworte von den G7-Ländern erhalten. Die Industrieländer möchten vielleicht, daß die G7 als Forum fortbesteht. Allerdings wären der IWF und die Weltbank besser in der Lage, Strategien und Maßnahmen zur Stabilisierung und Anpassung umzusetzen, wenn sie sich dabei auf die Anregungen eines repräsentativeren Forums stützen könnten.

Arbeitsprogramm Der RWS hätte die Aufgabe politische Führung anzubieten und den Konsens in internationalen Wirtschaftsfragen zu fördern, bei denen es um langfristige Gefahren für die Sicherheit im weitesten Sinne geht, wie beispielsweise globale ökologische Krisen, wirtschaftliche Instabilität, wachsende Arbeitslosigkeit, die Transformationsprobleme in der ehemaligen Sowjetunion, Massenarmut oder fehlende Ernährungssicherheit. Er würde sich mit dem Gesamtzustand der Weltwirtschaft und der Förderung nachhaltiger Entwicklung befassen. Sein Aufgabenbereich würde sich auf die Entwicklung eines langfristigen strategisch-politischen Rahmens und die Sicherung der Vereinbarkeit der politischen Ziele der großen internationalen Organisationen erstrecken.

Der RWS würde sich mit den Politikfragen befassen, hätte jedoch eine beratende und keine exekutive Funktion. Er wäre nicht unmittelbar verantwortlich für die Arbeit der UN-Organisationen, der Bretton Woods Institutionen und die zukünftige Welthandelsorganisation, würde jedoch diese Institutionen durch Sachkunde, die Qualität seiner Arbeit und seine bedeutsame Zusammensetzung sicherlich beeinflussen.

Wir sehen den RWS nicht in erster Linie als ein Forum für Krisenmanagement. Seine Hauptaufgaben wären die Beobachtung der weltwirtschaftlichen Haupttrends und die Weitergabe von Signalen

an die internationale Gemeinschaft. Auch würde er eine Rolle bei
der Reaktion auf akute Krisen spielen, denn derartige Ereignisse
(die Ölschocks, das annähernde Scheitern der GATT-Verhandlungen, die Schuldenkrise und der Zusammenbruch der Sowjetunion)
bilden oft den Auslöser für den Wunsch nach Führung und neuem
Denken.

Eine der wertvollsten Funktionen des RWS läge in der Behandlung internationaler Fragen, für die es kein klares Mandat oder
mehrere sich überlappende Zuständigkeiten gibt. Der Rat könnte
nicht die Aufgaben etablierter Institutionen für sich besetzen, doch
er könnte eindeutige Zuständigkeiten aufzeigen und sicherstellen,
daß zwingend notwendige multilaterale Maßnahmen nicht durch
prozedurale und bürokratische Schwierigkeiten behindert werden.
Der RWS könnte überdies das geeignete Forum für die Prüfung
von Vorschlägen zur Finanzierung internationaler öffentlicher
Güter durch Aufbringung internationaler Mittel sein, wie es am
Ende dieses Kapitels dargestellt wird.

Das Arbeitsprogramm des RWS würde von seinen Mitgliedern
aufgestellt, doch auch andere Staaten und Institutionen sollten
Punkte hinzufügen können, um sicherzustellen, daß auch über die
vom begrenzten Mitgliederkreis des Rates vorgeschlagenen Themen hinausgehende Fragen behandelt werden können. Wir regen
an, daß der Rat für Wirtschaftliche Sicherheit zweimal im Jahr
zusammentritt, doch sollten zusätzliche Sitzungen vorgesehen
sein, wenn dies zur Belebung der Zusammenarbeit erforderlich
ist.

Die Sitzungen sollten einmal im Jahr auf der Ebene der Regierungschefs und ansonsten auf der Ebene der Finanzminister stattfinden. Andere Minister, z.B. die Handelsminister würden gegebenenfalls hinzugezogen. Eine unterstützende Infrastruktur aus
staatlichen Vertretern wäre erforderlich, um sicherzustellen, daß
die Ministerberatungen angemessen vor- und nachbereitet werden.

Doch würde über den Erfolg des Rates eher der Geist, in dem er
arbeitet, als seine formelle Struktur entscheiden. Lange Ministerreden für das Protokoll könnten den Wert der Diskussionen

schnell mindern, während ihn ein akzentuierter, weniger förmlicher Meinungsaustausch erhöhen würden.

Struktur und Mitgliedschaft Damit der RWS effektiv ist, muß er praxisorientiert und effizient und daher klein sein. Außerdem muß er sich die vorrangige Aufmerksamkeit der Wirtschaftsminister der großen Länder sichern können. Zu den verschiedenen möglichen Ansätzen gehört der Vorschlag, auf der Autorität des Sicherheitsrates aufzubauen, indem man diesem eine zusätzliche wirtschaftliche Dimension verleiht, oder der Gedanke, innerhalb der UN-Familie ein getrenntes Gremium nach dem Modell des Sicherheitsrates, jedoch unabhängig von diesem, zu schaffen.

Nach Abwägung der Vor- und Nachteile befürwortet die Kommission den letzteren Ansatz. Als getrenntes Gremium wäre der Rat besser in der Lage ein neues Mandat zu übernehmen, einschließlich einer institutionsübergreifenden Funktion, die auch die internationalen Finanzinstitutionen und die Welthandelsorganisation umfassen würde. Anders als der jetzige Sicherheitsrat würde der RWS ohne Vetorechte nach dem Konsensprinzip arbeiten. Überdies wäre der Sicherheitsrat wegen der Kurzfristigkeit seiner Entscheidungsprozesse und wegen seiner vorrangigen Befassung mit Friedens- und Sicherheitsfragen kein geeignetes Modell für den RWS, der stärker mit der Fortentwicklung politischer Strategien und Regeln befaßt wäre.

Für die Gründung des RWS innerhalb des Gesamtsystems der UN gäbe es verschiedene juristische Möglichkeiten, einschließlich einer Änderung der Charta. Doch bei unseren Vorschlägen geht es nicht darum, technische Überlegungen über die Einführung des RWS anzustellen.

Für die Mitgliedschaft wäre eine Reihe von Kriterien zu erfüllen. Zunächst sollten die größten Volkswirtschaften de jure Mitglied sein. Dazu wären die zur Zeit von den UN und den Bretton Woods Institutionen benutzten, auf Kaufkraftparität basierenden Zahlen für das Bruttoinlandsprodukt ein geeigneter Bezugsrahmen.

Zweitens wäre eine ausgewogene Repräsentanz der Regionen erforderlich; ein Gruppensystem würde dies und die Beteiligung einiger kleinerer Staaten sichern. Drittens sollte es genügend Flexibilität geben, damit von Mitgliedsstaaten geschaffene Regionalorganisationen - vor allem die Europäische Union, aber auch neue, aufstrebende Gruppierungen wie ASEAN oder MERCOSUR - im Namen ihrer Mitglieder teilnehmen können. Schließlich sollte der RWS nicht größer sein als der im Kapitel 5 vorgeschlagene erweiterte Sicherheitsrat (mit 23 Mitgliedern). Allerdings ist es an dieser Stelle nicht angebracht, zu sehr in die Details der Mitgliedschaft zu gehen, vielmehr sollten die übergreifenden Kriterien erfüllt werden.

Wie auch immer dieser Vorschlag umgesetzt wird, wirft die Konzentration der Verantwortung in einem relativ kleinen RWS die Frage auf, wie der größere Mitgliederkreis der UN bei Fragen, die auf dem Arbeitsprogramm des RWS stehen, zu Gehöhr kommen kann. Zunehmend werden heute Gruppensysteme, Rotation und Beratungsmechanismen eingesetzt, um die Beteiligung aller Mitgliedsstaaten zu sichern. Mittelfristig wäre das Verhältnis zwischen Generalversammlung und RWS zu definieren. In Kapitel 5 werden wir hierzu näheres ausführen, einschließlich des Vorschlages, den Wirtschafts- und Sozialrat aufzulösen. Hauptsächlich zielt die von uns vorgeschlagene Reform darauf ab, eine ordnungspolitische Lücke zu füllen, die nirgends sonst abgedeckt ist.

Institutionelle Unterstützung Wir haben die Notwendigkeit einer intellektuellen Führungsrolle für den RWS betont. Um ihm die richtige Infrastruktur zur Verfügung zu stellen, ist ein phantasievoller und wohl auch unkonventioneller Ansatz erforderlich. Das Sekretariat und die wissenschaftliche Kompetenz der Mitarbeiter sollten von hoher Qualität sein. Das Personal sollte auch außerhalb des UN-Systems angeworben werden, wobei man sich die Erfahrungen multilateraler Institutionen und die Kreativität von Unternehmen, der Wissenschaft und von NGOs in vielen Ländern zunutze machen könnte. Einige Mitarbeiter könnten kurzfristig von anderen Organisationen abgeordnet werden.

Die wichtigste Qualifikation läge in der Fähigkeit zum strategischen Denken in Wirtschafts-, Sozial- und Umweltfragen. Möglicherweise könnten einige der Forschungsressourcen der UNCTAD genutzt und einige Mitarbeiter gleichzeitig bei den Bretton Woods Institutionen beschäftigt sein. Allerdings sind wir uns der Notwendigkeit bewußt, die Vitalität des Stabes zu erhalten und institutionsbedingte Trägheit zu vermeiden. Eine Möglichkeit, die Institution effizient und aufgeschlossen für Ideen von außen zu halten, wäre die Ausschreibung von Wettbewerben für größere Arbeiten im Auftrag des RWS, an denen sich Institutionen der UN und des privaten Sektors beteiligen könnten.

Qualitativ hochstehende Führerschaft wäre für den Erfolg des neuen Gremiums essentiell. Für ihre Glaubwürdigkeit bedürfte die Institution einer angesehen und unabhängigen Persönlichkeit, deren politischer Status lediglich von dem des UN-Generalsekretär übertroffen würde. Wir schlagen daher vor, die Leitung des RWS-Sekretariats zu einer der Aufgaben eines neu zu ernennenden Stellvertretenden Generalsekretärs für Internationale Wirtschaftliche Zusammenarbeit und Entwicklung zu machen.

Zusammenarbeit mit anderen Institutionen Eines der Hauptziele bei der Konstruktion des RWS wäre die Überbrückung der Kluft zwischen den verschiedenen internationalen Wirtschaftsinstitutionen. Dies bedeutet nicht, daß es eine zentral koordinierte Leitung aller ordnungspolitischen Wirtschaftsinstitutionen der Welt unter einem Dach geben sollte. Dies wäre weder wünschenswert noch machbar. Erforderlich ist aber eine Einigung über Ziele, Rollen und Mandate. Weiteres würde sich durch gute Kommunikation und gegenseitige Achtung ergeben. Die Spitzen des IWF, der Weltbank und der neuen Welthandelsorganisation sollten regelmäßig vom RWS zur Berichterstattung eingeladen werden. Andere Organisationen, insbesondere die Kommission für Nachhaltige Entwicklung mit ihrem umfassenden Mandat für Umwelt und Entwicklung, sollten zur Berichterstattung über spezifische Fragen aufgefordert werden. Dies gilt auch für den reformierten Treuhandrat, der nach unserem Dafürhalten ein Mandat für die globalen Gemeingüter hat.

In praktischer Hinsicht würden der RWS und seine Mitarbeiter eng mit dem Personal der Bretton Woods Institutionen und des GATT/WTO zusammenarbeiten, um die derzeitige institutionelle Vereinzelung dieser Einrichtungen zu überwinden. Die soziale Dimension der Aufgaben des Rates würde durch eine enge Zusammenarbeit mit Institutionen wie der Internationalen Arbeitsorganisation (ILO) betont.

Der internationalen Gemeinschaft ist am besten mit einer Vielfalt von Organisationen mit vielgestaltigen Ansätzen und Aufgaben gedient, statt mit dem Versuch, ein Monopol der Weisheit zu schaffen. Da wir jedoch eine neue Institution vorschlagen, ist es recht und billig zu fragen, ob andere dadurch überflüssig würden. Internationale Institutionen können nicht einfach von einer unbegrenzten Lebensdauer ausgehen, noch kann man sie natürlich leichtfertig abschaffen. Ein gut funktionierender RWS wäre im übrigen nur einer der für die Zukunft der anderen Institutionen wichtigen Faktoren.

Die Interims- und Entwicklungsausschüsse der Bretton Woods Institutionen befassen sich in beratender Funktion mit einigen der dem RWS vorzulegenden Fragen. Ihre Zielgruppen sind ähnlich, insbesondere die Finanzminister. Daher bedarf es hier einer gewissen Rationalisierung der Arbeit. Falls sich die Erörterungen des RWS als zweckdienlicher erweisen, könnte die Regierungen eine Fortsetzung der Arbeit der Interims- und Entwicklungsausschüsse überprüfen.

Die Gründung eines RWS könnte auch Anlaß und Gelegenheit bieten, sich die wirtschaftspolitische Tätigkeit der UN genau anzusehen. Diese Arbeit ist derzeit auf eine Vielzahl von Institutionen verstreut, den Wirtschafts- und Sozialrat, die Regionalkommissionen, die UNCTAD und verschiedener Sonderorganisationen. Die wirtschaftspolitische Arbeit der UN ist zersplittert und genießt bedauerlicherweise gegenwärtig kein sonderliches Ansehen. Anzeichen dafür, daß das UN-System zu radikaler Rationalisierung und zur Konzentration seiner Aktivitäten bereit wäre, würden dessen Glaubwürdigkeit sehr stärken und die Bereitschaft der Mit-

179

gliedsstaaten erhöhen, internationale Wirtschaftsfragen in diesem System zu behandeln.

Wir erwarten, daß der RWS allmählich entstehen wird und sich dabei - entsprechend seinen Leistungen - zum Schwerpunkt der weltwirtschaftlichen Ordnungspolitik und zu einem von Industrie- und Entwicklungsländern gleichermaßen als nützlich angesehenen Forum entwickeln wird. Die Welt braucht dringend ein Spitzengremium zur Erörterung wirtschaftlicher und mit der Wirtschaft in Zusammenhang stehender Fragen. Hinsichtlich der Form sind wir undogmatisch. Wir haben einen möglichen Ansatz - einen Rat für Wirtschaftliche Sicherheit - vorgeschlagen und erläutert, warum wir diesen für empfehlenswert halten. Es könnte auch andere Ansätze geben. Die Gestaltung ist weniger wichtig als das Konzept. Ohne ein repräsentatives, hochrangiges Gremium zur Entwicklung eines internationalen Konsenses in wichtigen Wirtschaftsfragen könnte die Eine Welt zu einem Schlachtfeld widerstreitender Wirtschaftsmächte werden, und die Möglichkeit der Menschheit, ein gemeinsames Vorgehen zu entwickeln, wären gefährdet. Die Zeit ist der Feind einer solchen Reform: Die Probleme wachsen, doch die Entwicklung institutioneller Lösungsmöglichkeiten stagniert.

Regeln für den Handel und den internationalen Wettbewerb

Multilaterale Verhandlungsprozesse gestatten den schwächeren Mitgliedern der internationalen Gemeinschaft, sich in einem auf Regeln fußenden System zu bewegen, anstatt der rohen Gewalt ausgesetzt zu sein.

Die wirtschaftliche Interdependenz erzeugt in vielen Sektoren einen globalen Markt, bei dem zur Ertragsmaximierung die Produktion dort angesiedelt wird, wo die Kosten relativ zu bestimmten Märkten am niedrigsten sind und wo das Kapital (jedoch nicht die Arbeit) Freizügigkeit genießen. Eine Weltordnungspolitik liegt hinter dieser kommerziellen Realität weit zurück. Die öffentliche Politik im Bereich von Auslandsinvestitionen und internationaler Wettbewerbspolitik ist vorwiegend noch immer national bestimmt, wenn auch die Europäische Union regionale Mechanismen ent-

Unternehmensinterner Handel und Welthandel

Bei der herkömmlichen Erfassung des internationalen Handels wird die Existenz multinationaler Unternehmen übersehen. So werden in den Handelsstatistiken die Auslandsumsätze einheimischer Firmen, die im Ausland Investitionen tätigen, nicht erfaßt. Kalkuliert man diese Zahlen neu aufgrund der Besitzverhältnisse, so ergibt sich, wie die folgende Tabelle für das Jahr 1991 zeigt, ein radikal anderes Bild.

Welthandel 1991
(in Milliarden US-Dollar)

Umsatz	Konventionelle Methode	Variante A	Variante B
US-Verkäufe an das Ausland	581	632	498
Verkäufe des Auslandes an die USA	609	608	334
Nettobilanz	-28	+24	+164

Bei den beiden Varianten handelt es sich um unterschiedliche Methoden der Bilanzermittelung.

Quellen: Variante A aus S. Landefeld, O. Whitchard and J. Lowe, "Survey of Current Business", Dezember 1993; Variante B aus J. Duncan an A. Gross, Statistics for the 21st Century, New York, Dun and Broadstreet Corporation, 1993.

Die Schlußfolgerung lautet nicht, daß die Varianten für die USA besser sind, sondern, daß Politiker in allen Ländern vorsichtig sein sollten, wenn sie aufgrund anscheinender Überschüsse und Defizite voreilige Schlußfolgerungen ziehen (und auf Vergeltungssanktionen im Handel sinnen).

wickelt hat und die UN und die OECD versuchsweise Verhaltenskodizes eingeführt haben.

In Handelsfragen ist das GATT das wichtigste Instrument einer Weltordnungspolitik. Das Mandat dieser Institution ist weitgehend auf den Handel mit einer begrenzten Zahl von Produktionsgütern beschränkt, und die Staaten haben bisher versucht, das GATT als Instrument im wesentlichen zur Öffnung internationaler Märkte im Interesse nationaler Exporte zu nutzen.

Jedoch haben neue Strukturen in der internationalen Geschäftswelt zu einer Reihe von Wirtschaftsbeziehungen geführt, die sich von den traditionellen Handelsstrukturen radikal unterscheiden. Ein erheblicher Prozentsatz des Handels findet heute zwischen Töchtern der gleichen Unternehmen statt. 1990 übertraf die Auslandsproduktion der Unternehmen (4,4 Billionen $) den Umfang des Welthandels im Sinne der konventionellen Definition (3,8 Billionen $). Eine praktische Konsequenz besteht darin, daß ein Land mit "Handelsdefizit" bei Berücksichtigung der Auslandstätigkeiten von Unternehmen durchaus einen "Handelsüberschuß" haben kann. So verkaufen die Auslandstöchter US-amerikanischer Unternehmen doppelt soviel, wie die Vereinigten Staaten exportieren.

In einer Welt mit durch Investitionen und Handel wachsender Interdependenz werden die Wettbewerbsfähigkeit von Unternehmen und deren Zugang zu Auslandsmärkten von vielen Faktoren bestimmt, darunter auch, aber nicht vorwiegend (mit Ausnahme weniger Bereiche wie der Landwirtschaft und der Textilindustrie), durch Zölle und Kontingente. Eine weite Spannbreite dessen, was früher als rein nationale Angelegenheiten betrachtet wurde, beeinflußt heute die Wettbewerbsfähigkeit: nationale technische Normen und Produktstandards, unterschiedliche Ansätze in der Sozial- und Arbeitsmarktpolitik, Wettbewerbspolitik, Umweltschutz, Investitionsanreize, Unternehmensbesteuerung, unterschiedliche Traditionen im Firmenrecht und beim Schutz des geistigen Eigentums, Unternehmenslenkung, staatliche Intervention und kulturelles Verhalten.

Handel und die Welthandelsorganisation

Die Regierungen sehen sich heute mit der Frage konfrontiert, wie sie einen Regelungs- und Ordnungsrahmen für den globalen Wettbewerb im weitesten Sinne schaffen können. Das GATT hat sich zum wichtigsten Forum zur Behandlung derartiger Fragen entwickkelt, obwohl das wirtschaftliche Umfeld des GATT (und seiner Nachfolgerin, der Welthandelsorganisation) sich seit seiner Gründung stark verändert hat.

Auswirkungen auf den Handel durch Zollsenkungen der Uruguay-Runde

geschätzte prozentuale Zunahme der
Einfuhren aus Entwicklungsländern

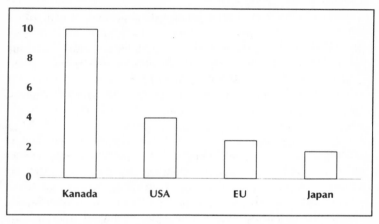

Als Instrument der Ordnungspolitik hat das GATT erhebliche Stärken aber auch Schwächen. Zu seinen Stärken gehört, daß unter seiner Ägide eine Rekordzahl multilateraler Verhandlungsrunden stattfand, bei denen eine weitgehende Liberalisierung des Welthandels erreicht wurde und die über fünf Jahrzehnte eine Expansion des Welthandels ermöglicht haben. Die letzte dieser Verhandlungsrunden, die Uruguay-Runde, bedarf noch der Umsetzung und ist zu neu, als daß man sie schon bewerten könnte. Zumindest hat sie jedoch einige potentiell kräftezehrende Handelskonflikte verhindert und Bereiche wie die Landwirtschaft und den Dienstleistungssektor für eine schrittweise Liberalisierung geöffnet.

Das GATT bietet überdies ein auf Regeln basierendes System zur Streitschlichtung und zur Regelung des Verhaltens im Handel, einschließlich der Ermöglichung größerer Transparenz handelspolitischer Maßnahmen. Durch das Prinzip der Nichtdiskriminierung hat das GATT versucht, schwächere Parteien bei Verhandlungen vor der Einschüchterung durch stärkere zu schützen. Alle Mitglieder sind theoretisch gleichberechtigt (anders als bei den Bretton Woods Institutionen), obwohl in der Vergangenheit die wirtschaftlichen Großmächte die Regeln aufstellten und die Verhandlungen dominierten.

Zu den Schwächen des GATT gehört sein begrenztes Mandat: Das GATT hat sich nie mit den Problemen des Rohstoffhandels, einschließlich des Handels mit Energieprodukten, befaßt. Bis zur Uruguay-Runde wurden auch massiv wettbewerbsverzerrende und stark protektionistische Regelungen für den Agrarhandel niemals erörtert. Ebensowenig wurde der Handel mit Dienstleistungen einbezogen, obwohl dieser wertmäßig 20 Prozent des Welthandels ausmacht. Selbst im produzierenden Gewerbe wird der Handel in einigen wichtigen Bereichen wie der Textilwirtschaft, der Stahlindustrie und dem Flugzeugbau auf eine Art und Weise gelenkt, die dem Geist und oft auch den Grundsätzen des GATT hohnspricht. Der Mitgliederkreis war wegen des Fehlens der Staatshandelsländer unvollständig. Der Prozeß, der das GATT (die Welthandelsorganisation) zu einem wirklich globalen Gremium machen soll, muß durch die baldige Aufnahme von Rußland, Vietnam, China und anderen Ländern, deren Handelspolitik sich offener gestaltet, zum Abschluß gebracht werden.

Eine weitere Beschränkung liegt in der Schwerfälligkeit, der Langwierigkeit und dem Konfrontationscharakter der Verhandlungsprozesse. Eines der grundlegenden Probleme besteht darin, daß die Verhandlungen auf Gegenseitigkeit beruhen, mit der stillschweigenden Prämisse, daß in der Gewährung eines besseren Marktzuganges ein "Zugeständnis" liegt, dem andere folgen müssen. Dies widerspricht dem von einer wachsenden Anzahl von Staaten akzeptierten Gedanken, daß die Liberalisierung des Handels tatsächlich dem nützt, der sie ermöglicht. Statt dessen hat diese Auffassung zu einer Geisteshaltung geführt, die dem Protektionismus und Handelskonflikten Vorschub leistet und nur schlecht zu vielen der neuen Verfahrensfragen paßt. Die Uruguay-Runde dauerte ein Jahrzehnt und wäre fast in einer verheerenden Katastrophe geendet.

Selbst nach dem erfolgreichen Abschluß von GATT-Verhandlungen fühlten sich viele Entwicklungsländer in dem Verhandlungsprozeß an den Rand gedrängt, da dieser noch immer von den Vereinigten Staaten, der Europäischen Union und Japan (sowie, wenn auch nicht unstrittig, von Kanada) dominiert wird, was insbesondere für die entscheidende Abschlußphase gilt. Diese unerfreuliche Situation rührt teilweise daher, daß die Entwicklungsländer bei den Regionalverhandlungen als "Trittbrettfahrer" angesehen werden, weil sie sich um Sonderbehandlung und Differentialzölle bemühen.

In den letzten Jahren haben jedoch viele von ihnen ihren Handel und ihre Regelungen für ausländische Investitionen radikal liberalisiert und standen unter dem Druck der Industrieländer, auch bei Dienstleistungen und des Schutzes des geistigen Eigentums Zugeständnisse zu machen, (obwohl beim letztgenannten Punkt fraglich ist, ob er für die Handelsliberalisierung unbedingt relevant ist). Im Gegenzug haben sie nur begrenzte und widerwillig eingeräumte Verbesserungen beim Marktzugang in sensiblen Sektoren erhalten. Sie stehen vor Handelsbarrieren, deren Kosten auf das Doppelte der gesamten Entwicklungshilfe geschätzt werden. Ob sie nun Gegenseitigkeit anbieten oder nicht, entdecken die meisten Entwicklungsländer, daß der gegenwärtige multilaterale Verhandlungsprozeß sehr ungleich ausgestaltet ist.

Trotz dieser Mängel gestatten multilaterale Verhandlungsprozesse zumindest den schwächeren Mitgliedern der internationalen Gemeinschaft, sich in einem auf Regeln fußenden System zu bewegen, statt allein der rohen Gewalt ausgesetzt zu sein. Doch selbst dieser Vorteil ist durch ein Wiedererstarken des Unilateralismus im Handel gefährdet. Unmittelbar nach Abschluß der Uruguay-Runde drohten die Vereinigten Staaten Handelspartnern mit der Anwendung des Artikels 301, einer ausgesprochen Strafbestimmung des amerikanischen Handelsrechts, aufgrund derer bei Nichterfüllung unilateraler Forderungen der USA Sanktionen verhängt werden können. Obwohl dies bisher lediglich eine Drohung geblieben ist, bedeutet allein schon dieses Konzept eine Verneinung des gesamten Geistes des Multilateralismus.

Von der Internationalen Handelsorganisation zur Welthandelsorganisation - die Evolution einer IDEE

Die Welthandelsorganisation hat eine lange Entstehungsgeschichte. Eine Internationale Handelsorganisation wurde erstmals während des Ersten Weltkrieges im US-amerikanischen Repräsentantenhaus von Cordell Hall vorgeschlagen. Der Gedanke wurde dann auf der Weltwirtschaftskonferenz 1927 und auf der 7. Internationalen Konferenz Amerikanischer Staaten 1933 in Montevideo vorgetragen.

1941 schlugen Präsident Roosevelt und Premierminister Churchill in der Atlantischen Charta eine neue Initiative vor, die den Zugang "aller Staaten, groß oder klein, Sieger oder Besiegter ... zum Handel und den für ihren Wohlstand zu erforderlichen Rohstoffen der Welt" fördern würde. Sodann wurde auf der ersten Sitzung des Wirtschafts- und Sozialrates 1946 eine Konferenz über Handel und Beschäftigung gefordert, und der dazu eingesetzte vorbereitende Ausschuß erkannte die vorgeschlagene Charta für eine Internationale Handelsorganisation an.

Die Konferenz von Havanna wurde 1948 mit einer Vereinbarung zwischen 53 Ländern abgeschlossen. Die Havanna-Charta faßte das im Oktober 1947 unterzeichnete Allgemeine Zoll- und Handelsabkommen (durch das weitgehend Handelshemmnisse und Diskriminierung abgebaut wurden, das sich jedoch auch mit Beschäftigung, Entwicklung, Begrenzungshemmnissen und Rohstoffabkommen befaßte) und begründete eine Internationale Handelsorganisation. Doch diese Charta scheiterte, weil die USA sie nicht ratifizierten.

Beim Abschluß der Uruguay-Runde des GATT im Jahre 1993 und im April 1994 in Marrakesch einigte sich die Völkergemeinschaft schließlich auf die Gründung einer Welthandelsorganisation, die am 1. Januar 1995 in Kraft treten sollte, um die Ergebnisse der Uruguay-Runde umzusetzen, um ein Verhandlungsforum zu bieten, um die neuen Mechanismen zur Streitschlichtung und zur Überprüfung der Handelspolitik zu organisieren sowie um gemeinsam mit dem IWF und der Weltbank die Erreichung größerer Kohärenz bei der Gestaltung der Weltwirtschaftspolitik zu koordinieren.

Ein entscheidende Probe für das Handelsregime nach der Uruguay-Runde wird darin liegen, ob das System den Glauben an den Multilateralismus und die Vorherrschaft des Rechts wiederherzustellen vermag. Insbesondere, ob die Welthandelsorganisation sich die notwendige Autorität verschaffen kann, um Protektionismus und Dominanzverhalten auszuschalten und sicherzustellen, daß sowohl die Starken als auch die Schwachen sich an die Regeln halten.

Auf dem Wege zu einer gestärkten multilateralen Handelsordnung

Wir begrüßen die Aussicht auf eine baldige Umsetzung des Abkommens aus der Uruguay-Runde und wir fordern nachdrücklich entsprechende Gesetze in den einzelnen Ländern. Von besonderer Bedeutung ist die Gründung der Welthandelsorganisation, die als stärkere und kontinuierlicher arbeitende Nachfolgerin des GATT ein Forum zur fairen Streitschlichtung, zur weiteren Liberalisierung und zur Eindämmung protektionistischer und diskriminierender Maßnahmen bieten könnte. Sie kann ein entscheidender Baustein der Weltwirtschaftsordnung sein. Dabei würde es im Laufe der Entwicklung der Verfahrensregeln der Organisation noch breiten Raum für Verbesserungen geben.

Der Schwung der Uruguay-Runde muß erhalten bleiben, und insbesondere die Industrieländer sollten die Wichtigkeit eines zügigen Abbaus von Einfuhrbeschränkungen gegenüber Exportprodukten aus Entwicklungsländern und ehemals kommunistischen Ländern anerkennen. Die Verpflichtungen zur Verringerung des Protektionismus bei Textilien und Agrarprodukten sind besonders wichtig, obwohl ihr Umfang begrenzt ist und sie nicht als dringlich klassifiziert sind. Trotz allem gibt es einige Entwicklungsländer, die nach dem GATT-Abkommen kurzfristig auf der Verliererseite stehen. Hierzu gehören insbesondere afrikanische Länder, die unter den höheren Weltmarktpreisen für Nahrungsmittel leiden. Zur Milderung dieser Auswirkungen sollten Maßnahmen und ein Finanzausgleich erfolgen.

Die neuen Befugnisse des GATT aufgrund der Vereinbarungen der Uruguay-Runde sehen größere Transparenz und eine engere Bindung an multilaterale Regeln vor, bedürfen jedoch der Unterstützung durch eine stärkere Ordnungspolitik auf nationaler und regionaler Ebene. Wir empfehlen, daß die Regierungen Entscheidungsstrukturen übernehmen, wie man sie in Australien und Kanada hat, wo eine vollständige öffentliche Untersuchung der Vorteile und Kosten von Handelsbeschränkungen für die gesamte Gemeinschaft vorgeschrieben ist.

Das Grundziel der Welthandelsorganisation besteht in der Schaffung eines umfassenden Rahmens zur Regelung des Handels im weitesten Sinne, einschließlich - wie im Vertrag festgelegt - des Zieles der nachhaltigen Entwicklung. Es wird unvermeidlich Spannungen geben, wenn für Länder mit weitgehend unterschiedlichem Entwicklungsstand und verschiedenen Regierungssystemen gemeinsame Regeln eingeführt werden. Langfristig dürfe es jedoch keinen Konflikt zwischen Freihandel und dem Wunsch nach nachhaltiger Entwicklung und verbessertem Sozialstandard geben, da die Länder im Laufe ihrer Entwicklung natürlich höhere Standards anstreben werden.

In einigen Industrieländern herrscht eine beunruhigende Tendenz, Drohungen gegen das sogenannte "Sozial- oder Umweltdumping" durch Entwicklungsländer auszusprechen, während es den Anklägern weniger um Menschenwürde oder die Sicherheit des Planeten geht als um den Schutz eigener nicht konkurrenzfähiger Industrien. Die gegen Länder mit niedrigen Sozial- oder Umweltstandards erhobenen Beschuldigungen wegen unfairer Handelspraktiken gründen nur allzu oft auf Unkenntnis der Realität der Armut in Entwicklungsländern oder auf direktem Eigeninteresse. Handelsgespräche sollten nicht dazu benutzt werden, die Standards der Industrieländer ihren Handelspartnern aufzuzwingen.

Es herrscht jedoch als Teil des Entwicklungsprozesses überall ein gemeinsames und legitimes Interesse an einer Anhebung der Standards, einschließlich der sozialen und umweltbezogenen, und wir fordern nachdrücklich dazu auf, die notwendige Arbeit, die sich weitergehender Unterstützung erfreut, nicht durch die Drohung mit Handelsrestriktionen zu gefährden. Damit Wirtschaftswachstum zu einer Anhebung des Lebensstandards der Armen und nachhaltiger Entwicklung führt, muß der Handel offen sein und auf stabilen, multilateral vereinbarten Regeln fußen.

Darüber hinaus erkennen wir an, daß auf einigen Gebieten eine Überlappung zwischen den Aufgaben der Welthandelsorganisation und denjenigen anderer Institutionen vorliegt und daß hier geeignete Ausgleichsmechanismen geschaffen werden müssen. Es gibt beispielsweise normative Systeme für den sozialen Sektor und die Umwelt, zum Ausdruck gebracht in ILO-Konventionen, den neuen Vereinbarungen beim Erdgipfel und anderen Dokumenten.

Um Konflikte zwischen verschiedenen Ländern wegen des Aufeinandertreffens von Handelsinteressen und anderen Belangen zu vermeiden, bedarf es eines verstärkten Dialogs und besserer Methoden der Konfliktlösung. Die Welthandelsorganisation und der von uns vorgeschlagene Rat für Wirtschaftliche Sicherheit währen dazu geeignete Foren. Ein Beispiel für derartige zu lösende Probleme sind die Konsequenzen einiger neuer internationaler Umweltvereinbarungen, die auch Bestimmungen über Handelsrestriktionen enthalten, um den Handel mit Giftstoffen oder Substanzen wie FCKW, die die globale Umwelt gefährden, zu unterbinden oder um die Ausrottung bestimmter Arten zu verhindern. Künftig wird es notwendig sein, wegen der Probleme der globalen Erwärmung weit radikalere handelspolitische Maßnahmen wie eine CO2-Besteuerung und handelbare Emissionszertifikate einzuführen. Eine der ersten Prioritäten der Welthandelsorganisation wird darin bestehen, Maßnahmen zum Schutz der globalen Umwelt zu ermöglichen, die mit den Prinzipien der Nichtdiskriminierung und Transparenz vereinbar sind und nicht als Deckmantel des Protektionismus dienen.

In anderen Zusammenhängen werden Forderungen nach Handelsrestriktionen zur Durchsetzung allgemein anerkannter Menschenrechte und Beschäftigungsstandards erhoben. Handelssanktionen aufgrund bestimmter Menschenrechtsverletzungen wie im Falle Südafrikas fanden in der Vergangenheit in der internationalen Gemeinschaft eine außerordentliche Unterstützung. Einige Fälle - wie Sklaven- und Gefangenenarbeit für die Exportproduktion - sind seit langem als Ausnahmen von den GATT-Regelungen anerkannt, obwohl das GATT niemals Regeln zur Durchsetzung moralischer Werte gegenüber Handelsregeln angestrebt hat.

Regionalismus

Der Handel innerhalb von Regionen, wobei dieser Begriff nur ungenau definiert ist, macht die Hälfte des gesamten Welthandels aus, innerhalb der EU allein ein Drittel. Der Wunsch nach Integration zeigt sich in den zahlreichen Versuchen zur Schaffung von Regionalorganisationen in Afrika, Lateinamerika und dem Nahen Osten, wenn auch nur wenige dieser Bestrebungen in funktionsfähige Organisationen übergingen.

Dennoch wurde der Regionalismus aus verschiedenen Gründen gefördert, von denen einige länger Bestand haben als andere: engere politische Integration zur Überwindung früherer Feindseligkeit; gemeinsame Sicherheitsbelange; die Vorteile einer beschleunigten Handelsliberalisierung durch effizientere Ressourcenverteilung, „economies of scale"; „dynamische" Effekte des Wettbewerbs; gemeinsam genutzte Infrastruktur und Aufteilung institutioneller Kosten; eine stärkere Position bei Handelsgesprächen und anderen internationalen Verhandlungen.

Zur Vereinbarkeit von Regionalismus und globaler Integration gibt es zwei gegenläufige Ansichten. Die eine lautet, der Regionalismus führe zu neuen oder stärkeren Handelshemmnissen sowie einer Vernachlässigung multilateraler Prozesse und bewirke, da er in sich diskriminierend sei (Mitglieder werden gegenüber Nichtmitgliedern bevorzugt) eine Schwächung der globalen Regeln zur Nichtdiskriminierung. Die andere Ansicht (auch als Subsidiaritätsprinzip bekannt) besagt, bestimmte Aktivitäten würden am besten auf regionaler statt auf globaler oder nationaler Ebene ausgeführt. Weiterhin ermögliche der Regionalismus Fortschritte bei der Liberalisierung und in der Zusammenarbeit, die ihrerseits zum Baustein globaler Initiativen werden könnten.

Es gibt in der Praxis nur wenige Beispiele für ein Untergraben des Multilateralismus. Die Uruguay-Runde kam zum Abschluß, während gleichzeitig Fortschritte bei der regionalen Integration in EU und NAFTA gemacht wurden. Auch gibt es, insbesondere in der EU, Beispiele dafür, daß regionale Integration als Schrittmacher für globale Liberalisierungsvereinbarungen wirkt (z.B. bei Dienstleistungen).

Wir teilen die Besorgnis über schwerwiegende Verletzungen zentraler ILO-Konventionen, insbesondere derjenigen über Koalitions- und Verhandlungsfreiheit und über das Verbot von Zwangs- und Kinderarbeit. Es wäre jedoch unangebracht und potentiell schädlich, der Welthandelsorganisation die Aufgabe der Durchsetzung arbeitsrechtlicher Normen zu übertragen. Angebrachter wäre es, die ILO und ihre Streitschlichtungsverfahren zu stärken. Handelspolitische Maßnahmen sollten nur in wirklich extremen und im vornherein festgelegten Fällen Teil der Problemlösung sein.

Eine Handelsliberalisierung ist im regionalen Rahmen am schnellsten möglich. In vielerlei Hinsicht haben Gruppierungen wie die EU Schrittmacherdienste geleistet. Da die EU kürzlich das Prinzip der gegenseitigen Anerkennung von Normen übernommen hat, könnte darin eine sichere Grundlage für eine vertiefte Integration liegen, bei der die für einen integrierten Markt gegebene Notwendigkeit gemeinsamer Mindestnormen mit dem Wunsch der einzelnen Länder, in vielen Bereichen eigene Normen und Regeln zu setzen, vereinbar ist. Doch es besteht noch immer die Gefahr der Entstehung gegeneinander abgeschotteter, protektionistischer Blöcke. Restriktive regionale Regelungen über Ursprungsnachweise und der weitreichende Einsatz von Antidumping-Maßnahmen sind Warnsignale. Die Welthandelsorganisation sollte klarere Richtlinien zur Definition und Förderung eines offenen Regionalismus entwickeln.

Die Welthandelsorganisation und fortgeschrittene regionale Gruppen wie die EU werden zusehends mit der Frage befaßt sein, die auf Jahre hinaus die Tagesordnung der Weltwirtschaft beherrschen wird: Wie lassen sich Regelungen für eine vertiefte Integration schaffen, die weit über das traditionelle Konzept des "Handels" hinausgeht?

Regeln für Auslandsinvestitionen Die Anzahl der transnationalen Unternehmen wird heute weltweit auf 37000 geschätzt. Diese Unternehmen kontrollieren ein Drittel des Gesamtkapitals des privaten Sektors und haben mit 5,5 Billionen Dollar einen Umsatz in der Größenordnung des BSP der USA.

Die Auslandsinvestitionen wachsen weit schneller als der Handel. Die meisten Länder sind dabei, sich in beiderlei Hinsicht zu liberalisieren, und haben ihre frühere Abneigung gegen Investitionen aus dem Ausland aufgegeben, da sie in diesen nunmehr eine potentielle Quelle für knappes Kapital sowie Managementwissen und Technologie sehen. Private Investoren reagieren allmählich auf das verbesserte Investitionsklima: dabei galt das größte Interesse bisher Asien, insbesondere China, gefolgt von Lateinamerika und Osteuropa, während in Afrika nur sehr wenig investiert wurde. Ausländische Direktinvestitionen und Portfolioinvestitionen füllen heute in den meisten Entwicklungsländern die durch das Ausbleiben von Bankkrediten nach der Schuldenkrise entstandene Lücke in der privaten Kapitalversorgung.

Wenn die Zuflüsse privaten Eigenkapitals wachsen sowie langfristig und dauerhaft erfolgen sollen, bedarf es eines Gleichgewichtes zwischen den Rechten und Pflichten der Gastländer und der Investoren. Den Investoren liegt an einer nicht diskriminierenden Behandlung, so daß sie gleichberechtigt mit einheimischen Investoren konkurrieren können. Die Gastländer dürfen ihrerseits ein verantwortungsbewußtes Verhalten der Investoren erwarten. Sofern es jedoch keine Mechanismen zur Durchsetzung von Wettbewerb gibt, besteht allerdings die Gefahr, daß einige Privatunternehmen wettbewerbsfeindliche, restriktive Praktiken zur Einschränkung des Handels und zur Erzielung von Monopolprofiten verfolgen. In einigen Branchen entstehen strategische Bündnisse, die als Deckmantel für monopolistische Praktiken dienen können. Die Verbraucher in allen Ländern wie auch kleine oder arme Staaten mit schwacher Verhandlungsposition sind stets die Opfer eines monopolistischen Kapitalismus und profitieren am meisten von einem starken multilateralen System der Wettbewerbssicherung auf internationaler als auch nationaler Ebene.

Der UN-Kodex gegen Restriktive Praktiken ist ein nützlicher, wenn auch begrenzter Schritt. Die Welthandelsorganisation sollte scharfe Regelungen zur Wettbewerbssicherung einführen, und wir schlagen vor, ein mit dieser Organisation verbundenes Amt für Globalen Wettbewerb zu schaffen, das die nationalen Maßnahmen überwachen und Widersprüche zwischen diesen lösen soll.

Die Globalisierung des Geschäftslebens erfordert auch über die Wettbewerbssicherung hinausgehende Verhaltensregeln. Formen des Mißbrauchs wie z.B. Korruption sind weit verbreitet. Obwohl einige Firmen hohe ethische Richtlinien haben, verstecken andere ihr Fehlverhalten hinter dem Geschäftsgeheimnis. Korruption ist in vielen Gesellschaften eine weitverbreitete Zersetzungserscheinung. Häufig ist sie ein Resultat von Überregulierung, doch selbst wenn offensichtliche Verführungen beseitigt sind, bedarf jede Gesellschaft beständiger Wachsamkeit. Ein starkes Abschreckungsmittel gegen Unternehmenskorruption liegt in der öffentlicher Bloßstellung und Veröffentlichung. Aus diesem Grunde unterstützen wir Transparency International und andere NGOs, die sich die Bekämpfung der Korruption im internationalen Geschäftsverkehr durch Öffentlichkeitsarbeit und Überwachung auf die Fahnen geschrieben haben.

Die Ordnungspolitik würde durch multilaterale Vereinbarungen über Mindeststandards für das Unternehmensverhalten erleichtert. Es liegt in niemandes Interesse, daß Sicherheitsstandards auf ein Niveau herabsinken, die Katastrophen wie die von Bhopal ermöglichen. Es gibt Bereiche, in denen internationale Institutionen die Standards festlegen. Die vereinbarte Zertifizierung von Normen für den Pestizideinsatz ist hierfür ein gutes praktisches Beispiel.

Frühere Verhandlungen über einen allgemeinen Verhaltenskodex der UN scheiterten in Zeiten stärkerer Konfrontation. Doch heute gibt es weitgehend übereinstimmende Ansichten und ein gemeinsames Interesse an der Schaffung eines Systems, das die Geschäftstätigkeit fördert und dem Mißbrauch einen Riegel vorschiebt. (So bemühen sich heute z. B. die Vereinigten Staaten um einen internationalen Verhaltenskodex zur Eindämmung der Korruption.) Die Welthandelsorganisation und die UN sollten gemeinsam einen strikten Verhaltenskodex für internationale Investitionen aushandeln und sich dabei den großen Erfolg zunutze machen, den die OECD bei der Schaffung eines freiwilligen Kodex unter ihren Mitgliedstaaten hatte. Es bestehen zahlreiche Möglichkeiten für eine sogar noch weitergehende zwischenstaatliche Zusammenarbeit z.B. bei der Überwachung illegaler Auslandskonten und der Verhinderung von Betrugsdelikten. Neben den Regierungen spielt auch - wie das Beispiel von Transparency International zeigt - der nicht-staatliche Sektor eine Rolle.

Außerdem finden wir den Vorschlag attraktiv, daß eine internationale Organisation - wahrscheinlich die Welthandelsorganisation, wenn sie dazu in der Lage ist - Regeln für Auslandsinvestitionen aushandelt und gegen eine geringe Gebühr transnationale Unternehmen, die die Verhaltensprinzipien nach dem soeben erläuterten Kodex akzeptieren, akkreditiert. Ein solches Projekt wäre für Firmen, die sich um internationales Ansehen bemühen, ein Anreiz und wäre für die Aussonderung einiger zwielichtiger Akteure hilfreich. Verantwortungsbewußte transnationale Unternehmen - und diese sind deutlich in der Mehrheit - müßten ein ausführliches globales Abkommen, durch das ihr Eigentum und gewisse andere Rechte geschützt werden, begrüßen.

Regeln für die globale Kommunikation und Netzwerke Eine neue Frage von großer Bedeutung bilden die Regelungen, die im Rahmen der Weltordnungspolitik für die schnell expandierenden, zusehends komplexeren und einander überlappenden Bereiche der Telekommunikation und der Multimedia-Technologie gelten sollen.

Die für die künftige Gestaltung von Arbeit, Geschäftsleben, Einkaufen, Lernen, Reisen, Erholung und persönlichen Beziehungen bestimmenden Kommunikationstechnologien entwickeln sich mit großer Schnelligkeit. Sie werden von Zusammenschlüssen von Firmen aus früher eindeutig verschiedenen Branchen entwickelt und angewandt - der Telekommunikation, dem Fernsehen, der Unterhaltungsindustrie, der Datenverarbeitung, der Luft- und Raumfahrt und sogar der Eisenbahnen und der Elektrizitätswirtschaft, wobei sich diese Branchen immer stärker miteinander vermischen.

Wesentliche technologische Optionen stehen offen: Glasfaserkabel gegenüber drahtloser Nachrichtenübertragung,; digitale gegenüber analogen Systemen; Kommunikationssatelliten auf niedriger oder hoher Umlaufbahn. Neue Möglichkeiten entstehen in Gestalt multimedialer Kommunikation (wie z.B. das Bildtelefon) und interaktiver Netzwerke (dabei empfängt ein Fernsehgerät nicht mehr nur, sondern ermöglicht auch eine aktive Publikumsbeteiligung).

Die künftigen Kommunikationssysteme sind heute bereits in Umrissen zu erkennen, doch ihre genaue Ausgestaltung wird in erheblichem Maße vom Wettbewerb auf dem Markt und von ordnungspolitischen Strukturen auf globaler und nationaler Ebene abhängen. Die Situation ähnelt - wenn auch heute alles weit schneller abläuft - dem Kommunikationswettbewerb im 19. Jahrhundert, als Eisenbahnen, Kanäle, Straßen, Telefonleitungen und Schiffahrt unterschiedlich schnell auf die neuen technologischen Möglichkeiten und die Anforderungen des neuen Industriezeitalters reagierten.

Als Reaktion auf diese neuen Möglichkeiten schmieden die führenden Telekommunikationsunternehmen zügig branchenübergreifende und grenzüberschreitende Allianzen oder bemühen sich um Einsparungen durch Produktionserweiterungen, was zu den größten Unternehmensfusionen und Übernahmen der Geschichte führt.

Der Prozeß des technologischen Wandels und die kommerziellen Reaktionen werden in starkem Maße durch staatliche Privatisierungs-, Regulierungs- und Deregulierungspolitik beeinflußt. Die Regulierung erfolgt bisher überwiegend auf nationaler Ebene. Dies gilt auch für die ehrgeizigen Versuche der Schaffung von "Datenautobahnen" in den wichtigsten Industrieländern. Die meisten Länder haben ihre Systeme auf der Grundlage nationaler Fernmelde- und Rundfunkmonopole entwickelt. Dies hat jedoch enorme globale Konsequenzen.

Die Internationale Fernmeldeunion spielt bei der Harmonisierung von Normen und bei der technischen Unterstützung von Entwicklungsländern eine angesehene, jedoch nicht sehr gewichtige Rolle. Allerdings basiert ihre Arbeitsweise auf der Zusammenarbeit zwischen nationalen Monopolen: einer Welt, die im Begriff ist zu verschwinden. Das mit der Wettbewerbsregelung befaßte GATT spielt in diesem Sektor bisher nur eine minimale Rolle. Insgesamt gesehen ist die Weltordnungspolitik in diesem Bereich stark unterentwickelt und könnte schon bald vom Tempo des technischen Wandels und der kommerziellen Entwicklung überrollt werden.

Selbst auf regionaler Ebene bleiben die Integrationsbemühungen der EU auf diesem Sektor weit hinter denen in anderen Bereichen zurück, was teilweise an der Tradition der einzelstaatlichen Monopole liegt. Höchste Priorität sollte die Frage genießen, wie sich ein geeignetes globales Ordnungssystem zur Überwachung der "globalen Informationsgesellschaft" durch gemeinsame Regulierungsansätze entwickeln läßt.

Im Augenblick genügt es, einige der Probleme zu skizzieren, die in einem solchen System behandelt werden müßten. Da ist einmal der Wettbewerb. Zur Zeit besteht die wichtigste Aufgabe der Regierungen, die geschützten staatlichen Monopole für den Wettbewerb zu öffnen. Längerfristig gesehen werden jedoch die großen weltweiten Unternehmen und Allianzen, die eine monopolistische Kontrolle über die Informationsflüsse ausüben könnten, das Hauptproblem darstellen. Dieses Thema ist im Bereich der Medien, wo heute eine Handvoll Unternehmen die Kanäle für das Satellitenfernsehen beherrscht, besonders heikel. Es ist von entscheidender Bedeutung, daß die Welthandelsorganisation anerkannte Regeln schafft, die den Marktzugang im Rahmen einer stärker liberalisierten Telekommunikationsordnung gewährleisten und den Wettbewerb sichern.

Ein zweites Anliegen ist die Zuweisung bestimmter weltweit knapper Ressourcen wie Rundfunkfrequenzen und Satellitenkanäle (obwohl die technologische Entwicklung hier einiges erleichtern wird). Die multilaterale Zusammenarbeit ist der Schlüssel zu einer effektiven und gerechten Regelungsstruktur, die auch Länder mit heute noch unterentwickelter Technologie berücksichtigt. Eine Möglichkeit, diese Ziele miteinander zu vereinbaren, bestünde in der Versteigerung von Lizenzen für knappe Ressourcen, wobei arme Länder Präferenzzuteilungen erhielten, die sie verkaufen oder verpachten könnten, wenn sie diese nicht selbst nutzen.

Durch neue technologische Optionen werden einige Zugangsprobleme beseitigt. Hierbei handelt es sich allerdings um die leichteren Probleme des Zugangs. Die Armen haben keinen Zugang zu Datenautobahnen, da ihnen dazu sowohl die Geräte - Personalcomputer, Telefone und Modems - als auch die zu deren Bedienung erforderlichen Kenntnisse und Fertigkeiten fehlen. Größere Entwicklungsländer wie China und Indien bewegen sich mit großen Schritten in das neue Zeitalter, indem sie sich einer Kombination aus einheimischer Technologie und ausländischen Investoren als Netzwerkbetreiber bedienen. Doch viele Länder werden starker Hilfe bedürfen, um diesen Prozeß zu bewältigen, ohne ausgebeutet oder an den Rand gedrängt zu werden. Wichtig ist auch, daß sie eine aktive Rolle bei der Festlegung von Normen spielen können, die sich auf künftige Generationen, wenn nicht sogar die heutige, auswirken werden.

Eine dritte Frage bezieht sich auf den Handel mit weniger willkommeneren Gütern. Schon heute ist beispielsweise der Informationsstrom im Internet mit Computerpornographie verseucht. Inwieweit Regierungen diese neuen Kanäle blockieren können, selbst wenn sie es wollten, ist fraglich. Doch besteht dringender Bedarf an einer Übereinkunft, was in diesem Bereich international geregelt werden kann und sollte.

Rohstoffe Für viele Länder ist die Debatte über Handelsliberalisierung und Markzugang ein wenig akademisch, da ihre Exporte zum überwältigenden Teil aus Rohstoffen bestehen. Im allgemeinen ist die Ausfuhr von Industrieerzeugnissen heute für die Entwicklungsländer mehr wert als der Export von Rohstoffen, einschließlich Öl. Doch darin zeigt sich zum Teil nur das niedrige Niveau der Rohstoffpreise, und für viele kleine einkommensschwache Länder beherrschen Rohstoffe noch immer den Export. Chile, das schon früh zu einer liberalen Wirtschaftsreform übergegangen ist und eine vielschichtige Wirtschaftsstruktur hat, hat in den letzten zwanzig Jahren eine breite Palette nicht-tradioneller Exportgüter entwickelt. Dennoch machte Anfang der 90er Jahre Kupfer noch immer 50 Prozent der chilenischen Ausfuhren aus.

Eine Diversifizierung mittels des Ausbaus des produzierendem Gewerbes ist nicht leicht zu erreichen und auch nicht unbedingt effektiv. Die wenigen nach Afrika fließenden Direktinvestitionen gehen überwiegend in die Erdölindustrie und den Bergbau und in geringerem Umfang in die Plantagenwirtschaft. Dies ist an sich nichts Negatives. Einige Länder (Australien, Kanada und z.T. die

USA) sind durch Rohstoffexporte reich geworden; andere (Malaysia, Botswana und die Golfstaaten) haben sich dank ihrer Rohstoffexporte schnell entwickeln können.

Trotzdem bedingen Rohstoffe besondere Probleme, vor allem instabile Einkünfte. Reiche Länder dürften wenig Interesse an Rohstoffabkommen zur Gewährleistung stabiler Preise haben, obwohl sie nur allzu gern, wenn ihnen dies gerade zupaß kam, Kartelle bei verarbeiteten Rohstoffen wie Aluminium toleriert haben und zur Unterstützung ihrer eigenen Bauern eine Agrarpolitik betreiben, die eine offene Verletzung der Prinzipien darstellt, die sie anderen empfehlen.

Die Argumente für eine Konzentration auf marktfreundliche Einkommensstabilisierung statt einer Regulierung der Rohstoffpreise haben sich im wesentlichen durchgesetzt. Allerdings hat dies sich nicht in einer entsprechenden Förderung der Fazilität zur kompensierenden Finanzierung von Ausfuhrerlösschwankungen (Earnings Stabilization Facility) des IWF niedergeschlagen, so daß diese ein wesentlicher Faktor zur Unterstützung der von unberechenbaren Schwankungen der Rohstoffpreise am meisten betroffenen einkommensschwachen Länder geworden wäre. Würde diese Einrichtung durch Einbeziehung von Zinssubventionen für Länder mit niedrigem Einkommen gestärkt, könnte sie eine Hilfe für diejenigen bedeuten, die ihrer am dringendsten bedürfen, jedoch zur Kreditfinanzierung unter Marktbedingungen am wenigsten in der Lage sind.

In einer Zeit des schnellen technologischen Wandels machen neue Anwendungen für Rohstoffe und die Entwicklung synthetischer Ersatzstoffe die Fahrt auf der Berg-und-Tal-Bahn der internationalen Warenmärkte für die vielen auf diese Märkte angewiesenen spezialisierten Gruppen noch schwieriger. Durch Konzentration und Spezialisierung erfahren Bergbau- und Agrargemeinschaften eine Macht und gleichzeitig eine Inflexibilität, die nicht ohne weiteres mit den Markterfordernissen vereinbar sind. Hierin liegt eine große strategische Aufgabe für die Weltordnungspolitik.

Es wird der gemeinsamen Anstrengungen der größten Unternehmen, von lokalen Schlüsselpersonen, Staaten und internationalen

Organisationen bedürfen, um sicherzustellen, daß dringend benötigte Vorteile aus neuen Werkstoffen oder Energietechnologien der
Welt weder durch ein Wiedererstarken des defensiven Protektionismus verweigert noch durch Verluste der traditionellen Produzenten so unterschiedlicher Güter wie Zucker oder Kautschuk effektiv zunichte gemacht werden.

Der IWF und die Stabilität der Weltwirtschaft

Trotz der durch die Vergabebedingungen des IWF geschürten Emotionen
liegen die heutigen Probleme häufig in der Funktionsweise des globalen
Wirtschaftssystems in seiner Gesamtheit statt beim IWF.

Vor fünfzig Jahren wurden mit der Gründung des Systems von
Bretton Woods Regeln für Wechselkurse und den Zahlungsverkehr
aufgestellt und zwei neue Institutionen - der IWF und die Weltbank - zur Überwachung der wirtschaftlichen Zusammenarbeit
geschaffen. Wir werden uns mit diesen beiden Institutionen getrennt und in unterschiedlichen Zusammenhängen befassen, obwohl sich ihre Aufgaben - vor allem bei der Kreditvergabe zur
Strukturanpassung - stark überschneiden.

Die Entwicklung des Systems

In den letzten zwanzig Jahren vollzog sich eine Globalisierung der
privaten Finanzmärkte, die zum Teil ein Ergebnis des durch die
Nachkriegsordnung erzeugten Vertrauens ist. Die weitgehende
Freizügigkeit finanzieller Transaktionen, deren Einfluß auf die
Devisenmärkte heute weit größer ist als der des Handels, schafft
Möglichkeiten für einen effizienteren Kapitaleinsatz. Dabei werden aber einzelne Länder und die Weltwirtschaft als Ganzes größerer Instabilität ausgesetzt. Gleichzeitig sind größere Länder weniger stark in die zwischenstaatliche Wirtschaftskooperation
eingebunden.

Dieser Integrationsprozeß hat Zweifel an der Rolle des IWF auf-
geworfen, der ursprünglich vor allem zur Erhaltung eines Systems
mit festen, jedoch anpassungsfähigen Wechselkursen gedacht war.
In den Anfangsjahren leistete diese Organisation den Ländern er-

hebliche Hilfe bei der Bewältigung des Anpassungsdrucks, der durch dieses System hervorgerufen wurde. Die Abschaffung der Devisenkontrolle - die Zusammenhang mit praktischen Schwierigkeiten stand - hat dazu geführt, daß wichtige Wechselkurse heutzutage vorwiegend durch Markteinschätzung bestimmt werden, mit Ausnahme derjenigen, die durch eine Verpflichtung zu einer allgemeinen Konvergenzpolitik - und das unter Schwierigkeiten - eingeschränkt sind, wie das bei der im Entstehen begriffenen Europäischen Währungsunion der Fall ist.

Die Finanzmärkte tragen häufig, obwohl nicht zwangsläufig, zur Korrektur größerer Ungleichgewichte bei. Auch hat es Perioden gegeben, in denen bestimmte Währungen real stark über- oder unterbewertet wurden. Dies hatte ernste Nebeneffekte wie z.B. das Anwachsen einer protektionistischen Grundeinstellung in den USA bei hohem Dollarkurs.

Ein damit in Zusammenhang stehendes weiteres Merkmal der heutigen Weltwirtschaft besteht in der praktischen Privatisierung der Liquidität durch die internationalen Kapitalmärkte. Die Reservewährung des IWF, die Sonderziehungsrechte (SZR), machen gegenwärtig nur einen sehr geringen Teil der weltweiten Liquidität aus. Die Verantwortung für ein dem realen Wirtschaftswachstum auf nationaler Ebene entsprechendes Liquiditätsniveau liegt bei den Zentralbanken, die sich heute zusehends (dies gilt gewiß für die USA, Japan, Deutschland und Frankreich) sowohl gegenüber den Regierungen als auch gegenüber einander als unabhängig erweisen. Was an internationalem makroökonomischen Management noch bleibt, sind gelegentliche Gespräche zwischen den G7-Regierungen, bei denen die Beseitigung von Ungleichgewichten angemahnt wird.

Eine weitere Schwäche des gegenwärtigen Systems besteht in der grundlegenden Asymmetrie zwischen Ländern, die eine ausreichende Außenliquidität (oder Zahlungsfähigkeit) nur durch Kreditaufnahme beim IWF erreichen können - da sie den Zugang zu den privaten Kapitalmärkten verloren oder niemals erhalten haben - und den Ländern, die keiner Finanzierung aus dem Fonds bedürfen. Als letztes reiches Land war vor zwanzig Jahren Großbritannien zur Kreditaufnahme beim IWF gezwungen. Länder mit regelmäßigen Haushaltsdefiziten oder Leistungsbilanzdefiziten konnten diese durch Kreditaufnahme auf dem in- oder ausländischen Kapitalmarkt finanzieren. Die USA genossen den einzigartigen Luxus, Auslandskredite in eigener Währung aufzunehmen, deren Rückzahlungsverpflichtungen sie dann durch Abwertung reduzieren konnten. Länder mit Handelsbilanzüberschüssen wie Japan sahen sich nur indirektem Druck zur Wechselkursanpassung ausgesetzt. Am Ende kommt immer der unvermeidliche Druck der Marktkräfte zum Tragen. Doch große Länder konnten die notwendigen Anpassungen oft in sehr gemächlichem Tempo und ohne Rücksicht auf die Auswirkungen ihrer Maßnahmen auf andere vornehmen; ein bemerkenswertes Beispiel sind die von der US-Regierung durch große Anleihen zur Überbrückung der ständigen Haushaltsdefizite hervorgerufenen hohen langfristigen Zinsen auf dem Weltmarkt.

Die Asymmetrie der Behandlung führt zu Instabilität der Weltwirtschaft und unverhältnismäßig hohem Anpassungsdruck auf die schwächsten Volkswirtschaften. Während der IWF ursprünglich die Rolle einer zentraler Institution hatte, besteht seine Aufgabe heute zunehmend darin, sicherzustellen, daß Kreditnehmer in Entwicklungsländern und ehemals kommunistischen Ländern strenge und politisch anspruchsvolle Bedingungen erfüllen, um Kredite für ihre Zahlungsbilanz (und damit das Gütesiegel für andere öffentliche und private Kapitalströme) zu erhalten.

Dennoch wurden in den letzten Jahren bei vielen Programmen des IWF nicht einmal diese Ziele erreicht. Der IWF hat zunehmend die Verantwortung für die Finanzierung der Zahlungsbilanz von einkommensschwachen Ländern, insbesondere in Afrika, übernommen. Diese Länder haben wegen der niedrigen Rohstofferlöse, ihrer Außenverschuldung und gravierender Fehlschläge in der Innenpolitik oft große Probleme mit der politischen Stabilität und zunehmend mit dem wirtschaftlichen Niedergang. Die konventionellen Instrumente der fiskalischen und währungspolitischen Stabilisierung und der Wechselkursanpassung haben in diesen

Ländern, wenn überhaupt, nur langsam gegriffen. Trotz eines längerfristigen Ansatzes der Anpassung und trotz des Angebotes von Krediten zu günstigen Bedingungen im Rahmen der Strukturanpassungsfazilitäten des IWF waren die Ergebnisse oft enttäuschend.

Ein verwandtes Problem liegt in der sehr ungleichen Reaktion des Weltwirtschaftssystems auf größere Erschütterungen. Immer, wenn es um die Interessen der G7 ging, wurde schnell und wirksam gehandelt. Der Börsenkrach von 1987 hatte nicht die gleichen verheerenden Konsequenzen wie der von 1929, weil die staatlichen Institutionen in den wichtigsten Ländern schnell und konzertiert handelten und zusätzliche Liquidität für ihre Volkswirtschaften schufen. Nach dem Beginn der Schuldenkrise handelten sie nicht mit gleichem Nachdruck. Es dauerte vier bis fünf Jahre, ehe eine Schuldenreduktion als weitere Option in Betracht gezogen wurde, und selbst heute erfolgt der Schuldenerlaß nur mürrisch und geht nicht weit genug.

Von den Schuldnerländern wurden eine Verringerung ihrer Importe (und damit des Wachstums) und Handelsüberschüsse verlangt, um einen Nettotransfer an die Gläubiger zu gewährleisten. Die geforderten Anpassungsmaßnahmen wären auf jeden Fall schmerzhaft gewesen. Doch durch das Fehlen einer finanziellen Unterstützung von außen und eines großzügigeren Schuldenerlasses wurde die Anpassung weit schmerzhafter und langwieriger, als notwendig gewesen wäre. Daher kämpfen viele Länder in Afrika und einige in Lateinamerika noch heute mit den Folgen der Schuldenkrise.

Nicht nur Schuldnerländer litten unter der "verlorenen Entwicklungsdekade". Durch die asymmetrische Anpassung - mit einer erzwungenen Schrumpfung in den Schuldnerländern ohne makroökonomische Ausgleichsmaßnahmen durch die Gläubigerländer - ist die Weltwirtschaft in eine deflationäre Schieflage geraten. Wachstum und Beschäftigung in den reichen Ländern nahmen im geringeren Maße zu, als sie es getan hätten, wenn den Entwicklungsländer Expansionraten möglich gewesen wären, die ihrem Produktionspotential eher entsprochen hätten.

Die Reform des Systems

In einer Welt globalisierter privater Kapitalmärkte ist eine Rückkehr zu einem System der starren Wechselkurse und starker Kontrolle der öffentlichen Hand über das internationale Währungssystem weder möglich noch wünschenswert. Der Marktgeist ist bereits aus der Flasche entwichen. Doch es gibt wichtige, immer dringlichere Aufgaben für den IWF bzw. für einen anderen Wächter über das internationale Finanzsystem.

Systeminstabilität und vorausschauende Regulierung

Das gegenwärtige internationale System besitzt den Vorteil der Flexibilität, doch es hat auch erhebliche Mängel, die bei einer Reform des Weltwirtschaftssystems angegangen werden müssen. Die größte dieser Schwächen liegt in der Gefahr der Instabilität eines hochgradig integrierten und interdependenten Systems, das fast ausschließlich auf die Selbstdisziplin der Regierungen und die Korrekturmechanismen des Marktes angewiesen ist.

Die Abhängigkeit des Weltwährungssystems von privaten Kapitalmärkten bedingt das Risiko eines Zusammenbruchs des Vertrauens in das Gesamtsystem. Die Wirtschaftsgeschichte ist voller Finanzkräche, und in den 80er Jahren wurde ein größerer Bankenzusammenbruch nur dadurch verhindert, daß die Entwicklungsländer zur Fortsetzung ihrer Zinszahlungen gezwungen wurden und damit Bankinsolvenzen in großem Umfang verhindert werden konnten. Durch die zunehmende finanzielle Interdependenz erhöht sich das Risiko von Panikreaktionen, falls das System einmal an einer seiner schwächsten Stellen nachgeben sollte. Wo der Blitz das nächste Mal einschlagen wird, läßt sich nicht voraussagen, doch die Beunruhigung über die Marktentwicklung bei einigen der neuen Finanzinstrumente wie den Derivaten ist eine heilsame Warnung vor künftigen Unwettern, die das System bedrohen könnten. Auch sind einige neue destabilisierende Faktoren wie die Rolle umfangreicher Drogengelder zu berücksichtigen.

Die globale Bankenaufsicht obliegt zur Zeit den sich im Rahmen der Bank für Internationalen Zahlungsausgleich in Basel treffenden Zentralbankiers. Ihre Bemühungen um eine Stärkung der Liquidität von Banken durch Kapitaldeckungsverhältnisse haben weitreichende Auswirkungen auf das Bankenverhalten gehabt. Für die globalen Wertpapiermärkte ist eine weitere informelle Gruppe zuständig, die Internationale Organisation der Börsenaufsichtsbehörden. Wahrscheinlich, wenn auch nicht mit Gewißheit, sind diese Netzwerke der beste Schutz vor einem Systemversagen. Eine wichtige Aufgabe des vorgeschlagenen RWS wäre die Oberaufsicht über diese auf Zusammenarbeit beruhenden Überwachungsstrukturen zu führen und, ohne sich in deren Arbeit einzumischen, zu prüfen, ob sie ihre Aufgaben angemessen und ausreichend wahrnehmen. Bei drohender Gefahr müßte der RWS dann rechtzeitig handeln.

Anpassung und der IWF Weitreichende Anpassungsmaßnahmen werden weiterhin erforderlich sein, insbesondere in defizitären und stark verschuldeten Entwicklungsländern und ehemals kommunistischen Ländern, die ihre Defizite nicht durch Aufnahme von Marktkrediten abdecken können.

In manchen Fällen waren die Anpassungsprogramme hart und stießen auf Ablehnung, weil sie nicht vorwiegend oder ausschließlich vom Versagen der einheimischen Politik herrührten, sondern von äußeren Erschütterungen und dem Fehlverhalten anderer Länder, die nicht dem gleichen Anpassungsdruck ausgesetzt waren. Wenn der IWF allerdings zum Sündenbock für anderenorts begründetes Versagen gemacht wird, trennen wir uns von einigen Kritikern des Weltwirtschaftssystems. Obwohl an einigen Programmen des Fonds berechtigte Kritik geübt wird, sind viele Schwächen auf die unsensible Durchsetzung von Vergabekriterien in der Vergangenheit zurückzuführen. Trotz der durch die Vergabebedingungen des IWF geschürten Emotionen liegen die heutigen Probleme häufig in der Funktionsweise des globalen Wirtschaftssystems in seiner Gesamtheit statt beim IWF.

Einige Kreditnehmer - zuletzt Indien und Mexiko - hatten befriedigende und sachliche Beziehungen zum Fonds. Die meisten Kunden des Fonds begrüßen heute dessen Hilfe und würden sich mehr davon wünschen. Für sie liegt das Hauptproblem im wesentlichen in fehlenden externen Mitteln, die die Auswirkungen der Anpassung abmildern können. Die sozialen Kosten der Anpassung werden in diesem Falle zu hoch, als daß man sie politisch rechtfertigen könnte.

In vielen Ländern läßt sich ein politischer Konsens über notwendige Anpassungen erreichen, sofern es einen realistischen Zeitrahmen gibt und mit Unterstützung externer Finanzierung Aussicht auf eine baldige Erholung des Lebensstandards besteht. Dort, wo die Reform zu abrupt und zu einschneidend erfolgt und zu sehr auf Anpassung statt unterstützender Außenfinanzierung besteht, verlieren die Programme leicht die Unterstützung der Öffentlichkeit und scheitern, wie dies in Afrika häufig der Fall war.

Wenn der Fonds seine Rolle effektiv wahrnehmen soll, bedarf es umfangreicher Mittel zur Finanzierung von Anpassungsprogrammen. Insbesondere müssen die Fondsmittel zur Stützung von Zahlungsbilanzen bei konjunkturellen oder krisenbedingten Defiziten erhöht werden, beispielsweise durch Ausgleichsfinanzierung mit nur schwachen Vergabebedingungen oder besonders günstige Finanzierung über ein Fenster für einkommensschwache Länder.

Internationale wirtschaftliche Zusammenarbeit Das wichtigste Einzelproblem beim IWF besteht heute darin, daß er zu stark von seiner ursprünglichen Rolle abgekommen ist, bei der er die Aufsicht über das Weltwährungssystems ausüben und sicherstellen sollte, so daß die Wirtschaftspolitik der großen Länder miteinander vereinbar war und der übrigen internationalen Gemeinschaft nicht schadete.

Das derzeitige Währungssystem hat einige spezifische Konsequenzen. Die erste bezieht sich auf die Wechselkurse. Das System der flexiblen Kurse funktioniert nicht so, wie es sollte. Es gibt zu viele unberechenbare Schwankungen und starke Fehlanpassungen bei wichtigen Kursen. Obwohl einige gute technische Ideen zur Gestaltung der Wechselkurse innerhalb großer Bandbreiten im

Umlauf sind, kommt es entscheidend darauf an, daß die wichtigsten Länder sich an enge Beratungen über makroökonomische Strategien mit dem Ziel der Konvergenz gewöhnen. In diesem Bereich verfügt das Europäische Währungssystem - trotz der jüngsten Schwierigkeiten - über wertvolle Erfahrungen, da es bereits ein bemerkenswertes Maß an Konvergenz, insbesondere bei der Inflationsbekämpfung und in der Währungspolitik, erreicht hat.

Überdies sähen wir es gern, wenn der IWF im Interesse der Wechselkursstabilität größere Möglichkeiten zur Stützung nominaler Wechselkurse, die nicht grundlegend überbewertet sind, hätte. Die jüngste Einführung eines wechselseitigen Unterstützungsmechanismus innerhalb der Nordamerikanischen Freihandelszone NAFTA und die anhaltenden Bemühungen um Stabilisierung nominaler Kurse im Europäischen Währungssystem deuten darauf hin, daß die Vorteile der Stabilität inzwischen bewußt werden. Das Grundprinzip gilt dabei gleichermaßen auf globaler und regionaler Ebene. Konkrete Fortschritte bei der Koordinierung der Währungs- und Steuerpolitik wären bei regelmäßigen Treffen der zuständigen Institutionen, einschließlich der Präsidenten der Zentralbanken, im Rahmen des IWF möglich.

Zweitens sollte in diesem Zusammenhang der Fonds eine aktivere und prominentere Rolle bei der Überwachung der Politik in den großen Volkswirtschaften spielen. Hierzu sollten auch regelmäßige, detaillierte vergleichende Untersuchungen der makroökonomischen Politik durch Industrie- und Entwicklungsländer gehören. Obwohl die Überwachung bereits zu den IWF-Aufgaben gehört, liegt in der asymmetrischen Behandlung der Gläubigerländer ein tief verwurzeltes Problem. Dieses ließe sich durch ein effektiveres Mitspracherecht des IWF beim Management der großen Volkswirtschaften teilweise lösen. Derartiges wäre möglich, wenn es auf globaler Ebene ein ähnliches Engagement für eine Politik der Konvergenz gäbe wie in der EU.

Drittens würden die Wirksamkeit und die Glaubwürdigkeit des IWF durch verstärkte Ausgabe von SZR erhöht. Eine wachsende Weltwirtschaft bedarf einer ständigen Ausweitung der internationalen Liquidität. Obwohl einige Länder aus allgemeinen Inflationsbefürchtungen heraus sich gegen eine weitgehende allgemeine Ausgabe von SZR ausgesprochen haben, mangelt es vielen Ländern einfach am Zugang zu privaten Kapitalmärkten. Der Geschäftsführende Direktor Michel Camdessus forderte eine Neuauflage von SZR, eine Forderung, die bei der Tagung des IWF im Oktober 1994 in Madrid von zahlreichen Ländern aufgegriffen wurde. Die dort von den Entwicklungsländern vertretene starre Position, indem sie einen ihrer Ansicht nach zu restriktiven Vorschlag zur Ausgabe neuer SZR ablehnten, zeugt von einem neuen Ansatz bei Fragen des internationalen Wirtschaftsmanagements. Diejenigen Entwicklungsländer unterstützen mit Nachdruck eine wichtigere Rolle des IWF, die in ihm ein Mittel zur Erreichung eines auf Regeln fußenden Systems der Weltordnungspolitik sehen.

Der IWF und die Entwicklung Der IWF ist als Kreditgeber immer mehr zum letzten Ausweg für Länder - besonders in Afrika - geworden, die mit extremen Problemen bei internationaler Zahlungsfähigkeit, Armut und Anpassung kämpfen. Als Konsequenz überschneidet sich die Rolle des IWF zusehends mit der der Internationalen Entwicklungsorganisation (IDA) der Weltbank. Dem IWF gebührt Anerkennung dafür, daß er sich von einem bedrohlichen Ungeheuer zu einer willkommenen Quelle konzessionärer Hilfe entwickelt hat.

Der IWF sollte jedoch nicht noch enger mit der Weltbank verquickt werden, so daß er dann praktisch zu einer Entwicklungsorganisation würde. Dies würde lediglich zu einer Vermischung der Rollen beider Institutionen führen und den IWF in eine völlig falsche Richtung drängen. Der Fonds spielt eine wichtige Rolle bei der Finanzierung von Entwicklungsländern, eine Rolle, die durch die Erweiterte Strukturanpassungsfazilität (Enhanced Structural Adjustment Facility - ESAF) weiter gestärkt wurde, in deren Rahmen einkommensschwache Länder besonders günstige Kredite erhalten. Der IWF könnte auf diesem Gebiet mehr tun und die Praxis marktbezogener Gebühren zur Ermöglichung einer stärker an der Zahlungsfähigkeit orientierten Gestaltung der Kreditbedingungen in Betracht ziehen, aber seine wichtigste langfristige Aufgabe sollte die von seinen Gründern angestrebte bleiben: die Aufsicht über das Weltwährungssystem als ganzes und nicht nur über dessen bedürftigste Mitglieder.

Entscheidungsfindung

Viele der Probleme des internationalen Währungssystems haben ihre Ursache sowohl in der mangelnden Bereitschaft zur schnellen und radikalen Anpassung in wichtigen Industrieländern als auch in der Unterrepräsentanz der Armen im System der Weltwirtschaftsordnung. Für eine realistische Behandlung dieses Problems sind mehrere Vorgehensweisen möglich.

Wir haben bereits weiter oben einen Rat für Wirtschaftliche Sicherheit vorgeschlagen, der einen Überblick über die Weltwirtschaft haben sollte. Zweitens müssen die Entscheidungsstrukturen der Bretton Woods Institutionen reformiert werden. Zunächst müssen deren Arbeit und Entscheidungsprozesse offener und transparenter werden. Außerdem müssen sie demokratischer werden, d. h., sie dürfen nicht mehr von einer kleinen Zahl mächtiger Volkswirtschaften beherrscht werden. Der einfachste Weg hierzu läge in einem System der Stimmengewichtung, bei dem die Stimmenzahl und damit die Aufgaben und Vorrechte eines Landes entsprechend den wirtschaftlichen Realitäten festgelegt würden.

Es war schon immer beabsichtigt, daß die Stimmenzahl ein Ausdruck des wirtschaftlichen Gewichtes sein sollte. Dies würde in der Praxis die Verwendung auf Kaufkraftparität beruhender BIP-Zahlen anstelle des konventionellen BIP bedeuten, eine Veränderung, die im allgemeinen den Entwicklungsländern zugute käme. Gegenwärtig wird gelegentlich unter Verwendung des neuen BIP und des Pro-Kopf-BSP argumentiert, einige Länder seien nicht arm genug, um auf Hilfe Anspruch zu haben. Doch die logische Schlußfolgerung, sie seien von hinreichender wirtschaftlicher Bedeutung, um auf größere Stimmrechte Anspruch zu haben, wird vermieden.

Eine nützliche Rolle des Interimsausschusses bestand bisher darin, den Ministern in der Zeit zwischen den Jahrestagungen des IWF

Gelegenheit zur Diskussion von Finanzfragen zu bieten. Wir können uns vorstellen, daß der Rat für Wirtschaftliche Sicherheit viele Funktionen dieses Ausschusses übernimmt. Doch gewisse Reformen sind für den Ausschuß selbst und für die Schaffung eines vorbildlichen RWS wünschenswert: Auf schablonenhafte Ministerreden sollte verzichtet werden (sie könnten statt dessen automatisch zu Protokoll genommen werden); die Größe der Delegationen sollte verringert werden und es sollten für schwierige technische Diskussionen Unterausschüsse geschaffen werden.

Entwicklungshilfe und der Kampf gegen die Armut

In zu vielen Ländern ist der Nutzen des Wachstums sehr ungleich verteilt, und viele Menschen bleiben abseits des Prozesses der Modernisierung oder werden sogar zu dessen Opfern.

Bei der Darstellung der Bretton Woods Institutionen haben wir zwei getrennte Entwicklungslinien aufgezeigt: das Nachkriegsengagement für internationale Währungsstabilität und die Förderung der Entwicklung (Letztere umfaßt den Wiederaufbau Europas in ihren kritischen Phasen und bezieht heute die postkommunistischen Länder ein, aber zielt vorrangig auf die Entwicklungsländer ab.).

Heute liegen umfangreiche Erfahrungen mit verschiedenen Entwicklungsansätzen vor. Hier ist nicht der Ort, neue Ideen über die grundlegende Ursachen der Armut und für ihre Bekämpfung zu entwickeln. Wichtig ist jedoch, daß über viele Elemente ein breiter Konsens besteht: ein starkes, langfristiges Engagement für hohe Spar- und Investitionsquoten; maximale Nutzung der sich durch ein offenes Handelssystem bietenden Möglichkeiten; Entlastung des privaten Sektors von bürokratischer Kontrolle; ein Verständnis für die Bedeutung ökologischer Nachhaltigkeit; finanzielle Stabilität; und eine starke soziale Dimension der Politik mit dem Bildungswesen (insbesondere für Frauen), der Gesundheitsversorgung und der Familienplanung als Schwerpunkten.

Der gegenwärtige breite Konsens über die Elemente erfolgreicher Entwicklung und Transformation bietet eine Gelegenheit, die es zur Zeit der ideologischen Polarisierung der Welt nicht gab, eine Chance zur Erprobung eines kooperativen Entwicklungsansatzes auf der Grundlage eines miteinbezogenen Vertrages, aufgrund dessen sich die Empfängerländer von Hilfe zur langfristigen Entwicklung verpflichten und die Geberländer ihre finanziellen Unterstützungszusagen einhalten.

Dies bedeutet nicht, daß der Prozeß der Entwicklung und die Beseitigung der Armut einfach wären. Doch der von einigen Ländern, insbesondere in Ostasien eingeschlagene Weg gibt Anlaß zu der Hoffnung, daß bei entsprechendem politischen Willen schnelles Wachstum in Verbindung mit einer Verringerung der Armut möglich ist. Die "Informationsrevolution" schafft für Arme und Reiche gewaltige Möglichkeiten des Zuganges zu Wissen, durch das der Lebensstandard erhöht und die Lebensqualität verbessert werden kann, allerdings unter der Voraussetzung, daß die Menschen entsprechend geschult und gebildet werden.

Doch in zu vielen Ländern sind der Nutzen des Wachstums sehr ungleich verteilt, und viele Menschen bleiben abseits des Prozesses der Modernisierung oder werden sogar zu dessen Opfern. Die Sachzwänge erfordern internationale Wettbewerbsfähigkeit und bieten hohe Belohnungen für knappes Kapital und menschliches Wissen. Dies könnte innerhalb von Gesellschaften zu einer Vertiefung der Kluft zwischen arm und reich führen, wenn die Regierungen nicht außerordentlich sorgfältig darauf achten, daß alle Zugang zu Produktionsmitteln, Bildung und Land haben.

Die Armutsbekämpfung erfordert auf nationaler Ebene eine gute Regierungsführung (good governance) und entwicklungspolitisches Engagement, während gleichzeitig ein unterstützendes internationales wirtschaftliches Umfeld notwendig ist. Das zentrale Problem besteht darin, wie eine verbesserte Weltordnungspolitik den Ländern helfen kann, in denen die Armut weiter wächst. Dies gilt in erster Linie, aber nicht ausschließlich, für Afrika. Selbst dort, wo es bei der Erhöhung des Lebensstandards greifbare Fortschritte gibt - wie auf dem indischen Subkontinent und in Südostasien - werden hunderte von Millionen Menschen noch immer marginalisiert und leben in verzweifelter Armut. Die Herausforderung durch die Massenarmut wird zu oft nur im Hinblick auf Entwicklungshilfe, insbesondere multilateraler Art, gesehen. Sie bleibt eine entscheidende und unterfinanzierte Komponente, die jedoch durch andere Elemente ergänzt werden muß, vor allem durch Marktzugang für arbeitsintensive Exporte. Doch nichts ist wichtiger als das politische Engagement zur Überwindung der Armut im eigenen Land.

Entwicklung und Hilfe: Ein Überdenken der Prinzipien der Ordnungspolitik.

Die öffentlichen Hilfsprogramme stehen zur Zeit in vielen Ländern unter wachsendem Druck. Als Erklärung dafür, daß die reiche Welt kaum (und mit zunehmender Schwierigkeit) auch nur die Hälfte der Zielvorgabe von 0,7 Prozent des BIP für die öffentliche Entwicklungshilfe (official development assistance - ODA) erreicht, wird sogenannte Entwicklungsmüdigkeit angeführt. Bis 1993 war der Anteil auf 0,29 Prozent gefallen, das niedrigste Niveau, seitdem das Ziel beschlossen wurde.

Für die Entwicklungsmüdigkeit werden mehrere Gründe angeführt. Erstens seien einige relativ reiche Länder vorrangig mit innenpolitischen Problemen beschäftigt. Es erfordert tatsächlich einen gewissen politischen Mut, Geld ins Ausland zu schicken, während die Menschen im eigenen Land arm, obdachlos und ohne Arbeit sind. Doch dieses Problem wird vielleicht ein wenig übertrieben dargestellt. Die Reaktionen auf Hilfsappelle bei vielen Katastrophen zeigen, daß es noch ein großes Reservoir menschlicher Solidarität gibt.

Zweitens hat die Entwicklungshilfe eine sehr schlechte Presse. Die Programme werden allseits von Leuten angegriffen, die sich um Verschwendung, Korruption, Menschenrechtsverletzungen und Umweltverschmutzung in den Empfängerländern sorgen. Eine ernsthafte Auswertung der Hilfsprogramme zeigt, daß die Klagen oft übertrieben oder einfach unberechtigt sind, doch es gibt genügend verfehlte Programme um selbst in den Köpfen der Engagierten ernsthafte Zweifel zu säen. Auf der anderen Seite wird Klage über die hohen Ausgaben für ausländische Experten geführt.

Drittens haben die Geberländer die Hilfsprogramme oft zur Förderung ihrer Exporte oder gemäß der Sicherheitsprioritäten benutzt. So geht beispielsweise die Hälfte des recht dürftigen Hilfsbudgets der USA an Ägypten und Israel. Wenn das Eigeninteresse den Altruismus verdrängt, dann kann der Zynismus in Geber- und Empfängerländern kaum überraschen.

Es gibt weiterhin zwingende Argumente für umfangreiche konzessionäre Hilfsprogramme für Länder, die nicht genug privates Kapital für eine dauerhafte Entwicklung aufbringen können und sich zur Verwendung der Auslandshilfe für echte Entwicklungszwecke verpflichten. Aus diesem Grunde treten wir voll und ganz für das Ziel von 0,7 Prozent für die öffentliche Entwicklungshilfe ein. Wir erkennen dabei allerdings an, daß einige der traditionellen Mechanismen und Motive der Hilfe neu überdacht werden müssen. Für die meisten Entwicklungsländer wird der Handel - insbesondere der Zugang zu den Märkten der Industrieländer - künftig weit wichtiger sein als die Hilfe. Die öffentliche Entwicklungshilfe kann lediglich ein ergänzender Beitrag zu diesem Prozeß sein und nicht eine Alternative. Doch in bestimmten Situationen kann sie den Unterschied zwischen nachhaltiger Entwicklung und anhaltender Armut, ja, zwischen Leben und Tod bedeuten.

Obwohl die Diskussion über Qualität und Ziele weiterhin wichtig bleibt, nähert sich die Welt von heute einem neuen Konzept, einer neuen Philosophie der Hilfe entgegen. Dieses Konzept hat mehrere Elemente. Da ist einmal der Gedanke der Solidarität zwischen Menschen, der leicht verloren geht, wenn Hilfe nur noch ein Transfer von Bürokratie zu Bürokratie ist. Damit einher geht das Konzept einer aktiven Beteiligung der Menschen im Empfängerland an der Planung und Durchführung von Projekten.

Auf der Geberseite bedeutet das neue Konzept ein Lernen aus den Erfahrungen der NGOs mit kleinen, aber in ihrem Zusammenwirken großen Programmen, insbesondere solchen mit innovativen

Charakter. Es gibt zahlreiche Beispiele - von der Entwicklung des Handwerks in Mexiko bis zur effizienten Energienutzung auf Jamaika - bei denen NGOs einen wichtigen Beitrag vor Ort geleistet haben. Wir unterstützen nachdrücklich Vorschläge für die in einigen Geberländern praktizierte automatische "Verzahnung" der NGO-Hilfe mit einem festen Anteil staatlicher Hilfe, wodurch der Umfang der ersteren vergrößert und die Effektivität der letzteren gesteigert werden.

Bei einer anderen Richtung der neuen Philosophie geht es darum, im Verhältnis zwischen Geber- und Empfängerregierungen an die Stelle von Wohltätigkeit und Abhängigkeit Interdependenz und gemeinsame vertragliche Verpflichtungen treten zu lassen. Der Gedanke der Hilfe als Form zwischenstaatlicher Mildtätigkeit wird dem neuen Konzept der Hilfe als Bezahlung für geleistete Dienste weichen müssen, wobei Entwicklungsländer etwa als Hüter seltener Tier- und Pflanzenarten und der biologischen Vielfalt sowie als Verwalter der tropischen Regenwälder tätig sind.

Ein zur Realisierung eines neuen, auf wechselseitigen Interessen gründenden Ansatzes vorgeschlagener politischer Mechanismus wäre ein System von Verträgen zwischen Geber- und Empfängerländern, bei dem über ein Paket aus Hilfsleistungen und Schuldenerlaß im Austausch für eine Vielzahl umweltpolitischer Dienstleistungen verhandelt würde. Sicherlich sind derartige Ideen mit Vorsicht zu behandeln, da die Verträge nicht zwischen Gleichen ausgehandelt würden, nicht bindend sind und ein Instrument der versteckten Kontrolle sein könnten. Dennoch sollte dieser Gedanke anhand der Erfahrungen einiger Länder, die ihn erproben (z. B. die Niederlande und Norwegen), sorgfältig geprüft werden.

Die Weltbank und andere multilaterale Hilfsorganisationen
Die Weltbankgruppe - insbesondere ihre Organisation für weiche Darlehen, IDA - spielt im weltweiten Kampf gegen die Armut aufgrund ihrer Fähigkeit zur Mobilisierung, Koordinierung und effektiven Kanalisierung von Ressourcen und ihres intellektuellen Einflusses auf die Politik eine Schlüsselrolle. Doch die Rolle der Bank muß neu überdacht werden. Die

wachsende Bedeutung kleiner NGOs, die mit den Armen arbeiten, stellt die Effektivität einer großen internationalen Institution im Bereich der Sozialpolitik und der Armutsbekämpfung an der Basis in Frage. Aufgrund der wachsenden Bedeutung des privaten Sektors im internationalen Bereich - durch Kapitalmärkte und Direktinvestitionen - und auch auf den Binnenmärkten der Entwicklungsländer stellt sich die Frage, wie notwendig die Bank als finanzieller Vermittler ist und ob eine Kreditinstitution des staatlichen Sektors, die eben diesen Sektor bedient, in einem stärker unternehmerisch geprägten Umfeld das Richtige ist.

Außerdem haben einige harte Kritiken der Bank Schaden zugefügt. Diese Institution hat in der Vergangenheit in der Tat Fehler gemacht, so wie das alle privaten Unternehmen und öffentlichen Institutionen tun. Doch ihre Gesamtleistung im Rahmen der Erzielung guter sozialer Erträge durch ihre Entwicklungsinvestitionen ist beeindruckend, und ihre Mitarbeiter genießen wegen ihrer Professionalität allgemeines Ansehen. Die Bank verdient weiterhin eine massive Unterstützung.

Überdies sind wir eindeutig dafür, daß die Bank weiterhin bei der Finanzierung konzessionärer Hilfe eine wichtige Rolle spielt. Viele einkommensschwache Entwicklungsländer werden auf Jahre hinaus nicht zu einer kommerziellen Finanzierung der für die Überwindung der Armut erforderlichen Investitionen in der Lage sein. Für sie ist die IDA eine entscheidende Stütze, die um so wertvoller ist, als sie frei vom verzerrenden Einfluß der mit der bilateralen Hilfe verbundenen Beschaffungsklauseln und politischen Bedingungen ist.

Dennoch muß die Bank um die alle drei Jahre fällige Aufstockung der Mittel der IDA und die Einhaltung der von den Geberländern eingegangenen Verpflichtungen hart kämpfen. Zur Zeit droht ein Rückgang des realen Volumens. Die begrenzten Mittel der IDA sind ein Grund dafür, daß einige einkommensschwache Länder ihr vorzeitig "entwachsen" sind und zu kommerziellen Bedingungen Kredite aufnehmen müssen, deren Bedienung Probleme verursacht. Auch hat die Mittelbegrenzung zu einer strengeren Behandlung jener Länder geführt, die zur Unterstützung durch die IDA berechtigt sind.

Dabei dürfte das Ressourcenproblem der IDA ein Symptom für eine tieferliegende Problematik sein. Die Weltbank leidet unter dem allgemeinen Problem der Hilfsmüdigkeit in der reichen Welt und unter einer Umlenkung der Ressourcen von der multilateralen zur bilateralen und regionalen Hilfe. Die Transformation in Osteuropa, so wichtig sie ist, bedeutet auch eine zusätzliche Nachfrage nach Geberressourcen. Auf Kosten der seit langem bestehenden Nöte der Entwicklungsländer richten sich Aufmerksamkeit und Sachinteresse jetzt eher auf die akuten Notwendigkeiten Osteuropas. Dies blieb nicht ohne Auswirkungen auf die Bank.

Eines unserer wichtigsten ordnungspolitischen Anliegen ist die Suche nach einem Weg zur Vermeidung des periodischen Feilschens um die Aufstockung der IDA-Mittel, die dadurch zwangsläufig anfällig ist für aktuelle politische Stimmungslagen in den wichtigsten Industrieländern. Die IDA könnte als wichtigste Einzelquelle konzessionärer Finanzhilfe für die ärmsten Länder von der langfristigen Verpflichtung, die mit einem System der automatischen Finanzierung einher geht, profitieren. Verschiedene Mechanismen für ein solches System werden am Ende dieses Kapitels erörtert.

Bei den ordnungspolitischen Fragen im Zusammenhang mit der Entwicklungshilfe der Weltbank geht es jedoch nicht einfach nur um Geld. Fragen der Transparenz, der lokalen Besitzverhältnisse und der Förderung einheimischer Kompetenz, partizipatorische Methoden bei der Zusammenarbeit mit nationalen und lokalen Verwaltungen und die vom Entwicklungshilfeausschuß der OECD erstellten Richtlinien über die Effektivität von Hilfe: All diese Fragen gelten für die Bank ebenso wie für andere Entwicklungsinstitutionen.

Ein weiteres Problem für die Bank als finanzieller Mittler besteht darin, wie weit sie sich von Ländern mit mittlerem Einkommen, die der Hilfe "entwachsen" sind, absetzen soll. Häufig steht kreditwürdigen Gläubigern in Entwicklungsländern problemlos privates Anleihekapital zur Verfügung, im allgemeinen zu niedrigeren Zinssätzen und ohne die Vergabebedingungen der Weltbank. Doch auch in diesen Fällen kommt der Bank immer noch eine wichtige Rolle zu. Die großen Infrastrukturprojekte - Energieversorgung, Straßenbau und Telekommunikation - dürften ohne die technische und politische Unterstützung, die Bürgschaften und die Kofinanzierung einer Institution wie der Bank oft kaum in Gang kommen. Überdies sind viele Länder nicht eindeutig der Hilfe "entwachsen", sondern brauchen eine Mischung aus Entwicklungshilfe und Finanzierung zu kommerziellen Bedingungen.

Außerdem gibt es keinen Grund für die Weltbank, ihre gute Bonität auf den Märkten nicht einzusetzen, um deren im Hinblick auf die Eigenkapitalbasis konservative Kreditpolitik zu lockern. Damit wäre es möglich, für erfolgreiche Länder mit mittlerem Einkommen weitere Kreditmittel zu kommerziellen Bedingungen aufzubringen und somit die Finanzierungsquellen dieser Länder zu diversifizieren. Eine solche Expansion würde keine Belastung der an der Bank beteiligten Industrieländer darstellen, deren Beitrag in Form nicht eingezahlten abrufbaren Kapitals erfolgt. Eine anhaltend umfangreiche und zunehmende Rolle der Internationalen Finanzkorporation (International Finance Corporation - IFC) wäre ein weiterer Weg, durch den erfolgreiche Entwicklung mittels der Zusammenarbeit mit kleinen Einzelunternehmen - und zu deren Unterstützung - gefördert werden könnte.

Koordinierung Wenn Geberinstitutionen Parallelarbeit leisten, besteht sichtlicher Koordinierungsbedarf. Beratungsgruppen der Weltbank und Runde Tische unter Leitung des UNDP haben die Qualität der Entwicklungshilfe erheblich verbessert. Die koordinierten Bemühungen der Weltbank um Mobilisierung zusätzlicher Mittel für Entwicklungshilfe und Schuldenerlaß zur Unterstützung von Anpassungsprogrammen in Afrika waren im gegebenen Umfang erfolgreich.

Bei übermäßiger Koordinierung zwischen multilateralen Institutionen besteht zwar die Gefahr, daß die verschiedenen Organisatio-

216

nen sich überschneidende Konditionen aufstellen. Im allgemeinen bietet jedoch ein multilateraler Pluralismus Vorteile; er fördert unterschiedliche Hilfsangebote einer Vielzahl multilateraler Organisationen, statt daß Hilfe und Vergabebedingungen im Namen der Koordinierung durch eine zentrale Stelle kanalisiert werden. Die Erweiterte Strukturanpassungsfazilität des IWF und die weichen Kredite der Regionalbanken können beispielsweise zusätzliches Kapital mobilisieren und völlig neue Perspektiven bieten. Wir sind uns der starken Argumente für eine Hilfskoordinierung bewußt und erkennen die Schwierigkeiten, die entstehen, wenn z.B. die Weltbank und die Regionalbanken sich aufgrund des neuen Interesses für "soziale" Projekte um die gleichen Projekte bemühen.

Weiterhin ist zu berücksichtigen, daß einige Länder lieber mit dem UNDP statt mit den Bretton Woods Institutionen zusammenarbeiten. Obwohl das UNDP kein Geld anzubieten hat, spielt es eine nützliche Rolle als Vermittler, sofern es einen koordinierten Ansatz gibt. Insgesamt haben die Argumente für eine Koordinierung angesichts der Knappheit der Mittel großes Gewicht.

Eine weitere Rationalisierung sollte in einer Akzentverschiebung von bilateralen zu multilateralen Hilfsprogrammen bestehen. Der Bilateralismus ist oft zur reinen Exportförderung verkommen, ein wirtschaftlich ineffizienter und korrumpierender Ansatz, der außerdem die Entwicklungshilfe für die Öffentlichkeit in den Geberländern kaum attraktiver macht. Der Wert der Hilfe würde beträchtlich zunehmen, wenn bilaterale Geberländer die Zweckbindung aufgeben (siehe Tabelle 4-1) würden und die Empfänger im Rahmen internationaler Ausschreibungen vom billigsten Anbieter kaufen ließen. Das wichtigste Erfordernis bei bilateralen Programmen liegt in der Stärkung und nicht im Untergraben der multilateralen Hilfe.

Erweiterung des Kreises der Geberländer

Für eine Reihe von Ländern dürfte auf viele Jahre hinaus die Entwicklungshilfe eine der wichtigsten Möglichkeiten sein, um aus der Falle des niedrigen Einkommens und der geringen Spar- und Investitionsquoten zu entkommen. Der Hilfsbedarf dieser

**Tabelle 4-1 Bilaterale und multilaterale Entwicklungshilfe ausgewähl-
ter Länder, 1991***
(in Prozent der gesamten Hilfe)

| Land | BILATERAL | | | MULTILATERAL | |
	nicht zweck-gebunden	teilweise zweck-gebunden	zweck-gebunden	Nicht EU	EU
Australien	8	-	55	37	-
Kanada	27	15	23	35	-
Frankreich	35	3	40	10	12
Deutschland	32	-	38	14	16
Italien	4	-	56	25	15
Japan	66	6	11	17	-
Niederlande	39	27	3	21	10
Schweden	62	-	12	26	-
Vereinigtes Königreich	16	-	41	20	22
Vereinigte Staaten	61	10	17	11	-

*Aufgrund von Rundungsfehlern ergibt die Spaltensumme nicht immer
100.

Quelle: Alexander Love, Development Co-Operation: Aid in Transition, Paris,
OECD, 1994.

Länder übersteigt bei weitem das Angebot der Geberländer. Das
Rationierungsinstrument sind die Vergabebedingungen. Obwohl
das fortgesetzte Einfordern der Entwicklungsziele bei den reichen
Ländern offensichtlich ein Ausgangspunkt ist, ist dies kein Ersatz
für eine politisch realistische Strategie zur Mobilisierung von
Hilfsgeldern und zum Nachweis der Effektivität des Mitteleinsatzes.

Neben den soeben dargestellten Ansätzen sind noch mehrere weitere Schritte wichtig. Zunächst muß die Geberbasis erweitert werden. Dabei geht es zunächst einmal darum, die Beiträge der
OECD-Geberländer auf gleiches Niveau anzuheben. Wenn die
Vereinigten Staaten, das Vereinigte Königreich und Deutschland
sich ebenso wie Norwegen und die Niederlande engagieren würden, würde sich die gesamte Entwicklungshilfe mehr als verdoppeln. Bereits heute leisten Nicht-OECD-Länder einen wertvollen

Beitrag zur IDA und zur ESAF des IWF, und wir fordern die Länder mit mittlerem Einkommen und die großen einkommensschwachen Länder auf, den noch schlechter gestellten Ländern zu helfen.

Langfristig könnten Rußland und die Länder Mittel- und Osteuropas eine wichtige Rolle als Geberländer spielen. Einer der Gründe für die schnelle und großzügige Hilfe für diese Länder liegt darin, daß sie zu gegebener Zeit in der Lage sein werden, noch ärmeren Ländern, als sie selbst es sind, helfen zu können.

Auch die NGOs können durch zusätzliche Finanzmittel, durch sorgfältige Begleitung von Programmen zur Armutsbekämpfung und durch den Aufbau lokaler Institutionen einen wertvollen Beitrag leisten. Im nächsten Abschnitt werden wir uns mit dieser Dimension im Detail befassen.

Zweitens unterstützen wir die jüngsten Empfehlungen des Entwicklungshilfeausschusses der OECD (DAC) und der Weltbank zur effektiven Gestaltung von Hilfe, in denen die Wichtigkeit lokaler Zuständigkeit bei Hilfsprozessen sowie von Vorhersagbarkeit und Stabilität hervorgehoben wird. Immense Ressourcen an menschlicher Energie und Einfallsreichtum stehen hier noch zur Verfügung, wenn die Programme gezielt auf lokale Beteiligung und Selbsthilfe ausgerichtet werden. Eine Möglichkeit, diese Priorität im Auge zu behalten, besteht in sog. "Sozialaudits", die die Institutionen für ihre Programme durchführen sollten.

Drittens sind die Erkenntnisse über Entwicklungsprozesse und die Ursachen der Armut noch immer unzulänglich. Um das Verständnis dieser komplexen Prozesse zu fördern, sollten in der Dritten Welt hochqualifizierte Regionalzentren für Entwicklungsforschung eingerichtet werden. Diese Zentren sollten völlig unabhängig von den Regierungen und Geberinstitutionen arbeiten und die Quelle für erstklassige Forschungsergebnisse und politischen Handlungsempfehlungen sein.

Schließlich sollte die absolut berechtigte Konzentration auf die ärmsten Menschen und Länder nicht die Probleme derjenigen

Länder in Vergessenheit geraten lassen, die sich aufgrund erfolgreicher Entwicklungsbemühungen allmählich aus extremer Armut befreien, aber keinesfalls im Überfluß leben. Ganz abgesehen von den unerfüllten Bedürfnissen, ist es für die politische Psychologie der Entwicklung - und der Hilfe - entscheidend, daß Erfolge sichtbar belohnt und verstärkt werden.

Die NGOs und die wirtschaftliche Entwicklung

Die Anzahl und die Aktivität der an Entwicklungsprojekten beteiligten NGOs aus dem Norden und dem Süden haben rasant zugenommen. Gleichzeitig wird überall erkannt, daß nachhaltige Entwicklung nicht nur durch staatliche Maßnahmen und die Kräfte des Marktes erreicht werden kann. Aktive Partnerschaft zwischen den wichtigsten Sektoren der Gesellschaft - Staat, Unternehmen und organisierte Bürgerschaft - ermöglichen die Mobilisierung der einander ergänzenden Fähigkeiten der einzelnen. Die Entwicklung derartiger Partnerschaften ist wegen der Unterschiedlichkeit der NGOs nicht einfach. Sie reichen von kleinen Graswurzelvereinigungen bis zu großen Vertragsunternehmen der öffentlichen Entwicklungshilfe, von spezialisierten Mitgliedsorganisationen bis zu Gruppen, die den privaten und öffentlichen Bereich miteinander verbinden oder sogar Instrumente der Regierung sind. Die Entwicklungshilfeorganisationen der frühen Nachkriegszeit hatten ihre Basis weitgehend im Norden; in den 70er Jahren bildeten sich dann solche Gruppen auch im Süden. Seit Ende der 80er Jahre spielen NGOs beider Arten eine wichtige Rolle in der Entwicklungspolitik.

Die meisten Entwicklungshilfegelder gehen heute von Regierung zu Regierung, doch ein beträchtlicher Teil läuft auch über nichtstaatliche Organisationen. Außerdem arbeiten private Geberorganisationen stets mit NGOs. Die von ihnen bereitgestellten Beträge sind natürlich viel geringer als die vom Staat ausgegebenen Summen.

Obwohl ein großer Teil der internationalen Hilfe für Wohlfahrtsprogramme und Katastrophenhilfe ausgegeben wird, erkennt

NGOs in der Entwicklungshilfe

Development Alternatives (DA), Indien

Diese Indische NGO beschäftigt heute 300 Naturwissenschaftler, Ingenieure, Manager und Sozialwissenschaftler zur Förderung umweltverträglicher Entwicklung und des Masseneinsatzes angepaßter Technologie. Die DA versucht, wissenschaftliche Forschung, die sozialen Ziele nichtstaatlicher Organisationen und die politischen Auswirkungen öffentlicher Maßnahmen miteinander zu verknüpfen.

Die DA entwickelt preisgünstige Technologien, durch die die Armen ihre Wohn- und Sanitärverhältnisse bei gleichzeitiger Schonung natürlicher Ressourcen verbessern können. Hierzu gehören handbetriebene Pressen zur Herstellung von Lehmziegeln, die nicht gebrannt werden müssen und damit Brennmaterial und Mutterboden schonen; mechanische Webstühle, mit dem sich die Produktivität verdoppeln läßt; preisgünstige Dachziegel; und holzsparende Kochherde. Diese und andere Technologien werden von der Schwesterorganisation der DA, Technology and Action for Rural Advancement, oder aufgrund von Lizenzvereinbarungen hergestellt.

Aufgrund ihrer Zusammenarbeit mit Regierungsstellen und lokalen Behörden und ihrer zahlreichen internationalen Verbindungen kann die DA ihren Arbeitsergebnissen eine weite Verbreitung sichern. Das DA-Personal arbeitet darüber hinaus mit zahlreichen bedeutenden staatlichen Einrichtungen zusammen, einschließlich der indischen Behörden, die den achten 5-Jahres-Plan erstellen.

Instituto Nacional de Biodiversidad (INBio), Costa Rica

Diese costaricanische NGO verbindet Naturschutzforschung mit nachhaltiger wirtschaftlicher Entwicklung. Sie arbeitet an einer vollständigen Bestandsaufnahme der biologischen Ressourcen des Landes. Ein wichtiges Ziel ist die Entwicklung neuer Quellen chemischer Verbindungen, von Genmaterial und anderen Produkten.

Im Rahmen eines 1991 zwischen dem INBio und dem US-amerikanischen Konzern Merck geschlossenen Vertrages werden die Eigenschaften costaricanischer Pflanzen im Hinblick auf medizinische Wirkstoffe untersucht. Merck zahlte dafür einen Anfangsbetrag von einer Million Dollar für Naturschutzvorhaben und die Ausbildung von Wissenschaftlern. Als Gegenleistung beliefern die vom INBio angelernten "Parataxonomisten" (angelernte Pflanzenkundler) Merck mit Proben aus den Wäldern. Im Falle, daß medizinische Wirkstoffe entdeckt werden, kann Merck die entsprechenden Arzneimittel entwickeln und testen. Costa Rica wird an den Lizenzgebühren der Verkäufe beteiligt.

Die Suche nach neuen chemischen Substanzen in der Natur genießt zur Zeit immer größere Aufmerksamkeit seitens der Großunternehmen und der Entwicklungsbanken. Der Vertrag zwischen INBio und Merck ist ein Beispiel für die in diesem Bereich mögliche, für beide Seiten vorteilhafte Zusammenarbeit.

man immer mehr die Bedeutung wirtschaftlicher Aktivitäten, die die Menschen langfristig zur Selbsthilfe befähigen. Tausende nicht-staatlicher Organisationen arbeiten heute für die Erlangung wirtschaftlicher Selbstbestimmung. Sie bedienen sich lokaler Ressourcen und einheimischer Fertigkeiten und fördern den Aufbau bodenständiger Institutionen wie Privatbanken und philanthropischer Vereinigungen zur Verankerung des Selbsthilfegedankens.

Häufig kennen die NGOs die örtlichen Bedürfnisse und Möglichkeiten aus erster Hand. Teilweise können sie auch, weil sie klein, flexibel und unabhängig sind, innovative Ideen testen und als Pioniere oder Katalysatoren für Maßnahmen von Regierung oder Unternehmen wirken. Das Erweiterungspotential und die politische Bedeutung der NGOs sind weitere Vorteile. Viele Gruppen schaffen sich eigene internationale Verbindungen und bauen globale Netzwerke von Bürgerinitiativen auf.

Das wachsende Vertrauen, das nicht-staatliche Organisationen und Institutionen als Partner von Regierungen und Unternehmen beim Ringen um wirtschaftlichen Fortschritt genießen, führt zu einer stärker partizipatorischen Entwicklung. Die Einbeziehung von Trägern der Zivilgesellschaft führt zu stärker auf die Menschen bezogenen und produktiveren Programmen und Projekten.

Schuldenmanagement einkommensschwacher Länder

In Bezug auf das Schuldenproblem der Entwicklungsländer herrscht eine unbegründete Selbstgefälligkeit. Die Verringerung der Schuldenlast einiger (und keineswegs aller) Länder mit mittlerem Einkommen gegenüber den Banken, darf kaum Anlaß dazu geben, daß das Problem als weitgehend gelöst angesehen wird. Die Lage vieler einkommensschwacher Schuldnerländer - es handelt sich dabei hauptsächlich um Schulden gegenüber Regierungen und staatlichen Institutionen - ist trotz wiederholter Initiativen zum Erlaß eines beträchtlichen Teiles ihrer Schulden immer noch verzweifelt.

Die Schulden von über zwanzig afrikanische Länder werden von der Weltbank als nicht mehr tragfähig eingestuft. (1991 belief sich der diskontierte Wert des damaligen Schuldendienstes auf über 200 Prozent der Exporterlöse.) Welche ursprüngliche Fehlentwicklung auch immer zu dieser Situation geführt hat, es erscheint heute schlicht unsinnig und unrealistisch, die Bedienung dieser Schulden zu fordern. Bei Ländern, für die das Verhältnis 1000 oder mehr Prozent beträgt wie Mosambik, dem Sudan und Somalia ist eine solche Forderung geradezu surrealistisch, da die Zinseszinsbelastung den Schuldendienst in astronomische Höhen treibt. Die Notlage vieler dieser Länder ist so kraß, daß selbst die volle Anwendung der gegenwärtig angebotenen Schuldenreduktion nur sechs der 21 im Jahre 1991 am stärksten verschuldeten Ländern wieder in den Bereich bedienbarer Schulden bringen würde.

Diesen einkommensschwachen Ländern entstehen als Folge der nicht tragfähigen Schulden schwere Nachteile. In einigen Fällen, insbesondere bei Nigeria, führt der reduzierte Kapitalfluß zu einer drastischen Verringerung der Importe. Eine weitere Konsequenz ist, daß Handelskredite nicht mehr oder nur noch zu erhöhten Kosten eingeräumt werden. Außerdem sind wichtige Beamte über lange Zeiträume hinweg durch Umschuldungsverhandlungen in Anspruch genommen und können sich nicht mehr um innenpolitische Probleme kümmern. Die Aussicht, daß Entwicklungsgelder nur noch für den Schuldendienst verwendet werden, schreckt einheimische und ausländische Investoren ab.

Der Ausweg besteht in durchgreifenden innenpolitischen Reformen in Verbindung mit einer radikalen Schuldenreduktion. In zwei Bereichen könnten verbesserte Verfahrensweisen ein Problem verringern, das nach weitgehendem internationalen Konsens schon längst hätte angegangen werden sollen. Erstens sollten die Weltbank und andere multilaterale Institutionen bei ihrer Kreditvergabe wesentlich genauer auf die Rückzahlungsfähigkeit ihrer Schuldner achten. Zweitens ist ein radikaleres Vorgehen beim Schuldenerlaß erforderlich. Zumindest sollte das Angebot der vollen "Trinidad terms" entsprechende Würdigung erfahren. Dabei ist mit an Sicherheit grenzender Wahrscheinlichkeit für Länder, die praktisch bankrott sind, eine noch weitergehende Lösung erforderlich.

Schulden einkommensschwacher Länder

Für viele einkommensschwache Entwicklungsländer ist die "Schuldenkrise" kein historisches Ereignis aus den 80er Jahren, sondern sie ist ein aktuelles und wachsendes Problem. Von 1989 bis 1992 sank das Verhältnis von Schuldendienst zu Exporterlösen für die Länder mit mittlerem Einkommen von 24,9 auf 18,4 Prozent. Dabei führte eine Kombination aus Umschuldung und Exportsteigerungen zu einer allmählichen Abschwächung des Problems, allerdings mit einigen Ausnahmen wie der Elfenbeinküste.

Doch für die einkommensschwachen Länder verschärfte sich die Lage drastisch, wobei die Schuldendienstkoeffizienten mit Ausnahme von China und Indien von 11,8 auf 24,5 Prozent anwuchsen. Viele Länder, insbesondere in Afrika südlich der Sahara, sind zur Bedienung ihrer Schulden einfach nicht in der Lage, was zur Akkumulation großer Rückstände geführt hat: 10,1 Milliarden Dollar beim Sudan; 4,5 Milliarden bei Nicaragua; 3,4 Milliarden bei Nigeria; und jeweils über eine Milliarde bei Ägypten, dem Jemen, Madagaskar, Mosambik, Myanmar, Somalia, Sambia und Tansania.

In vielen der schwerwiegendsten Fälle bestehen große Strukturschwächen, darunter eine schlechte Infrastruktur und nicht diversifizierte Exporte, und/oder die Länder leiden unter den langfristigen Folgen von Krieg und Bürgerkrieg.

1988 erkannte man, daß die Lage in einigen Fällen nicht mehr tragfähig war; im Pariser Club wurde eine Schuldenreduktion als eine von mehreren Alternativen (den sog. "Toronto terms") angeboten. Sie wurden 1991 erweitert („enlarged Toronto term"), wobei ein Erlaß von 50 Prozent der aufgelaufenen Schuldendienstforderungen einbezogen wurde. Ein vom britischen Schatzkanzler eingebrachter Alternativansatz, der für einige Schuldner größere Konzessionen beinhaltete, wurde als "Trinidad terms" bekannt.

Parallel dazu boten einige Geberländer an, frühere Schulden aus öffentlicher Entwicklungshilfe abzuschreiben. Doch selbst bei den großzügigsten Angeboten verbleiben einigen Ländern (wie Guinea-Bissau, Somalia, Sierra Leone, der Sudan und Uganda) noch immer sehr hohe Verpflichtungen aus dem Schuldendienst, und ein umfassenderer Schuldenerlaß ist unbedingt notwendig.

Manches spricht dafür, einen förmlichen Status ähnlich dem Unternehmenskonkurs einzuführen. Dabei würde ein Staat akzeptieren, daß seine Geschäfte eine Zeitlang von Vertretern der internationalen Gemeinschaft verwaltet würden, während durch weitgehenden Schuldenerlaß ein Neuanfang ermöglicht würde. Es gibt auch Länder, denen ein weitgehender konsolidierter Schuldenerlaß eingeräumt wurde - z. B. Indonesien in den 60er Jahren und in jüngerer Zeit Mexiko und Polen - die dann anschließend aufgrund einer konsequenten Entwicklungspolitik, allerdings ohne die Belastung durch einen hohen Schuldenüberhang, Fortschritte gemacht haben. Dieses Modell könnte weitgehend nachgeahmt werden.

Technologie im Dienste der Entwicklung

Die Fähigkeit einiger heutiger Entwicklungsländer zur Erzielung eines schnellen Wachstums ist in starkem Maße auf den erfolgreichen Einsatz neuer Technologien zurückzuführen. Der Zugang zu Technologien, die die Produktivität der traditionellen Landwirtschaft und anderer Gewerbebereiche steigern und gleichzeitig die Umweltbedingungen und die Verfügbarkeit von Arbeitskräften berücksichtigen, ist für die Entwicklung von zentraler Bedeutung. Er läßt sich auf verschiedene Weise erreichen, von ausländischen Direktinvestitionen bis zum Transfer von öffentlich zugänglichen wissenschaftlichen Kenntnissen. Die Entscheidung vieler Entwicklungsländer zur Liberalisierung ihrer Regelungen für ausländische Investitionen liegt in erheblichem Umfang der Überzeugung zugrunde, daß hierdurch der Technologietransfer erleichtert wird.

Obwohl es heute mehr technologische Süd-Süd-Kooperation gibt, herrscht in den Entwicklungsländern doch eine gewisse Besorgnis, der Technologietransfer könne schwieriger werden, weil u. a. Forschung und Entwicklung in den Zukunftstechnologien - der Informationstechnologie, der Biotechnologie und bei neuen Werkstoffen - sich überwiegend auf reiche Länder konzentrieren. Schätzungen zufolge finden 97 Prozent der Forschung und Entwicklung in diesen Spitzentechnologien in Industrieländern statt.

Die Rolle der Technologie für die Entwicklung ist von entscheidender Bedeutung. Doch ist sie aus dem Blickfeld geraten, und es gibt keine internationale Institution, die sich mit ihr vorrangig befaßt. Sie sollte im Arbeitsprogramm des neuen Rates für Wirtschaftliche Sicherheit Priorität genießen.

Auf nationaler Ebene sollten die Regierungen im Rahmen einer guten Ordnungspolitik in Zusammenarbeit mit der Privatwirtschaft und wissenschaftlichen Einrichtungen Prognosen über die langfristigen Auswirkungen des technologischen Wandels auf ihre Gesellschaften erstellen und beispielsweise im Bildungs- und Ausbildungsbereich die notwendigen Anpassungsmaßnahmen ergreifen.

Die Reaktion auf Katastrophen

Appelle zur Katastrophenhilfe bewirken meistens mehr internationale Solidarität als der mühsame und langwierige Prozeß der Entwicklung. Die Vereinten Nationen und auch NGOs wie das Rote Kreuz und Ärzte ohne Grenzen spielen bei der Katastrophenhilfe eine wertvolle Rolle. Dabei überschneiden sich wirtschaftliche Probleme und Fragen der Friedenssicherung, da die schwierigsten humanitären Probleme Folgen von Kriegen und zivilen Auseinandersetzungen sind, die manchmal wirtschaftliche Ursachen aber immer wirtschaftliche Folgen haben.

Die lange Agonie am Horn von Afrika - in Äthiopien und Eritrea, dem Sudan und Somalia - hat militärische, politische, ökologische und wirtschaftliche Dimensionen, ohne daß man zwischen diesen eine klare Trennungslinie ziehen könnte. Selbst Naturkatastrophen - Überschwemmungen, Erdbeben, Vulkanausbrüche - haben weitreichende Ursachen und Konsequenzen, da ihre Auswirkungen durch Armut (arme Menschen sind oft zum Leben in gefährlicher Umgebung gezwungen) und Umweltzerstörung (Entwaldung und Überschwemmungen) noch verschlimmert werden können. Weiterhin können sie sich auf die zwischenstaatlichen Beziehungen auswirken - wie zwischen Indien, Bangladesch und Nepal bei den Überschwemmungen des Brahmaputra und des Ganges.

Bei Katastrophen und humanitärer Hilfe ist dringend ein ganzheitlicher, traditionelle Grenzen überschreitender Ansatz erforderlich. Der Rat für Wirtschaftliche Sicherheit könnte sich mit den Problemen unter allen Aspekten befassen. Er könnte versuchen, künftige Krisenherde zu identifizieren, die internationale Unterstützung bei bestimmten Problem zu mobilisieren und geeignete Formen der Zusammenarbeit zwischen verschiedenen Institutionen vorschlagen.

Regierungen und NGOs wird zunehmend bewußt, wie sich die Auswirkungen von Katastrophen durch entsprechende Planungssysteme minimieren lassen. Doch für viele Entwicklungsländer sind Naturkatastrophen auch wirtschaftliche Katastrophen. Eine spezielle in diesem Bereich erforderliche Maßnahme ist die Katastrophenversicherung. In den Industrieländern werden viele Katastrophenschäden durch Versicherer (und Rückversicherer) abgedeckt. Dadurch wird den Opfern ein Neuanfang ermöglicht, und es wird ein Anreiz für größere Gebäudesicherheit und Präventivmaßnahmen geboten. Die Versicherer in den Entwicklungsländern haben große Probleme bei der Versicherung der Armen, und die internationale Rückversicherung ist für sie sehr teuer. Den von Katastrophen immer wieder heimgesuchten Karibikinseln wurde kürzlich der Rückversicherungsschutz ganz entzogen.

Wir sähen gern eine Initiative zur Stärkung der Versicherungsmärkte bei der Abdeckung wirtschaftlicher Katastrophenschäden in armen und kleinen Ländern. In Zusammenhang mit der globalen Erwärmung werden noch zerstörerische Hurrikane und noch wildere Stürme vorhergesagt - in diesem Falle handelt es sich um Naturkatastrophen, die durch menschliche Aktivitäten - hauptsächlich der Industrieländer - noch zusätzlich verstärkt werden. Doch auch aus allgemeineren Gründen spricht vieles für eine besondere Unterstützung dieser schwachen Volkswirtschaften. Die Weltbank und die Regionalbanken sollten einen Mechanismus - ein teilweise subventioniertes System - für diese Länder bereitstellen, um die gemeinsame Abdeckung von Versicherungsrisiken zu gewährleisten.

Migration

Die Migration wird wahrscheinlich ein zusehends schwierigeres Thema werden.

Menschen aus verschiedenen Teilen der Welt tauschen sich in direktester Form durch Migration aus. Für diese gibt es nur wenige multilaterale Regelungen, doch für die betroffenen Menschen kann das Fehlen jeglichen völkerrechtlichen Schutzes Ausbeutung bedeuten und zu ernsten Konflikten führen. Überdies liegt in der Art, wie viele Regierungen sich gegenüber der Migration verhalten, eine große Inkonsequenz, ja Heuchelei. Sie glauben angeblich an freie Märkte (einschließlich der Arbeitsmärkte), bedienen sich aber zur Kontrolle grenzüberschreitender Arbeitsmigration drakonischer und hochgradig bürokratischer Vorschriften.

Als praktische Konsequenz dieser restriktiven Politik ist die Migration zwischen armen und reichen Ländern heute geringer als im 19. Jahrhundert. Von 1880 bis 1914 verließen jährlich etwa eine Million Menschen Europa, um sich in anderen Ländern, vor allem in den USA, niederzulassen. Die absoluten Zahlen der - legalen und illegalen - Einwanderung in die USA, nach Kanada und Australien sind in jüngster Zeit damit grob vergleichbar, doch gemessen an der Gesamtbevölkerung liegen die relativen Zahlen niedriger als vor einem Jahrhundert. Auch Westeuropa hat Einwanderer aus Entwicklungsländern aufgenommen, die kleine, aber auffällige Minderheiten bilden. Inzwischen wurde die Neueinwanderung aber weitgehend verringert. Gleichzeitig sind die gut ausgebildeten, hochqualifizierten und reichen Menschen aller Länder im allgemeinen hochgradig mobil geworden, was sowohl zwischen verschiedenen Klassen als auch zwischen verschiedenen Ländern zu großen Diskrepanzen in der Lebensqualität führt.

Die Furcht der reichen Länder vor einer Massenzuwanderung aus einkommensschwachen Ländern ist jedoch eine handfeste Realität. Angesichts der großen Unterschiede in Lebensstandard und persönlicher Freiheit an beiden Ufern des Mittelmeers und zwischen Nord- und Mittelamerika dürften diese Ängste wohlbegründet,

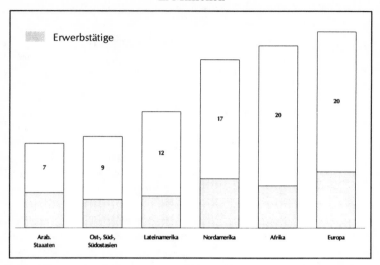

Ausländer nach Regionen, 1993
in Millionen

Erwerbstätige

| Arab. Staaaten | Ost-, Süd-, Südostasien | Lateinamerika | Nordamerika | Afrika | Europa |
| 7 | 9 | 12 | 17 | 20 | 20 |

wenn auch übertrieben sein. Diese Furcht könnte ein wichtiger Faktor bei der Verstärkung abgrenzender Tendenzen in der Weltwirtschaft sein.

Meistens wird zwischen Asylsuchenden, Flüchtlingen und Wirtschaftsmigranten unterschieden. In der Praxis ist es jedoch unmöglich, die Motive auseinanderzuhalten, und die Furcht vor wirtschaftlich motivierter Massenmigration führt zur Herabminderung des Status der Asylsuchenden und Flüchtlinge, für die die Aufnahmekriterien verschärft und enger gefaßt werden. Die NAFTA verfolgt beim gleichen Problem einen weitsichtigeren Ansatz und versucht den Ländern mit Arbeitskräfteüberschuß durch Handelsausweitung zu helfen.

Eine multilaterale Behandlung der Migration könnte sowohl zur teilweisen Zerstreuung der Befürchtungen in den Aufnahmeländern als auch zum Schutz der einzelnen Migranten vor Willkür und Unmenschlichkeit beitragen. Die Migration wird wahrschein-

229

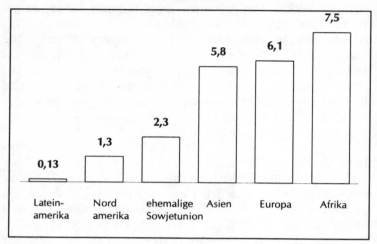

Flüchtlinge nach Herkunftsregionen, 1993
in Millionen

Lateinamerika	Nordamerika	ehemalige Sowjetunion	Asien	Europa	Afrika
0,13	1,3	2,3	5,8	6,1	7,5

lich ein zusehends schwierigeres Thema werden, und wir betonen die Wichtigkeit von Erforschung, Analyse und Überwachung der Wanderungstendenzen und der diesbezüglichen Politik. Die Internationale Organisation für Migration arbeitet seit 1951 sowohl zu Flüchtlingen- als auch zu Fragen der Arbeitsmigration. Sie hat sich bei der Linderung von Flüchtlingskrisen und der Vorbereitung von Repatriierungsmaßnahmen in Zusammenarbeit mit dem UN-Hochkommissar für Flüchtlinge als besonders nützlich erwiesen. Trotzdem bleibt die Notwendigkeit einer umfassenderen institutionalisierten Zusammenarbeit in Migrationsfragen bestehen. Auch sollten weitere Länder die UN-Konvention über Wanderarbeiter ratifizieren.

Ob reguliert oder nicht, die Arbeitsmigration wird zunehmen. Daher liegt es in jedermanns Interesse, daß die Regeln für die Arbeitsmigration weiterentwickelt und verbessert werden. Bei den GATT-Verhandlungen schlugen die Entwicklungsländer vor, in die Regelungen für neue Dienstleistungen auch Dienstleistungen durch unmittelbare Arbeit einzubeziehen. Eine Möglichkeit wäre, Entwicklungsländern auf vertraglicher, zeitlich begrenzter Grundlage den Verkauf von Arbeitsleistungen in reiche Länder zu gestatten. Dabei müßte das Grundrecht der Gewerkschaften auf Tarifverhandlungen und Tarifabschlüsse gewahrt bleiben. Die heutigen ILO-Konventionen müßten gegebenenfalls um Bestimmungen zum Schutz von Vertragsarbeitern vor willkürlicher Deportation und Verhaftung erweitert werden, genauso wie eine Bank oder ein Versicherungsunternehmen, die sich aufgrund des Kodex über Finanzdienstleistungen niederlassen, vor Diskriminierung und Enteignung geschützt werden.

Die Einwanderung ist ein sehr heikles Thema, und Versuche, sie auf eine geschäftsähnliche Grundlage zu stellen, haben bisher zu mindestens ebenso vielen Problemen geführt wie eine dauerhafte Ansiedlung. Erste Berichte über Konzessionen in diesem Bereich im Rahmen des GATT legen äußerste Vorsicht nahe. Trotzdem kann nicht länger eine einzelne Gruppe von Ländern, wenn sie irgendwelchen Anspruch auf Glaubwürdigkeit erhebt, behaupten, Arbeitsmobilität sei in der zusehends interdependenten Weltwirtschaft ein Tabuthema. Wir halten den Gedanken eines Kodex für Arbeit als Dienstleistung für sinnvoll, obwohl uns klar ist, daß dieser einen speziellen Charakter hätte und nicht von den Problemen der gängigen Mobilität, die ohne Diskriminierung möglich sein sollte, ablenken darf.

Umweltschutz

Alle Staaten sollten in ihrer Politik in größtmöglichem Umfang Umweltsteuern einsetzen und das "Verursacherprinzip" anwenden.

Die Umwelt hat wohl mehr als jedes andere Thema zur Herauskristallisierung des Gedankens beigetragen, daß die Menschheit eine gemeinsame Zukunft hat. Der Begriff der nachhaltigen Entwicklung findet heute weitgehende Anwendung und wird als Verhaltensrahmen für alle Länder, arme und reiche, akzeptiert. Uns

Ausgewählte internationale Umweltabkommen

- Walfangkonvention (1946; 38 Vertragsparteien)
- Ramsar-Übereinkommen zu Feuchtgebieten (1971; 17 Vertragsparteien)
- Übereinkommen zur Verhütung der Meeresverschmutzung durch das Einbringen von Abfällen und anderen Stoffen (1972; 68 Vertragsparteien)
- Übereinkommen über den internationalen Handel mit gefährdeten freilebenden Tieren und Pflanzen, Washingtoner Artenschutzübereinkommen (1973; 17 Vertragsparteien)
- Internationales Übereinkommen zur Verhütung der Meeresverschmutzung durch Schiffe, MARPOL-Übereinkommen (1973; 74 Vertragsparteien)
- Konvention über grenzüberschreitende Luftverunreinigungen (1979; 35 Vertragsparteien)
- Konvention über Wandernde Wildtierarten (1979; 39 Vertragsparteien)
- UN-Seerechtskonvention (1982; 52 Vertragsparteien)
- Internationales Tropenholz Abkommen (1983; 50 Vertragsparteien)
- Wiener Übereinkommen zum Schutz der Ozonschicht (1985), einschließlich des Protokolls von Montreal (1987; 91 Vertragsparteien)
- Übereinkommen über die frühzeitige Meldung von nuklearen Störfällen (1989; 61 Vertragsparteien)
- Konvention zur Kontrolle des grenzüberschreitenden Transportes gefährlicher Abfälle, Baseler Konvention (1989; 33 Vertragsparteien)
- Übereinkommen über die biologische Vielfalt (1992; 4 Vertragsparteien)
- Rahmenübereinkommen über Klimaänderungen (1992; 5 Vertragsparteien)

interessieren an dieser Stelle besonders die Konsequenzen für die Weltordnungspolitik.

Erhebliche Fortschritte wurden bisher bei der Schaffung eines internationalen Systems zur Umweltordnung erzielt, mit dessen Hilfe durch Beilegung grenzüberschreitender Umweltkonflikte und den Schutz der globalen Gemeingüter nachhaltige Entwicklung erreicht werden soll. Heute gibt es bereits in Kraft befindliche oder vor der Ratifizierung stehende Übereinkommen über die Atmosphäre, die Ozeane, gefährdete Arten, die Antarktis und den Handel mit Giftmüll. UNEP hat gemeinsam mit Institutionen wie der Weltorganisation für Meteorologie und der Internationalen Schiffahrtsorganisation eine wichtige Rolle beim Aushandeln und der Weiterverfolgung dieser Vereinbarungen übernommen. Nicht-staatliche Organisationen wie die World Conservation Union (IUCN), das World Resources Institute und der World Wide Fund for Nature haben ebenfalls wichtige Beiträge geleistet, indem sie ein für staatliche Maßnahmen zur Verbesserung der Umweltord-nung günstiges Klima geschaffen haben.

Nachhaltige Entwicklung und die Agenda 21

Eines der Ergebnisse der UN-Konferenz über Umwelt und Ent-wicklung (UNCED) im Jahre 1992 war die Gründung der Kom-mission für Nachhaltige Entwicklung (CSD), eines zwischenstaat-lichen Gremiums mit 52 Mitgliedern, das heute innerhalb des UN-Systems das Zentrum für Kohärenz und Koordinierung der von den verschiedenen UN-Sonderorganisationen durchgeführten Pro-gramme bildet. Die CSD darf jedoch nicht lediglich als admini-stratives Koordinierunsgremium gesehen werden. Sie soll darüber hinaus eine allgemeinere Führungsrolle auf dem Gebiet der nach-haltigen Entwicklung, insbesondere bei der Umsetzung der in Rio beschlossenen Agenda 21, übernehmen.

Die Fortschritte bei der Umsetzung der Agenda 21 sind auf ver-schiedenen Gebieten sehr unterschiedlich. Obwohl heute globale Probleme wie die Schädigung der Ozonschicht und die globale Erwärmung größere Beachtung als noch vor einigen Jahren fin-den, genießen die anderen weniger dramatischen, aber dennoch lebenswichtigen Fragen der Trinkwasserversorgung und dessen Qualität, der Bodendegradation und der Desertifikation weit weni-ger Aufmerksamkeit. In der Frage der Entwaldung konnte man sich in Rio lediglich auf eine allgemeine Prinzipienerklärung eini-gen. All diese Fragen sind mit den Problemen der Armut und Un-terentwicklung eng verknüpft.

Die unmittelbaren Konsequenzen der durch Armut bedingten Umweltveränderungen sind auf lokaler Ebene spürbar und erfordern eine starke nationale Ordnungspolitik. Die langfristigen Folgen der Vernachlässigung sind jedoch globaler Art, und den armen Ländern fehlen die Mittel, um mit ihnen angemessen fertig zu werden.

In der Agenda 21 wird plausibel erklärt, welches Engagement der Weltgemeinschaft notwendig ist, doch positive Aktionen zu dessen Umsetzung fehlen noch. Der vorgeschlagene Rat für Wirtschaftliche Sicherheit könnte diese Fragen wieder in den Mittelpunkt der Aufmerksamkeit rücken. Aufgabe der CSD ist es, dafür den Weg zu bahnen. Wir drängen mit Entschiedenheit auf internationale Unterstützung zur Umsetzung der Agenda 21.

Die Nachfolgeaktivitäten von Rio müssen vor allem über das Stadium der Deklarationen hinausgehen und zu einem wirklichen Umsetzungsprogramm führen. Die 500 Seiten an Handlungsvorschlägen enthalten zahlreiche und vielfältige Anregungen und Verpflichtungen zur Schaffung neuer Möglichkeiten auf nationaler und internationaler Ebene. Dabei ist jedoch klar, daß die Länder mit der größten Gefährdung einer nachhaltigen Entwicklung im allgemeinen auch über die geringsten institutionellen und finanziellen Mittel zu deren Überwindung verfügen. Die Umsetzung der Agenda 21 ist daher unauflösbar mit der Bereitstellung zusätzlicher Entwicklungsressourcen verknüpft.

Die Globale Umweltfazilität (Global Environmental Facility - GEF) stellt einen kleinen und nützlichen Schritt zur Verbesserung des Instrumentariums und der Finanzierungsbasis der Agenda 21 dar. Die GEF soll Entwicklungsländern bei Umweltinvestitionen mit globalem Nutzen helfen; sie ist sogar unmittelbar zur Abdeckung der zusätzlichen Kosten von Projekten, die auf globaler Ebene positive Auswirkung auf die Umwelt haben, gedacht. Ein wichtiger Grundgedanke dabei ist, daß Umwelthilfe für Entwicklungsländer den Geberländern mindestens ebensoviel nützt wie den Empfängern. In ihrer gegenwärtigen Konstruktion unterliegt die GEF jedoch starken Beschränkungen. Sie hat nur ein geringes Budget: 742 Millionen Dollar in den ersten drei Jahren. Dabei ist zweifelhaft, ob es sich tatsächlich zum großen Teil um zusätzlich bereitgestellte Mittel handelt. Wahrscheinlich werden eher Ressourcen aus anderen Bereichen der Entwicklungshilfe umgelenkt.

Wir befürworten im Prinzip eine Ausweitung der GEF, allerdings unter der Voraussetzung, daß es sich tatsächlich um zusätzliche

Mittel handelt und die Priorität der Entwicklung gewahrt bleibt. Diese Ziele sind zweifellos erreichbar, da das Grundprinzip und die Abstimmungsstruktur der GEF einen Schritt in Richtung des früher erörterten, für beide Seiten vorteilhaften "vertraglichen" Ansatzes darstellt.

Marktinstrumente und Umwelt

Durch die Erfahrungen der letzten Jahre haben sich solche Instrumente als bedeutsam erwiesen, die Unternehmen und Einzelpersonen deutlich vermitteln, daß nicht-nachhaltige Produktionsmethoden oder Lebensweisen geändert werden können, ohne dabei ein dezentralisiertes marktwirtschaftliches System durch Strukturen einer Kommandowirtschaft zu gefährden.

Es gibt eine Fülle von Beispielen für eine andauernde nicht-nachhaltige Entwicklung, weil Verbraucher und Produzenten nicht die vollen Umweltkosten für ihren Verbrauch tragen: die massive Wasserverschwendung bei subventionierten Bewässerungsprojekten wie in den USA; die niedrigen Gebühren für das Holzfällen und die geringen Lizenzgebühren, die zu einer übermäßigen Abholzung der tropischen Regenwälder führen; die Preisstützung für europäische Bauern, die energie- und chemieintensive Anbaumethoden begünstigen; das Fehlen angemessener Gebühren für Fischereirechte auf hoher See, das zur Zeit zu einer ernsten Überfischung führt; die zu verschwenderischen Transport- und Energiesystemen sowie zu übermäßigen CO_2-Emissionen führenden Versuche, die Energiepreise niedrig zu halten.

Alle Staaten sollten sich in ihrer Politik in größtmöglichem Umfang für Umweltsteuern einsetzen und das "Verursacherprinzip anwenden. Die Aufhebung der immensen Steuervorteile und Subventionen für wirtschaftlich verschwenderische und umweltschädliche Aktivitäten könnte für viele Regierungen große, unerwartete Mehreinnahmen bedeuten, obwohl die vollständige Aufhebung dieser Vergünstigungen zu politischen Problemen führen könnte. Jüngste Erfahrungen mit Versuchen, Steuervergünstigungen für die Waldrodung in Brasilien abzubauen, indischen Bauern den

Gedanken nahezubringen, daß sie die vollen Kosten ihres Stromverbrauchs zu zahlen haben, Agrarsubventionen in Frankreich abzubauen oder britische Kohlebergwerke zu schließen, führten alle zu beträchtlichen politischen Schwierigkeiten. Doch der zunehmende Einsatz marktwirtschaftlicher Instrumente - Steuern, Nutzungsgebühren und rechtliche Belangung für Emissionen - zeigt, daß sich Wirtschafts- und Umweltinteressen sinnvoll verbinden lassen.

Ein Beitrag zur Verringerung der globalen Erwärmung sollte durch Besteuerung des Energieverbrauchs oder der CO_2-Emissionen erfolgen, wie man dies in der EU und den Vereinigten Staaten plant. Der Vorschlag einer Emissionsbesteuerung scheint am ehesten praktikabel und einer Umsetzung am nächsten zu sein. Überdies könnten einzelne Länder oder Regionen (wie die EU) diesen Ansatz in Vorwegnahme globaler Vereinbarungen als Teil ihrer eigenen Steuerreform verwenden. Ziel dabei ist es, allgemeine steuerliche Anreize zur Energieeinsparung und zur Verwendung weniger kohlenstoffhaltiger Brennstoffe zu geben. Im Gegensatz dazu haben die meisten Länder zur Zeit sehr hohe Steuern auf Benzin, nicht jedoch auf andere Erdölprodukte, und subventionieren häufig die Kohle. Der Vorschlag der EU beinhaltet eine reine CO_2-Besteuerung in Verbindung mit einer allgemeinen Energiesteuer, teilweise zur Vermeidung politischer Schwierigkeiten (darunter der Anreiz zur Nutzung von Kernenergie), die sonst eine ausschließliche Besteuerung von CO_2-Emissionen mit sich bringen würde.

Selbst wenn eine CO_2-Steuer nur in einzelnen Ländern eingeführt würde, wäre dies zweifellos ein wichtiger Schritt vorwärts und ein Signal, daß die globale Erwärmung ernst genommen wird, sowie ein Anreiz für nachhaltiger Formen des Energieeinsatzes. Der EU-Ansatz einer allmählichen Steueranhebung (von zwei Dollar pro Barrel-Äquivalent auf zehn Dollar im Jahre 2000) bietet den praktischen Vorteil der Vermeidung schwerer Anpassungsprobleme. Eine derartige Steuer könnte einen Schritt in Richtung eines radikal anderen Systems darstellen, bei dem der Ressourcenverbrauch und nicht - wie in Industrieländern häufig anzutreffen -

Handelbare Zertifikate

Sogenannte "Handelbare Zertifikate" werden in den Vereinigten Staaten in großem Umfang anstelle von Steuern zur Kontrolle der Umweltverschmutzung eingesetzt. Der Staat beschließt bestimmte Emissionsmengen und gibt an Unternehmen Zertifikate (permits) aus, die diese entsprechend den von ihnen erzeugten Emissionen erwerben müssen. Diese können von den Firmen ohne staatliche Mitwirkung gehandelt werden.

Wegen der ersten insgesamt positiven Ergebnisse hat die Regierung diese Genehmigungen zum zentralen Element des neuen Luftreinhaltegesetzes (Clean Air Act) zur Kontrolle von Schwefeldioxydemissionen gemacht. Zertifikate bieten klare Vorteile:

- Die Regierung kann, sofern dies aus Gesundheits- oder Umweltgründen erforderlich ist, genaue Zielvorgaben für die Emissionen machen, so wie dies mit Umweltsteuern nicht möglich wäre.
- Es besteht ein marktwirtschaftlicher Anreiz zur Effizienz. Je stärker eine Firma ihre Emissionen reduziert, desto mehr kann sie durch den Verkauf ungenutzter Zertifikate verdienen.
- Die Verwaltung wird dezentralisiert und erfolgt über den Markt. Es sind keine Scharen von Bürokraten zur Kontrolle jedes einzelnen Betriebes erforderlich.
- Weil die staatlichen Vorgaben flexibel sind und sich am Markt orientieren, sind sie leichter auszuhandeln und durchsetzbar als traditionelle amtliche Kontrollmaßnahmen und Regelungen.

Bisher haben sich die Zertifikate erst innerhalb eines Landes mit einer für einen derartigen Austausch gut gerüsteten Infrastruktur bewährt. Ließe sich der gleiche Ansatz auch global für CO_2-Emissionen verwenden? Im Prinzip ja, doch es sind zahlreiche praktische Probleme zu berücksichtigen. Wie könnten "Anrechte auf CO_2-Emissionen" auf Länder verteilt werden? In welcher Währung würde der Handel erfolgen, wenn Länder versuchen, ihre überschüssigen Rechte zu Geld zu machen? Welche Emissionen wären zu berücksichtigen? Wie würde das System verwaltet? Wie ließe sich das "Horten von Zertifikaten" vermeiden?

Die Probleme sind gewaltig, und ihre Lösung erfordert ein Vertrauen und eine Qualität der Weltordnungspolitik, die über das heutige Niveau hinausgehen. Aus diesem Grunde dürften kurzfristig freiwillige nationale Systeme der Emissionsbesteuerung wahrscheinlicher sein.

Quelle: Nach Michael Grubb, *The Greenhouse Effect: Negotiating Targets,* London, Royal Institute of International Affairs, 1991.

die Arbeit (durch Lohnsummensteuer) und Rücklagen besteuert würde. Damit würde übermäßigem Konsum entgegengewirkt, und die Beschäftigung würde im Rahmen einer Strategie der nachhaltigen Entwicklung gefördert. Andererseits würden nicht nur Mittel für Steuersenkungen in anderen Bereichen freigesetzt, sondern es könnten Beiträge für globale Umweltinitiativen geleistet werden.

Umsetzungsprobleme werden unvermeidlich sein. Die Industrie wird klagen, ihre Produkte wären wegen anderenorts nicht erhobener Energiesteuern nicht mehr konkurrenzfähig; dies hat bereits zu umfänglichen Ausnahmeregelungen beim EU-Vorschlag geführt. Aus diesem Grunde ist ein globaler Ansatz - oder zumindest ein gemeinsames Vorgehen der großen Industrieländer - wünschenswert. Das Fehlen eines solchen Ansatzes ist jedoch kein Grund zur Untätigkeit. Wenn die Steuereinnahmen teilweise zur Senkung anderer Unternehmenssteuern (z. B. solchen, die den Faktor Arbeit verteuern) eingesetzt würden, ließen sich die negativen Auswirkungen auf die Wettbewerbsfähigkeit minimieren.

Einen anderen Ansatz zur Lösung des gleichen Problems bilden handelbare Zertifikate. Wir würden detaillierte Vorbereitungsmaßnahmen im Rahmen des RWS für ein System global handelbarer Zertifikate zur Begrenzung der Treibhausgasemissionen begrüßen. Durch derartige Mechanismen ließen sich Wirksamkeit, Ausgewogenheit und Markteffizienz verbinden.

Die globalen Gemeingüter

Die unmittelbarste Herausforderung für die globale Umweltpolitik liegt in "der Tragödie der Gemeingüter": der Übernutzung gemeinsamer Umweltressourcen aufgrund des Fehlens eines hinreichend starken Systems der kooperativen Verwaltung dieser Güter. Die Verschmutzung der Atmosphäre und die Vernichtung der Fischbestände in den Ozeanen beruhen - genauso wie die Zerstörung von gemeinschaftlich genutzten Weidegebieten - auf Unzulänglichkeiten der Ordnungspolitik, die weder ein gesichertes Eigentumsrecht noch kollektive Verantwortung für die Verwaltung gemeinsam genutzter Güter vorsieht. Dabei stellen die Gemeingüter nicht nur eine Tragödie dar, sondern auch große Möglichkeiten: beispielsweise das ungenutzte Energiepotential aus Tiefseeströmungen, die Chancen der Aquakultur und die Erforschung und Erkundung des Weltraumes.

Nationales Recht erfaßt diesen Bereich nicht und kann daher kaum Anwendung auf ihn finden. Internationale Zusammenarbeit und Rechtsetzung bieten die einzige Möglichkeit zum Schutz der globalen Gemeingüter, wenn auch die Probleme offensichtlich sehr unterschiedlicher Art sind: Müll und Militarisierung im Weltraum, die Meeresböden, Wälder, die Antarktis, die Verschmutzung von Atmosphärenschichten sowie andere Gemeingüter mit unterschiedlicher Anfälligkeit gegen Übernutzung und gegen verschiedene Nutzungsarten.

Die Weltkommission für Umwelt und Entwicklung hat ein Aktionsprogramm zur Verbesserung der Weltordnungspolitik im Bezug auf Gemeingütern skizziert, das weiterhin aktuell ist. Gegenwärtig bestehen mehrere unterschiedliche Arten von Defiziten. In einigen Fällen wird die Weltordnungspolitik durch das Fehlen entsprechender Vereinbarungen geschwächt - z. B. durch den (erst kürzlich aufgegebenen Widerstand) der USA und anderer Industrieländer gegen bestimmte Aspekte der von der dritten UN-Seerechtskonferenz entwickelten Regelungen für die Tiefseeböden.

Ein anderes, jedoch aktuelles Problem besteht darin, daß mit der Konkretisierung der verschiedenen globalen Umweltübereinkommen - über Tier- und Pflanzenarten, Klima und Wälder - die Ordnungspolitik in getrennte Institutionen und juristische Regelungen aufgesplittert wird, die nicht miteinander integriert sind. Die CSD könnte hier für Kohärenz sorgen. Mit noch größerer Autorität könnte der RWS in die gleiche Richtung drängen. In anderen Fällen bestehen Institutionen der Weltordnungspolitik, deren Legitimation jedoch in Frage gestellt wird. Der Antarktisvertrag hat viel zur Verhinderung von Streitigkeiten und für den Naturschutz geleistet, doch er darf nicht weiterhin Länder, insbesondere die afrikanischen, ausschließen, die den technologischen Aufnahmekriterien nicht genügen.

Die Belastung sensibler Ökosysteme durch die Zunahme der Bevölkerung und wirtschaftlicher Aktivitäten ist so groß, daß mit neuen Gefahren für die globalen Gemeingüter zu rechnen ist. Diese neuen Risiken bedürfen einer schnellen wissenschaftlichen Analyse, um den Gefahren der Selbstzufriedenheit und der Übertreibung zu begegnen. Die CSD hat den Auftrag, ein Gremium international angesehener und unabhängiger Wissenschaftler einzuberufen, die ein wissenschaftlich begründetes Frühwarnsystem für globale Gefährdungen entwickeln sollen. Eine wichtige Aufgabe des vorgeschlagenen Rates für Wirtschaftliche Sicherheit wäre es, rechtzeitig Korrekturmaßnahmen bei erkannten Gefahren politisches Gewicht zu verleihen.

Der Mangel an konsequenten Ansätzen und an einer Aufsicht über die globalen Gemeingüter wird immer deutlicher. Auch zeigt sich, daß eine einzige Institution im Namen aller Länder die Gesamtzuständigkeit erhalten sollte, einschließlich der Überwachung der Durchführung der sich auf die globalen Gemeingüter beziehenden Umweltverträge. Wir glauben, daß der Treuhandrat diese Rolle übernehmen sollte, und werden diesen Gedanken in Kapitel 5 weiterentwickeln.

Prinzipien der globalen Umweltpolitik

Die Rio-Konferenz hat viel für die Schaffung der rechtlichen, geistigen und institutionellen Grundlagen geleistet, um durch eine konzertierte Aktion nachhaltige Entwicklung zu erreichen. Der Begriff hat nunmehr dauerhaft Eingang in die wirtschafts- und umweltpolitische Diskussion gefunden. Es mangelt jedoch an einer Gesamtorientierung für die nächsten Schritte.

Das Scheitern der Verhandlungen in Rio über eine Erdcharta mit Prinzipien für künftige Handlungsfelder oder über die zusätzliche Bereitstellung von Mitteln für die Umwelt waren Rückschläge. Eine der ersten Aufgaben des Rates für Wirtschaftliche Sicherheit könnte die Durchsetzung einer Erdcharta sein.

Die jüngst zwischen dem Earth Council, dem Grünen Kreuz und der niederländischen Regierung getroffene Vereinbarung, bei der

Entwicklung einer Erdcharta zur weltweiten Verabschiedung zusammenzuarbeiten, könnte diese Aufgabe erleichtern. Diese Vereinbarung zeigt auch, daß NGOs nicht nur in wichtigen internationalen Fragen eine Führungsrolle übernehmen können, sondern auch in der Lage sind, Verhandlungsprozesse einzuleiten und bis zu einem bestimmten Reifestadium voranzutreiben, das in zwischenstaatlichen Verhandlungen erst nach viel längerer Zeit zu erreichen gewesen wäre.

Die Finanzierung der Weltordnungspolitik

Durch die Schaffung praktischer, wenn auch zunächst kleiner, Finanzierungssysteme für bestimmte UN-Aktivitäten sollte ein Anfang gemacht werden.

Auf den ersten Blick dürfte eine globale Finanzierung kaum vielversprechend sein. Die Regierungen haben in vielen Ländern große Probleme, ihre nationalen Steuersysteme vor den Bürgern zu rechtfertigen, und selbst eine so eng verbundene Gruppe wie die Europäische Union hat bei ihren Besteuerungsbefugnissen keine sonderlichen Fortschritte gemacht. Frühere Empfehlungen für eine globale Umverteilung von Steuern erfuhren unverzüglich eine Abfuhr.

Doch es könnte jetzt der richtige Moment sein, sich noch einmal unter neuen Gesichtspunkten in diesem Bereich um einen Durchbruch zu bemühen. Der Gedanke der Wahrung und Bewirtschaftung der globalen Gemeingüter- insbesondere im Hinblick auf die physische Umwelt - findet heute weitgehende Akzeptanz. Diese Aufgaben sind mit tröpfchenweiser Finanzierung nicht lösbar. Im Bereich der militärischen Sicherheit wird heute eine erweiterte Rolle der Vereinten Nationen akzeptiert.

Doch zwischen den finanziellen Erfordernissen von prinzipiell auf breiter Basis unterstützten Programmen und den über traditionelle Kanäle tatsächlich bereitgestellten Mitteln besteht eine sich vertiefende Kluft. Die ausgebliebene Finanzierung beschlossener Friedensoperationen ist eines der krassesten Beispiele. Hier sollte durch die Schaffung praktischer, wenn auch zunächst kleiner, Finanzierungssysteme für bestimmte UN-Operationen ein Anfang gemacht werden.

Für die Entwicklung von Finanzierungsprojekten könnten einige allgemeine Prinzipien verabschiedet werden. Zunächst wäre es angebracht, für die Nutzung einiger globaler Gemeingüter aus rein wirtschaftlichen Gründen unter Verwendung eines marktwirtschaftlichen Instrumentariums Kosten in Rechnung zu stellen. Zweitens ist richtig, daß nicht die gesamte Belastung auf eine kleine Zahl von Industrieländern entfallen darf, sondern auf alle verteilt werden muß, wenn auch mit einem gewissen Progressionsvorbehalt. Drittens wäre es gut, wenn neue Abgabensysteme nicht einfach an die Stelle nationaler Steuern oder Gebühren treten, sondern zusätzliche Einkommensquellen erschließen würden.

Im Rahmen dieser allgemeinen Prinzipien müßten natürlich zahlreiche technische Fragen der Erhebung und Verteilung globaler Abgaben geklärt werden. Eine Aufgabe des RWS bestünde in der Durchführung technischer Untersuchungen über politisch konsensfähige Aspekte der globalen Finanzierung.

Steuern sind natürlich selbst zu den besten Zeiten niemals populär, weder auf lokaler noch auf nationaler oder sonstiger Ebene. Regierungen haben die Möglichkeit, Nutzungsgebühren einzuführen, die einen direkteren Zusammenhang zwischen Zahlung und in Anspruch genommener Leistung vermitteln, als es Steuern und Staatsausgaben tun. Bei etwas so umstrittenem wie einer globalen Finanzierung scheint dies ein sinnvoller Ausgangspunkt zu sein.

Wir schlagen ausdrücklich keine irgendwo im UN-System angesiedelte Steuerhoheit vor. Benutzergebühren, Abgaben, Steuern - Regelungen über globale Abgabenerhebung welcher Art auch immer - müssen global vereinbart und durch einen Vertrag oder eine Übereinkommen umgesetzt werden. Vorschläge dazu könnten im UN-System - im Rat für Wirtschaftliche Sicherheit, wenn er dann gegründet ist - gemacht werden und müßten von der Generalversammlung verabschiedet werden, ehe sie dann in einen zu vereinbarenden und zu ratifizierenden völkerrechtlichen Vertrag Eingang fänden.

Eine solche Vereinbarung müßte strenge Regeln für die Zuweisung globaler Mittel und für die Rechenschaftspflicht über deren Verwendung enthalten, damit die Länder Vertrauen in das System setzen und sein wirksames Funktionieren im Sinne der globalen Aufgaben sichergestellt wird. Unsere Vorschläge enthalten im wesentlichen keine supranationalen Elemente, sondern sind praktische Anregungen zum Teilen unter Nachbarn der Einen Welt.

Jedes System der globalen Besteuerung erfordert eine Besteuerungsgrundlage, die für die Regierungen politisch akzeptabel ist und gleichzeitig die globalen Prozesse widerspiegelt. Ein Vorschlag ist die Erhebung von Steuern oder Gebühren auf Devisentransaktionen. Professor James Tobin, der amerikanische Nobelpreisträger im Bereich der Wirtschaftswissenschaften, hat Vorschläge zu einer solchen Steuer gemacht, die nicht allein oder vorwiegend anhand von Erträgen zu bemessen wäre, sondern aufgrund der Notwendigkeit, den größten globalen Markt effizienter zu machen. Dieser Markt umfaßt viele spekulative Transaktionen, die wegen ihrer Kurzfristigkeit kein Ausdruck grundlegender Wirtschaftsfaktoren sind.

Eine Steuer auf Devisentransaktionen würde diese Aktivitäten abschwächen (was an sich keinen Vorteil für die wirtschaftliche Effizienz bietet) und hätte potentiell ein großes Aufkommen. Auch könnte sie den Regierungen eine unabhängigere Währungspolitik aufgrund größerer Unterschiede bei kurzfristigen Zinsen ermöglichen. Eine derartige Steuer würde allerdings große praktische Probleme mit sich bringen, nicht zuletzt wegen der dezentralisierten, unregulierten und elektronisch vernetzten Devisenmärkte in den meisten Industrieländern, bei denen es keine schriftliche Dokumentation zur Festlegung der Bemessungsgrundlage gibt. Überdies bestünde ein Anreiz die Märkte in Steueroasen zu verlagern.

Die Probleme dürften nicht unüberwindlich sein, doch sie müssen angegangen werden. Wir fordern die UN und die Bretton Woods

Institutionen auf, die Realisierungsmöglichkeiten für ein derartiges System im Benehmen mit den Aufsichtsbehörden der führenden Finanzmärkte zu prüfen. Eine ebenfalls erwägenswerte Variante des Vorschlages von Professor Tobin geht von einem computergestützten Netzwerk für Devisentransaktionen aus, beim dem sich die Einkünfte aus Nutzungsgebühren ergeben würden. Dieser von Professor Ruben Mendez vorgeschlagene Mechanismus würde eine Aufzeichnung der einzelnen Transaktionen entbehrlich machen.

Ein anderer Gedanke wäre, die Unternehmensbesteuerung multinationaler Konzerne als Bemessungsgrundlage heranzuziehen. Im Augenblick unternehmen die Regierungen große Kraftanstrengungen, die unterschiedlichen Steuersysteme durch Doppelbesteuerungsabkommen miteinander in Einklang zu bringen. Doch in einer Welt, in der immer mehr Unternehmen wirklich global sind, erscheint es wenig sinnvoll, die Besteuerung im engen nationalen Rahmen festzulegen.

Gebühren für die Nutzung der globalen Gemeingüter sind wegen des Umweltschutzgedankens und ihrer wirtschaftlichen Effizienz, aber auch aus politischen und fiskalischen Gründen, populär und attraktiv. Sie würden eine effiziente und sparsame Nutzung fördern und dabei die Finanzierung globaler Ordnungsinstitutionen ermöglichen, die zur Beaufsichtigung und Erhaltung der Gemeingüter erforderlich sind. Wir regen an, mehrere Möglichkeiten für Nutzungsgebühren zu prüfen:

- ein Zuschlag auf Flugtickets für die Benutzung der zusehends überlasteten Flugkorridore, wobei für jeden internationalen Flug eine kleine Gebühr von wenigen Dollar erhoben würde;.
- eine Gebühr für Seetransporte als Ausgleich für die Notwendigkeit einer Verschmutzungskontrolle auf den Meeren und für die Offenhaltung der Schiffahrtswege für alle legitimen Nutzer, wobei Sondergebühren (oder die Versteigerung von Lizenzen) für das Verklappen von Müll mit geringer Giftigkeit in Betracht kämen;
- Nutzungsabgaben (oder Quotenversteigerung) für die Hochseefischerei als Ausgleich für den Druck auf viele Fischbestände

und die damit verbundenen Forschungs- und Überwachungskosten;

- Sondernutzungsgebühren für Aktivitäten wie den Fischfang in der Antarktis zur Finanzierung des Naturschutzes mit der Begründung, daß dieser Kontinent zum gemeinsamen Erbe der Menschheit gehört;
- Parkgebühren (oder Auktionserlöse) für geostationäre Satelliten; und
- Gebühren für Nutzungsrechte am elektromagnetischen Spektrum.

Die meisten dieser Vorschläge würden nur ein geringes, spezifisches Gebührenaufkommen erbringen, und es könnte sinnvoll sein, von der Nutzerseite her die entsprechenden Beträge zuzusagen, ohne daß sie tatsächlich eingezogen werden. Die Erträge stünden jedoch für die Bewirtschaftung der globalen Gemeingüter zur Verfügung. Einige Gebühren könnten jedoch gewaltige Auswirkungen haben. Eine CO_2-Besteuerung oder ein System von handelbaren Zertifikaten würden ein sehr großes Aufkommen erbringen, und die praktischen Probleme bei der Einführung derartiger globaler Steuer- oder Gebührensysteme sollten gründlich untersucht werden.

Wir fordern mit Nachdruck, einen Konsens zur Umsetzung des seit langem diskutierten und zunehmend wichtigen Konzeptes einer globalen Besteuerung zu entwickeln. In diesem und anderen Bereichen erfordert das Management der wirtschaftlichen Interdependenz technisch kreative und politisch mutige Innovationen.

Der Rat für Wirtschaftliche Sicherheit

1. Ein Rat für Wirtschaftliche Sicherheit (RWS) sollte im Rahmen der Vereinten Nationen geschaffen werden, um eine politische Führungsrolle zu übernehmen und den Konsens in weltwirtschaftlichen Fragen sowie einer ausgewogenen und nachhaltigen Entwicklung zu fördern. Gleichzeitig sollte er die Vereinbarkeit der politischen Ziele multilateraler Wirtschaftsinstitutionen sichern.

   - Der RWS sollte unter Einschluß der größten Volkswirtschaften repräsentativ zusammengesetzt und nicht größer als der reformierte Sicherheitsrat sein.

   - Der RWS sollte einmal im Jahr auf der Ebene der Regierungschefs und bei sonstigen Anlässen auf der Ebene der Finanzminister zusammentreten.

   - IWF, die Weltbank und die Welthandelsorganisation sollten mit dem RWS eng zusammenarbeiten und ihm regelmäßig berichten. Andere Institutionen wie die Kommission für Nachhaltige Entwicklung sollten dem Rat über spezifische Fragen Bericht erstatten.

Handel

2. Alle Staaten sollten zügig Gesetze zur Umsetzung der Vereinbarungen der Uruguay-Runde des Allgemeinen Zoll- und Handelsabkommens und zur Gründung der Welthandelsorganisation erlassen.

3. Die Regierungen sollten Entscheidungsstrukturen beschließen, die eine vollständige und öffentliche Überprüfung der Vorteile und der Kosten von Handelsbeschränkungen für die Gemeinschaft als ganzes vorsehen.

4. Zur Vermeidung von Interessenkonflikten zwischen dem Freihandel und insbesondere gesellschaftlichen und umweltpolitischen Belangen bedarf es innerhalb der Welthandelsorganisa-

tion eines intensiveren Dialoges und verbesserte Streitschlichtungsverfahren.

5. Die Welthandelsorganisation sollte klare Richtlinien zur Definition und Förderung eines offenen Regionalismus im Handel erlassen.

6. Die Welthandelsorganisation sollte neue Regeln zur Stärkung des globalen Wettbewerbs erlassen und ein Amt für Globalen Wettbewerb als Aufsichtsbehörde einrichten.

7. Die Welthandelsorganisation und die Vereinten Nationen sollten gemeinsam deutlichere Regeln für internationale Investitionen aufstellen, durch die Direktinvestitionen erleichtert werden, und sie sollten einen Verhaltenskodex und ein System zur Akkreditierung und Registrierung transnationaler Unternehmen schaffen, welche die in diesem Kodex festgelegten Gundprinzipien des Verhaltens akzeptieren.

8. Die Welthandelsorganisation sollte eine stärkere ordnungspolitische Struktur zur Schaffung globaler Regeln für eine liberalere und ausgewogenere Ordnung im Telekommunikationswesen und bei Multimedia-Diensten begründen.

Der IWF und die Stabilität der Weltwirtschaft

9. Der IWF sollte eine unabhängige Untersuchung über die Zweckmäßigkeit einer Aufsichtsbehörde über Bank- und Wertpapiermärkte in Auftrag geben.

10. Die Rolle des Internationalen Währungsfonds sollte gestärkt werden, indem er die Möglichkeit erhält,
    - in stärkerem Maße bei Zahlungsbilanzproblemen Unterstützung zu gewähren,
    - im Rahmen eines aktiveren Bemühens um politische Konvergenz die Politik in den großen Volkswirtschaften zu überwachen,
    - eine Neuauflage von Sonderziehungsrechten durchzuführen und

- seine Möglichkeiten zur Stützung nominaler Wechselkurse zu verbessern.

11. Die Entscheidungsstrukturen der Bretton Woods Institutionen bedürfen einer Reform und müssen demokratischer ausgestaltet werden. Dies schließt die Verwendung von BIP-Werten ein, die auf der Kaufkraftparität beruhen, um danach den Stimmenanteil der Mitglieder neu festzulegen.

Entwicklungshilfe und der Kampf gegen die Armut

12. Die Regierungen sollten ihre Anstrengungen verdoppeln, die Zielvorgabe von 0,7 Prozent des BIP für die öffentliche Entwicklungshilfe zu erreichen.

13. Die Weltbank sollte eine größere Rolle in der Entwicklungsfinanzierung spielen. Dies sollte durch Stärkung der IDA und durch Ausweitung der Rolle der Bank als Finanzvermittler durch größeren Einsatz von Bürgschaften und Kofinanzierungsregelungen bei Großprojekten erreicht werden.

14. Zur Mobilisierung von Hilfsgeldern und zum Nachweis der erzielten Leistungen sollte eine Strategie entwickelt werden, die u. a.
   - eine größere Entkopplung der öffentlichen Hilfe von Zweckbindungen vorsieht, damit die Empfängerstaaten die Gelder für den günstigsten Anbieter verwenden können, sowie
- eine verstärkte gemeinsame Finanzierung durch Regierungen und Nichtregierungsorganisationen zum Ziel hat.

15. Für die einkommensschwachen Länder ist eine radikalere Schuldenreduktion dringend geboten. Diese muß zumindest die volle Anwendung der vollen "Trinidad terms" und für einige Länder eine Forderungsausbuchung wie im Konkursverfahren umfassen.

16. Die Fähigkeit der Versicherungsmärkte zur Abdeckung der wirtschaftlichen Kosten von Naturkatastrophen in armen und kleine Ländern muß verbessert werden.

Migration

17. Eine verstärkte Koordinierung der Zusammenarbeit bezüglich Migrationsfragen ist erforderlich. Weitere Länder sollten die UN-Konvention über Wanderarbeiter ratifizieren.

18. Bei den GATT-Regelungen (bzw. bei der Welthandelsorganisation) sollte im Bezug auf den Handel mit Dienstleistungen ein besserer Marktzugang für arbeitsintensive Dienstleistungen vorgesehen werden.

Umwelt

19. Für die Agenda 21 sollte starke internationale Unterstützung mobilisiert werden. Die Globale Umweltfazilität sollte ausgebaut werden.

20. Die Regierungen sollten eine Umweltpolitik verfolgen, die maximalen Gebrauch von marktwirtschaftlichen Instrumenten, einschließlich Umweltsteuern und handelbaren Zertifikaten, macht und sollten sich zur Anwendung des Verursacherprinzips verpflichten.

21. Der von der EU gemachte Vorschlag einer CO_2-Steuer als Schritt zu einem System, das statt Beschäftigung und Rücklagen den Ressourcenverbrauch besteuert, verdient Anerkennung.

Finanzierung

22. Eine internationale Steuer auf Devisentransaktionen sollte als eine von mehreren Möglichkeiten geprüft werden, zu denen auch die Schaffung einer internationalen Besteuerungsgrundlage für multinationale Unternehmen gehört.

23. Für die Nutzung globaler Gemeingüter wie Flugkorridore, Schiffahrtswege, Fischereigebiete in den Ozeanen und des elektromagnetischen Spektrums sollten Gebühren erhoben werden, die der Finanzierung globaler Zwecke dienen.

Kapitel Fünf

Die Reform der Vereinten Nationen

Wie im ersten Kapitel aufgezeigt, ist Weltordnungspolitik mit vielen unterschiedlichen Akteuren verbunden: Menschen handeln gemeinsam auf formelle und informelle Art und Weise, in Gemeinschaften und Ländern, in Einzelbereichen und über diese hinaus, in nicht-staatlichen Organisationen und Bürgerbewegungen, national und international, als eine globale Zivilgesellschaft. Und durch den Menschen sind auch die anderen Akteure befähigt, ihre Rolle zu spielen: Staaten und deren Regierungen, Regionen und Bündnisse in formellem oder informellem Gewand. Wir haben ebenfalls festgestellt, daß eine entscheidende und zentrale Rolle den Menschen zufällt, die in den Vereinten Nationen zusammenkommen, um einige ihrer höchsten Ziele durch ihren Willen zum gemeinsamen Handeln zu erreichen.

In diesem Kapitel befassen wir uns mit den UN und ihren Möglichkeiten, jedoch stets - und in einigen Fällen in besonderem Maße - innerhalb des Rahmens unserer weitergehenden Vorstellungen von einer Weltordnungspolitik. Die Frage nach den Möglichkeiten zum gemeinsamen Handeln ist das Kernstück unserer Überlegungen.

Wir, Die Völker

Wenn Regierungen oder Menschen von einer Reform der Vereinten Nationen sprechen, dann handelt es sich um einen Veränderungsprozeß, der im nationalen Verhalten seinen Anfang nehmen muß.

"Quot homines, tot sententiae": Es gibt so viele Meinungen wie Menschen. Dieser Aphorismus ist vielleicht zur Beschreibung der Ansichten über die UN fünfzig Jahre nach deren Gründung nicht unangebracht. Doch alle diese unterschiedlichen Ansichten haben eines gemeinsam: niemand betrachtet die UN als etwas, das auch

ihm gehört. Die Charta wurde im Namen der Menschen dieser Welt proklamiert: "WIR, DIE VÖLKER DER VEREINTEN NATIONEN...". Der Anspruch, es seien die Menschen der Welt gewesen, die die Vereinten Nationen schufen, war kaum mehr als rhetorisches Beiwerk. Doch die Proklamation der Charta stand symbolhaft für die Hoffnungen, die die Gründer der UN mit ihrem Werk verbanden.

Wie sich herausstellte, sollten diese Hoffnungen nicht in Erfüllung gehen. Abgesehen von wenigen Lichtblicken - wie während der Amtszeit des Generalsekretärs Dag Hammarskjöld - enstand bei den Menschen der Welt niemals das Gefühl, daß die UN ihnen gehörten. Das war auch nicht der Fall. Wenn die UN überhaupt jemandem gehörten, dann waren es die Regierungen, und von denen auch nur einige wenige. Die UN waren eine Domäne der hohen Politik. Sie berührten das Leben der Menschen von fern, aber nicht unmittelbar. Eine gewisses Besitzgefühl entstand tatsächlich für eine Zeit lang, als die vielen Millionen, die nur vom Begriff her "WIR, DIE VÖLKER" gewesen waren, 1945 nicht länger Untertanen der europäischen Weltreiche waren und zu Bürgern neuer Staaten wurden, die in einem Sitz in den Vereinten Nationen die Gewähr für ihre Unabhängigkeit sahen. Doch selbst für sie blieben die Vereinten Nationen letztlich genau wie für die meisten Bürger der Gründernationen eine Randerscheinung.

Bei den Regierungen verhielt es sich nur wenig anders. Die Vereinten Nationen besaß man, um sie zu gebrauchen - und nicht selten zu mißbrauchen; wo es möglich war, bediente man sich ihrer zur Durchsetzung nationaler Interessen; war dies nicht möglich, ließ man sie links liegen. Während des Kalten Krieges wurden sie nur selten als Instrument für kollektive Zwangsmaßnahmen genutzt.

Die neu hinzugekommenen Länder versuchten, die UN in den Mittelpunkt des Geschehens zu rücken, doch die von ihnen in der Generalversammlung erreichten Mehrheiten konnten nur empfehlen, aber nicht bestimmen. Zu oft verwechselte die "neue Mehrheit" ihr Stimmengewicht mit Entscheidungsgewalt, was dann unweigerlich Frustrationen zur Folge hatte. Man konnte sich gegenüber der Minderheit, die im Sicherheitsrat oder in der Weltwirtschaft die Macht ausübte, einfach nicht durchsetzen. Im Laufe der Zeit verloren selbst die jungen Nationen die Hoffnung. Die UN-Bürokratie, einst durch Eifer und Phantasie angespornt, verlor sich in Enttäuschung und Ernüchterung.

Fünfzig Jahre nach San Francisco werden die Vereinten Nationen von Menschen und Regierungen gleichermaßen als eine Art globaler dritter Partei angesehen, die niemandem, mit Ausnahme ihrer eigenen Beamten, gehört und in gewissem Maße sogar entbehrlich ist. In vielen Hauptstädten bezieht man sich - insbesondere bei internationalen Krisen, an denen die betreffenden Länder beteiligt sind, - auf die Vereinten Nationen als "sie" und nicht als "wir". Und so werden sie dann auch oft behandelt.

Die UN sind "wir".

Und dennoch sind die UN "wir". Obwohl die UN-Mitglieder durch ihre Regierungen vertretene Staaten sind, sind diese Regierungen ihren Völkern zusehends für ihr internationales Handeln rechenschaftspflichtig. Folglich öffnen sich die Regierung - wie die UN - allmählich stärker für Organisationen der internationalen Zivilgesellschaft und andere nicht-staatliche Akteure. Die UN sind ein komplexes kollektives Gebilde, im wesentlichen aber bestehen sie aus ihren Mitgliedern und werden von diesen unterhalten. Die UN sind "wir", weil ihre Strukturen, ihre Strategien und praktischen Verhaltensweisen von den Mitgliedsstaaten festgelegt werden. Ihre Beschlüsse werden von den Mitgliedern gefaßt oder abgelehnt. Einige Verwaltungsaspekte sind ausschließliche Domäne des Generalsekretärs, doch abgesehen davon, gehören die UN ihren Mitgliedern. Wenn diese sich von den UN distanzieren, verleugnen sie sich selbst.

Konkreter bedeutet dies in Bezug auf diesen Bericht: Wenn Regierungen oder Menschen von einer Reform der Vereinten Nationen sprechen, dann handelt es sich um einen Veränderungsprozeß, der im nationalen Verhalten und nicht an den Ufern des East River in

New York seinen Anfang nehmen muß. Nationales Verhalten ist das Produkt nationaler Entscheidsfindung und nationaler Politik: Hier muß der Versuch einer Stärkung der UN ansetzen. Sinnvolle Reformen der UN-Strukturen sind erstrebenswert, und wir machen dazu in diesem Bericht mehrere Vorschläge, doch die größten Schwächen der UN sind nicht struktureller Art: Es sind die kollektive Schwächen der Mitgliedsstaaten. Dies gilt für das Versagen des Wirtschafts- und Sozialrates (ECOSOC), die Ziele der Charta zu verwirklichen, und für die Unfähigkeit des Sicherheitsrates, ein effektives System globaler Sicherheit auf Grundlage der Charta umzusetzen. Wenn wir uns darüber beschweren, wie weit die Welt hinter dem Versprechen der Charta zurückgeblieben ist, den wirtschaftlichen und sozialen Fortschritt aller Völker zu sichern, so beklagen wir nicht das Versagen irgendeines monolithischen supranationalen Gebildes, sondern die Versäumnisse von Mitgliedern der Vereinten Nationen - von Regierungen und damit zumindest in gewissem Umfang von Menschen. Dieser Punkt kann gar nicht genug betont werden.

Im Lichte des fünfzigsten Jahrestages der Vereinten Nationen müssen zweifellos viele Leistungen dieser Organisation Anerkennung finden. Hierfür gebührt den Mitgliedsstaaten und den übrigen relevanten UN-Akteuren Respekt. Zu den Erfolgen zählt die Eindämmung von Konflikten, insbesondere einiger Regionalkonflikte zu Zeiten des Kalten Krieges. Auch die Entkolonialisierung, die Fortschritte bei den Menschenrechten, das internationale Seerecht und die Beiträge der großen Weltkonferenzen zu Fragen, die von der Stellung der Frau bis zur Umwelt reichen, gehören zu den Erfolgen. Ganz oben rangieren auch einige handlungsorientierte UN-Programme, die einen weitgehenden globalen Konsens über Aktionen in die konkrete Tat umsetzen. Das Kinderhilfswerk (UNICEF) und das Amt des Hohen Flüchtlingskommissars der UN (UNHCR) sind gute Beispiele für diese allgemein begrüßten praktischen Komponenten des UN-Systems. Sie repräsentieren die besten Seiten der internationalen Zusammenarbeit. Dabei dürfen sie nicht als selbstverständlich angesehen werden, denn trotz ihrer guten Arbeit bedürfen sie verstärkter Unterstützung, wenn ihre Aktivitäten fortgesetzt werden sollen, von einer Ausweitung ganz zu schweigen.

Das gleiche gilt für andere UN-Aktivitäten z. B. in Bereichen der Landwirtschaft, des Gesundheitswesens, der Meteorologie und der Arbeit. In allen Fällen hängt die organisatorische Wirksamkeit von Führungsleistungen ab: sowohl von denen der internationalen Gemeinschaft im Hinblick auf deren Engagement für die Programme und deren finanzielle Unterstützung als auch von den Institutionen selbst, insbesondere den Persönlichkeiten an ihrer Spitze, wie den Generaldirektoren oder vom Generalsekretär.

Die Rolle der internationalen Führung behandeln wir später, an dieser Stelle sei aber betont, daß eine gute institutionelle Führung sich zwar entscheidend auf die Qualität internationaler Bemühungen auswirkt, jedoch kann sie kein Ersatz für die fehlende bzw. rückläufige Unterstützung durch die internationale Gemeinschaft sein. Nachbarschaftshilfe ist letztlich immer nur so effektiv, wie es das Engagement der Nachbarn und die verfügbaren Mittel zulassen.

Neben diesen Erfolgen gibt es allerdings auch viele - viel zu viele - Fehlschläge. Dabei geht es weitgehend um Dinge, die den UN-Mitgliedern vorzuwerfen sind. In San Francisco haben die Gründerstaaten die Vereinten Nationen nicht mit Befugnissen und Mitteln jenseits der Kontrolle der Mitglieder ausgestattet. Daran taten sie recht, und so bleiben diese Befugnisse und Mittel in den Händen der Mitgliedsstaaten. Im Hinblick auf eine Verbesserung des UN-Systems muß sich die Welt im wesentlichen mit der Ausübung dieser bei den Mitgliedsstaaten liegenden Befugnissen und Möglichkeiten befassen. Diese Befugnisausübung hängt vom Willen der Mitgliedsstaaten ab. "WIR, DIE VÖLKER" müssen durch unsere Regierungen und durch unsere eigene neue Gestaltungsmacht die Hauptträger des Wandels bei den Vereinten Nationen und den internationalen Institutionen im allgemeinen sein.

Bei diesem Reformprozeß wird es darauf ankommen, die im ersten Kapitel dargestellten Realitäten des Wandels zu berücksichtigen. Die vor uns liegende Periode wird anders sein als der Zeitraum unmittelbar nach San Francisco, als die Vereinten Nationen nahezu der einzige internationale Akteur jenseits der Regierungen waren. Diese Ausschließlichkeit ist vorüber, und der internationale Charakter der neuen Aufgaben für die globale Zivilgesellschaft wird dadurch um so stärker. Das UN-System wird weiterhin im Mittelpunkt internationaler Maßnahmen stehen, da die Nationalstaaten die Hauptakteure bleiben werden, doch die globale Zivilgesellschaft wird eine zweifache Anpassung erforderlich machen. Erstens muß es den Vertretern der Zivilgesellschaft erleichtert werden, innerhalb eines reformierten UN-Systems praktische Beiträge zu leisten. Ihnen einfach nur einen Platz innerhalb der reformierten Strukturen zu zuweisen, reicht nicht aus. Zweitens muß die Rolle der Zivilgesellschaft außerhalb des UN-Systems in ihrer Bedeutung anerkannt werden. Bei der Erörterung der UN-Reform in diesem Kapitel berücksichtigen wir die Notwendigkeit, der Zivilgesellschaft neue Beteiligungsmöglichkeiten an einer Weltordnungspolitik einzuräumen.

Zu den Fehlschlägen der Vereinten Nationen haben viele Faktoren beigetragen. Es gibt jedoch zwei wichtige Aspekte, unter denen die Charta und das mit ihr eingeführte System des Internationalismus praktisch von Anfang an ernsthaft geschwächt waren. Die erste Spaltung kam mit den Kernwaffen, die zweite mit dem Kalten Krieg.

Schon während der Verhandlungen und bei der Unterzeichnung der Charta wurde in Los Alamos, in Neumexiko, tausend Meilen entfernt, die Atombombe entwickelt. Nur wenige in San Francisco, darunter auch die meisten der anschließenden Gründer, wußten von dieser Entwicklung. Die Charta, über die man verhandelte, war für eine Welt gedacht, in der die Geisel des Krieges durch "Kollektivmaßnahmen" beseitigt würde, eine Welt, in der "Waffengewalt nur noch im gemeinsamen Interesse angewendet wird". Die erste Atombombe wurde am 6. August 1945 über Hiroshima zur Explosion gebracht, gerade 41 Tage nach Unterzeichnung der Charta. Bis zur Gründungsversammlung der Vereinten Nationen am 24. Oktober 1945 hatte sich die Welt, der die UN dienen sollten, grundlegend verändert.

Schon früh war man bemüht, zu den Zielsetzungen von San Francisco zurückzukehren. In der allerersten Resolution der Generalversammlung wurden spezifische Vorschläge "zur Beseitigung von Atomwaffen und aller sonstigen zur Massenvernichtung geeigneten größeren Waffen im Rahmen der nationalen Rüstung" sowie zur Sicherung der ausschließlich friedlichen Nutzung der Kernenergie gefordert. Eingebracht von Großbritannien und unterstützt von den Vereinigten Staaten, der Sowjetunion und Frankreich, wurde diese Resolution einstimmig angenommen.

In der mit dieser Resolution geschaffenen Atomenergiekommission machten die Vereinigten Staaten Vorschläge zu einer Reihe weitreichender Maßnahmen (bekannt geworden als Baruch-Plan) zur internationalen Kontrolle aller nuklearen Aktivitäten von der Urangewinnung bis zur Kernenergieerzeugung, darunter auch die Zerstörung ihres damals noch winzigen Atomwaffenvorrates vor. Die Sowjetunion sah darin einen Trick, mit dem sie an der Entwicklung ihrer eigenen Nuklearkapazität gehindert werden sollte. Sie verzögerte das Verfahren in der Kommission drei Jahre lang, bis sie 1949 ihre eigenen Kernwaffen getestet hatte. Schon in den ersten fünf Jahren nach Gründung der Vereinten Nationen war das atomare Wettrüsten in vollem Gange. Es sollte fast die gesamten ersten fünfzig Jahre der UN andauern und führte zu einer völligen Umgestaltung der Welt, für die man in San Francisco die Charta entworfen hatte.

Die vielfältigen Konsequenzen des Kalten Krieges erschütterten und schwächten die Charta in ihren Fundamenten. Um einschätzen zu können, wie weit die Entwicklung sich von den in San Francisco aufgestellten Absichten entfernte, möge man sich der Ziele erinnern, auf die sich die Gründerstaaten in der Präambel der Charta verpflichteten:

- Duldsamkeit zu üben und als gute Nachbarn in Frieden miteinander zu leben,
- unsere Kräfte zu vereinen, um den Weltfrieden und die internationale Sicherheit zu wahren,
- Grundsätze anzunehmen und Verfahren einzuführen, die gewährleisten, daß Waffengewalt nur noch im gemeinsamen Interesse angewendet wird, und
- internationale Einrichtungen in Anspruch zu nehmen, um den wirtschaftlichen und sozialen Fortschritt aller Völker zu fördern.

Der vorliegende Bericht ist weitgehend ein umfassender Vorschlag zur Realisierung dieser Absichten, die allerdings kaum die in der Nachkriegszeit dominierenden Ziele gewesen sein dürften.

Angesichts der Tatsache, daß das UN-System von Anbeginn derart geknebelt war, sind seine Leistungen auf vielen Gebieten der internationalen Zusammenarbeit bemerkenswert. Diese Leistungen sind in erheblichem Maße auf das Können und das Engagement des UN-Personals zurückzuführen, insbesondere der ersten Generation von UN-Beamten, die in ihre Arbeit ein seltenes Maß an Eifer und einen noch nicht von Zynismus überlagerten Glauben an die Vereinten Nationen einbrachten.

Dem internationalen öffentlichen Dienst - den Mitarbeitern des Systems der Vereinten Nationen - ist bisher keine gerechte Beurteilung widerfahren. Viele seiner Angehörigen waren und sind selbstlose Diener aller Mitgliedsstaaten und haben ihr Leben der Förderung der Ziele der Charta gewidmet. Wie in allen Bürokratien oder Unternehmen sind einige Mitarbeiter weniger tüchtig, engagiert und effektiv als andere. Einige von diesen sind den Vereinten Nationen von ihren Regierungen aufgedrängt worden.. Insgesamt jedoch sollte die internationale Gemeinschaft den Männern und Frauen dankbar sein, die im UN-Hauptquartier und bei den Sonderorganisationen und Programmen tätig sind. Diese Traditionen des engagierten internationalen Dienstes sind heute gefährdet, und es besteht die Besorgnis, daß das System nicht optimal funktioniert. Die UN müssen auf allen Ebenen ihrer Tätigkeit höchste Maßstäbe der Effizienz setzen. Im weiteren Verlauf dieses Kapitels werden wir einige Maßnahmen zur Abhilfe der gegenwärtigen Situation vorschlagen.

Auch den diplomatischen Fußsoldaten der Mitgliedsstaaten - den Mitarbeitern der Ständigen Missionen bei den UN und in den Hauptstädten, durch die sich die Regierungen am System der Vereinten Nationen beteiligen - gebührt Anerkennung. Diesen Beamten steht für ihren Beitrag zur Arbeit des UN-Systems eine größere Wertschätzung zu, als ihnen im allgemeinen zuteil wird. Gelegentlich stehen sie vor sehr schwierigen Aufgaben (es dauerte über zwanzig Jahre, bis man sich beispielsweise auf eine Definition des Begriffes "Aggression" geeinigt hatte), und selbst die kleinsten Leistungen tragen zum Fortschritt der Organisation und zur Förderung ihrer Ziele bei. Viele dieser Beamten sind aufgrund ihrer Arbeit für die UN zu deren Vorkämpfern geworden. Sie gehören zu einer weltweiten Öffentlichkeit, die für die Vereinten Nationen eintritt und die Verantwortung für deren Fehlschläge an diejenigen verweist, denen sie hauptsächlich zukommt, an die Mitgliedsstaaten.

Die Erneuerungsoption

Die UN-Charta trägt den Stempel ihrer Zeit, und ein halbes Jahrhundert danach bedarf sie der Anpassung. Uns geht es hier um die "konstitutionellen" Fragen wie die Reform des Sicherheitsrates, die unserer Ansicht nach für eine bessere Weltordnungspolitik von ausschlaggebender Bedeutung sind. Und wir tun das mit aller Offenheit. Doch wir waren von Anfang an der Überzeugung, in der uns unsere Arbeit in der Kommission noch bestärkt hat, daß abgesehen von diesen Veränderungen es vor allem darauf ankommt, daß die Weltgemeinschaft die vorhandenen Möglichkeiten der Charta stärker, phantasievoller und kreativer nutzt.

Gewiß hängen wir nicht der Vorstellung an, die UN sollten abgeschafft werden, um für ein neues Gebäude der Weltordnungspolitik Platz zu schaffen. Da nicht die Charta, sondern die Politik und Praxis der Mitglieder versagt haben, kann ein großer Teil der notwendigen Reformen des Systems ohne Änderung der Charta erfolgen, vorausgesetzt die Regierungen haben den Willen zu wirklichen Reformen. Die wenigen Änderungen, die wir vorschlagen werden, dienen der Schaffung günstigerer Bedingungen für eine Rückkehr zum Geist der Charta. Anläßlich der Feiern zum fünfzigsten Jubiläum der UN sollten sich die Mitgliedsstaaten vom Geiste der Charta bei ihrer Suche nach Veränderungen anregen lassen.

Die Welt hat heute eine reale Chance, es besser zu machen als in der Vergangenheit und wirksam auf die heutigen Herausforderun-

gen der Weltordnungspolitik zu reagieren. Die Kommission ist
überzeugt, daß dies eher durch einen Reformprozeß - einer Umgestaltung und Renovierung als ein Abriß mit anschließendem
Wiederaufbau - geschehen kann. Doch die Renovierung darf sich
nicht auf Schönheitsreparaturen beschränken und muß mit neuen
Formen des Zusammenlebens in unserer Einen Welt einhergehen.

Der Sicherheitsrat

Eine neue Kategorie "ständiger" Mitglieder sollte bis zu einer vollständigen Überprüfung der Zusammensetzung des Sicherheitsrates im ersten
Jahrzehnt des neuen Jahrhunderts eingeführt werden.

Wenn irgendein Merkmal des in San Francisco geschaffenen Systems der Vereinten Nationen als "provisorisch" anzusehen ist, so
ist es die Zusammensetzung des Sicherheitsrates mit dem Vetorecht seiner fünf ständigen Mitglieder. Doch die "Großmächte",
die den Zweiten Weltkrieg gewonnen hatten, sahen diese Regelungen nicht als vorübergehend an. Als Führer im Kampf gegen
Faschismus und Aggression vertraten sie damit eine verständliche
Position. Dies führte zu der Überzeugung, daß sie selbst in der
zukünftigen Welt besondere Befugnisse haben sollten, ungeachtet
der formellen Akzeptanz der Prinzipien der Universalität und der
Gleichheit der Mitgliedsstaaten. Diese in der Charta verankerten
Vorrechte dienten der Beherrschung des von den "Großmächten"
entwickelten und vorgegebenen Systems des Internationalismus.

Der Sicherheitsrat war das institutionelle Hauptinstrument des
Systems, insbesondere mit der Gewährleistung von Sicherheit und
Frieden in der Welt beauftragt. Er war das einzige UN-Organ, das
für alle Mitgliedsstaaten bindende Entscheidungen treffen und
Zwangsmaßnahmen nach den Bestimmungen über kollektive Si-
cherheit im Kapitel VII der Charta autorisieren konnte.

In San Francisco wurde beschlossen, daß China, Frankreich, das
Vereinigte Königreich, die Vereinigten Staaten und die Sowjetunion "ständige" Mitglieder des Sicherheitsrates sein sollten und daß
jedes dieser Länder ein Vetorecht gegenüber Entscheidungen des

Rates haben sollte. Der Rat sollte ein kleines Gremium mit ursprünglich nur elf Mitgliedern sein, die ständigen fünf und sechs weitere Mitglieder im nur zweijährigen Turnus.

Die Vorrechte - der ständige Sitz und das Vetorecht - waren in San Francisco heftig umstritten, aus prinzipiellen Erwägungen und weil auch die Menschen anderer Länder im Krieg gegen den Faschismus gekämpft hatten und gestorben waren. Doch die siegreichen "Großmächte" setzten sich durch. Churchill, Roosevelt und Stalin hatten ihren Beschluß in dieser Angelegenheit schon einige Monate vorher gefaßt. Die Vision einer neuen von den erhabenen Prinzipien der Charta getragenen Weltordnung ging einher mit der engstirnigen Annahme, daß nur die Sieger die Verwirklichung dieser Prinzipien garantieren könnten.

In praktischer Hinsicht sollte man sich auch daran erinnern, daß weder die Sowjetunion noch die Vereinigten Staaten die Charta ohne die Vetoregelung ratifiziert hätten. Auch fungiert das Veto als eine Art Sicherheitsventil im UN-System, durch das es der Organisation unmöglich gemacht wird, aufgrund eines einfachen Mehrheitsbeschlusses im Sicherheitsrat gegen eine der Großmächte nach Kapitel VII der Charta Krieg zu führen. Es läßt sich darüber streiten, ob darin Weisheit oder Schwäche liegt.

Das dieser Regelung zu Grunde liegende Mißtrauen bestand gleichermaßen zwischen den Großmächten selbst als auch gegenüber den anderen Mitgliedern des Sicherheitsrates und den vielen anderen Staaten, die diesem nicht angehörten. Jedes ständige Mitglied hatte die Macht, den anderen einen Strich durch die Rechnung zu machen. Diese Mitglieder hatten die Macht, den Sicherheitsrat an jeder von ihnen nicht gewünschten Maßnahme zu hindern. Diese Bestimmung, die im praktischen Widerspruch zu allen sonstigen Regelungen der Charta steht, wurde dennoch zu deren Kernstück. Die Realität sah 1945 so aus, daß es keine Charta gegeben hätte, wenn die übrigen Länder die ständige Mitgliedschaft im Sicherheitsrat und das Vetorecht nicht akzeptiert hätten. Die "VÖLKER" der Welt hätten dann die Gründung der Vereinten Nationen in ihrem Namen nicht erlebt. Die Entscheidung für eine unvollkommene internationale Organisation statt gar keiner war nach unserem Urteil damals ebenso richtig wie unvermeidlich.

Unvorhersehbarer Wandel

Doch die Gerechtigkeit der Sieger war nicht der einzige Grund, der diese veranlaßte, auf ewiger Mitgliedschaft im Sicherheitsrat und einem immerwährenden Vetorecht zu bestehen. Vielleicht lag es teilweise daran, daß sie mit Änderungen im Kräfteverhältnis der Staaten rechneten und sich daher das Vetorecht vorbehielten; doch vielleicht war ihre Gesinnung gar nicht so niederträchtig, und sie konnten einfach die spätere Entwicklung nicht voraussehen, in deren Verlauf die Mitgliederzahl der UN anwuchs und sich die wirtschaftlichen und sogar die militärischen Unterschiede zwischen Mächten mit und ohne Veto deutlich verringert haben. Sicherlich hätte der Begriff der "Feindstaaten" heute keinen Platz mehr in der Charta.

Auf jeden Fall sind es die späteren Ereignisse und nicht die Absichten der Gründer, die es erforderlich machen, die aus dem Jahre 1945 stammenden Regelungen für den Sicherheitsrat als provisorisch zu betrachten. Ebensowenig haben sich diese Regelungen als unantastbar erwiesen. 1963 führte die Anerkennung neuer Gegebenheiten zu einer geringfügigen Änderung der Charta: Die Anzahl der nicht-ständigen Mitglieder wurde von sechs auf zehn erhöht, wodurch die Gesamtzahl der Mitglieder von elf auf fünfzehn und die erforderliche Mehrheit für einen Beschluß von sieben auf neun stiegen. Diese Änderung erfolgte, nachdem sich die Anzahl der UN-Mitglieder von ursprünglich 51 auf 113 mehr als verdoppelt hatte. Heute beläuft sich diese Anzahl auf 184.

Im Vergleich zum Jahre 1963 gibt es heute neben der angewachsenen Mitgliederzahl viele zwingende Gründe für eine Veränderung. Der Sicherheitsrat ist aktiver und effektiver geworden, und damit stellt sich die Aufgabe, seine Zusammensetzung angemessener zu gestalten und ihm dabei die für seine wichtige Rolle gebührenden Möglichkeiten und die notwendige politische Unterstützung zu geben. Von 1946 bis Ende 1989 war die Kraft des Sicherheits-

Resolutionen des Sicherheitsrates
Gesamtzahl für den jeweiligen Vierjahreszeitraum

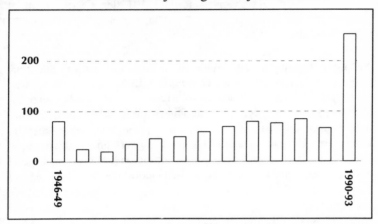

rates durch den Kalten Krieg ernsthaft geschwächt. Nur selten kam sein Potential wirklich zum Tragen. In diesem Zeitraum hatte der Sicherheitsrat 2903 Sitzungen und verabschiedete 646 Resolutionen. Demgegenüber fanden von 1990 bis Mitte 1994 fast täglich informelle Beratungen und 495 offizielle Sitzungen statt, bei denen 288 Resolutionen verabschiedet wurden, darunter 26 zum Golfkrieg und 53 zur Lage auf dem Balkan. Allein von Januar 1993 bis Juni 1994 wurden 134 Resolutionen angenommen. In diesem Zeitraum gab es allein zum Konflikt im ehemaligen Jugoslawien 98 Resolutionen und Erklärungen des Vorsitzenden, was die Komplexität vieler aktueller Konflikte veranschaulicht.

Die Friedensmissionen haben in ähnlichem Umfang zugenommen. Ende 1990 waren die Vereinten Nationen an acht Operationen mit 10.000 Soldaten beteiligt. Ende Juni 1994 belief sich die Zahl der Operationen auf 17 mit insgesamt 70.000 Soldaten und Kosten in Höhe von 3 Milliarden Dollar auf Jahresbasis.

Von 1945 bis 1991 hat der Sicherheitsrat in nur zwei Fällen, bei denen es nicht um Selbstverteidigung ging, die Anwendung von Gewalt autorisiert (dabei handelte es sich um die Verteidigung

263

Südkoreas unter amerikanischer Führung und um die UN-Mission im Kongo). Demgegenüber wurde von 1991 bis Mitte 1994 die Anwendung von Gewalt nach Kapitel VII der Charta fünfmal autorisiert - beim Golfkrieg, in Somalia, im ehemaligen Jugoslawien, in Ruanda und auf Haiti.

Nach den gegenwärtigen Trends zu urteilen, erscheint es sinnvoll, davon auszugehen, daß die UN weiterhin in der Lage sein sollten, eine wichtige Rolle bei der Gewährleistung von Frieden und Sicherheit überall auf der Welt zu spielen. Wir haben diese Erwartungen und die resultierende Notwendigkeit der Kompetenzstärkung der UN in Kapitel Drei diskutiert und setzen diese Erörterung in diesem Kapitel unter besonderer Berücksichtigung der Bereitstellung angemessener finanzieller und sonstiger Mittel fort.

Mit wachsender Bedeutung ergibt sich jedoch auch die unabweisbare Notwendigkeit einer mehr als formellen Legitimation. Wenn der Sicherheitsrat endlich die ihm in der Charta zugewiesene Rolle spielen soll, muß er als im weitesten Sinne durch die Nationalstaaten und die Menschen legitimiert angesehen werden können. Sein derzeitiger unrepräsentativer Charakter ist Ursache großer Beunruhigung, die zu einer Legitimationskrise führt. Ohne Reform wird sich diese Krise nicht überwinden lassen; ohne Legitimation in den Augen der Menschen der Welt kann er seine notwendige Rolle als Wahrer von Frieden und Sicherheit nicht wirksam spielen. Dabei muß die Reform so erfolgen, daß die Wirksamkeit und die politische Vitalität dieser zentralen Institution nicht verringert werden.

Eine "geschlossene Gesellschaft"

Wir glauben, daß der heutige Sicherheitsrat zu sehr eine geschlossene Gesellschaft ist. Schon die Begrenzung der Anzahl der ständigen Mitglieder auf fünf Länder, die ihren Vorrang aus Ereignissen von vor fünfzig Jahren ableiten, ist inakzeptabel genug. Die Dinge werden noch schlimmer, wenn die gängigen Praktiken die Verhandlungen im Sicherheitsrat undurchsichtig erscheinen lassen und die Kluft zwischen den ständigen und nicht-ständigen Mitgliedern oder zwischen dem Rat und den übrigen UN-Mitgliedern vertiefen.

Häufige interne Beratungen der fünf ständigen Mitglieder - und gelegentlich nur einiger von diesen -, die dann mit bereits gefällten Entscheidungen zu den Sitzungen kommen, haben Unbehagen ausgelöst. Damit wird die Rolle der nicht-ständigen Mitglieder, die ohnehin nur geringe Möglichkeiten der Einflußnahme auf Ratsbeschlüsse haben, abgewertet. Eine weitere Praxis besteht in der Abhaltung inoffizieller Sitzungen des Rates. Ähnlich den internen Konsultationen der nicht-ständigen Mitglieder, sind dies geschlossene Sitzungen ohne Protokollierung der Beratungen. Überdies haben Nichtmitglieder des Rates, anders als bei den offiziellen Sitzungen, weder Anwesenheits- noch Rederecht. Die wachsende Unzufriedenheit mit diesen Tendenzen hat in jüngster Zeit zu Bemühungen geführt, von dieser Atmosphäre einer geschlossenen Gesellschaft wieder abzukommen. Obwohl interne Beratungen und inoffizielle Sitzungen des Rates als Mittel zur Beschleunigung seiner Arbeit akzeptiert werden, ist es sicherlich wenig förderlich, wenn man zu oft auf diese Möglichkeiten zurückgreift.

Die allgemeine Situation stellt sich als so unbefriedigend dar, daß unter den UN-Mitgliedern ein starker Drang zu Reformen besteht. Die Frage wurde insbesondere in einer 1992 der Generalversammlung von Indien vorgelegten Resolution angesprochen. Der Generalsekretär forderte auf Wunsch der Versammlung alle Regierungen zur Stellungnahme auf. In fast allen Antworten wurden die Forderung nach Veränderungen begrüßt.

Im Dezember 1993 beschloß die Generalversammlung, eine für alle Mitglieder offene Arbeitsgruppe zur weiteren Untersuchung aller Aspekte im Zusammenhang mit einer Erhöhung der Mitgliederanzahl und sonstiger den Rat betreffender Fragen einzusetzen. Die Notwendigkeit einer Reform wird weitgehend anerkannt.

Bei der Entwicklung unserer eigenen Vorschläge haben wir sorgfältig darauf geachtet, nicht das Bessere zum Feind des Guten zu machen. Wir glauben, daß die internationale Gemeinschaft Veränderungen bei den ständigen Mitgliedern und beim Vetorecht wünscht. Das Bekenntnis zu Systemen der gerechten Repräsentation bei Entscheidungsprozessen, das in der nationalen Politik zunehmend an Gewicht gewonnen hat, wird bisher bei der Zusammensetzung und den Verfahrensregeln des Sicherheitsrates nicht genügend berücksichtigt. Das Problem liegt natürlich darin, daß angesichts der Abschirmung der ständigen Mitglieder durch den eisernen Panzer des Vetorechts, eine Reform des Sicherheitsrates nur mit Unterstützung oder zumindest dem stillschweigenden Einverständnis eben dieser Mitglieder möglich ist. Wir glauben nicht, daß die Argumente für eine Reform bei ihnen auf völlig taube Ohren stoßen oder das ihnen die Verewigung ihrer Privilegien wichtiger ist als alle anderen Überlegungen. Trotzdem gibt es Realitäten der Macht, die wir anerkennen müssen.

Deswegen glauben wir, daß die Reform des Sicherheitsrates in zwei Phasen erfolgen muß. Die erste Phase wäre die Ingangsetzung des Reformprozesses im Jahr des fünfzigsten Jubiläums, die zweite würde etwa ein Jahrzehnt lang dauern, während dessen die internationale Gemeinschaft und die Mitglieder des Sicherheitsrates selbst Vertrauen in den Reformprozeß entwickeln müßten.

Letztendlich muß die Welt eine bessere Grundlage für die Zusammensetzung des höchsten Organs ihrer Ordnungspolitik finden als die ständige Mitgliedschaft nur weniger Länder. Doch dieses Stadium ist noch nicht erreicht. Die Kategorie der ständigen Mitgliedschaft wird vorerst bestehen bleiben müssen. Andererseits sind wir fest davon überzeugt, daß das Veto ein inakzeptables Instrument der Weltordnungspolitik ist und daß die Anzahl der vetoberechtigten Mitglieder bei einer Neuregelung auf keinen Fall erhöht werden darf. Weitere ständige Mitglieder hinzuzufügen und ihnen ein Vetorecht zu verleihen, wäre ein Schritt zurück und keine Reform.

Gleichermaßen würde eine Beschränkung der Erweiterung des Kreises ständiger Mitglieder auf eine Gruppe ohnehin schon gut

266

im Rat vertretener Länder - wie die Industriestaaten - den Rat noch weniger repräsentativ machen. Durch eine Erweiterung sollte der Mitgliederkreis der UN stärker repräsentiert werden. Dabei ist der Kommission natürlich klar, daß der Rat nicht so groß werden darf, daß er ineffektiv wird. Doch wir glauben, daß bei einer Anzahl von nahezu 200 UN-Mitgliedern eine Vergrößerung des Rates von fünfzehn auf beispielsweise dreiundzwanzig Mitglieder nicht unvernünftig wäre und dies Gremium nicht übermäßig verkomplizieren würde.

Neue „ständige" Mitglieder

Wir empfehlen die Einführung einer neuen Kategorie „ständiger" Mitglieder. Die erste Gruppe sollte bis zu einer vollständigen Überprüfung der Zusammensetzung des Sicherheitsrates im ersten Jahrzehnt des neuen Jahrhunderts im Amt bleiben. Bei dieser Gelegenheit sollte dann auch die Stellung der ursprünglichen ständigen Mitglieder unter Berücksichtigung der neuen Realitäten des Regionalismus überprüft werden. Von diesen neuen Mitgliedern sollten zwei aus Industrieländern und drei aus den größeren Entwicklungsländern kommen. Von den beiden Vertretern der Industrieländer käme vermutlich jeweils eines aus Asien und Europa. Von den drei Entwicklungsländern sollte jeweils eines aus Asien, Afrika und Lateinamerika vertreten sein.

In vielerlei Hinsicht bieten sich die neuen ständigen Mitglieder geradezu an; wir empfehlen allerdings, daß sie von der Generalversammlung vorgeschlagen werden sollten, wobei diese zu berücksichtigen hätte, daß ständige Mitglieder des Sicherheitsrates einen mehr als nur symbolischen Beitrag zur Wahrung des Weltfriedens und der Sicherheit und anderen Zielen der Vereinten Nationen zu leisten in der Lage sein sollten.

Weiterhin schlagen wir vor, die Anzahl der wechselnden Mitglieder von zehn auf dreizehn zu erhöhen. Die Anzahl der für eine Ratsentscheidung erforderlichen Stimmen sollte dementsprechend unter Wahrung des jetzigen relativen Quorums von neun auf vierzehn erhöht werden.

In Kapitel Vier haben wir die Gründung eines Rates für Wirtschaftliche Sicherheit vorgeschlagen, eines Spitzengremiums mit der Aufgabe politischer Führung und der Förderung der Verständigung über internationale Wirtschaftsfragen, die im weitesten Sinne eine Bedrohung der Sicherheit darstellen. Wir werden hier nicht die dort angeführten Argumente für die Zusammensetzung dieses Gremiums wiederholen, sondern lediglich betonen, daß die vorgeschlagenen Reformen des Sicherheitsrates grundsätzlich dazu komplementär sind und der internationalen Gemeinschaft einen großen Schritt hin zur Erfüllung der Charta bezüglich der Wahrung von Frieden und Sicherheit im Rahmen einer Weltordnungspolitik ermöglichen.

Schrittweiser Abbau des Vetos

Die neuen ständigen Mitglieder hätten kein Veto, und wir glauben, daß man eine schrittweise Abschaffung des Vetorechtes anstreben sollte. Zunächst sollte das Reformpaket ein Übereinkommen der fünf ständigen Mitglieder beinhalten, daß sie zwar ihr Vetorecht behalten, aber in der Praxis auf dessen Anwendung verzichten, es sei denn, sie würden gewisse Umstände als außergewöhnlich und von überwältigender Bedeutung für ihre nationale Sicherheit erachten. In dieser Periode stünde das Veto also nur in Extremfällen zur Verfügung.

In den letzten Jahren haben sich die ständigen Mitglieder in diese Richtung bewegt. Das Veto wurde seit 1990 nur einmal eingelegt, und dies anläßlich einer Frage von relativ untergeordneter Bedeutung - die Russische Föderation blockierte eine Resolution zur Finanzierung der Friedensstreitmacht auf Zypern. Bis zur allgemeinen Neugestaltung etwa im Jahre 2005 werden sich die heutigen ständigen Mitglieder daran gewöhnt haben, an einer Weltordnungspolitik auch ohne Veto teilzuhaben. Allerdings müssen sie in der Zwischenzeit nicht ganz darauf verzichten und können sich seiner in für sie ungewöhnlich bedeutsamen Fällen doch noch bedienen.

Die Generalversammlung

Im Rahmen des Wandels, der anläßlich des fünfzigjährigen Bestehens der Vereinten Nationen erfolgen sollte, rangiert die Neubelebung der Generalversammlung als universelles Forum der Staaten der Welt weit oben.

In der UN-Charta werden die Hauptorgane der Vereinten Nationen nicht in einer Rangfolge aufgeführt, doch die Generalversammlung steht in Artikel 7 an erster Stelle. Sie ist das einzige in der Charta vorgesehene "Hauptorgan", in dem alle Mitgliedsstaaten vertreten sind und jeweils eine Stimme haben. Sie ist das Symbol der UN als universeller Organisation im Sinne demokratischer Tradition.

Mit der Schaffung der Generalversammlung könnte sogar an einen ersten Schritt in Richtung eines Weltparlamentes gedacht gewesen sein, jedoch war sie das bisher kaum. Auch war die Versammlung kein Parlament, auf dessen ständige Unterstützung der Sicherheitsrat als eine Art Kabinett angewiesen war. Ebensowenig war die Konstruktion auf eine Gewaltenteilung angelegt, die Merkmal vieler demokratischer Systeme ist. Die Generalversammlung war von Anfang an ein reines Beratungsforum; sie hatte das Recht zu diskutieren und zu empfehlen, zu debattieren und Resolutionen zu verabschieden, aber keine wirkliche Macht und gewiß keine Befugnis, für die Mitgliedsstaaten verbindliche Entscheidungen zu treffen.

Der besondere Wert der Generalversammlung liegt in ihrer Universalität, ihrer Rolle als Forum, in dem jeder Mitgliedsstaat zu Gehör kommen kann. Die Möglichkeit, Probleme anzusprechen, dem Plenum in der Generaldebatte Beschwerden vorzutragen und in Ausschüssen der Versammlung neue Ideen einzubringen, ist für eine intakte globale Gesellschaft von lebenswichtiger Bedeutung. Die Führer der Welt wissen dies und besuchen daher alljährlich die Generalversammlung. Vom Präsidenten der Vereinigten Staaten bis zum Präsidenten der Malediven tragen sie der Generalversammlung ihre Ansichten zu Fragen von internationaler Bedeutung vor, stellen ihre Politik und ihre Probleme dar, ihre Überzeugungen und Sachzwänge, ihre Hoffnungen für die UN und ihre Kritik an diesen.

Wenn im September eines jeden Jahres die Mitgliedsstaaten in der Generalversammlung das Wort ergreifen, ist dies eine wahrhaft nützliche Begegnung der politischen Führer der Welt. Für denjenigen, der sich alle diese Reden anhören muß, mag dies langweilig und nur gelegentlich intellektuell anregend sein. Wir betonen jedoch, wie wichtig die beiden Wochen der Generaldebatte für viele Länder sind. Hier haben die Regierungen - meistens durch ihre Außenminister, aber manchmal auch durch ihre Regierungschefs vertreten - Gelegenheit, ihre Anliegen und Auffassungen in den Mittelpunkt der internationalen Aufmerksamkeit zu rücken.

Was sich außer den Reden abspielt, wenn sich die führenden Politiker zur Generaldebatte in New York aufhalten, ist von ebenso großer, wenn nicht größerer Bedeutung wie die Reden in der Versammlung. Die zahllosen Gespräche, die Regierungschefs oder Minister über bilaterale und gelegentlich regionale Fragen führen, sind mindestes ebenso wichtig wie alle Reden in der Generalversammlung. Dieser politische Meinungsaustausch gehört auch zur Beratungsfunktion der Versammlung. Er sollte größere Beachtung finden, insbesondere in den Medien. Darüber hinaus sollte er, wie wir später darlegen werden, verstärkt werden.

Fehlschläge, aber auch Erfolge

Dies alles bedeutet nicht, daß es um die Generalversammlung zum Besten steht. In einem gewissen Sinne hat sie ihre Möglichkeiten nicht ausgeschöpft. Welches auch immer die Intentionen der Gründer in San Francisco gewesen sein mögen, die Versammlung hätte im Laufe der Jahre innerhalb des UN-Systems größere Bedeutung erlangen müssen. Tatsächlich spielt sie inzwischen eine geringere Rolle als "Hauptorgan", als dies zumindest einige der Gründungsnationen gewünscht haben dürften.

Dieses Resultat ist nur teilweise in den Fehlern der Versammlung selbst begründet. Insbesondere in den letzten Jahren führte die Konzentration auf die Rolle des Sicherheitsrates dazu, daß die Versammlung an den Rand gedrängt wurde, was zu ihrer Schwächung beitrug. Dem Sicherheitsrat kann die Ineffektivität der Generalversammlung für die Jahre, in denen seine eigene Rolle durch die Zwänge des Kalten Krieges eingeschränkt war, kaum angelastet werden. Doch selbst damals war angesichts des Vetos im Sicherheitsrat - auch bei zu verschiedenen Zeiten unterschiedlicher Stimmverteilung in der Generalversammlung - niemals damit zu rechnen, daß sich die fünf ständigen Mitglieder von einer Mehrheit der Versammlung überrollen ließen.

1950, als die Abwesenheit der Sowjetunion im Sicherheitsrat wegen der Frage der Vertretung Chinas dem Rat die Einleitung der Aktion zum Schutz Südkoreas ermöglichte, setzten die USA mit ihrer großen und verläßlichen westlichen Mehrheit in der Generalversammlung die auch als "Acheson-Plan" bekannt gewordene "Uniting for Peace"-Resolution durch. Mit dieser von der Sowjetunion als Bruch der Charta angeprangerten Resolution wurden der Generalversammlung die Befugnisse des Sicherheitsrates für den Fall übertragen, daß letzterer durch ein Veto blockiert wäre. Später, als der Westen nicht mehr über eine automatische Mehrheit in der Versammlung verfügte, wurden die Vereinigten Staaten und die anderen westlichen ständigen Mitglieder wieder zu überzeugten Verfechtern der ausschließlichen Befugnisse des Sicherheitsrates in Fragen des Friedens und der Sicherheit.

Man sollte in der Kritik an der Generalversammlung nicht zu weit gehen. Sie hat sich bei vielen Problemen der Welt als Resonanzboden bewährt. Auch gingen von ihr in den ersten fünfzig Jahren der UN viele wertvolle Gedanken aus. Ein gutes Beispiel war die von Dr. Arvid Pardo, dem Botschafter Maltas, 1967 im Ersten Ausschuß der Generalversammlung eingebrachte Initiative, die

Meere und den Meeresboden als gemeinsames Erbe der Menschheit nicht mehr der nationalen Rechtsprechung zu unterstellen. Dies führte zu fünfzehn Jahre dauernden geistigen Bemühungen und Verhandlungen unter dem Dach der UN, die 1982 schließlich in der UN-Seerechtskonvention resultierten. Bis diese Konvention am 16. November 1994 in Kraft trat, verging, hauptsächlich wegen der Interessen der großen Industrieländer am Meeresboden, eine quälend lange Zeit.

Ein weiteres gutes Beispiel dafür, wie die Generalversammlung ihren Beratungsprozeß im Sinne einer besseren Weltordnungspolitik eingesetzt hat, liegt auf dem großen Feld der Menschenrechte. Beginnend mit der Allgemeinen Erklärung der Menschenrechte im Jahre 1948 hat in diesem Bereich die Generalversammlung eine ausschlaggebende Rolle gespielt. Auch daß Themen wie die Apartheid, Namibia und Palästina so lange auf der Tagesordnung der Weltpolitik blieben, ist entscheidend der Versammlung zu danken.

Der Bereich, in dem die Generalversammlung nicht vermocht hat, nennenswerte Ergebnisse zu erzielen oder auch nur den Gang der Ereignisse zu beeinflussen, ist die Nord-Süd-Problematik. Die lange Debatte in den 70er Jahren über eine Neue Weltwirtschaftsordnung und der zweijährige Prozeß im Rahmen der Pariser Konferenz über Internationale Wirtschaftliche Zusammenarbeit waren ehrgeizige Versuche, dem Entwicklungsprozeß Auftrieb zu verleihen. Am Scheitern des Nord-Süd-Dialoges tragen beide Seiten die Schuld. Die Entwicklungsländer waren zu ehrgeizig und verfolgten eine zu starre Strategie, indem sie zu lange auf einer unrealistisch umfassenden Tagesordnung bestanden und später die Bedeutung der Verhandlungen über den Gemeinsamen Fonds zur Stabilisierung der Rohstoffpreise überschätzten. Darüber hinaus setzten sie ihr Vertrauen in Resolutionen, die auf dem schwankenden Boden eines wirklichkeitsfremden Konsenses beruhten. Die Industrieländer leisteten ihrerseits hartnäckigen Widerstand und weigerten sich, die UN als Verhandlungsforum zu benutzen.

Wir haben im Vierten Kapitel die Konsequenzen dieses gescheiterten Bemühens um wirtschaftlichen Fortschritt erörtert. In der

Generalversammlung und ihren Untergremien hätten größere Fortschritte erzielt werden müssen. Daß dies nicht der Fall war, ist im wesentlichen die Schuld der Mitgliedsstaaten. Doch während des ganzen Prozesses mußte die Generalversammlung ungewisse Risiken eingehen und erholt sich erst jetzt wieder allmählich von den erlittenen Schäden. In jüngster Zeit hat die Generalversammlung mit dem Aufruf ihres Präsidenten zu umfangreichen Konsultationen über eine *Agenda für Entwicklung* ein Zeichen dafür gesetzt, daß sie ihre Rolle bei der Förderung der internationalen Zusammenarbeit in wirtschaftlichen, sozialen und verwandten Fragen wieder in Anspruch nehmen will. Wir begrüßen diesen praktischen Schritt seitens der Versammlung.

Kontrolle des Haushaltsplanes

Nach Artikel 17 der Charta prüft und genehmigt die Generalversammlung den Haushaltsplan der Organisation und weist den Mitgliedsstaaten nach einem von der Versammlung festgesetzten Verteilungsschlüssel den von ihnen zu tragenden Kostenanteil an der Organisation zu. Dieses zugestandene Recht, den Haushaltsplan zu genehmigen, hätte zur Stärkung der Rolle der Versammlung innerhalb einer Weltordnungspolitik genutzt werden können. Es hätte die Grundlage für eine echte Einflußnahme auf Politik und Programme der UN bei der Erörterung des Haushaltsplanes im Fünften Ausschuß der Versammlung bilden können. Doch selbst ohne Sondervorrechte aufgrund der Charta haben die Industrieländer - als absolut gesehen größte Beitragszahler - die Versammlung in der Ausübung ihrer kollektiven Befugnisse erheblich eingeschränkt.

Während der Arbeit unserer Kommission führte eines unserer Mitlieder, Brian Urquhart, gemeinsam mit Erskine Childers eine Studie über die UN durch. Beide sind internationale Beamte mit umfangreichen Kenntnissen des UN-Systems und seiner Stärken und Schwächen. Sie prüften, welche Veränderungen innerhalb des Systems zur Überwindung der Schwächen möglich sind. (Dabei ging es nicht um "konstitutionelle Veränderungen", die eine Änderung der Charta erfordern, und nicht um Friedens- und Sicherheitsfragen.) In ihrer Studie *"Renewing the United Nations Sy-*

Tabelle 5-1. Beiträge einiger Mitgliedsstaaten zum ordentlichen Haushalt

Land	Prozentualer Beitrag zum ordentlichen Haushalt aufgrund des Verteilungsschlüssels	UN-Beitrag in Prozent des Nationaleinkommens
Sao Tomé und Principe	0,01	0,2511
Malediven	0,01	0,1626
Saint Kitts und Nevis	0,01	0,1566
Niederlande	1,50	0,0104
Österreich	0,75	0,0103
Schweden	1,11	0,0103
Polen	0,47	0,0077
Vereinigte Staaten	25,00	0,0076
Bangladesch	0,01	0,0007

Quelle: Zusammengestellt anhand von Hintergrundmaterialien des UN-Ausschusses für Haushaltsbeiträge.

stem" weisen sie den Anspruch der größten Beitragszahler zurück, nach dem sie besondere Vorrechte in Haushaltsfragen hätten. Das entscheidende Argument lautet, daß die Länder entsprechend ihren Möglichkeiten zahlen. Für die kleinsten und ärmsten Länder dürfte die Belastung durch den sich aus dem Verteilungsschlüssel ergebenden Beitrag zum ordentlichen Haushalt der UN größer und pro Kopf gerechnet gelegentlich höher sein als für die reichsten Länder, weil jedes Mitgliedsland mindestens 0,01 Prozent des ordentlichen Haushalts finanzieren muß und kein Land mehr als 25 Prozent. (Siehe Tabelle 5-1.)

Es ist sicherlich völlig angebracht, daß die Generalversammlung die in der Charta vorgesehene Haushaltshoheit ausübt. Sicherlich wäre es für den Prozeß der Neubelebung der Generalversammlung heilsam, wenn die Befugnis zur Genehmigung des Haushaltsplanes der Organisation und der Festlegung des Verteilungsschlüssels für Beiträge seitens aller Mitgliedsstaaten stärker wahrgenommen würde. Die Industrieländer haben die Generalversammlung bewogen, diese Entscheidungen im Konsens zu treffen. Dies könnte ein vernünftiges Verfahren sein, ist jedoch wegen der faktischen Drohung, daß ein reiches Land sein Veto einlegt, unausgewogen. Die

Mitglieder der Generalversammlung müssen ihre rechtmäßige Befugnis zur Genehmigung des Haushaltsplanes und zur Aufteilung der Beiträge für diesen wahren.

Die Rationalisierung von Verfahrensweisen

Die Bemühungen um eine Neubelebung der Arbeit der Generalversammlung gehen weit zurück. In den letzten Jahren hat die Generalversammlung eine große Anzahl administrativer und prozeduraler Fragen gelöst, die sich auf ihre Effektivität auswirken. 1990 billigte sie die Schlußfolgerungen des "Sonderausschusses zu Fragen der Charta und Stärkung der Rolle der Organisation" zur Rationalisierung von Verfahrensweisen der UN. Im folgenden Jahr verabschiedete die Versammlung eine Resolution über die Aufgaben und Pflichten des Präsidenten der Versammlung. Dies sind ermutigende Anzeichen für eine Neubelebung.

Wir glauben, daß das Amt des Präsidenten der Generalversammlung im UN-System stärker genutzt werden kann. Es handelt sich um ein Amt von hohem Ansehen, das zwischen allen Regionen wechselt und stärker funktionalisiert werden kann. Erforderlich ist die Bereitschaft, die Stellung der Generalversammlung als "Hauptorgan" zu stärken. Der Präsident kann dabei ein Bindeglied sein, durch das ein Teil dieser Stärkung erfolgt - ein Bindeglied zum Sicherheitsrat durch Informationsübermittlung und Konsultation, zum Generalsekretär durch eine besser entwickelte Zusammenarbeit und zu den Mitgliedsstaaten durch Besuche, die die UN den Menschen der Welt näherbringen. Innerhalb des überlasteten UN-Systems sollte das Amt des Präsidenten für die Anliegen einer Weltordnungspolitik eine kreative Rolle spielen.

Zahlreiche Bemühungen um Rationalisierung und Modernisierung der Verfahrensweisen der Versammlung und ihrer Ausschüsse sind im Gange. Man könnte die Tagesordnung der Generalversammlung, die in den letzten Jahren so stark angewachsen ist, daß sie nicht mehr angemessen behandelt werden kann, kürzen und vereinfachen. Man könnte die Anzahl und die Häufigkeit der vom Generalsekretär geforderten Berichte begrenzen und die wichtigsten Ausschüsse der Generalversammlung teilweise zusammenlegen und umstrukturieren. Ein Anfang wurde 1993 bei der 47. Sitzung mit einer Resolution zur Verringerung der Anzahl der Ausschüsse von sieben auf sechs gemacht. Wir schlagen eine weiteren Schritt in diese Richtung vor. Weitere Vorschläge zur Neubelebung, bei denen es im wesentlichen um Möglichkeiten einer vertieften Diskussion der Berichte des Sicherheitsrates in der Versammlung sowie um Richtlinien zur Vereinfachung der Tagesordnung von Generalversammlung und Hauptausschüssen geht, wurden von der vom Präsidenten im November 1993 eingesetzten Arbeitsgruppe aufgegriffen.

Eine neue Dialogkultur

Die Welt muß die Anwesenheit ihrer politischen Führung in New York bei der Generaldebatte und bei anderen besonderen Anlässen besser nutzen. Die UN müssen den geistigen Austausch zwischen den politischen Spitzen fördern. Gegenwärtig beschränken sich diese darauf, miteinander durch förmliche Ansprachen oder unter vier Augen zu kommunizieren. Die Möglichkeit, gemeinsam Gedanken zu entwickeln, besteht nicht.

Eine Versammlung mit 184 Mitgliedern ist dazu nicht der am besten geeignete Ort, doch deswegen darf auf diesen gemeinsamen Gedankenaustausch dort nicht insgesamt verzichtet werden. Bei der 48. Sitzung im Jahre 1993 wurden einige Zusammenkünfte im Plenum nur für die spezielle Frage der Betäubungsmittel reserviert. Derartige Diskussionen sollten systematisch weiter angestrebt werden. Eine Möglichkeit dazu wäre, jeweils in der ersten Jahreshälfte eine Sitzung der Generalversammlung zur Förderung des gemeinsamen Austausches abzuhalten. Man könnte experimentell ein ausgewähltes Forum - einschließlich der Vertreter der wichtigen Regionalgruppen - veranstalten und ein zusätzliches Organ der Generalversammlung für die Beratung über politische Schlüsselfragen, die auf der Tagesordnung der Versammlung stehen, einsetzen. Themen wie Flüchtlinge, Ernährungssicherheit, Wassermangel oder Drogenmißbrauch könnten von einem solchen

Dialog profitieren, ohne daß man auf eine Internationale Konferenz in grandiosem Rahmen warten müßte.

Die Generalversammlung sollte es nicht zulassen, daß der Sicherheitsrat die gesamte Debatte über Fragen des Friedens und der Sicherheit für sich in Beschlag nimmt. Die Versammlung selbst kann wichtige Beiträge zur Konfliktlösung leisten. Der Sonderausschuß der Generalversammlung für Friedensoperationen existiert bereits und hat in jüngster Zeit an Ansehen gewonnen. Er könnte für die Entwicklung spezifischer Vorschläge zu Friedenseinsätzen genutzt werden.

Die Generalversammlung kann Friedensoperationen vorschlagen, die keinen Militäreinsatz beinhalten. Ein Beispiel dafür ist die (1962 beschlossene) UNTEA-Operation in Westguinea (Westirian) zur vorübergehenden Verwaltung und dem Machtübergang von den Niederlanden auf Indonesien. Bei jüngsten UN-Operationen wie in Ruanda, Somalia, Kroatien und Bosnien war die humanitäre Hilfe von entscheidender Bedeutung. Derartige Aktionen fallen unter die Zuständigkeit der Generalversammlung, und es gibt keinen Grund, weshalb sie auf diesem Gebiet keine Vorschläge machen sollte. Ein stärker umstrittenes, aber doch verfügbares Instrument ist die bereits erwähnte "Uniting for Peace"-Resolution aus dem Jahre 1950, aufgrund derer die Generalversammlung eine Friedensoperation beschließen kann, wenn der Sicherheitsrat blockiert ist. Auf diese Resolution berief man sich 1956 bei der Aufstellung einer UN-Streitmacht zum Einsatz in Ägypten.

Wir freuen uns, das diese und ähnliche Fragen in der informellen Arbeitsgruppe der Generalversammlung zum Bericht des Generalsekretärs "Agenda für den Frieden" diskutiert wurden. In der Einen Welt müssen wir die Fähigkeit zum Dialog und die Gewohnheit, diesen zu führen, auf allen Ebenen entwickeln - und zwar nicht lediglich zwischen den Anhängern verwandter politischer oder wirtschaftlicher Auffassungen oder zwischen Menschen aus der gleichen Region, sondern über alle weltanschaulichen und geographischen Grenzen hinweg.

Die Neubelebung der Generalversammlung

Im Rahmen des Wandels, der anläßlich des fünfzigjährigen Bestehens der UN erfolgen sollte, rangiert die Neubelebung der Generalversammlung als universellem Forum der Staaten der Welt weit oben. Selbst mit einem reformierten Sicherheitsrat und einem neuen Rat für Wirtschaftliche Sicherheit bleiben viele Staaten, die wichtige Beiträge zu Politik und Programmen der UN und zu einer Weltordnungspolitik leisten könnten, zwangsläufig im Abseits.

Eine Generalversammlung, die stärker ins Bild tritt und ihre Arbeit neu ordnet, so daß sie konzentrierter und ergebnisorientierter erfolgt, wird diesen Ländern durch deren Arbeit in der Versammlung eine sinnvolle Rolle innerhalb einer Weltordnungspolitik ermöglichen. Auf allen Ebenen der UN - des Amtes des Generalsekretärs, des Sicherheitsrates, der Sonderorganisationen und aller Organe des Systems - ist die Erkenntnis nötig, daß es im Interesse des Systems als Ganzem liegt, eine kraftvollere und effektivere Generalversammlung zu haben. Diese sollte im Einklang mit der Universalität des Kreises ihrer Mitglieder eine entscheidende Rolle bei der Legitimierung der UN spielen. In den kommenden Jahren muß die Generalversammlung deutlich als "Hauptorgan" der Vereinten Nationen erkennbar werden und damit das Versprechen der Charta erfüllen.

Treuhandschaft über die Globalen Gemeingüter

Die globalen Gemeingüter sollten einer im Namen aller Nationen handelnden Institution treuhänderisch überstellt werden.

Der Treuhandrat, eines der sechs Hauptorgane der UN, spielte in den Jahren nach dem Kriege eine wichtige Rolle im Entkolonialisierungsprozeß und bei der Überwachung des Überganges der Treuhandgebiete zu Selbstregierung und Unabhängigkeit. Diese Aufgabe ist jetzt abgeschlossen; Palau im Südpazifik - das letzte Treuhandgebiet - wurde 1994 zum selbstregierten Territorium in freier Assoziierung mit den Vereinigten Staaten.

Seitdem hat sich eine neue Treuhandschaft über die globalen Gemeingüter im gemeinsamen Interesse der Menschheit, einschließlich künftiger Generationen, als notwendig erwiesen. Zu den globalen Gemeingütern gehören die Atmosphäre, der Weltraum, die Ozeane außerhalb der nationalen Hoheitsgebiete sowie die entsprechenden Ökosysteme und die für die Menschheit wichtigen lebenserhaltenden Systeme. Die neue globale Treuhandschaft muß auch die Verantwortung umfassen, die jede Generation für kommende Generationen zu übernehmen hat.

Diese Bereiche sind für alle Nationen von lebenswichtigem Interesse. Eine vorausschauende und ausgewogene Verwaltung der globalen Gemeingüter, einschließlich der Verhinderung der Übernutzung von Ressourcen wie den Fischbeständen, sind von entscheidender Bedeutung für das künftige Wohlergehen und den Fortschritt, ja, vielleicht sogar für das Überleben der Menschheit. Die Verwaltung der Gemeingüter, einschließlich der Entwicklung und Nutzung ihrer Ressourcen und der Gestaltung der Rechte und Pflichten von Staaten und anderen Institutionen gegenüber den Gemeingütern, muß im Rahmen internationaler Zusammenarbeit erfolgen.

Die globalen Gemeingüter sollten einer im Namen aller Nationen handelnden Institution treuhänderisch überstellt werden. Die Art der Aufgaben dieses Gremiums läßt es sinnvoll erscheinen, daß es ein Hauptorgan der Vereinten Nationen wird. Wir schlagen deshalb vor, daß der nunmehr von seinen ursprünglichen Aufgaben entbundene Treuhandrat ein Mandat zur Ausübung der Treuhandschaft über die globalen Gemeingüter erhält.

Wir sehen den Treuhandrat künftig als das wichtigste Forum für globale Umweltfragen und verwandte Probleme an. Zu seinen Aufgaben würden die Verwaltung von Umweltverträgen in Bereichen wie dem Klimawandel, der biologischen Vielfalt, dem Weltraum und dem Seerecht gehören. Er würde, soweit angebracht, sich aus dieser Thematik ergebende Wirtschafts- und Sicherheitsfragen an den Rat für Wirtschaftliche Sicherheit oder an den Sicherheitsrat überweisen. Im weiteren Verlauf dieses Kapitels schlagen wir vor, daß die Kommission für Nachhaltige Entwicklung (CSD), die zur Zeit dem ECOSOC Bericht erstattet, dem vorgeschlagenen Rat für Wirtschaftliche Sicherheit zugeordnet wird. Wir würden erwarten, daß diese neue Gruppe Fragen der globalen Gemeingüter und andere geeignete Themen an den neuen Treuhandrat überweist.

Die neue für den Treuhandrat vorgeschlagene Rolle entspräche voll und ganz der Bedeutung der Aufgaben, die ihm zur Zeit seiner Gründung als einem der Hauptorgane der Vereinten Nationen, das seinen eigenen Saal bei den UN in New York hat, übertragen wurden. Die neue Rolle des Treuhandrates erfordert Änderungen in den Kapiteln XII und XIII der Charta. Der neue Rat könnte wie der frühere Treuhandrat aus Vertretern einer Reihe von Mitgliedsstaaten bestehen. Früher war die Anzahl der Mitglieder auf die Anzahl der Territorien unter Treuhandschaft bezogen und daher nicht festgelegt. Wir regen an, daß die Generalversammlung die Anzahl der Mitglieder und die Auswahlkriterien für diese bestimmt.

Bei seinen Aufgaben in der neuen Rolle würde der Rat von den Beiträgen seitens der Organisationen der Zivilgesellschaft profitieren. Die Regierungen sollten bei ihren Überlegungen zur Neukonstituierung des Treuhandrates prüfen, wie eine derartige Beteiligung am besten sichergestellt werden kann. Die Charta sah vor, daß "jedes Mitglied des Treuhandrates eine besonders geeignete Person zu seinem Vertreter im Treuhandrat bestellt". Eine entsprechende Bestimmung würde es den Regierungen freistellen, einen Beamten oder jemanden aus der Zivilgesellschaft, der über die erforderlichen Qualifikationen verfügt, zu ernennen. Außerdem könnte die Geschäftsordnung des neuen Rates so abgefaßt werden, daß Beiträge von Organisationen der Zivilgesellschaft ermöglicht werden.

Wenn dieser Vorschlag verwirklicht werden soll, müssen noch viele administrative und sonstige Fragen geklärt werden, doch wir glauben, daß dies in befriedigender Weise möglich ist. Der wichtigste Schritt liegt in der Erkenntnis, daß es an der Zeit ist, anzuerkennen, daß die Sicherheit des Planeten ein universelles Bedürfnis darstellt, um das sich die UN kümmern müssen.

Die globale Zivilgesellschaft

Es muß im UN-System Raum dafür geben, damit Einzelne und Organisationen auf dem Petitionswege Abhilfemaßnahmen bei Mißständen verlangen können, die die Sicherheit der Menschen gefährden können.

Um ein effektives Instrument der Weltordnungspolitik in der modernen Welt zu sein, müssen die Vereinten Nationen das Entstehen der globalen Zivilgesellschaft stärker berücksichtigen. Die entscheidende Rolle, die diese neuen Akteure bei der Gestaltung der globalen Angelegenheiten spielen, erfordert eine Neubewertung des Verhältnisses der UN und ihrer Familie von Organisationen zu der weltweit wachsenden Fülle organisierter nichtstaatlicher Aktivitäten.

Der Wunsch der Menschen nach Beteiligung an der Gestaltung ihrer eigenen Angelegenheiten, die Notwendigkeit, in Bereichen aktiv zu werden, in denen die Regierungen zum Handeln unfähig oder nicht bereit sind, und die Entwicklung neuer Kommunikationstechnologien, die Informationen auf breiter Basis vermitteln und den Menschen helfen, über Grenzen hinweg zusammenzuwirken, fördern ein Phänomen, das gelegentlich als "globale Revolution des Vereinswesens" bezeichnet wird. Dieses Phänomen wird von der Erkenntnis genährt, daß so viele der heute Beachtung erfordernden Probleme von globalen Ausmaßen sind.

Der Gedanke, daß Menschen ungeachtet ihrer nationalen oder sonstigen Identität gemeinsame Interessen haben und sich über alle Grenzen hinweg zur Wahrnehmung dieser Interessen organisieren, hat für eine Weltordnungspolitik zunehmende Bedeutung.

Nichtregierungsorganisationen

Die globale Zivilgesellschaft drückt sich am besten durch die weltweite nicht-staatliche Bewegung aus. Als Gruppe gesehen repräsentieren Nichtregierungsorganisationen (NGOs) ein breites und vielfältiges Spektrum. Ihre Sichtweisen und Aktivitäten reichen von der lokalen über die nationale und regionale bis hin zur globalen Ebene. Einige sind sach- oder aufgabenorientiert, andere ideologisch gefärbt. Einige haben eine breite, das öffentliche Interesse betreffende Perspektive, andere setzen eher einen engeren, persönlicheren Schwerpunkt. Sie umfassen kleine, spärlich finanzierte Grazwurzelbewegungen genauso wie große, hoch professionelle und großzügig unterstützte Organisationen. Einige handeln individuell, andere haben zwecks Informationsaustausch und Aufgabenteilung Netzwerke gebildet, um ihren Einfluß zu vergrößern.

Die Kommission traf sich mit Vertretern aus den vielen unterschiedlichen Teilen der NGO-Gemeinschaft. Wir sind der Ansicht, daß ihre verstärkte Einbeziehung für eine Weltordnungspolitik von großem Nutzen ist. Nationale wie auch internationale NGOs sind nicht frei von Unzulänglichkeiten. Nichtsdestotrotz können sie dank ihrer Vielfalt, Expertise und ihres Engagement Wahrnehmungen an der Basis vermitteln, die im Interesse einer besseren Ordnungspolitik mobilisiert werden sollte.

Über viele Jahre hinweg haben NGOs in entscheidender Weise die Vereinten Nationen bei der Ausführung ihrer Arbeit - insbesondere im sozialen, wirtschaftlichen und humanitären Bereich - unterstützt. Sie übernehmen häufig die Funktionen unabhängiger Kontrollmechanismen, Frühwarnsysteme und Informationsquellen, die besonders im Rahmen der vorbeugenden Diplomatie nützlich sind. Sie können als nichtöffentliche oder alternative Informationskanäle dienen und den Aufbau von Kontakten unterstützen, die bei der Überbrückung politischer Gegensätze notwendig sind. Immer mehr NGOs arbeiten an der Ausgestaltung staatlicher Arbeitsprogramme mit. Sie identifizieren und definieren wichtige Fragestellungen, erarbeiten Handlungsempfehlungen und unterstützen politische Entscheidungsträger mit Rat und Tat. Durch die Wahrnehmung der Rolle als Anwalt und die Bereitstellung von Dienstleistungen im Sinne breiterer Partizipation im politischen System besitzt diese Bewegung eine große Bedeutung für die Ordnungspolitik.

Eine schwierige Herausforderung stellt für die internationale Gemeinschaft die Schaffung öffentlich-privater Partnerschaften dar, durch die nicht-staatliche Akteure zu Beiträgen für eine effektive Weltordnungspolitik befähigt und ermutigt werden. Eine Vielzahl unterschiedlicher Partner in die Behandlung gemeinsamer Angelegenheiten einzubeziehen, wird eine außerordentlich komplexe Aufgabe sein. Die bestehende Verschiedenartigkeit der Institutionen läßt eine Mischung erforderlicher Prozesse und Verfahren ratsam erscheinen. Unterschiedliche Systeme der Informationssammlung und Wissensvermittlung, der Diskussion von Wahlmöglichkeiten, der Ausführung bestimmter Aufgaben und der Entscheidungsfindung und Umsetzung müssen in Hinblick auf die jeweilige Fragestellung wie auch im Bezug auf die Interessen und Fähigkeiten der betroffenen Menschen und Institutionen maßgeschneidert werden.

Der globale Wirtschaftssektor

Ein weiterer, sogar noch klarer zu identifizierender Sektor, der innerhalb einer Weltordnungspolitik eine Rolle spielt, sind die Unternehmen. In Kapitel Eins haben wir den großen Umfang und die zunehmende internationalen Aktivitäten der Unternehmen dargestellt und darauf hingewiesen, daß einige der größeren transnationalen Unternehmen die Mehrheit der Volkswirtschaften in den Schatten stellt. Heute erfahren Privatunternehmen und die Vorteile eines von Wettbewerb geprägten Marktsystems eine breitere Akzeptanz als früher. Dennoch besteht weiterhin die Notwendigkeit, eine übermäßige Konzentration wirtschaftlicher Macht in privater Hand zu vermeiden, und der Staat muß die Öffentlichkeit durch Kartell- oder Wettbewerbsrecht schützen.

Die Unternehmen müssen zu verantwortungsbewußtem Handeln in der Einen Welt und zur Teilnahme an deren Ordnungspolitik aufgefordert werden. Es gibt Anzeichen dafür, daß die Geschäftswelt allmählich die Gelegenheit zu einer derartigen Übernahme von Verantwortung wahrnimmt. Einige der größten transnationalen Unternehmen sind Vorreiter in der "Zukunftsforschung", entwerfen langfristige globale Szenarien und untersuchen deren Konsequenzen für die Aufgaben der Unternehmen. In der vom Unternehmerrat für Nachhaltige Entwicklung (Business Council on Sustainable Development) zur Vorbereitung des Erdgipfels im Jahre 1992 geleisteten Arbeit - einschließlich der Untersuchung "Kurswechsel - Changing Course", als Beitrag der Unternehmen zum Erdgipfel - zeigt sich diese neue Rolle deutlich. Eher routinemäßig arbeiten viele Unternehmen schon seit langem mit Regierungen, internationalen Organisationen und NGOs bei der Ausgestaltung von Handelsregimen für Rohstoffe wie Kaffee, Gummi und Zucker zusammen.

Die internationale Gemeinschaft muß sich die Unterstützung der transnationalen Unternehmen innerhalb einer Weltordnungspolitik und zur Förderung beispielhafter Aktivitäten sichern und dabei die Rolle anerkennen, die der private Sektor für die Befriedigung der Bedürfnisse in der Einen Welt spielen kann. Wenn die Privatwirtschaft als Teilnehmer in die ordnungspolitischen Prozesse einbezogen wird, ist eine breitere Akzeptanz seiner Aufgaben wahrscheinlich.

Schaffung von Handlungsräumen

Aus den genannten Gründen müssen Wege gefunden werden, um den Menschen und ihren Organisationen - der Zivilgesellschaft in Abgrenzung zum Staat - mehr Raum im Rahmen einer Weltordnungspolitik zu geben. Aus dieser Erkenntnis wurden in den letzten Jahrzehnten verschiedene Maßnahmen ergriffen. Beispielsweise finden sich in vielen Regierungsdelegationen in der Generalversammlung auch Hinterbänkler aus den nationalen Parlamenten, teilweise auch aus Oppositionsparteien. Einigen Delegationen gehören auch NGO-Vertreter an. Dies traf insbesondere auf Delegationen beim Erdgipfel in Rio de Janeiro und bei der Bevölkerungskonferenz in Kairo zu.

Ein positives Merkmal der Rio-Konferenz war die von den Vorbereitungssitzungen bis zum Gipfel selbst durchgängig vorgesehene NGO-Beteiligung. Man hatte den Prozeß bewußt geöffnet, damit sich die Beratungen nicht nur auf Regierungen beschränkten.

Bei den auf Rio folgenden, miteinander verbundenen Weltkonferenzen behielten die NGOs ihren starken Einfluß sowohl auf die Vorbereitungen als auch auf die Konferenzen selbst. Der Einfluß der NGOs, insbesondere der Frauengruppen, auf die Abfassung des Abschlußdokumentes war ein bemerkenswertes Merkmal der Internationalen Konferenz über Bevölkerung und Entwicklung in Kairo.

Daß sowohl die Regierungen als auch die UN den Beitrag, den NGOs zur Entwicklung politischer Strategien leisten können, immer mehr anerkennen, ist ein positiver Schritt. Es wäre eine logische Konsequenz, nach Möglichkeiten zur verstärkten Zusammenarbeit zu suchen, damit zur politischen Umsetzung fähige NGOs auch in der Durchführungsphase als Partner beteiligt werden.

In den UN gibt es immer noch einige Widerstände gegen den nicht-staatlichen Sektor. Angesichts des Charakters der Charta und der Vereinten Nationen als zwischenstaatlicher Organisation überrascht dies kaum. Je mehr jedoch diese reservierte Haltung überwunden wird, desto leichter wird erkennbar sein, wie sich die nicht-staatliche Beteiligung zum größeren Wohl der Weltgemeinschaft fördern läßt. Der Anfang ist gemacht. Die Beteiligung der NGOs an der Arbeit des Ausschusses für Menschenrechte und an anderen Foren, insbesondere bei den Themen Umwelt, Frauenrechte und Bevölkerung, hat in den letzten Jahren beträchtlich zugenommen. Wir haben institutionelle Regelungen untersucht, die diese Entwicklung weiter fördern könnten.

Eine Versammlung der Menschen?

Ein weitgehend untersuchter Vorschlag besteht in der Schaffung einer "Versammlung der Menschen" als Beratungsgremium zur Ergänzung der Generalversammlung, in der die Regierungen vertreten sind. Dabei wird im allgemeinen vorgeschlagen, zunächst eine Versammlung von Parlamentariern, die von den nationalen Parlamenten aus ihren eigenen Reihen gewählt würden, einzuberufen und dann später eine von den Menschen direkt gewählte Weltversammlung zu schaffen. Es gibt auch Vorschläge dafür, daß eine Parlamentarierversammlung als Konstituante für eine direkt gewählte Versammlung der Menschen fungieren könne. Wir regen an, diese Vorschläge weiter zu diskutieren.

Wenn die Zeit kommt, glauben wir, wird der richtige Ansatz darin bestehen, mit einer Parlamentarierversammlung als Konstituante für ein volksnäheres Gremium zu beginnen. Doch dabei ist darauf zu achten, daß die Parlamentarierversammlung nur der Ausgangspunkt einer Reise und nicht deren Endstation wird.

Eine Parlamentarierversammlung löst nicht das Problem der erforderlichen Beteiligung neuer Akteure an einer Weltordnungspolitik. Was sie neben der Generalversammlung schaffen wird, ist eine Gelegenheit zum globalen Dialog zwischen Parlamentariern. Organisationen wie die Interparlamentarische Union und die Parlamentarier für Globales Handeln erfüllen schon heute diesen Zweck, und sie gehören zu den Organisationen, deren engere Einbeziehung in ordnungspolitische Prozesse wünschenswert wäre.

So sinnvoll diese Ideen auch sein mögen, sollte die Weltgemeinschaft doch nicht diese Richtung einschlagen, ehe die Generalversammlung selbst ihre Rolle neu belebt hat. Eine Versammlung von Parlamentariern oder Menschen darf nicht als Ersatz für eine solche Neubelebung dienen. Doch wenn man Maßnahmen zur Schaffung eines Parlamentes der Menschen vertagt, muß unserer Ansicht nach etwas getan werden, damit sich die Möglichkeiten nichtstaatlicher Akteure verbessern, im UN-System zu Gehör zu kommen.

Ein Forum der Zivilgesellschaft

Unser erster Vorschlag lautet, solange noch kein Forum in Form einer Versammlung von Parlamentariern oder Menschen im UN-System geschaffen ist, durch die Einberufung eines alljährlichen Forums der Zivilgesellschaft einen Anfang zu machen. Dieses sollte aus Vertretern von bei der Generalversammlung akkreditierter Organisationen der Zivilgesellschaft bestehen - einer neuen und erweiterten Kategorie akkreditierter Organisationen, die wir später in diesem Kapitel bei der Behandlung des ECOSOC empfehlen werden.

Wir messen diesem Vorschlag große Bedeutung bei und glauben, daß die Zivilgesellschaft selbst an seiner weiteren Ausarbeitung beteiligt werden muß. Bei diesen Beratungen sollte die Möglichkeit regionaler Foren geprüft werden, auf denen ein größerer Kreis von Organisationen Beiträge zum globalen Forum der UN leisten könnte. Ein Forum von 300-600 Organen der Zivilgesellschaft wäre wünschenswert und praktikabel. Wie diese auszuwählen sind, wäre von der Zivilgesellschaft selbst zu prüfen. Wie das Forum innerhalb des UN-Systems funktionieren würde, müßte Gegenstand einer Vereinbarung mit den UN, insbesondere mit der Generalversammlung, sein.

Bei unseren Beratungen mit Vertretern der internationalen Zivilgesellschaft ergab sich die Notwendigkeit eines Forums der Zivilgesellschaft, über dessen Art und Aufgaben die Zivilgesellschaft weitgehend mitbestimmen sollte. Regionale Konsultationen wären ein notwendiger Bestandteil dieses Prozesses.

Sowohl aus praktischen als auch aus symbolischen Gründen wäre es wünschenswert, daß dieses Forum im Vorfeld der jährlichen Sitzung der Generalversammlung in deren Plenarsaal tagt. Obwohl das Forum das Recht zur Erstellung eines eigenen Arbeitsprogrammes braucht, könnte es den Wunsch haben, sich mit Tagesordnungspunkten der bevorstehenden Sitzung zu befassen. Diese Regelungen müßten mit der Generalversammlung vereinbart werden, und wir regen an, daß der Präsident der Versammlung eine Arbeitsgruppe aus Organisationen der internationalen Zivilgesellschaft und Mitgliedern der Versammlung zur Entwicklung eines derartigen Vorschlages einberuft. Wir halten eine Änderung der Charta für die Gründung dieses Forums nicht für erforderlich.

Das Forum würde der internationalen Bürgergesellschaft direkten Zugang zum UN-System ermöglichen und könnte ihre Auffassungen Eingang in die Beratungen der Generalversammlung finden lassen. Es könnte keine Entscheidungen für die Versammlung treffen, könnte ihr jedoch bei diesen durch Informationen und Einflußnahme auf die Schlußfolgerungen helfen. Wenn die Generalversammlung jedes Jahr im September ihre Sitzung mit der Kenntnisnahme der wohlüberlegten Ansichten des Forums beginnen könnte, wäre dies eine qualitative Veränderung der Grundlagen einer Weltordnungspolitik. Die Beratungen des Forums würden überdies die Möglichkeiten der Zivilgesellschaft zur Einflußnahme auf die Regierungen der UN-Mitgliedsstaaten in Fragen, die auf der Tagesordnung der Versammlung stehen, - und auch darüber hinaus - stärken.

Das Forum würde einen großen Schritt nach vorn bedeuten. Wir messen ihm eine ganz andere Rolle zu als der gegenwärtig alljährlich von der UN-Abteilung für Öffentlichkeitsarbeit veranstalteten Tagung von NGOs, denn das Forum soll einem breiten Spektrum von Organisationen der Zivilgesellschaft die Möglichkeit zur Einflußnahme auf die zwischenstaatliche Debatte in der Generalversammlung geben. Dabei ist es natürlich kein Ersatz für bestehende Partnerschaften zwischen internationalen Institutionen und der Zivilgesellschaft oder für eine verstärkte Interaktion zwischen diesen.

Ein Petitionsrecht

In einem Bereich - dem der Gefährdung der Sicherheit von Menschen - besteht ein eindeutiger Bedarf nach Ausweitung der Möglichkeiten der Zivilgesellschaft zum Erwirken von Maßnahmen der UN. In Kapitel Drei empfehlen wir, in der Charta ein Recht der internationalen Gemeinschaft anzuerkennen, auf gravierende Bedrohungen der Sicherheit der Menschen zu reagieren, auch wenn diese im wesentlichen innerstaatlicher Art sind. Der Sicherheitsrat könnte dann unter den besonderen Bedingungen der Bedrohung der Sicherheit der Menschen seine Befugnisse ausüben, jedoch sind wir keineswegs davon überzeugt, daß Regierungen bereit sind, mit der notwendigen Konsequenz gegen andere Regierungen in derartigen innenpolitischen Situationen vorzugehen - gewiß nicht im Vorfeld einer Katastrophe mit den in den Medien dramatisch dargestellten Ausmaßen der Ereignisse in Somalia oder Ruanda.

Es ist nunmehr an der Zeit, der Zivilgesellschaft ein direktes Mittel an die Hand zu geben, um die internationale Gemeinschaft in derartigen Fällen zur Erwägung von Maßnahmen zu veranlassen, und zwar in einem früheren Stadium als bisher der Fall war. Wir schlagen vor, dies durch die Schaffung eines neuen "Petitionsrechtes" für die internationale Zivilgesellschaft zu ermöglichen.

Wir erinnern an die produktive Rolle des unter der Bezeichnung "Ausschuß der 24" bekannt gewordenen Sonderausschusses zur Umsetzung der Erklärung zur Entkolonialisierung, der 1961 von der Generalversammlung eingesetzt wurde. Obwohl das Mandat dieses Ausschusses eng begrenzt war, hat er doch gemeinsam mit seinem "Unterausschuß für Kleine Territorien, Petitionen, Information und Unterstützung" (Subcommittee on Small Territories, Petitions, Information and Assistance) Gelegenheit geboten, Probleme aufzuzeigen, Beschwerden vorzubringen und schließlich Maßnahmen zur Förderung der Entkolonialisierung vorzuschlagen.

Obwohl der Prozeß der Entkolonialisierung praktisch beendet ist, gibt es immer noch Fragen, die der Klärung bedürfen, Beschwerden, die zu behandeln sind, und Maßnahmen, die die internationale Gemeinschaft ergreifen sollte, um Mißständen abzuhelfen. Diese liegen oft in Bereichen, mit denen sich nicht-staatliche Akteure befassen - nicht nur NGOs im engeren Sinne, obwohl diese einen wichtigen Teil des anzuhörenden Kreises ausmachen.

Die Kommission ist überzeugt, daß es im UN-System Raum geben muß, damit Einzelne und Organisationen auf dem Petitionswege Abhilfemaßnahmen bei Mißständen verlangen können, die im Falle ihrer Nichtbehandlung die Sicherheit der Menschen gefährden können. Das Petitionsrecht und die Regelungen für seine Ausübung müßten ihrem Umfang nach genau festgelegt werden, damit diese Möglichkeit praktikabel und effektiv bleibt. Dies ließe sich durch klare Abgrenzung der Voraussetzungen und die Entwicklung eines Vorprüfungsverfahrens mit klaren Kriterien für den Vorrang der dringlichsten Eingaben erreichen.

Die UN-Kommission für Menschenrechte hat in gewissem Umfang begonnen, der Notwendigkeit eines derartigen Instrumentariums Rechnung zu tragen. Die Ernennung des Hohen Kommissars für Menschenrechte wird die Rolle dieser Kommission stärken. Doch das Petitionsrecht bedarf sowohl eines konzentrierteren Ansatzes als auch einer größeren Reichweite. Wir schlagen vor, daß es sich auf Beschwerden über eine Gefährdung der Sicherheit der Menschen bezieht - Sicherheit in dem weiteren Sinne des in Kapitel Drei erörterten Begriffes. Wir haben dort dargelegt, wie mit Hilfe des Petitionsrechtes derartige Fragen auf die Tagesordnung des Sicherheitsrates gesetzt werden und internationale Maßnahmen autorisiert werden können, insbesondere Maßnahmen zur friedlichen Beilegung von Streitigkeiten nach Kapitel VI - und schließlich, in Extremfällen, Zwangsmaßnahmen nach Kapitel VII.

Es ist unser Ziel, die Zivilgesellschaft zur Aktivierung des Potentials der UN im Rahmen der vorbeugenden Diplomatie und bei der friedlichen Beilegung von Streitigkeiten zu befähigen, durch die die Sicherheit von Menschen durch Konfliktsituationen innerhalb von Staaten und ebenso zwischen diesen gefährdet sein könnte.

Der Ausschuß der 24 war ein Ausschuß von Regierungsbeamten; doch derartige Einzelpersonen sind für ein Gremium, das Petitionen entgegennimmt, weniger geeignet. Wir sind für die Schaffung eines Petitionsrates - eines hochrangigen Gremiums aus fünf bis sieben regierungsunabhängigen, aufgrund ihrer persönlichen Qualifikation ausgewählten Persönlichkeiten, die Petitionen entgegennehmen und Empfehlungen zu diesen erarbeiten würden. Dieser Rat würde vom Generalsekretär mit Zustimmung der Generalversammlung eingesetzt. Dieser Rat sollte mit der "Sicherheit der Menschen" betraut sein und dem Generalsekretär, dem Sicherheitsrat und der Generalversammlung Empfehlungen unterbreiten.

Es wäre ein Rat ohne jegliche Durchsetzungsbefugnis. Doch der hohe Rang seiner Mitglieder und die Qualität seiner Beratungen könnten ihm großes Ansehen verschaffen und seinen Beschlüssen große moralische Autorität verleihen. Dieser neue Rat könnte entweder durch Gründung eines Nebenorgans oder durch Änderung der Charta geschaffen werden. Wir schlagen den letztgenannten Weg vor, wobei der Rat den hier genannten speziellen Auftrag erhalten sollte. Doch diese Fragen müssen Gegenstand von Erörterungen und Verhandlungen werden. Zunächst sollte die Generalversammlung eine (nicht auf Regierungsvertreter beschränkte) Arbeitsgruppe zur Prüfung dieses Vorschlages und seiner Umsetzungsmöglichkeiten einsetzen.

Mehr als alles andere würden unserer Ansicht nach die von uns vorgeschlagene Verbindung mit dem Sicherheitsrat selbst und der Zusatz zur Charta, der UN-Aktionen nach einem Anfangsbefund des Petitionsrates gestattet, eine beträchtliche Weiterentwicklung einer Weltordnungspolitik darstellen, die so besser auf die Bedürfnisse der Menschen und die Besorgnisse der globalen Zivilgesellschaft reagieren könnte.

Dieser Vorschlag wird, da er etwas ganz neues ist, zwangsläufig Skepsis hervorrufen. Einige werden ihn sogar mit Besorgnis sehen. Wir glauben jedoch, daß eine Weltordnungspolitik neue Akteure einbeziehen und eine praktische Möglichkeit zur Behebung der die Menschen gefährdenden Mißstände schaffen muß. Andernfalls steht die Welt vor Gefahren mit schwerwiegenden Konsequenzen für Frieden und Sicherheit und für die Lebensqualität in der Einen Welt.

Der wirtschaftliche und der soziale Sektor

Es ist nunmehr an der Zeit, den ECOSOC aufzulösen.

Kapitel IX der Charta befaßt sich mit "internationaler Zusammenarbeit auf wirtschaftlichem und sozialem Gebiet". Die Mitgliedsstaaten verpflichteten sich, in Zusammenarbeit mit der Organisation die in Artikel 55 aufgeführten Ziele im wirtschaftlichen und sozialen Bereich zu fördern. Diese Ziele sind:

- die Verbesserung des Lebensstandards, die Vollbeschäftigung und die Voraussetzungen für wirtschaftlichen und sozialen Fortschritt und Aufstieg;
- die Lösung internationaler Probleme wirtschaftlicher, sozialer, gesundheitlicher und verwandter Art sowie die internationale Zusammenarbeit auf den Gebieten der Kultur und Erziehung;

- die allgemeine Achtung und Verwirklichung der Menschenrechte und Grundfreiheiten für alle ohne Unterschied der Rasse, des Geschlechts, der Sprache oder der Religion.

Der Artikel 55 beginnt mit der Hervorhebung der Bedeutung des "Zustandes der Stabilität und Wohlfahrt" für "friedliche und freundschaftliche Beziehungen zwischen Nationen". Aufgrund dieses Artikels sowie der Präambel und der in Artikel 1 festgelegten Prinzipien und Ziele ist klar, daß die Gründer in den Vereinten Nationen das Hauptinstrument der Weltgemeinschaft zur Förderung des globalen wirtschaftlichen und sozialen Fortschrittes und zur Erreichung eines "besseren Lebensstandards in größerer Freiheit" für alle Menschen der Welt sahen. Die Charta sah vor, daß die UN in dieser Rolle die Arbeit zwischenstaatlicher Organisationen im wirtschaftlichen, sozialen und verwandten Bereichen koordinieren sollte.

In den 60er und 70er Jahren wurde versucht, die Konzepte der gemeinsamen Interessen und der Interdependenz durch zusätzliche Strukturveränderungen umzusetzen, so daß die Grundkonstruktion zwar unverändert blieb, die Entwicklungsländer aber größere Möglichkeiten zur Einflußnahme auf globale Entscheidungen in ganz bestimmten Bereichen erhielten.

Seit Beginn der 80er Jahre war klar, daß diesen Bemühungen kein Erfolg beschieden sein würde. Der Gipfel von Cancún im Jahre

1981 signalisierte den Anfang einer neuen Ära, in der die großen Industrieländer in ihrem Widerstand gegen Konzepte einer breiteren Beteiligung am Management der Weltwirtschaft unnachgiebiger wurden. Auch diejenigen Entwicklungsländer, die in den 70er Jahren über die Gruppe der 77 (G77) eine führende Rolle bei der Vertretung der Interessen der Dritten Welt spielten, verfielen in den 80er Jahren zunehmend in eine Haltung müder Nachgiebigkeit.

Dies lag teilweise daran, daß ihre Verhandlungsposition durch die Schuldenkrise und andere negative Entwicklungen in der Weltwirtschaft geschwächt war. Doch ihre Haltung war auch von ideologischen Veränderungen beeinflußt, durch die die wichtigsten Entwicklungsaufgaben nunmehr eher den Marktkräften statt den staatlichen Maßnahmen zugeordnet wurden. Eine damit verbundene Veränderung bestand darin, daß sich der Schwerpunkt des Interesses von den Verhandlungen über zwischenstaatliche Regelungen nunmehr auf politische und institutionelle Reformen im eigenen Land verlagerte. Die breite internationale Öffentlichkeit interessiert sich immer weniger für die als Kern einer Neuen Weltwirtschaftsordnung vorgeschlagenen Vereinbarungen und Kodizes.

Auch die Basis für multilaterale technische Zusammenarbeit im Rahmen der Vereinten Nationen ist geschwächt worden. Aus unterschiedlichen Gründen haben die größeren Industrieländer stets gezögert, den Vereinten Nationen eine wesentliche Rolle bei der technischen Zusammenarbeit zuzuerkennen. Deshalb bestanden diese Länder auch von Anfang an darauf, daß die Finanzierung des Entwicklungsprogramms der Vereinten Nationen (UNDP) und anderer technischer Hilfsprogramme auf freiwilligen Beiträgen beruhte und nicht nach einem Verteilungsschlüssel erfolgte.

Wie im Kapitel Vier aufgezeigt, ist es paradox, daß die Entwicklungszusammenarbeit ausgerechnet in einer Zeit zurückgeht, in der die Interdependenz der Welt immer mehr zunimmt, in der eine Reihe sektorübergreifender Fragen in den Vordergrund tritt, in der neue Akteure die Bühne der Weltwirtschaft betreten und in der die wirtschaftliche Zukunft einiger führender Länder ungewiß ist. Aus diesen und anderen, in Kapitel Vier ausführlicher dargelegten Gründen schlagen wir die Schaffung eines Rates für Wirtschaftliche Sicherheit (RWS) als Spitzeninstitution für die Behandlung wirtschaftlicher und sozialer Fragen im UN-System vor. Damit entfällt allerdings nicht die Notwendigkeit weiterer institutioneller Veränderungen im wirtschaftlichen und sozialen Bereich. Ja, unser Vorschlag eines RWS geht von der Erwartung aus, daß der Prozeß der prozeduralen und administrativen Reform Fortschritte macht, einschließlich der Abwicklung einiger Gremien, deren Existenzberechtigung nicht mehr besteht.

Die Welt sollte nicht auf eine Krise oder eine Konfrontationsrunde warten, ehe diese zusätzliche Aufgabe der institutionellen Anpassung und Reform in Angriff genommen wird. Wenn die Regierungen die Bestimmungen der Charta zu wirtschaftlichen und sozialen Fragen tatsächlich vollständig umgesetzt hätten, dürfte es zumindest einige der gegenwärtigen globalen Mißstände nicht geben.

Reform der wirtschaftlichen und sozialen Aktivitäten der UN

Die operativen Aktivitäten der Vereinten Nationen werden von Sonderorganisationen sowie von Programmen und Fonds durchgeführt. Zusätzlich zu den vier wichtigsten Sonderorganisationen - der Internationalen Arbeitsorganisation (ILO), der Weltgesundheitsorganisation (WHO), der Organisation für Ernährung und Landwirtschaft (FAO) und der UN-Organisation für Erziehung, Wissenschaft und Kultur (UNESCO) - gibt es eine Reihe stärker spezialisierter, technischer Institutionen wie die Internationale Zivilluftfahrt-Organisation, die Weltorganisation für Meteorologie und den Weltpostverein (UPU). Diese wurden getrennt von Regierungen gegründet; jede dieser Organisationen hat ihre eigene Satzung und ein Lenkungsgremium, das über ihre Politik und ihre Programme entscheidet. Einige sind älter als die UN; so wurde die ILO 1919 gegründet und die UPU vor über einem Jahrhundert. Die Sonderorganisationen sind weitgehend unabhängig von der Generalversammlung und vom UN-Sekretariat.

Demgegenüber wurden die Programme und Fonds durch Beschlüsse der Generalversammlung geschaffen und sind Bestandteil des zentralen UN-

Systems. Hierzu gehören das UN-Entwicklungsprogramm (UNDP), das UN-Kinderhilfswerk (UNICEF), das Welternährungsprogramm (WFP) und der UN-Bevölkerungsfonds (UNFPA). Auch das UN-Umweltprogramm, die UN- Konferenz für Handel und Entwicklung (UNCTAD) und das Amt des Hohe Flüchtlingskommissars der UN (UNHCR) gehören in diese Kategorie.

Der UNHCR, der bei seiner Gründung im Jahre 1951 ursprünglich nur für eine Dauer von drei Jahren vorgesehen war und sich mit den aus dem Zweiten Weltkrieg verbliebenen Flüchtlingen befassen sollte, sah sich in den letzten beiden Jahrzehnten einer unerbittlich wachsenden Flut weiterer Aufgaben ausgesetzt. Die Behörde mußte mit immer größeren und komplexeren Flüchtlingsproblemen und auch mit den Problemen der durch zivile Konflikte im eigenen Land vertriebenen Menschen fertig werden. Die praktischen Aktivitäten des Flüchtlingskommissars stehen häufig im Zusammenhang mit der Tätigkeit anderer Institutionen wie dem Welternährungsprogramm oder von UNICEF, die beide über große Einsatzkapazitäten verfügen. Das Sondermandat des UNHCR gehört zu dessen größten Stärken und erschließt oft besondere Zugangsmöglichkeiten. Bei fast jeder humanitären Operation bedarf es jedoch, insbesondere vor Ort, einer effektiven Koordinierung. Wie in den Kapiteln Drei und Vier dargelegt, verdient dieser Bereich besondere Aufmerksamkeit.

Die Weltgemeinschaft kann sicherlich auf die Leistungen dieser verschiedenen Organisationen und Programme stolz sein. Einige können für sich dramatische oder monumentale Erfolge in Anspruch nehmen, so die WHO mit der von ihr geführten Kampagne zur Ausrottung der Pocken oder UNICEF mit den lebensrettenden Massenimpfungsprogrammen für Kinder. Manche Mitarbeiter der UN, insbesondere des UNHCR, von UNICEF und des WFP riskieren bei ihrer Arbeit inmitten der schlimmsten Konflikte der Welt ihr Leben. Die technischen Organisationen leisten eine von der Öffentlichkeit wenig beachtete, aber absolut unerläßliche Arbeit, z.B. bei der Wettervorhersage und der Luftraumüberwachung.

Am gewaltigen Wert der Aktivitäten der vielen UN-Organisationen kann kein Zweifel bestehen. Viel Kritik an den UN beruht oft auf Unkenntnis der Aufgaben, des Umfanges und der Nützlichkeit dieser Institutionen. Dennoch gibt es im Hinblick auf die Bewältigung neuer Anforderungen und die effizientere und effektivere Gestaltung der jetzigen Tätigkeit Verbesserungsmöglichkeiten. Es gibt eine Vielzahl von Vorschlägen zur institutionellen Reform, von denen einige besser durchdacht sind als andere. Wir meinen, daß eine Reform heute über das Herumbasteln an Institutionen hinausgehen und an der Spitze des Systems ansetzen sollte. Darauf haben wir uns konzentriert, und aus diesem Grunde haben wir einen Rat für Wirtschaftliche Sicherheit vorgeschlagen, der durch Übernahme einer Führungsrolle in wirtschaftlichen und sozialen Fragen das gesamte UN-System in diesem Bereich politisch anleiten könnte.

Der RWS wird jedoch keine operative Lenkungsfunktion für die Sonderorganisationen und Programme der UN haben. Diese obliegt den im System bereits vorhandenen ordnungspolitischen Mechanismen. Die Verantwortung bleibt vorwiegend bei den Regierungen, die in den verschiedenen Lenkungsgremien die Entscheidungsbefugnis haben.

Zur Erzielung des maximalen Nutzens aus dem UN-System als ganzem, einschließlich des Internationalen Währungsfonds, der Weltbank und der Welthandelsorganisation, bedarf es eindeutig einer besseren Koordinierung der verschiedenen Teile. Da die Regierungen über die jeweiligen Lenkungsgremien die Politik der verschiedenen Organisationen bestimmen, sind sie auch am besten für die Koordinierungsaufgabe geeignet. Doch sie werden in den verschiedenen Organisationen von unterschiedlichen Ministerien vertreten, und es gibt nur wenig Anzeichen dafür, daß ihre Ansätze auf nationaler Ebene koordiniert werden. Während diese äußeren Faktoren die Leistungsmöglichkeiten der UN begrenzen, müssen innerhalb des UN-Systems weitere Anstrengungen zur effektiveren Gestaltung der Zusammenarbeit unternommen werden. Es gibt Vorschläge zur Stärkung der Rolle des Generalsekretärs und des Verwaltungsausschusses für Koordinierung, der vielleicht in einen Exekutivausschuß des UN-Systems umgewandelt werden sollte. Derartige Vorschläge müssen weiter geprüft werden.

Als Kommission haben wir uns entschieden, keine spezifischen Vorschläge zur Koordinierung der Sonderorganisationen unter sich zu machen. Wir haben uns auf andere Aspekte der Reform konzentriert, die nach unserem Dafürhalten größere Bedeutung haben. Dazu gehören die Schaffung eines RWS und die Neubelebung der Generalversammlung. Ergänzend zu diesen Reformen sollten Veränderungen der Programme und Organisationen erfolgen. Die Sonderorganisationen sollten konsolidiert und ihre Stellung als anerkannte Zentren des Sachverstandes auf ihrem jeweiligen Gebiet gestärkt werden.

Die WHO sollte beispielsweise ihre Stellung als globaler Bezugsrahmen für die Gesundheits- und Sozialminister aller Länder weiterentwickeln. Obwohl ein Teil ihrer Arbeit weitgehend auf die Entwicklungsländer ausgerichtet ist, zeigt die weltweite Aids-Epidemie, wie wichtige Probleme zu einem Anliegen aller Länder werden können. Mit fortschreitender Globalisierung ist damit zu rechnen, daß die Bedeutung der WHO als Bezugspunkt für die nationalen Gesundheitsverwaltungen in Fragen von Gesundheitsstandards, der Gesetzgebung, der Statistik und vieler anderer Bereiche zunimmt.

Die entwicklungspolitische Arbeit der FAO hat häufig deren Rolle als zentrale Expertenorganisation in Vergessenheit geraten lassen. Überall auf der Welt stehen die Agrarminister vor solch entscheidenden Fragen wie der Revolution der Gentechnik, der wachsenden Besorgnis in Fragen der Ernährungs- und Nahrungsmittelsicherheit und der unausgewogenen Aspekte internationaler Preisgestaltung und Subventionssysteme für Nahrungsmittel. Die FAO sollte bei der Förderung des internationalen Konsenses über die beste Vorgehensweise in derartigen Fragen eine wichtige Rolle spielen.

Die Reformen der UNESCO müssen deren Möglichkeiten, qualitativ hochwertige Arbeit zu leisten, verbessern. Aus der anhaltenden Revolution in der Kommunikations- und Computertechnologie ergibt sich beispielsweise eine Vielzahl von Problemen, von denen einige in den Zuständigkeitsbereich der UNESCO fallen. Diese sollte diese Probleme weit stärker vorausschauend angehen, als sie dies heute tut. Angesichts der Bedeutung des Wissens in der heutigen auf Informationen basierenden Welt und des Potentials der UNESCO auf diesem Gebiet verdient die Organisation universelle Unterstützung.

Die ILO ist in ihrer Art als dreigliedrige Organisation einzigartig. Sie führt zwei wichtige Sektoren der Zivilgesellschaft - die Gewerkschaften und die Arbeitgeberverbände - mit den Regierungen zur Behandlung grundlegender Fragen der Arbeitsmärkte zusammen. Mit zunehmender Öffnung der Arbeitsmärkte und wachsender Mobilität der Arbeitskräfte wird die Bedeutung dieser Organisation zwangsläufig zunehmen. Als Forum für die Diskussion und die Festlegung von Standards kann die ILO zur Verringerung von sozialen Problemen und Arbeitsmarktkonflikten beitragen.

Wenn die Sonderorganisationen ihre Position als Zentren des Sachverstandes nicht ausbauen, wird diese Aufgabe zunehmend von anderen Institutionen wie der Weltbank oder von Forschungszentren wie der Consultative Group for International Agricultural Research oder von Regionalorganisationen übernommen werden. Deren Beiträge sind sehr zu begrüßen. Institutioneller Wettbewerb und Arbeitsteilung könnten sich als sehr nützlich erweisen. Wir sind allerdings der Ansicht, daß die Sonderorganisationen als globale Organisationen einzigartig sind und in einem System der Weltordnungspolitik eine Rolle spielen, die erhalten bleiben sollte.

Programme und Fonds

Innerhalb des UN-Systems müssen die Verwaltungs- und Finanzierungsstrukturen der unübersichtlichen Anzahl von Programmen und Fonds radikal verbessert werden. Obwohl diese Institutionen von der Generalversammlung auf der Grundlage der Charta ins Leben gerufen wurden, sagt dieses Dokument nur wenig über die Verteilung der Befugnisse und Zuständigkeiten oder die Verwaltungs- oder Finanzierungsstrukturen aus. Tatsächlich hatten sich die Lenkungsgremien dieser Programme und Fonds ursprünglich Arbeitsweisen zu eigen gemacht, die auf der normativen "parlamentarischen" Funktion der UN beruhten. Damit wurden lange jährliche Ratssitzungen mit Reden und Resolutionen zum durchgängigen Muster. Zwischen diesen Sitzungen gab es nur wenig Gelegenheit, sich mit Fragen der Arbeitsorganisation auseinanderzusetzen, es sei denn auf informelle und gelegentlich willkürliche Weise.

Die UN-Mitglieder haben ein starkes Interesse an transparenten Regeln. Trotzdem bildete sich ein System heraus, in dem der

Einfluß der Mitgliedsstaaten immer mehr zur Illusion wurde. Immer mehr Ausschüsse und formelle Gremien mit breiterer Repräsentanz ermöglichten keinen zusätzlichen Einfluß der Mitglieder auf die operativen Tätigkeiten. Hier bedarf es eindeutig eines moderneren und effektiveren ordnungspolitischen Ansatzes.

Die Generalversammlung tat einen ersten Schritt in Richtung verbesserter Lenkungsstrukturen, als sie 1993 eine Resolution über die "Umstrukturierung und Neubelebung der UN auf wirtschaftlichem, sozialem und verwandten Gebieten" verabschiedete. Zur Zeit findet die Einführung kleinerer Exekutivgremien statt, die die Verwaltung kontinuierlich anleiten und ihr die politische Richtung vorgeben sollen. Diese Gremien würden die allgemeinen politischen Richtlinien in spezifische Aktivitäten der einzelnen Fonds und Programme umsetzen. Die neuen Lenkungsgremien wären stärker Dialog- und entscheidungsorientiert und nicht so sehr Foren für Reden und Resolutionen. Sie sollen die politische Ausrichtung und die Verwaltung dieser Programme und Fonds transparenter und effizienter machen und eine bessere Rechenschaftslegung ermöglichen.

Politische Entscheidungsfindung und praktische Aktivitäten sind zwei verschiedene Dinge. Alle UN-Mitglieder sollten an der politischen Entscheidungsfindung beteiligt sein, doch nicht alle müssen ständig bei der Überwachung der Durchführung zugegen sein. Die UN müssen in der Lage sein, die Prinzipien der Universalität und Repräsentativität in politischen Entscheidungsprozessen mit einer transparenten, kontrollierbaren und effektiven Lenkungsstruktur auf operativer Ebene zu verbinden. Zu diesem Zweck sollte weitgehend ein System der Gruppenbildung unter den Ländern Verwendung finden, durch das dann alle Länder über einen Gruppenvertreter ein Mitspracherecht im Exekutivausschuß hätten.

Neben effizienteren Lenkungsstrukturen bedürfen die operativen Tätigkeiten der UN auch verbesserter Finanzierungssysteme. Die Vorteile eines reformierten Entwicklungssystems der UN kommen nur dann voll zum Tragen, wenn die Finanzierung geordneter und berechenbarer wird und Beitragssteigerungen ausgewogener verteilt werden.

> **Die GEF: Ein neues System mit Wahlgruppenstruktur**
>
> Die Globale Umweltfazilität (Global Environment Facility - GEF) wurde 1991 gegründet, um Entwicklungsländern zusätzliche Kosten teilweise abzunehmen, die im Rahmen der Finanzierung von Umweltinvestitionen mit globalem Nutzen entstehen. Bei diesem gemeinsamen Unternehmen des UN-Umweltprogrammes, des UNDP und der Weltbank handelt es sich um eine innovative Regelung, die Gelegenheit zur Entwicklung neuer Formen der Ordnungspolitik bietet. Von besonderem Interesse ist dabei das Wahlgruppensystem der GEF, durch das Repräsentationsprinzip und Effizienz miteinander verbunden werden sollen.
>
> Der GEF gehören über 100 Mitgliedsstaaten an, dem Lenkungsgremium jedoch nur zweiunddreißig, von denen jedes eine Wahlgruppe vertritt. Es bestehen sechzehn Wahlgruppen für Entwicklungsländer, vierzehn für Industrieländer und zwei für Osteuropa. Die Länder jeder Wahlgruppe wählen ein Mitglied und einen Stellvertreter in das Lenkungsgremium. Neue Mitglieder werden einer bereits bestehenden Wahlgruppe zugeordnet. Die Dokumentation geht allen Mitgliedsländern zu. Jede Wahlgruppe bestimmt selbst die Art ihrer Beratungs- und Entscheidungsprozesse.

Die Finanzierungsstrukturen zahlreicher Teile des UN-Systems entsprechen keinem klaren Prinzip. Eine verwirrende Vielfalt von zweckgebundenen Sonderbeiträgen, Treuhandfonds und sonstigen Regelungen außerhalb des Haushaltes machen es für Geber und Empfänger gleichermaßen schwierig, die Ebenen der Prioritätensetzung und Entscheidungfällung zu erkennen und dementsprechend die Aktivitäten zu steuern und zu kontrollieren.

In den UN und ihren Sonderorganisationen sind immer neue Finanzierungsmechanismen mit Hunderten von Treuhandfonds entstanden. Damit einhergehend kam es zu einem Abbau von Rechenschaftspflichten und Transparenz, da diese Fonds sich in den meisten Fällen der Kontrolle durch die Lenkungsgremien entziehen. Dieses Problem ist nicht auf die UN beschränkt, die Weltbank hat ebenfalls hunderte von Treuhandfonds.

Der allgemeine Trend bei der Finanzierung von Programmen und Fonds der UN war durch kräftiges Wachstum in den 70er Jahren, einen Rückgang in den 80er Jahren und ein bescheidenes Wachstum in den letzten Jahren gekennzeichnet. Hinter dieser Beschreibung verbergen sich beträchtliche Unterschiede zwischen verschiedenen Teilen des Systems. Gegenwärtig geht die Tendenz dahin, daß humanitäre und Katastrophenhilfe erhebliche Mittel verschlingen, die sonst für langfristige Entwicklungsarbeit zur Verfügung stünden.

Zum Entstehen des jetzigen Finanzierungssystem mit seiner Unberechenbarkeit, seiner Instabilität und seiner unzulänglichen Mittelausschüttung haben viele Faktoren beigetragen. Die Regelungen erfolgen ad hoc und kurzfristig. Erst Mitte der 70er Jahre wurden die ersten Versuche unternommen, dem bis dahin rudimentären Nebeneinander von Finanzierungsmechanismen ein Mindestmaß an Ordnung und Verbindlichkeit zu geben. Es besteht ein Mangel an Konsistenz zwischen den von den Regierungen beschlossenen Programmzielen und deren Bereitschaft, Finanzierungsmittel zur Verfügung zu stellen.

Auch sind die meisten Entwicklungsprogramme der UN für ihre Finanzierung auf eine kleine Gruppe von Ländern angewiesen. So leisten zehn Länder etwa 80 Prozent der Beiträge zum UNDP. Der Trend zu einer immer ungleicheren Verteilung der Belastung unter den Geberländern, der sich in den 70er und 80er Jahren herausbildete, ist auf Dauer unhaltbar.

Ein schwerwiegender Nachteil der freiwilligen Finanzierung liegt in der Ungewißheit über den Umfang der verfügbaren Mittel. Die Finanzierungszusagen erfolgen kurzfristig, und dies behindert eine sinnvolle Planung und Verwaltung von Programmen der technischen Zusammenarbeit, die eines längerfristigen Ansatzes bedürfen.

Ein neues Finanzierungssystem sollte freiwillige, kurzfristige Beiträge mit langfristigen verbinden, die auf Verhandlungen und die Lasten verteilenden Finanzierungsmodalitäten beruhen. Die langfristigen Beiträge sollten danach an den Finanzbedarf der beschlossenen operativen Programme geknüpft werden.

Der gesamte Finanzierungsbedarf und die Aufteilung auf die Geber sollten bei den Verhandlungen über den Inhalt der Programme berücksichtigt werden. Das traditionelle Vorgehen der UN, über Programme ohne gesicherte Finanzierung zu entscheiden, hat heute dazu geführt, daß das UNDP nur etwa 75 Prozent der beschlossenen Länderprogramme durchführen kann. Die Praxis, über operative Pläne ohne Einigung über deren Finanzierung zu entscheiden, muß geändert werden.

Eine weitere negative Auswirkung des derzeitigen Finanzierungssystems besteht darin, daß das Management bei jedem Programm unangemessen viel Zeit auf die Geldbeschaffung in den Hauptstädten der Welt verwenden muß. Die Geberländer sehen sich einem ständigen Beitragsdruck aus verschiedenen Teilen des UN-Systems ausgesetzt. Dies hat negative Auswirkungen auf die Prioritätensetzung sowohl innerhalb der Programme selbst als auch in den Geberländern.

Darüber hinaus ist die Zweckbindung von Mitteln zur allgemein üblichen Praxis geworden. Manche Beobachter sehen darin einen pragmatischen Weg, mit den Unzulänglichkeiten des gegenwärtigen Systems fertig zu werden. Wenn die Zweckbindung jedoch häufig wird, untergräbt dies das gesamte Konzept gemeinsamer Programme, deren Nutzen gerecht verteilt sein soll.

In den Vereinten Nationen müssen die Mitglieder, wie in anderen Organisationen, ein Gleichgewicht zwischen Rechten und Pflichten finden. Nach Auffassung der Kommission verhalten sich viele Mitglieder der UN nicht dementsprechend. Es ist einfach zu leicht, sich über die aus einer verantwortungsbewußten Mitgliedschaft erwachsenden Pflichten hinwegzusetzen. Eine solche Mitgliedschaft erfordert eine Integration von Programmbeschlüssen und Finanzierungszusagen, eine gerechtere Verteilung der Lasten auf eine größere Anzahl reicher Nationen sowie einen längerfristigen Ansatz zur Stabilisierung und Absicherung der operativen Aktivitäten durch gesicherte Finanzierung.

Neben der Verbesserung der Lenkungs- und Finanzierungsstrukturen ist auch die Notwendigkeit der derzeitigen großen Vielfalt getrennter Programme und Fonds, die mit hohen Verwaltungskosten einhergeht, kritisch zu prüfen. Dabei müssen Möglichkeiten der Zusammenlegung von Verwaltungsfunktionen und sonstige Einsparungen in Betracht gezogen werden. Die Selbständigkeit einzelner Programme wie bei UNICEF ist von unbestreitbarem Wert, doch darin muß kein Hindernis für einen effizienteren Arbeitsablauf liegen. Für UNDP ist von besonderer Bedeutung, daß dieses Programm zur führenden Entwicklungsinstitution im UN-System wird.

Die wirtschaftlichen und sozialen Aktivitäten der Vereinten Nationen lassen sich erheblicher effizienter und effektiver gestalten. Damit dies geschieht, bedarf es klarer, umfassender und konsequenter politischer Weisungen der Mitgliedsstaaten.

Der Wirtschafts- und Sozialrat: ECOSOC

Der als eines der Hauptorgane der Vereinten Nationen geschaffene Wirtschafts- und Sozialrat sollte die in Artikel 55 aufgeführten wirtschaftlichen und sozialen Zwecke fördern. Er sollte diese Aufgabe im Auftrag der Generalversammlung und mit Hilfe der Sonderorganisationen erfüllen. Diese Sonderorganisationen sowie die Programme und Fonds haben vieles geleistet. Doch die UN und insbesondere der ECOSOC sind weit hinter der ihnen zugedachten Aufgabe der Koordinierung und Gesamtausrichtung im wirtschaftlichen und sozialen Bereich zurückgeblieben. Teilweise ist dies darauf zurückzuführen, daß diese Rolle fünfzig Jahre nach San Francisco ungeachtet der klaren Intention der Charta immer noch umstritten ist.

Der ECOSOC sowie der Zweite und der Dritte Ausschuß sind zur Zeit die wichtigsten Gremien in der UN-Zentrale, in denen Beratungen über wirtschaftliche und soziale Probleme und Haushaltsfragen stattfinden. Viele Länder haben ihre Besorgnis über die Effektivität dieser Gremien zum Ausdruck gebracht. Mandatsüberschneidung, die zu sich wiederholenden Debatten führen, überlange Tagesordnungen und voluminöse Dokumentationen gehören zu den wichtigsten Kritikpunkten.

Jüngste Bemühungen um eine Reform des ECOSOC haben zu bestimmten Verbesserungen geführt. Mit der Einführung eines "hochrangig" besetzten Sitzungsabschnitts wurde ein praxisnäheres Forum zur Erörterung und Koordinierung in wirtschaftlichen und sozialen Fragen geschaffen. Insbesondere ist die "parla-mentarische" Rolle des ECOSOC bei der Festlegung der politischen Richtlinien für die operative Arbeit der UN effektiver geworden. Seine Debatten zu bestimmten Themen bieten eine neue Möglichkeit, spezifische Fragen auf politischer Ebene zu behandeln.

Die bisherigen Bemühungen waren jedoch eher eine Art Rettungsoperation. Gebraucht wird statt dessen ein neues besser konstruiertes und ausgerüstetes Schiff, das die wirtschaftlichen und sozialen Probleme einer praktischen Lösung näher bringt. Es ist nunmehr an der Zeit, den ECOSOC aufzulösen. Mit einer neubelebten Generalversammlung, einem reformierten Sicherheitsrat und einem neuen Rat für Wirtschaftliche Sicherheit wird die Beibehaltung eines 54-köpfigen Restforums für wirtschaftliche und soziale Probleme fragwürdig. Die in Angriff genommenen Reformen dürften die Leistungsfähigkeit des ECOSOC verbessern; doch der Rat für Wirtschaftliche Sicherheit stellt insgesamt gesehen ein aussichtsreicheres Instrumentarium für die Behandlung wichtiger wirtschaftlicher und sozialer Fragen dar.

Wenn es den Rat für Wirtschaftliche Sicherheit gibt, müßte ein dann noch bestehender ECOSOC eine universelle Mitgliederschaft haben, wodurch er dann wie die Ausschüsse der Generalversammlung strukturiert wäre. Unserer Ansicht nach sind die Auflösung des ECOSOC und der Zusammenschluß des Zweiten und des Dritten Ausschusses (die mit Wirtschafts- und Finanzfragen bzw. mit sozialen, humanitären und kulturellen Fragen befaßt sind) erforderlich. Die bisherigen Beratungs- und Verhandlungsaufgaben aller drei Gremien sollten auf den neuen durch Fusion entstandenen Ausschuß übertragen werden, wofür eine Änderung der Kapitel IX und X der Charta erforderlich sein wird.

Fünfzig Jahre sind lange genug, um zu wissen, was in einem System funktioniert und was nicht. Der ECOSOC hat nicht funktio-

Ausgewählte Institutionen und Programme der Vereinten Nationen

UN-Sonderorganisationen

FAO	Ernährungs und Landwirtschaftsorganisation
ICAO	Internationale Zivilluftfahrt-Organisation
ILO	Internationale Arbeitsorganisation
IMO	Internationale Seeschiffahrtsorganisation
ITU	Internationale Fernmeldeunion
UNESCO	Organisation der Vereinten Nationen für Erziehung, Wissenschaft und Kultur
UPU	Weltpostverein
WIPO	Weltorganisation für geistiges Eigentum
WHO	Weltgesundheitsorganisation
WMO	Weltorganisation für Meteorologie

Programme und Organe der UN

INSTRAW	Internationales Forschungs- und Ausbildungsinstitut für zur Förderung der Frau
UNCHS	Zentrum der Vereinten Nationen für Wohn- und Siedungswesen (HABITAT)
UNCTAD	UN-Konferenz über Handel und Entwicklung
UNDP	UN-Entwicklungsprogramm
UNEP	UN-Umweltprogramm
UNFPA	UN-Bevölkerungsfonds
UNHCR	Hoher Flüchtlingskommissar der UN
UNICEF	UN-Kinderhilfswerk

Bretton Woods Institutionen

IBRD	Internationale Bank für Wiederaufbau und Entwicklung (Weltbank, einschließlich IDA, der Internationalen Entwicklungsorganisation und IFC, der Internationale Finanz-Corporation)
IWF	Internationaler Währungsfonds

niert. Welche Begründung man 1945 auch für dieses Gremium gehabt haben mag, seine mangelnde Leistungsbilanz muß für die Weltgemeinschaft ins Gewicht fallen. Für uns gibt die Einrichtung des RWS eindeutig den Ausschlag zugunsten der vorgeschlagenen Umstrukturierung.

Durch die Abwicklung des ECOSOC werden sich eine Reihe nachgeordneter Probleme ergeben. Da ist einmal das Verhältnis zu anderen Gremien, die derzeit an den ECOSOC berichten - leider allzu oft mit geringem oder gar keinem Effekt. So ist beispielsweise der Ausschuß für Entwicklungsplanung seit langem ein Opfer der Gewohnheit des ECOSOC, Berichte zwar entgegenzunehmen, aber die darin enthaltenden Fragen zu ignorieren. Wichtiger ist heute die Regelung, daß die Kommission für Nachhaltige Entwicklung der Generalversammlung über den ECOSOC Bericht zu erstatten hat. Wir meinen, die CSD sollte künftig dem Rat für Wirtschaftliche Sicherheit berichten. Durch dieses Verfahren würde ihren Berichten auf deutlich höherer Ebene Beachtung zuteil. Wichtige Empfehlungen anderer Gremien, die zur Zeit an den ECOSOC berichten, sollten ebenfalls an den RWS gehen. Empfehlungen von geringerer Bedeutung oder Dringlichkeit könnten an das aus dem Zusammenschluß des Zweiten und des Dritten Ausschusses der Generalversammlung hervorgegangene Gremium gehen.

Im Zusammenhang mit der Abwicklung des ECOSOC bedürfen auch noch andere Fragen der Behandlung. Der ECOSOC ist das Gremium, bei dem NGOs gewöhnlich akkreditiert werden - Mitte 1994 waren es etwa 980. Eine solche Akkreditierung sollte statt dessen durch die Generalversammlung selbst erfolgen. Wir regen an, alle derzeitigen Akkreditierungen zu übernehmen, dabei gleichzeitig den Prozeß der kontinuierlichen Überprüfung der Akkreditierungen zu verbessern und Neuakkreditierungen im Kontext der Generalversammlung vorzunehmen.

Zu diesem Zweck schlagen wir vor, stärkeres Gewicht auf die Organisationen der "Zivilgesellschaft" zu legen, darunter natürlich auf die heutigen NGOs. Allerdings sollte man auch noch weitere Gruppierungen wie Organisationen der Privatwirtschaft und Bürgerbewegungen einbeziehen. Wie schon früher bemerkt, sollten diese akkreditierten Organisationen an einem alljährlich im Vorfeld der Generalversammlung stattfindenden Forum der Zivilgesellschaft teilnehmen.

In stärkerem Maße als der ECOSOC kann der Rat für Wirtschaftliche Sicherheit sowohl zu einem Diskussionsforum über langfristige politische Strategien als auch zu einem Instrument der Frühwarnung werden. Wenn die Debatten des Rates für Wirtschaftliche Sicherheit über drängende globale Wirtschafts- und Sozialfragen sorgfältig vorbereitet würden, hätte die internationale Gemeinschaft eine einzigartige Gelegenheit, sich mit zentralen Problemen der sozioökonomischen Politik auseinanderzusetzen und sich in diesen Fragen um eine Verständigung zu bemühen. Die Umsetzung der Ergebnisse könnte dann den zuständigen Sonderorganisationen und sonstigen Institutionen überlassen werden.

Mit derartigen Mitteln könnten die Regierungen erneut versuchen, einen echten entwicklungspolitischen Dialog in Gang zu setzen, bei dem das bloße Rezitieren vorbereiteter Stellungnahmen vermieden und Schlußfolgerungen von praktischen Wert für alle Beteiligten angestrebt würden. Dies würde unter anderem eine außergewöhnliche Anstrengung und Führungsrolle des Sekretariats erfordern. Daneben müßte sich trotzdem ein Untergremium des Rates für Wirtschaftliche Sicherheit häufiger mit anderen spezifischen Anliegen der Mitgliedsstaaten befassen und die Umsetzung der in anderen mit wirtschaftlichen und sozialen Fragen befaßten UN-Gremien getroffenen Entscheidungen überwachen.

UNCTAD und UNIDO: veränderte Realitäten

Während der annähernd 30 Jahre ihres Bestehens hat die UN-Konferenz über Handel und Entwicklung den Entwicklungsländern vielerlei Dienste geleistet. Vor allem war sie ein Beratungsforum, in dem die Handels- und Entwicklungsprobleme dieser Länder besondere Aufmerksamkeit genossen und in dem Fragen, die später die Beachtung der internationalen Gemeinschaft erfuhren, erstmals in breitem Rahmen erörtert wurden. (Hierzu gehören die besonderen Probleme der am wenigsten entwickelten Länder, der Technologietransfer und der internationale Handel mit Dienstleistungen).

Auch war die UNCTAD ein Organ, innerhalb dessen von Konsultationen zu Vorverhandlungen und Verhandlungen übergegangen werden konnte. Selbst dann, wenn die Debatte über bestimmte Fragen nicht zu Verhandlungen innerhalb der UNCTAD selbst führte, wurden die Probleme in das Blickfeld der Öffentlichkeit gerückt, und es entwickelten sich anderenorts Forderungen nach Maßnahmen.

Die UNCTAD bedeutete eine erhebliche Unterstützung der Bemühungen der Entwicklungsländer um die Ausweitung des Handels und der wirtschaftlichen Zusammenarbeit innerhalb dieser Gruppe auf subregionaler, regionaler und überregionaler Ebene. Zu den jüngsten Bemühungen in dieser Hinsicht zählen das Abkommen über die Präferenzhandelszone im östlichen und südlichen Afrika und das allgemeine Präferenzsystem im Handel zwischen Entwicklungsländern. Daneben leistete die UNCTAD wichtige technische Unterstützung, wobei ihre Aktivitäten im Bereich der Schiffahrts- und Handelsdokumentation besonders bekannt sind. Und schließlich hat die Organisation durch ihr System der Gruppenarbeit zur Entstehung der Gruppe der 77 beigetragen, die als Mechanismus zur Einigung der Entwicklungsländer im Bemühen um größere Vorteile im internatic.ialen Wirtschafts- und Finanzsystem diente.

Heute ist es nicht mehr erforderlich, daß alle diese Aufgaben spezialisierten Institutionen wahrgenommen werden. Keiner dieser Aufgaben kommt noch die gleiche Bedeutung wie in den 60er Jahren zu. Bei der Beratung über zentrale Entwicklungsfragen können die UN als ganzes effektiver sein, wenn sich ihre Aktivitäten in einem einzigen Forum anstelle mehrerer Gremien konzentrieren. Ein von einem angemessen leistungsfähigen Sekretariat unterstützter Rat für Wirtschaftliche Sicherheit hat gegenüber der UNCTAD den eindeutigen Vorteil, daß er sich ohne Kompetenzstreitigkeiten mit anderen Gremien einfacher mit vielschichtigen Problemen auseinandersetzen kann.

Im Bereich des Handels selbst haben alle Mitgliedsstaaten der Gründung der Welthandelsorganisation zugestimmt, die weit umfangreichere und klarer definierte Beratungsaufgaben haben wird als das GATT. Mit Ausnahme der am wenigsten entwickelten und der kleinsten Länder, für die die Mitgliedschaft und die Mitarbeit im GATT oft sehr kostspielig waren, können die Entwicklungsländer kaum behaupten, sie bedürften weiterhin der UNCTAD als Forum für Handelsgespräche mit den Industrieländern.

Hinsichtlich der Förderung der wirtschaftlichen Zusammenarbeit und der Integration der Entwicklungsländer tendieren diese heute weltweit eher zu einer allgemeinen Handelsliberalisierung als zu ausschließlichem Handel untereinander. Vielleicht wird man sich auch stärker auf sektorale und funktionale Zusammenarbeit und Integration konzentrieren, Bereiche, in denen andere Organisationen als die UNCTAD starke Vorteile bieten.

Mit Ausnahme der am wenigsten entwickelten und der kleinsten Länder sind heute alle Entwicklungsländer besser als früher in der Lage für technische Dienstleistungen selbst zu sorgen. Insbesondere die Internationale Seeschiffahrtsorganisation hat in praktisch allen von der UNCTAD abgedeckten Bereichen der Schiffahrt Sachkunde und Erfahrung gesammelt. Auch können einzelne Entwicklungsländer durchaus andere bilateral unterstützen. In den Bereichen der Schiffahrt und der Hafenverwaltung sind beispielsweise Südkorea, Singapur und Hongkong sehr gut für die Ausbildung von Personal aus anderen Entwicklungsländern in der Lage. In gewissem Sinne hat die UNCTAD durch ihre sehr großen Erfolge in einigen Ländern sich in anderen "selbst um die Arbeit gebracht".

Auch die Rolle der UNCTAD bei den Bemühungen der Entwicklungsländer um eine Verbesserung ihrer Stellung in der Weltwirtschaft wurde durch den Gang der Ereignisse beeinträchtigt. Die unterschiedlichen wirtschaftlichen Erfolge und der allgemeine Wandel in der Entwicklungspolitik lassen die Entwicklungsländer ihr Verhältnis zur übrigen Welt in einem neuen Licht erscheinen. Darüber hinaus verfügen die Entwicklungsländer neben der Gruppe der 77 mit der Gruppe der 15 über ein zusätzliches Instrument ihrer Interessenvertretung. Ihre Gremien bedürfen heute nicht mehr, wie in der Anfangszeit der Gruppe der 77, der technischen Unterstützung durch die UNCTAD.

Ähnliche Überlegungen gelten auch für die Organisation der Vereinten Nationen für Industrielle Entwicklung (UNIDO), die in einer Phase gegründet wurde, als die meisten Entwicklungsländer am Anfang einer Industrialisierung standen. Zu einer Zeit, als den meisten Regierungen der Entwicklungsländer noch die notwendigen technischen Möglichkeiten und Managementfähigkeiten fehlten, wurde von diesen erwartet, als Hauptantriebskraft für die Beschleunigung der industriellen Entwicklung zu wirken. Deshalb bedurfte es eines ehrlichen Maklers zwischen transnationalen Unternehmen und den Regierungen der Entwicklungsländer, um letzteren zu möglichst günstigen Vereinbarungen mit ausländischen Investoren im Bereich der Industrie zu verhelfen.

Inzwischen haben jedoch mit Ausnahme der am wenigsten entwickelten und der kleinsten alle Entwicklungsländer eine breite Palette von Industriebetrieben aufgebaut und Erfahrungen in der Industrieförderung und in den Verhandlungen mit transnationalen Unternehmen gesammelt. Außerdem sind mehrere weitere Institutionen entstanden, die auf diesen Gebieten technische Unterstützung gewähren. Insgesamt wird die Industrieentwicklung heute nicht mehr als einzige Lösung für die wirtschaftliche Entwicklung in den Entwicklungsländern gesehen.

Eine Begründung für die Beibehaltung von UNCTAD und UNIDO in gewisser Form könnte heute einzig und allein in der Notwendigkeit liegen, den am wenigsten entwickelten und den kleinsten Ländern im Handel und bei der industriellen Produktion größere Unterstützung zu geben. Dazu würde die technische Unterstützung bei der Analyse und Entwicklung von Informationssystemen über Handelsvereinbarungen und deren Folgeprozesse, über effiziente Gestaltung des Handels, über die Entwicklung des Handels mit Dienstleistungen sowie die Industrieförderung gehören. Für diese Aufgaben sind allerdings keine Institutionen vom Umfang der UNCTAD oder der UNIDO erforderlich. Derartige Unterstützung könnte durch das UNDP, gegebenenfalls mit Hilfe der Weltbankgruppe und des Internationalen Handelszentrums, geleistet werden.

Die Abwicklung dieser beiden Organisationen wird nicht schmerzlos vonstatten gehen, denn alle Organisationen entwickeln eine Hausmacht, die sie selbst nach Erlöschen ihrer Existenzberechtigung weiter unterstützt. Dabei kommt es jedoch darauf an, daß das UN-System seine Fähigkeit demonstriert, nicht nur seine Arbeitsweisen innerhalb sich ständig ausweitender institutioneller Strukturen zu verändern, sondern auch gelegentlich nicht mehr zu rechtfertigende Institutionen abzuschaffen. Wir glauben, daß das letztere heute auf UNCTAD und UNIDO zutrifft. Wir treten für deren Abschaffung ein, empfehlen jedoch als ersten Schritt eine gründliche Untersuchung des Vorschlages, damit alle Meinungen geprüft werden können und eine Entscheidung im Interesse aller betroffenen Länder und der Glaubwürdigkeit des UN-Systems getroffen wird.

Wir haben unsere Auffassung über die Zukunft von UNCTAD und UNIDO im größeren Kontext unserer Vorstellungen zur Verbesserung des Weltwirtschaftssystems und dessen effektiverer und gerechterer Gestaltung entwickelt. Unsere Vorschläge zur Zusammensetzung des Rates für Wirtschaftliche Sicherheit dienen dazu, diesen besser auf die Interessen der Entwicklungsländer eingehen zu lassen, als dies die bestehenden Instrumente der weltwirtschaftlichen Ordnungspolitik gestatten. Überdies haben wir eine geänderte Stimmverteilung innerhalb der Bretton Woods Institutionen vorgeschlagen, um den Entwicklungsländern ein größeres Mitspracherecht in den dortigen Entscheidungsgremien zu geben. Die Kommission glaubt, daß mit dem hier vorgeschlagenen Reformpaket, in dem die Anregungen zu UNCTAD und UNIDO und zum ECOSOC nur ein Element darstellen, den globalen Interessen gut gedient ist.

Wir betonen deshalb, daß diese Vorschläge zur Auflösung von Institutionen im Gefolge einer sich entwickelnden neuen Welt im Zusammenhang mit unseren übergreifenden Reformvorschlägen für das Weltwirtschaftssystem, insbesondere mit der Schaffung des Rates für Wirtschaftliche Sicherheit, zu sehen sind. Das Weltsystem bedarf des Gleichgewichtes, und dieses läßt sich nicht dadurch erreichen, daß man die Entscheidungsgewalt in den Händen eines kleinen Direktoriums beläßt und gleichzeitig Institutionen abbaut, die ursprünglich zur Aufhebung des Ungleichgewichts geschaffen wurden. Die Zeit ist reif für einen weit ausgewogeneren Reformprozeß im Sinne unserer integrierten Vorschläge. In diesen Fragen werden Fortschritte ohne Ausgewogenheit weder politisch noch praktisch möglich sein.

Frauen müssen im Zentrum der Aufmerksamkeit stehen.

Seit 1975, dem Internationalen Jahr der Frau, hat die internationale Gemeinschaft unter Führung der UN Außerordentliches geleistet, um Frauen auf globaler Ebene größere Aufmerksamkeit zu sichern. Die UN-Frauenkonferenzen 1975 in Mexiko, 1980 in Kopenhagen und 1985 in Nairobi trugen zur Konsensbildung in einer Reihe von Fragen bei: Handlungsstrategien zugunsten von Frauen; internationale Konventionen zum Schutz der Rechte und zur Verbesserung des Status von Frauen; internationale, regionale und nationale Institutionen und Instrumente zur Mobilisierung der öffentlichen Meinung und zur Realisierung, Fortführung und Evaluierung von Frauenprogrammen.

Durch diese Maßnahmen wurde die Erkenntnis gestärkt, daß Frauen in größerem Umfang an den für das Leben der Weltgemeinschaft wichtigen Entscheidungen beteiligt werden müssen. Dies wiederum bewirkte eine stärkere Beteiligung von Frauenorganisationen an der Debatte über Themen wie Umwelt, Bevölkerung, Frieden und Menschenrechte.

Die zwanzig Jahre nach der Konferenz von Mexiko 1995 in Peking stattfindende UN-Frauenkonferenz bietet Gelegenheit, die Fortschritte zu bewerten und das Instrumentarium zur Förderung von Fraueninteressen zu verbessern. Ziel muß dabei sein, diese Interessen zum integralen Bestandteil der Gesamtaufgaben der internationalen Gemeinschaft zu machen und ihnen institutionelle und politische Legitimation zu verleihen.

Im Bereich der Beschäftigung muß das System der Vereinten Nationen durch seine eigene Personalpolitik hohe Standards setzen, statt nur das in den Mitgliedsstaaten Erreichte nachzuahmen. Der Generalsekretär hat sich zu den von der Generalversammlung beschlossenen Zielen bekannt und wir rufen zu internationalen Anstrengungen auf, um den Anteil von Frauen in akademischen und führenden Positionen zu erhöhen. Wir regen ebenfalls an, dem Ombudsmann der Vereinten Nationen die Aufgabe der Überwachung der Einstellung und Beförderung von Frauen im UN-System zu übertragen, um so die Chancengleichheit der Geschlechter zu gewährleisten.

Wir schlagen vor, beim Generalsekretär die Position einer ranghohen Beraterin (Senior Adviser) für Frauenfragen zu schaffen. Diese wäre zuständig für Vorschläge zur Einbeziehung von Frauenfragen in die Debatten der Generalversammlung, die Überwachung der Durchführung von Beschlüssen der Generalversammlung, die Förderung der politischen und diplomatischen Ansätze zur Frauenförderung und die Vertretung des Generalsekretärs in Frauenfragen. Vor allem aber wäre sie die wichtigste Anwältin der Fraueninteressen innerhalb des UN-Systems.

Weiterhin treten wir für die Schaffung ähnlicher Positionen in den Exekutivausschüssen aller Sonderorganisationen und Institutionen der Vereinten Nationen ein. Diese Beraterinnen würden sämtliche politischen Entscheidungen und Aktivitäten bezüglich Frauenfragen in ihren Institutionen koordinieren und sich dabei zur Überwachung der Gleichstellung in jedem Bereich der Organisation eines Netzwerks von Mitarbeiterinnen bedienen. Sie würden darauf achten, daß in allen Institutionen Frauen in sämtlichen Phasen der Entwicklung, Planung und Durchführung von Frauenprogrammen beteiligt sind.

Wir können jedoch nicht genug betonen, daß Bemühungen um Verbesserung der Lebensqualität aller Menschen vom politischen Willen auf nationaler Ebene abhängen. Wenn es an diesem Willen fehlt oder es nur Lippenbekenntnisse zur Notwendigkeit von Veränderungen gibt, wenn Frauen nicht in allen Ländern eine wichtigere Rolle in der Politik spielen, wenn eine neue Generation von Männern und Frauen nicht überall auf einer Beendigung jeder Art von geschlechtlicher Diskriminierung besteht, dann laufen diese Bemühungen um eine Rolle für Frauen im Zentrum der Weltordnungspolitik an der menschlichen Gesellschaft vorbei, und diese wird verarmen.

Regionalismus

Die UN müssen sich auf eine Zeit vorbereiten, in der der Regionalismus weltweit stärker ansteigt, und sie müssen diesen Prozeß sogar fördern.

Zwischen der Welt der Nationalstaaten und der globalen Gemeinschaft liegen die verschiedenen Erscheinungsformen des Regionalismus. Organisationen für regionale Zusammenarbeit mit unterschiedlicher Leistungsfähigkeit und Effektivität erstrecken sich heute über die meisten Teile der Welt, und die regionale Zusammenarbeit bleibt weltweit ein heftig erstrebtes Ziel.

Die spektakulären Erfolge des Regionalismus in Europa und in jüngerer Zeit in Nord- und Südamerika ist für alle, die eine Welt jenseits von Grenzen anstreben, eine Quelle der Inspiration. Auf ihrem Wege von der Zollunion über einen einheitlichen Markt zur Währungsgemeinschaft und politischen Union hat die Europäische Union (EU) ihre Integrationsbereiche ständig erweitert und immer stärkere supranationale Institutionen entwickelt. Sie hat nicht nur die Zusammenarbeit zwischen den Staaten gefördert, sondern auch zur innerstaatlichen Stabilität beigetragen und damit der Konfliktprävention gedient. Die EU bleibt ein starker Anziehungspunkt für die ihr nicht angehörenden Länder und ist zu einem entscheidenden Faktor bei der Einigung des europäischen Kontinentes geworden, obwohl sie vielleicht nicht das geeignete Modell für alle Regionen ist.

Die Ausbreitung offener regionaler Wirtschaftsgruppierungen ist ein vergleichsweise junger Trend. Dabei wird jedoch zusehends erkannt, daß derartige Zusammenschlüsse zur Überwindung historischer Rivalitäten und Spannungen beitragen, demokratische Prozesse fördern, den gemeinsamen Wert kleiner und fragmentierter Märkte durch die Schaffung von Handelsmöglichkeiten und Exportausweitung erhöhen, die Entwicklung gemeinsam genutzter Infrastruktur begünstigen und die gemeinsame Lösung umweltpolitischer und sozialer Probleme ermöglichen. Auch können sie die oft schwierige Integration von Ländern in die Weltwirtschaft erleichtern.

In den meisten Teilen der Welt werden die Möglichkeiten zur regionalen Zusammenarbeit in vielerlei Hinsicht nur unzureichend genutzt. In manchen Gebieten bestehen gleichzeitig mehrere sich überschneidende Regionalinitiativen, während in anderen politische Spannungen und Unverträglichkeiten die Bildung oder Erweiterung regionaler Gruppierungen blockieren. Viele heutige Regionalorganisationen sind selbst im Hinblick auf die eigenen begrenzten Ziele ineffizient.

Die Erfahrung zeigt, daß die Stärkung der regionalen Integration Zeit beansprucht sowie ein starkes politisches Engagement und einen angemessenen rechtlichen und institutionellen Rahmen erfordert. Die Integration beruht in starkem Maße auf günstigen politischen Umständen, die allerdings häufig durch das Zusammenwirken innerer und äußerer Zwänge weiter verstärkt werden. Es gibt kein einheitliches Modell. Die Vielfalt der Gestaltungsmöglichkeiten wie die EU, der Verband Südostasiatischer Nationen (ASEAN), die Nordamerikanische Freihandelszone (NAFTA), MERCOSUR und andere Zusammenschlüsse in Lateinamerika zeigt, daß diese Mechanismen den spezifischen Bedürfnissen und Eigenarten einer Region angepaßt werden können und deren politische Besonderheiten, kulturelle Traditionen und Gesellschaftsmodelle widerzuspiegeln vermögen.

Neue Möglichkeiten der regionalen Zusammenarbeit dürften nunmehr im südlichen Afrika und im Nahen Osten entstehen. Dort wäre die gemeinsame Verwaltung knapper Ressourcen wie Wasser ein besonders geeigneter erster Schritt zur Schaffung eines Rahmens der Zusammenarbeit.

Regionalismus und Weltordnungspolitik

Die Entwicklung des Regionalismus kann nicht losgelöst von den globalen Institutionen erfolgen. Da die regionalen Gruppierungen einander in vielfältiger Weise beeinflussen, sollten sie in einem dynamischen Interaktionsprozeß miteinander verbunden sein. Regionale Vereinbarungen können eine Weltordnungspolitik ergänzen und zu dieser beitragen, wobei sich der Erfolg allerdings nicht automatisch einstellt. Einerseits sind Regionalorganisationen nicht in allen Teilen der Welt in gleichem Ausmaß und mit gleicher Intensität vertreten. Dies kann zu Ausgrenzungsängsten und zu Störungen des Kräfteverhältnisses zwischen den Regionen und innerhalb derselben führen. Andererseits könnten stärker werdende Regionalorganisationen zu Konfliktblöcken werden, die eine Weltordnungspolitik behindern. Wir sind jedoch der Auffassung, daß der Regionalismus zum Aufbau einer harmonischeren und wohlhabenderen Welt beitragen kann.

Um das heutige und künftige Potential des Regionalismus unter Vermeidung der möglichen Gefahren besser nutzen zu können, muß ein System der Weltordnungspolitik die mit den Zielen und Prinzipien der UN-Charta zu vereinbarenden Formen des Regionalismus fördern und in seine institutionelle Struktur einbeziehen. Die Aufgabe besteht darin, sowohl globale als auch regionale Regelungen so zu nutzen, daß diese sich gegenseitig unterstützen. Dezentralisierung, Delegierung und Zusammenarbeit mit Regionalgremien können die Belastung globaler Organisationen verringern und dabei das Gefühl der Beteiligung an einer gemeinsamen Anstrengung vertiefen.

Obwohl die regionalen Gruppierungen heute zu große Stärkeunterschiede aufweisen, um zuverlässige Stützen einer Weltordnungspolitik zu sein, könnte ihre Einbeziehung in die Arbeit der globalen Institutionen sie auf eine derartige Rolle vorbereiten. Dabei handelt es sich um einen langfristigen Prozeß, der allerdings durch bestimmte institutionelle Veränderungen gefördert werden kann. In Kapitel Drei haben wir darauf hingewiesen, wie der Generalsekretär die Beteiligung regionaler Gremien an sicherheitsrelevanten Aktivitäten nach Kapitel VIII der UN-Charta stärken könnte. Ebenfalls ist es notwendig, eigenständige Bemühungen um regionale Zusammenarbeit in Gebieten mit bisher geringen Fortschritten bei der Regionalisierung zu unterstützen und die Beteiligung regionaler Organisationen an globalen Institutionen zu fördern.

Die Regionalorganisationen sollten in multilaterale Systeme der Zusammenarbeit einbezogen werden. Die globalen Institutionen, insbesondere die UN, sollten ihre Verfahrensregelungen im Sinne einer verstärkten Beteiligung von Regionalorganisationen überprüfen. Dies würde einen Anreiz für deren stärkere Integration untereinander bilden und sie stärker in den globalen Rahmen einbinden. Dadurch würde ein dynamischer Prozeß in Gang gesetzt, der zu einer effizienteren und repräsentativeren Ordnungspolitik beitragen könnte. Die Stimme wenig einflußreicher Länder käme über Organisationen zu Gehör, hinter denen das vereinte Gewicht einer Gruppe mit gemeinsamen regionalen Interessen stünde. Dies könnte schließlich dazu führen, daß die Länder einer Region in kleineren Gremien wie dem Sicherheitsrat oder dem vorgeschlagenen Rat für Wirtschaftliche Sicherheit nur mit einem einzigen regionalen Sitz vertreten sein würden.

Die UN müssen sich daher auf eine Zeit vorbereiten, in der der Regionalismus weltweit stärker ansteigt, und sie müssen diesen Prozeß sogar fördern. Dazu bekennen sie sich auch; der Generalsekretär hat wiederholt zu einer Stärkung des Regionalismus in der Weltordnungspolitik, in der Entwicklungspolitik und ebenso in Fragen des Friedens und der Sicherheit aufgerufen.

Einige neuere Entwicklungen, die zwar keinen unmittelbaren Einfluß auf den Regionalismus haben, dürften sich jedoch auf künftige Bemühungen um regionale Zusammenarbeit auswirken. Es wurde vorgeschlagen, in jedem Entwicklungsland künftig nur noch ein Büro des UN-Systems zu unterhalten, das durch einen vom Generalsekretär ernannten UN-Koordinator geführt wird. Dabei wäre dieser persönlich nicht für das Management der einzelnen Programme verantwortlich.

Ein interessantes Experiment in dieser Richtung läuft zur Zeit in den neuen unabhängigen Staaten Osteuropas. Dort wurden "Interim-Büros der UN" gegründet, die eine bessere Koordinierung der verschiedenen Aktivitäten im jeweiligen Land ermöglichen sollen. Sie nehmen die normalen Aufgaben der Entwicklungs- und Öffentlichkeitsarbeit wahr und sind außerdem Anlaufstelle für vorbeugende Diplomatie und die friedliche Beilegung von Streitigkeiten. In dieser Entwicklung stecken große

Möglichkeiten und wir regen an, diese wohlwollend zu prüfen, wenn der Generalsekretär zu gegebener Zeit über das Experiment berichtet. Schritte in diese Richtung werden zwangsläufig Auswirkungen auf die künftigen Regionalaktivitäten der UN haben.

Regionalkommissionen

Besonders möchten wir jedoch die UN-Regionalkommissionen hervorheben: die Wirtschaftskommission für Europa (ECE), die Wirtschaftskommission für Lateinamerika und die Karibik (ECLAC), die Wirtschafts- und Sozialkommission für Asien und den Pazifik (ESCAP), die Wirtschaftskommission für Westasien (ECWA) und die Wirtschaftskommission für Afrika (ECA). Diese Kommissionen waren zur Dezentralisierung der UN-Arbeit gedacht, um diese näher an die vielfältigen Entwicklungserfahrungen und Zukunftsmöglichkeiten in verschiedenen Teilen der Welt heranzuführen. Die gelegentlich in Verbindung mit UN-Sonderorganisationen durchgeführten Programme und Aktivitäten dieser Kommissionen sind sehr unterschiedlicher Art, konzentrieren sich aber größtenteils auf die Erarbeitung sachkundiger Analysen der wirtschaftlichen und sozialen Probleme von Ländern und Regionen, insbesondere dort, wo es den Mitgliedstaaten selbst an Möglichkeiten für derartige Untersuchungen fehlt.

Die Kommissionen, insbesondere die ECE und die ECLAC, haben in dieser Hinsicht wertvolle Pionierarbeit geleistet und zuverlässige Analysen von hohem Niveau geliefert, die von den Regierungen geschätzt werden. Doch sie haben auch mit Schwierigkeiten zu kämpfen, z. B. mit der Größe und Unterschiedlichkeit einer Region (ESCAP), mit politischen Problemen innerhalb der Region (ECWA) oder mit knappen personellen und finanziellen Ressourcen (ECA). Inzwischen haben viele Regierungen ihre Voraussetzungen für Wirtschaftsanalysen, Planung und Strategieentwicklung verbessert, und auch die Weltbank und die regionalen Entwicklungsbanken bieten hervorragende analytische Untersuchungen an. Überdies sind, teilweise aufgrund des Einflusses der Kommissionen auf die Überlegungen der Regierungen, viele regionale und subregionale Organisationen zur Förderung von Zusammenarbeit und Integration von den Ländern selbst gegründet worden.

Diese autonomen Instrumente der regionalen Zusammenarbeit und Integration, von denen einige durch innere und äußere Entwicklungen geschwächt sind, sollten gestärkt und ausgeweitet werden. Dieses Ziel wäre leichter zu erreichen, wenn Mittel, die heute für die UN-Regionalkommissionen ausgegeben werden, auf diese Organisationen und ihre Aktivitäten umgelenkt würden. Ob die Kommissionen auch heute noch nützlich sind, muß genau untersucht werden. Über ihre Zukunft muß in Konsultationen mit den Regierungen der jeweiligen Region entschieden werden.

Flankierende Maßnahmen zur "konstitutionellen Veränderung"

Es gäbe wahrscheinlich keine ernsten Finanzprobleme bei den Vereinten Nationen, wenn alle Regierungen ihre Beiträge nach dem Verteilungsschlüssel vollständig und rechtzeitig zahlen würden.

Von Anbeginn an zielte unsere Arbeit als Kommission auf mehr als die Reform des UN-Systems ab, und wir haben daher in diesem Bericht versucht, die UN in diesem von uns angestrebten größeren Rahmen zu behandeln. Wir glauben jedoch, daß die UN das eigentliche Zentrum für die Harmonisierung der Handlungen einzelner Nationen bleiben. Aus diesem Grunde ist die Reform des UN-Systems zentraler Bestandteil der von uns vorgeschlagenen Antworten auf die Herausforderung einer Weltordnungspolitik. Wir stimmen mit dem Außenpolitischen Ausschuß des kanadischen Unterhauses darin überein, daß "die Welt ein Zentrum braucht und ein gewisses Vertrauen, daß dies Zentrum standhält" und daß "die Vereinten Nationen der einzige glaubwürdige Kandidat sind". Wir glauben, daß unsere Vorschläge einen erheblichen und wirksamen Beitrag zur Glaubwürdigkeit der Vereinten Nationen leisten werden.

In unserem Bericht haben wir uns auf die größeren, unausweichlichen Probleme konzentriert, zu deren Behandlung das fünfzigste Jubiläum eine Chance bietet. Bei einigen dieser Probleme handelt sich um "Verfassungsfragen", bei denen es um eine Änderung der Charta geht. Den Herausforderungen einer Weltordnungspolitik läßt sich nicht wirklich angemessen begegnen, wenn die Mitgliedsstaaten nicht wenigstens zu kleinen konstitutionellen Veränderungen bereit sind. Wir haben jedoch auch von Anfang an gesagt, daß die Charta ein großes ungenutztes Potential birgt und daß große Anstrengungen unternommen werden sollten, um aufgrund der Entwicklung der UN und der in den ersten fünfzig Jahren gesammelten Erfahrungen "Mikroreformen" einzuleiten.

Die bereits früher erwähnte Studie von Erskine Childers und Brian Urquhart befaßt sich detailliert mit solchen Reformen und empfiehlt eine Reihe von Verbesserungsvorschlägen für das System. In zwei Fragen greifen wir die entsprechenden Empfehlungen in besonderem Maße auf. Diese beziehen sich auf die Verbesserung von Qualität und Image der UN-Bürokratie und die Finanzierung des UN-Systems.

Der Generalsekretär und das Sekretariat

Der Generalsekretär der Vereinten Nationen steht an der Spitze des UN-Sekretariats und ist der höchste internationale Beamte der Welt. Obwohl die ursprüngliche Hauptaufgabe des Generalsekretärs die des obersten Verwaltungsbeamten der UN war, sind die politischen Aspekte des Amtes seit langem in den Vordergrund seiner Arbeit gerückt.

Friedens- und Sicherheitsfragen, Konfliktlösung und Friedenssicherung sind und bleiben wesentliche Aufgaben. Doch auch andere, bisher weniger auffällige Aspekte des Amtes waren schon immer von großer Bedeutung und werden zunehmend wichtiger. Der Generalsekretär soll die Entwicklung des Völkerrechtes fördern und die Einhaltung der Menschenrechte überwachen. Seine ohnehin anspruchsvolle Aufgabe wird durch eine Reihe komplexer globale Probleme noch schwieriger. Für die erfolgreiche Bewältigung globaler Probleme bedarf es einer Persönlichkeit, die ein globales Arbeitsprogramm zu strukturieren weiß, eine intellektuelle Führungsrolle wahrnimmt und zu kollektiven Maßnahmen ermutigt.

Um diesen ungeheuer anspruchsvollen Anforderungen gerecht zu werden, muß der Generalsekretär das zur Zeit weitgehend zusammenhangslose UN-System mit seinen Sonderorganisationen und Programmen koordinieren und die Struktur des Sekretariats verbessern, damit dieses einige seiner vielen Aufgaben ordnungsgemäß delegieren kann.

Vor allem muß die Welt sich selbst die Chance geben, für dieses Amt die am besten geeignete Persönlichkeit zu gewinnen. Das gegenwärtige Verfahren zur Ernennung des obersten internationalen Beamten der Welt ist, gelinde gesagt, unberechenbar und unorganisiert. Überdies wird dieser Vorgang vom Veto der ständigen Mitglieder des Sicherheitsrates dominiert und behindert. Im Laufe der Jahre ist die Wahl des Generalsekretärs zu einem kleinkarierten Vorgang geworden, bei dem es darauf ankommt, die Unterstützung aller fünf ständigen Mitglieder und die erforderliche Stimmenzahl in der Generalversammlung zu sichern. Es findet keine gezielte Suche nach geeigneten Kandidaten statt, es gibt keine Befragung und keine systematische Bewertung der von den Kandidaten geforderten oder angegebenen Qualifikationen. Kein privates Unternehmen würde sich auch nur im Traum einfallen lassen, seinen obersten Manager auf solche Weise zu ernennen.

Eine radikale Verbesserung sollte die folgenden Elemente umfassen:
- Das Vetorecht sollte bei der Nominierung des Generalsekretärs nicht gelten, doch Kandidaten aus den fünf ständigen Mitgliedsstaaten sollten zugelassen sein (bisher sind sie ausgeschlossen).
- Einzelpersönlichkeiten sollten sich nicht um das Amt bewerben.
- Die Ernennung sollte für eine einmalige Amtsperiode von sieben Jahren erfolgen.
- Die Regierungen sollten die für das Amt des Generalsekretärs erforderlichen Qualifikationen ernsthaft prüfen.
- Der Sicherheitsrat sollte eine weltweite Suche nach dem am besten geeigneten Kandidaten organisieren.
- Qualifikation und Eignung der Kandidaten sollten systematisch überprüft werden.

Das Auswahlverfahren für die Leiter der Programme, Fonds und Sonderorganisationen der UN sollte in ähnlicher Weise verbessert werden, um die am besten geeigneten Kandidaten zu finden. Auch die Auswahl, Fortbildung und Zukunft des internationalen Beamtenapparates verdienen größere Aufmerksamkeit. Jeder neue Generalsekretär bringt in sein hohes Amt einzigartige Qualitäten und Fähigkeiten ein. Doch er/sie braucht auch ein organisatorisches Umfeld, das seine/ihre Eigenschaften ergänzt. Das UN-System so zu verwalten, daß es diese lebenswichtige Unterstützungsfunktion bietet, ist von entscheidender Bedeutung für den Erfolg der UN. Das Management ist daher keine Nebenaufgabe des Generalsekretärs, sondern eine Funktion für die er auf die praktische Unterstützung durch die Mitgliedsstaaten angewiesen ist.

Eine wichtige Maßnahme liegt in der qualitativen Erneuerung und in der Wiederherstellung des moralischen Engagements des internationalen öffentlichen Dienstes. Dies erfordert ein weniger starres Festhalten am Quotensystem und größeren Spielraum für den Generalsekretär bei der Auswahl der besten Kandidaten. Die Praxis, vor der Einstellung eines Kandidaten zunächst um die Zustimmung seines Landes zu ersuchen, ist wenig förderlich. Das gleiche gilt für die Praxis einiger Länder, die Gehälter und sonstigen Entgelte ihrer Staatsangehörigen aufzustocken.

Allgemein muß die Ernennung der leitenden Beamten professioneller erfolgen. Für jeden Posten sollte es ein Anforderungsprofil geben; die Kandidaten sollten von unabhängigen Ausschüssen befragt und in regelmäßigen Abständen einer Leistungsbewertung unterzogen werden. In allzu vielen Fällen bestanden Vorbehalte gegen die Eignung bestimmter Personen, die in leitende Positionen gelangten.

Die augenscheinliche Konzentration auf geographische Gesichtspunkte und die damit verbundene Tradition der Erbhöfe (obwohl es in dieser Hinsicht in jüngster Zeit eine leichte Verbesserung gegeben hat) tragen nicht zu einem leistungsstarken Management bei. Natürlich möchte jede internationale Organisation eine angemessene geographische Repräsentation bei ihrem Personal sicherstellen, um den speziellen Bedürfnissen ihrer Mitgliedsstaaten zu genügen. Doch durch sklavisches Festhalten an einem Quotensystem nach Ländern wird die Organisation geschwächt. Es wäre angebracht, wenn die Generalversammlung sich anläßlich des fünfzigsten Jubiläums gegen diese überall im UN-System geübten Praxis aussprechen würde.

Wenn das Sekretariat der Vereinten Nationen bei den Sonderorganisationen, den Regierungen und der breiten Öffentlichkeit wieder an Autorität gewinnen soll, müssen sämtliche Ebenen der Organisation stärker professionalisiert werden. Die Auswahl von Kandidaten darf nicht mehr durch den Lobbyismus von Regierungen oder durch negative Abstimmungsergebnisse bestimmt werden. Die Personalabteilungen der UN verbringen viel Zeit damit, sich gegen Mitglieder der ständigen Missionen zu wehren, die bestimmte Kandidaten, oft sich selbst, durchsetzen wollen. Die Generalversammlung sollte beschließen, daß, von ganz besonderen Ausnahmefällen abgesehen, kein Angehöriger einer ständigen Mission vor Ablauf einer bestimmten Zeitspanne im Anschluß an seine dortige Tätigkeit im Sekretariat eingestellt werden darf.

Im Sekretariat selbst sollte die vom Generalsekretär in der Zentrale vorgenommene personelle Umstrukturierung erst einmal zum Tragen kommen, ehe weitere Veränderungen ins Auge gefaßt werden. Eine fehlende Position ist allerdings die eines Stellvertretenden Generalsekretärs für Wirtschaftliche Zusammenarbeit und Entwicklung.

Angesichts der heutigen und der künftig zu erwartenden Lage der Welt hat der Generalsekretär einfach nicht die Zeit, die erforderliche Führungsrolle im wirtschaftlichen und sozialen Bereich zu übernehmen. Für eine kohärente Ausrichtung der Arbeit der verschiedenen Abteilungen des Sekretariats und für eine Neubelebung der Zusammenarbeit der verschiedenen UN-Institutionen ist es von größter Bedeutung, daß sich unter dem neuen Stellvertretenden Generalsekretär eine einheitliche Weisungsstruktur entwickelt. Ein derartiger Beamter sollte von der Generalversammlung auf Empfehlung des Generalsekretärs ernannt werden. Dieser sollte dabei von einem unabhängigen Ausschuß von Wirtschafts- und Entwicklungsfachleuten beraten werden, die auf die gleiche Weise ernannt worden sind. Dieser Ausschuß sollte die Kandidaten sorgfältig prüfen und Anhörungen durchführen.

Es heißt, das Problem, gute professionelle Mitarbeiter für das Sekretariat zu finden, liege teilweise an den im Vergleich zu den Bretton Woods Institutionen weniger attraktiven Anstellungsbedingungen. Manche Regierungen sind ein wenig unehrlich, wenn sie sich über das hohe Gehaltsniveau im Sekretariat beklagen und gleichzeitig ihren eigenen Staatsangehörigen ein Zubrot zahlen, um sie zur Übernahme bestimmter Posten oder zum Verbleib auf diesen zu bewegen. Diese unannehmbare Praxis sollte unverzüglich aufhören. Gleichzeitig sollte man sich um größere Vergleichbarkeit mit den beim Internationalen Währungsfonds oder bei der Weltbank gezahlten Gehältern bemühen.

Gehälter sind nicht der einzige Erklärungsgrund für den relativen Mangel an Attraktivität von UN-Posten. Die Möglichkeiten der professionellen Weiterentwicklung wie beispielsweise Kontakte mit externen Fachleuten und der Besuch von Fachkonferenzen sind bei den UN stärker eingeschränkt als anderswo. Es gehört zur Stärkung der Professionalität, daß die Mitarbeiter Gelegenheit zum Austausch mit anderen Fachleuten erhalten.

Die Finanzierung der Vereinten Nationen

Stärker als je zuvor wenden sich heute Regierungen und Völker auf ihrer Suche nach Lösungen für globale Probleme an die UN. Sie wünschen, daß die Weltorganisation eine riesige Zahl dringlicher Aufgaben wahrnimmt: die Lösung politischer Krisen, die Wahrung des Friedens, die Durchführung humanitärer Hilfsaktionen, die Führung bei der Bekämpfung von Armut und Krankheiten, die Vorreiterrolle bei Aktionen gegen die Umweltzerstörung und vieles andere mehr.

In der Mitte 1993 erschienenen Bericht *"Agenda für den Frieden: Ein Jahr danach"* fordert Generalsekretär Boutros-Ghali den Sicherheitsrat auf,

Anteile am zentralen UN-Haushalt nach Verwendungsarten, 1992

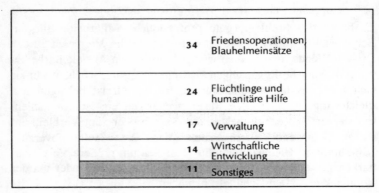

34	Friedensoperationen, Blauhelmeinsätze
24	Flüchtlinge und humanitäre Hilfe
17	Verwaltung
14	Wirtschaftliche Entwicklung
11	Sonstiges

Haushalte der UN-Organisationen, 1992
in Millionen US-Dollar

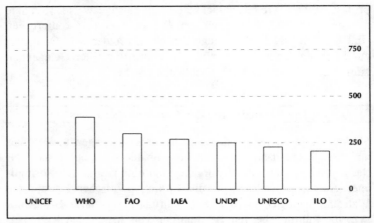

sich für das Unerwartete zu wappnen. In den allernächsten Jahren werden entscheidende Entwicklungen auf die Rolle und die Funktionen des Sicherheitsrates Einfluß nehmen:

- *Miteinander konkurrierende Staaten, Gruppen und Einzelpersonen werden UN-Interventionen zum Schutz ihrer Sicherheit fordern.*

- *Gefahren für den Weltfrieden und die internationale Sicherheit werden sich aus im wesentlichen nicht-militärischen Situationen ergeben, darunter wirtschaftliche Zerrüttung beim Übergang zur Demokratie und wirtschaftliche Spannung aufgrund der Kosten von Entwicklung und Nichtentwicklung.*
- *Die entstehenden Mechanismen der Konsensbildung in Sicherheitsfragen werden zunehmend politischem Druck ausgesetzt sein.*

Die UN müssen zentraler und impulsgebender Teil eines Systems für Weltordnungspolitik sein. Wie viele Aufgaben auch immer direkt an nicht-staatliche Akteure und regionale Zusammenschlüsse weitergegeben werden, der Aufgabenkatalog der UN wird sehr umfangreich sein. Die Organisation ist heute nicht dafür ausgerüstet, alle an sie herangetragenen Forderungen zu erfüllen. Ihre Möglichkeiten haben Grenzen, und diese Grenzen müssen anerkannt werden. Dennoch bleibt in für den Fortschritt der Menschheit entscheidenden Bereichen viel zu tun. Um diese Verantwortung wahrnehmen zu können, müssen die UN unstrukturiert werden. Hierzu haben wir zahlreiche Vorschläge gemacht, von denen die meisten zu Kosteneinsparungen führen würden. Doch keine dieser Veränderungen wird genügen, wenn die Finanzen der UN nicht auf eine solidere Grundlage als bisher gestellt werden.

Es gibt zwei Probleme: Die Einnahmen der Vereinten Nationen sind nicht kostendeckend, und viele Mitgliedsstaaten zahlen nicht, was sie zahlen müßten. Um ihren Aufgaben gerecht zu werden, müssen sich die Vereinten Nationen ihrer Einnahmen sicher sein können. 1993 unterbreitete die unabhängige Beratergruppe unter dem gemeinsamen Vorsitz von Shijuro Ogata und Paul Volcker eine Reihe konstruktiver Empfehlungen zur effektiveren Finanzierung der Vereinten Nationen. 1994 legte der Generalsekretär seine Analyse der Finanzprobleme der Generalversammlung zur Diskussion vor. Kapitel Vier enthält unsere Vorschläge für internationale Einkünfte zur Finanzierung von UN-Aktivitäten.

Die 1992 den Vereinten Nationen für ihre Friedensoperationen zur Verfügung gestellten Mittel waren geringer als die Gesamtkosten von Polizei und Feuerwehr in New York City. Die internationale Gemeinschaft sollte die Notwendigkeit der rechtzeitigen Zahlung dieser vergleichsweise bescheidenen Kosten eines effektiven UN-Systems anerkennen. Die vollständige und rechtzeitige Entrichtung der Beiträge ist heute von entscheidender Bedeutung. An und für sich dürfte es heute, zumindest beim aktuellen Umfang der UN-Operationen, keine ernsthaften Finanzprobleme geben, wenn alle Regierungen ihre Beiträge nach dem Verteilungsschlüssel rechtzeitig und vollständig entrichten würden.

1993 hatten beispielsweise nur 18 Länder (die 16 Prozent des UN-Haushaltes aufbrachten) ihre Beiträge bis zum 31. Januar vollständig gezahlt. Am 31. Oktober 1994 schuldeten Regierungen den UN insgesamt 2.100.000.000 $. Ein Drittel dieses Betrages war für den Ordentlichen Haushalt bestimmt, der Rest für Friedensoperationen. Die Vereinigten Staaten waren mit 687.000.000 $ der größte Schuldner, gefolgt von Rußland mit 597.000.000 $.

Der Zahlungsverzug vieler Mitgliedsstaaten hat die Organisation aufs stärkste geschwächt. Das Zurückhalten von Beiträgen ist sogar zu einer destruktiven Methode der Einflußnahme geworden. Das Nichtzahlen darf sich einfach nicht auszahlen. Wer sich nicht an seine finanziellen Verpflichtungen hält, sollte gemäß Artikel 19 der UN-Charta sein Stimmrecht verlieren. Diese Regel der Aberkennung des Stimmrechtes in der Generalversammlung wurde bisher nicht konsequent gehandhabt. Ab jetzt sollte diese Regel in allen einschlägigen Fällen zur Förderung der Finanzdisziplin zur Anwendung kommen.

Nach Artikel 17 der Charta werden "die Ausgaben der Organisation von den Mitgliedern nach einem von der Generalversammlung festzusetzenden Verteilungsschlüssel getragen". Die Generalversammlung beschließt regelmäßig über den Verteilungsschlüssel, der ausweist, wieviel jedes Mitglied zum Haushalt der UN beizutragen hat. Dieser Schlüssel beruht auf dem Prinzip des relativen Zahlungsvermögens. Die Beträge werden für jeden Staat anhand des durchschnittlichen Bruttoinlandsproduktes während eines Zeitraumes von zehn Jahren berechnet, wobei für Länder

Fakten zum Wachstum des UN-Haushalts

Über das Wachstum des UN-Haushalts gibt es zahlreiche Mythen. 1946 belief sich der Ordentliche Haushalt der UN auf 21,5 Millionen $. 1992 betrug er 1181,2 Millionen $. Dies bedeutet eine Steigerung auf das 55-fache in 46 Jahren, an sich kein übermäßiges Wachstum für eine Organisation, die aus dem Nichts begann.

Der Ordentliche Haushalt der UN wurde schon immer von den Mitgliedern aufgebracht und wird in US-Dollar beziffert, einer Währung, deren Wert seit 1946 erheblich zurückgegangen ist. Damit hat sich der Ordentliche Haushalt real seit 1946 lediglich verzehnfacht. Das gleiche reale Wachstum gilt für die ordentlichen Haushalte der nach einem Verteilungsschlüssel finanzierten Sonderorganisationen (ILO, FAO, UNESCO, WHO).

Seit 1946 ist die Mitgliederzahl der UN von 51 auf 184 gestiegen. Damit stehen praktisch die Probleme der gesamten Menschheit auf der Tagesordnung der UN. Dabei hat sich die Weltbevölkerung seit 1946 mehr als verdoppelt. Als Antwort auf die gewachsenen Aufgaben haben die Regierungen Dutzende globaler Großprogramme in Gang gesetzt. Vor diesem Hintergrund sind die Haushaltszuwächse der UN auf jeden Fall äußerst maßvoll. Vor acht Jahren wurden durch Forderungen nach Haushaltskürzungen ein 13-prozentiger Personalabbau und ein Einstellungsstop erzwungen. Heute kommen aus den gleichen Kreisen Klagen über die Schwierigkeiten des Sekretariats bei der Bewältigung der zahlreichen heute von der Organisation verlangten Friedens- und Katastropheneinsätze.

Schätzungen der weltweiten Gesamtkosten des UN-Systems beliefen sich für 1992 auf 10,5 Milliarden Dollar. Was diese Summe in Wirklichkeit bedeutet, erhellt der Vergleich, daß die Bürger des Vereinigten Königreichs alljährlich das Dreieinhalbfache für Alkohol ausgeben.

Die Ausgaben des UN-Systems beliefen sich lediglich auf 0,05 Prozent des Bruttoinlandsproduktes der Welt und auf nur 0,07 Prozent des BIP von 24 Industrieländern. Sie betrugen für jeden Menschen, der 1992 auf dieser Erde lebte, 1,90 $. Dies dürfte in einer Welt, in der die Staaten pro Person im gleichen Jahr etwa 150 $ für Militärausgaben aufwendeten, nicht übermäßig viel sein.

Bezeichnend ist dabei, daß 39 Prozent dieses Betrages (4,09 Milliarden $) für Katastropheneinsätze zur Friedenserhaltung und humanitären Hilfe verwendet wurden. Hierin zeigt sich erneut das Unvermögen, das UN-System zur Behebung der Grundursachen von Problemen einzusetzen, die meistens extrem kostspielig werden.

> "Selten haben so viele wichtige Leute so
> hartnäckig um so wenig Geld gestritten."
> John G. Stoessinger

Auszüge aus Erskine Childers und Brian Urquhart,
"Renewing the United Nations System".

mit niedrigem Pro-Kopf-Einkommen oder hoher Außenverschuldung Korrekturen vorgenommen werden. Für die Friedensoperationen gibt es jeweils einen besonderen Verteilungsschlüssel. Daneben leisten Mitgliedsstaaten freiwillige Beiträge zur Finanzierung zahlreicher UN-Programme im Bereich der Entwicklungshilfe.

Das reichste Land der Welt, die Vereinigten Staaten haben nach dem Verteilungsschlüssel heute 25 Prozent des Ordentlichen Haushaltes der UN zu tragen. Dies bedeutet, daß die UN bei einem Viertel ihrer ordentlichen Einnahmen auf ein einziges Land angewiesen sind. Den Vereinten Nationen wäre sehr damit gedient, wenn sie nicht auf derart große Beiträge irgendeines Landes angewiesen wären.

1985 unterbreitete Olof Palme, der damalige schwedische Premierminister der Generalversammlung einen Vorschlag, der bei den Mitgliedern erhebliche Zustimmung fand. Es sollte eine für alle Länder geltende Obergrenze der Beiträge festgelegt werden, und die Beiträge zahlungskräftiger Mitgliedsländer, die unter dieser Grenze lagen, sollten im Verteilungsschlüssel entsprechend angehoben werden.

Wir halten dies für einen ausgesprochen vernünftigen Vorschlag. Der hohe US-Anteil ist zwar durch den Reichtum dieses Landes gerechtfertigt, wurde jedoch von den UN feindlich gesinnten Elementen ausgenutzt. Es überrascht vielleicht nicht, daß die auf Erhalt der mit den hohen Beiträgen anscheinend erkauften Einflußmöglichkeiten bedachte Regierung Reagan sich dem Vorschlag Palmes widersetzte. Die Regierung Clinton hat jedoch in einer Hinsicht eine Bereitschaft im Sinne des Vorschlages signalisiert: Sie möchte ihren sich zur Zeit auf 30 Prozent belaufenden Beitrag zum Budget für Friedensoperationen verringern.

Die UN sollten den Grundgedanken des Vorschlages von Olof Palme wiederaufgreifen und mit einer Korrektur des Verteilungsschlüssels für den Ordentlichen Haushalt beginnen, damit kein Mitglied mehr als den vereinbarten maximalen Prozentsatz zahlt.

Dabei könnte die Obergrenze, um einen realistischen Übergang zu ermöglichen, allmählich angepaßt werden. Damit würde eine neue Ära eingeleitet, in der die Finanzen nicht mehr im bisherigen Maße ständig durch Rückstände und Zahlungsverzug gefährdet wären. Dies wäre auch eine Ära, in der das UN-System und seine Reform nicht mehr die Geisel wechselnder nationaler Prioritäten wären.

Der Sicherheitsrat

1. Der Sicherheitsrat sollte erweitert werden, um ihn im Hinblick auf die Mitglieder der Vereinten Nationen repräsentativer zu gestalten.

   - Es sollte eine neue Kategorie von fünf "ständigen" Mitgliedern geschaffen werden, deren Amtszeit bis zu einer weiteren Prüfung etwa im Jahr 2005 laufen sollte.

   - Die Anzahl der nicht-ständigen (rotierenden) Mitglieder sollte von zehn auf dreizehn angehoben werden.

   - Die fünf ständigen Mitglieder sollten auf den Einsatz ihres Vetos verzichten, es sei denn unter für sie außergewöhnlichen und zwingenden Umständen.

   - Diese Regelungen sollten etwa im Jahre 2005 Gegenstand einer weiteren vollständigen Überprüfung sein, bei der dann über die schrittweise Abschaffung des Vetos, den zukünftigen Mitgliederkreis und Vereinbarungen über künftige regelmäßige Überprüfungen befunden werden sollte.

Die Generalversammlung

2. Die Generalversammlung sollte die Befugnis ihrer Mitglieder zur Genehmigung des Haushaltes und zur Beitragsfestsetzung schützen.

3. Die Generalversammlung sollte als Forum der Völker der Welt neubelebt werden, und ihre Tagesordnung sollte vereinfacht und rationalisiert werden.

4. Die Generalversammlung sollte jeweils in der ersten Jahreshälfte zu einer Themensitzung zusammentreten, bei der ausgewählte Fragen von besonderer Bedeutung erörtert würden.

Der Treuhandrat und die Zivilgesellschaft

5. Der Treuhandrat sollte ein neues Mandat erhalten: die Treuhandschaft über die globalen Gemeingüter.

6. Im Vorfeld der alljährlichen Sitzung der Generalversammlung sollte ein Forum der Zivilgesellschaft auf der Grundlage eines

breiten Spektrums akkreditierter Organisationen einberufen werden.

7. Der internationalen Zivilgesellschaft sollte ein neues "Petitionsrecht" eingeräumt werden, damit die Aufmerksamkeit der UN auf Situationen gelenkt werden kann, in denen die Sicherheit der Menschen gefährdet ist. Ein Petitionsrat sollte eingerichtet werden, der Petitionen entgegennimmt und Empfehlungen erarbeitet.

Der wirtschaftliche und der soziale Sektor

8. Die wirtschaftlichen und sozialen Aktivitäten der UN müssen effektiver und effizienter werden. Die Sonderorganisationen müssen sich zu maßgeblichen Zentren auf ihren jeweiligen Fachgebieten entwickeln. Die Programme und Fonds bedürfen besserer Management- und Finanzierungssysteme.

9. Der ECOSOC sollte abgewickelt werden. Der Zweite und der Dritte Ausschuß der Generalversammlung sollten zusammengelegt werden, und die Erörterungen und Verhandlungen aller drei genannten Gremien sollten innerhalb des neuen Ausschusses erfolgen.

10. UNCTAD und UNIDO sollten aufgelöst werden; zuvor sollten die Auswirkungen dieser Maßnahme auf die betroffenen Länder und auf die Glaubwürdigkeit der UN überprüft werden.

11. Die Möglichkeiten der UN zur Förderung von Frauenrechten sollten verbessert werden. Beim Generalsekretär und in anderen Teilen des UN-Systems sollten hochrangige Beraterinnen (senior advisors) für Frauenfragen ernannt werden.

Regionalismus

12. Die UN sollten in Konsultation mit den entsprechenden Regierungen prüfen, ob die regionalen Wirtschaftskommissionen noch sinnvoll sind und Organisationen der Länder für regionale Zusammenarbeit stärken.

Sekretariat und Finanzierung

13. Das Verfahren zur Ernennung des Generalsekretärs bedarf einer radikalen Verbesserung. Die Amtszeit sollte einmalig sieben Jahre betragen.

14. Die Bestimmung der UN-Charta, nach der Länder, die ihre finanziellen Verpflichtungen nicht erfüllen, das Stimmrecht aberkannt werden kann, sollte konsequent Anwendung finden.
15. Die Regeln für den UN-Haushalt sollten dahingehend geändert werden, daß die UN nicht mehr auf zu große Beiträge eines einzelnen Landes angewiesen sind.

Kapitel Sechs

Die Stärkung der weltweiten Rechts-
staatlichkeit

Rechtsstaatlichkeit ist in jeder freien Gesellschaft ein entscheidender Zivilisationsfaktor. Durch sie unterscheiden sich Demokratie
und Tyrannei. Sie sichert Freiheit und Gerechtigkeit und schützt
vor Unterdrückung. Sie verleiht der Gleichheit einen höheren
Rang als der Beherrschung. Sie schützt den Schwachen vor den
unberechtigten Ansprüchen des Starken. Ihre Beschränkungen sind
für das Wohlergehen der Gesellschaft als ganzes und ihrer Bürger
im einzelnen genauso wichtig wie ihre moralischen Vorgaben.
Achtung vor der Rechtsstaatlichkeit ist somit ein grundlegender
Wert von Nachbarn in der Einen Welt. Ein Wert, der sicherlich in
der im Entstehen begriffenen Einen Welt gebraucht wird.

Ein ungenutztes Potential

Gleichzeitig mit seiner Einführung wurde das Prinzip der Rechtsstaatlichkeit auch schon untergraben. Von Anfang an stand der Internationale
Gerichtshof im Abseits.

Als die Gründer der Vereinten Nationen die Charta entwarfen,
war der Gedanke weltweiter Rechtsstaatlichkeit eine ihrer zentralen Überlegungen. Sie schufen den Internationalen Gerichtshof in
Den Haag als "Kathedrale des Rechts" im internationalen System.
Doch die Staaten konnten sich dessen Rechtsprechung unterwerfen
oder auch nicht, ganz oder teilweise. Damit war das Prinzip der
Rechtsstaatlichkeit zwar eingeführt, aber auch gleichzeitig schon
wieder untergraben. Jeder Staat konnte für sich entscheiden, ob er
die verbindliche Rechtsprechung des Gerichtshofes anerkennen
wollte. Sehr viele entschieden sich dagegen. Damit stand der
Internationale Gerichtshof von Anfang an im Abseits.

Meistens funktioniert das Völkerrecht auch ohne Richterspruch
gut. Internationale Verträge bilden eine wichtige Grundlage der
Zusammenarbeit vom Luftverkehr über die Schiffahrt bis zum

Umweltschutz und internationalen Handel. Die juristischen Normen werden im allgemeinen eingehalten, selbst dann, wenn ein Vertragsbruch vielleicht im kurzfristigen Interesse eines Staates liegen würde. Die große Mehrheit aller Streitigkeiten wird friedlich beigelegt.

Dennoch blieben in der Nachkriegszeit die Entwicklung des Völkerrechts und seine Anwendung zur Lösung von Streitigkeiten hinter den Erwartungen vieler zurück. Diese Periode war gekennzeichnet von der Vorherrschaft militärischer Macht und wirtschaftlicher Stärke, die oft unter Leugnung oder gar Verhöhnung der internationalen Rechtsnormen ausgeübt wurden. Die Völkergemeinschaft muß ihr Verhalten ändern, da sie jetzt am Aufbau der Einen Welt arbeitet.

Das Völkerrecht

Das relative junge Völkerrecht umfaßt die Gesamtheit der juristischen Regeln und Grundsätze, die für das Verhältnis der Staaten untereinander und zwischen ihnen sowie bezüglich anderer Akteure gelten. Zu den letzteren gehören auch die Institutionen der globalen Zivilgesellschaft und andere internationale Organisationen. Früher argumentierten mache Gelehrte, das Völkerrecht sei kein Recht im eigentlichen Sinne, da es keine internationale Polizei zu seiner Durchsetzung, keine Sanktionen bei Verstößen und keine internationale Gesetzgebung gebe. Doch angesichts der zunehmenden Anwendung des Völkerrechtes sind diese Argument heute seltener zu hören.

Die Geltung des Völkerrechtes ist heute unbestritten. Die Herausforderung besteht heute - ebenso wie auf nationaler Ebene - darin, die Achtung des bestehenden Rechtes zu erhalten. Das gelegentlich zu hörende Argument, es habe bei der Entwicklung der Regeln für den Krieg größere Fortschritte gegeben als bei denen für den Frieden, nimmt kaum wunder.

Die Staaten sind zwar souverän, doch sie haben jeder für sich nicht das Recht, zu tun und lassen, was sie möchten. Genauso wie die (häufig in nationalen Verfassungen verankerten) Normen und

Sitten eines Landes bedeuten, daß ein Staat innerhalb seiner Grenzen nicht nach Belieben verfahren kann, beschränken die globalen Regeln der Gepflogenheiten die Handlungsfreiheit souveräner Staaten im internationalen Bereich. Es mag keine internationale Polizei geben, obwohl der Sicherheitsrat gelegentlich die Einhaltung des Völkerrechtes erzwingt, doch die Gemeinsamkeit der Eigeninteressen bewirkt zwangsläufig eine allgemeine Einhaltung der Normen zum Vorteil aller.

Die internationalen Normen setzen sich meist von selbst durch, da Staaten, internationale Institutionen und Organisationen der Zivilgesellschaft gemeinsam entsprechenden sozialen Druck ausüben. Viele internationale Vereinbarungen und Regelungen erfordern regelmäßige Berichterstattung und beinhalten Überwachungs- und Kontrollmechanismen. Die Staaten und die einzelnen Beamten stehen gern in dem Ruf, ihre rechtlichen Verpflichtungen einzuhalten. In vielen Staaten fördern nationales Recht und nationale Gerichte die Einhaltung der Regeln des Völkerrechts.

Der Prozeß der Rechtsschöpfung

Wie die Gebote der internationalen Moral sind die Regeln des Völkerrechts normative beschreibende Verhaltensvorschriften. Oft beinhalten sie - genau wie die nationalen Gesetze - ethische Normen.

Diese Regeln werden wie das in vielen Rechtssystemen anzutreffende Gewohnheitsrecht aus der Praxis der Staaten und deren tatsächlichen Verhaltensweisen abgeleitet. Doch anders als moralische Regeln unterliegen sie der Rechtsprechung und sind zumindest potentiell durchsetzbar.

Im multilateralen Bereich spielen die Vereinten Nationen eine führende und dynamische Rolle. Außerdem dienen sie als offizielle Hinterlegungsstelle für alle internationalen Verträge oder Vereinbarungen zwischen den Mitgliedsstaaten. In den Jahrzehnten der Nachkriegszeit nahm die Anzahl der geschlossenen Verträge geradezu explosionsartig zu. Die meisten sind beim Sekretariat der Vereinten Nationen hinterlegt. Das Ausmaß dieser Aktivitäten bestätigt den Wunsch der modernen Staaten, zumindest einen Teil ihrer internationalen Beziehungen innerhalb eines geordneten rechtlichen Rahmens zu regeln.

Dies war nicht immer der Fall. Bis in die Nachkriegszeit war das Völkerrecht als globales Konzept durch seinen Eurozentrismus beeinträchtigt. Insbesondere die Entwicklungsländer meinten - und nicht ganz zu Unrecht - das Völkerrecht basiere auf christlichen Werten und sei auf Förderung der westlichen Expansion angelegt. Es sei in Europa gemacht worden, von europäischen Journalisten und diene europäischen Zielen.

Insbesondere bewirkt durch die Unabhängigkeit der ehemaligen Kolonien spielen heute jedoch viele Nationalstaaten eine aktive Rolle beim Prozeß der internationalen Rechtsschöpfung. Selbst wenn sie dies aus eigener Entscheidung nicht tun, ist ihr eigenes Verhalten in internationalen Angelegenheiten - ihre Praxis als Staaten - in sich eine Quelle des internationalen Gewohnheitsrechts.

Ein Staat, der sich vom Völkerrecht mit der Begründung abwendet, es begünstige europäische Wertvorstellungen und Einflußmöglichkeiten, ist heute nicht mehr glaubwürdig. Die europäischen Staaten argumentieren sogar gelegentlich, der Prozeß, der früher ihre eigenen Wert- und Moralvorstellungen stützte, habe durch den Einfluß anderer Staaten auf das internationale Gewohnheitsrecht und durch die zur Sicherung einer möglichst breiten Anerkennung internationaler Konventionen erforderlichen Kompromisse seine Schärfe und Klarheit verloren. Doch Kompromisse sind im Recht immer erforderlich. Eine bindende Abmachung bedarf eines möglichst breiten Konsenses.

Viele internationale Organisationen wie die Internationale Arbeitsorganisation (ILO) und die Internationale Seeschiffahrtsorganisation spielen beim Abschluß internationaler Übereinkommen eine bedeutende Rolle. Organisationen der globalen Zivilgesellschaft wie Gewerkschaften und Industrieverbände leisten dabei wichtige Beiträge. Die Internationale Völkerrechtskommission der UN (International Law Commission, ILC) spielt ebenfalls eine wichtige Rolle. Dieses 34-köpfige Nebenorgan der UN-Generalversammlung wurde 1947 geschaffen, um Empfehlungen für die weitere Entwicklung und Kodifizierung des Völkerrechts abzugeben. Wenn die ILC ihre Arbeit am Entwurf einer Konvention beendet hat, leitet sie diesen an die Generalversammlung weiter, die dann eine internationale Konferenz zum Entwurf einer formellen Konvention einberufen kann. Aufgabe der ILC ist es, Entwürfe und Empfehlungen zu erarbeiten. Diese Funktion sollte klarer herausgestellt und erweitert werden.

Durch diesen Prozeß der multilateralen Vertragsgestaltung läßt sich Völkerrecht kodifizieren, wobei internationales Gewohnheitsrecht schriftlich niedergelegt wird. Auf diese Weise läßt sich das Völkerrecht viel schneller weiterentwickeln, als wenn man darauf wartet, daß die Praxis der Staaten schließlich rechtsetzend wirkt. Ebenso wie sich nationale Parlamente zur Weiterentwicklung ihrer jeweiligen Rechtssysteme der Gesetzgebung bedienen, ist auch die Völkergemeinschaft auf Rechtsschöpfung angewiesen.

Gelegentlich erfolgt diese mit beachtlicher Geschwindigkeit, insbesondere, wenn gemeinsame Werte in Gefahr sind. Dies beweist, daß internationale Rechtsschöpfung nicht immer ein langwieriger Prozeß sein muß. Ein Meilenstein bei dieser Entwicklung war das Übereinkommen zur Bekämpfung des illegalen Handels mit Drogen und psychotropen Stoffen aus dem Jahre 1998. In den UN wurde schnell eine Einigung über neue Elemente einer internationalen Rahmenvereinbarung zur Bekämpfung des Drogenhandels erzielt. Hierzu gehörten auch Maßnahmen zur Beschlagnahme, zum Einfrieren und zur Verwirkung der Gewinne aus dem Drogenhandel.

Ein zweites bemerkenswertes Beispiel ist das 1987 von zahlreichen Nationen unterzeichnete Montrealer Protokoll zum Schutz der Ozonschicht. Damals hatten sich klarere wissenschaftliche Belege für den Zusammenhang zwischen dem Einsatz von FCKW und dem Abbau der Ozonschicht der Erde ergeben. Doch das Gefühl der Dringlichkeit, das in diesen beiden Fällen die treibende Kraft war, fehlt leider allzu oft.

Ratifizierung und Überprüfung spielen für die Legitimation und Anerkennung internationaler Rechtsinstrumente eine wichtige Rolle. Trotzdem können auch innenpolitische Vorgänge in einzelnen Ländern die Verabschiedung internationaler Normen behindern. Das vielleicht erschreckendste Beispiel für die vergeblichen Bemühungen einer Regierung, die innenpolitische Unterstützung für neue vertragliche Verpflichtungen zu sichern, war die verhinderte Ratifizierung der Beschlüsse der Pariser Friedenskonferenz von 1919 durch isolationistische Politiker im US-amerikanischen Senat. Dies hatte nicht nur die Konsequenz, daß die Vereinigten Staaten einen gesonderten bilateralen Friedensvertrag mit Deutschland abschließen mußten, sondern auch, daß sie niemals Mitglied des Völkerbundes wurden.

In der heutigen Welt können populistische Kampagnen durchaus die sorgfältig erarbeiteten Ergebnisse internationaler Beratungen zunichte machen, meistens aus nationalistischen Gründen. Das Nachgeben gegenüber innenpolitischem Druck kann im Handumdrehen die Ergebnisse eines ganzen Jahrzehnts mühseliger Arbeit zerstören. Im Zeitalter der Demokratie besteht eine der großen Aufgaben der Regierungen darin, sicherzustellen, daß die Öffentlichkeit die Prozesse der internationalen Rechtsschöpfung versteht und unterstützt. Nur dann können sich langfristige Überlegungen gegenüber kurzfristigem Zweckdenken durchsetzen.

Die Stärkung des Völkerrechts

In einer idealen Welt wäre die Anerkennung der verbindlichen Rechtsprechung durch den Internationalen Gerichtshof Voraussetzung für die Mitgliedschaft in den Vereinten Nationen.

Die meisten internationalen Streitigkeiten werden durch Verhandlungen beigelegt. Dabei können Dritte, darunter Staaten und Einzelpersonen, ihre "guten Dienste" anbieten oder aktivere Rollen als Mediator oder Schlichter spielen. In der internationalen wie in der nationalen Politik eignen sich nicht alle Streitigkeiten für eine verbindliche Regelung durch Dritte.

Dennoch bedarf es zur Durchsetzung des Völkerrechts und der von ihm geschützten ethischen Werte. Ein glaubhaften Forum ist notwendig, das mit Persönlichkeiten von höchster Reputation, Unabhängigkeit und Integrität besetzt ist, die die Bereitschaft und die Fähigkeit besitzen, in den ihnen vorgelegten schwerwiegenden Fällen Urteile auszusprechen. Fehlt es an einem solchen Gremium, so gibt es zu viel Spielraum zum politischen Taktieren, und im Sicherheitsrat und anderenorts können sich eigenwillige Auslegungen des Völkerrechts durchsetzen. Nur wenn die Interessen beider Seiten bei einer verbindlichen Regelung durch Dritte berücksichtigt werden, werden Streitigkeiten der Rechtsprechung unterworfen.

Das Statut des Internationalen Gerichtshofes gestatten diesem lediglich, bei Streitigkeiten zwischen Staaten tätig zu werden. Der Gerichtshof wird gebraucht wegen der seit langem geübten Praxis, daß in souveränen Angelegenheiten (im Gegensatz zum staatlichen Handel) die Staaten gegenüber der Rechtsprechung anderer Staa-

Die verbindliche Zuständigkeit des Internationalen Gerichtshofes

1. Die Zuständigkeit des Gerichtes erstreckt sich auf alle ihm von den Parteien unterbreiteten Rechtssachen sowie auf alle in der Charta der Vereinten Nationen oder in geltenden Verträgen und Übereinkommen besonders vorgesehen Angelegenheiten.

2. Die Vertragsstaaten dieses Statuts können jederzeit erklären, daß sie die Zuständigkeit des Gerichtshofes von Rechts wegen und ohne besondere Übereinkunft gegenüber jedem anderen Staat, der dieselbe Verpflichtung übernimmt, für alle Rechtsstreitigkeiten über folgende Gegenstände als obligatorisch anerkennen:

   a. die Auslegung eines Vertrages;

   b. jede Frage des Völkerrechts;

   c. das Bestehen jeder Tatsache, die, wäre sie bewiesen, die Verletzung einer internationalen Verpflichtung darstellt;

   d. Art oder Umfang der wegen Verletzung einer internationalen Verpflichtung geschuldeten Wiedergutmachung.

3. Die oben bezeichnete Erklärung kann vorbehaltlos oder vorbehaltlich einer entsprechenden Verpflichtung mehrerer oder einzelner Staaten oder für einen bestimmten Zeitabschnitt abgegeben werden.

—Artikel 36 des Statuts des Internationalen Gerichtshofes

ten immun sind, es sei den, daß auf diese Immunität für die Beilegung einer bestimmten Streitigkeit ausdrücklich verzichtet wird.

Die Einhaltung der Regeln

Der Internationale Gerichtshof ist nur die jüngste Institution in einer ganzen Reihe von Gerichtshöfen und Verfahrensregelungen, die bis auf die bei der ersten und zweiten Friedenskonferenz in Den Haag 1899 und 1907 abgeschlossenen Konventionen über die Friedliche Beilegung von Streitigkeiten zurückgehen. Ziel war die Schaffung eines Gerichts, das allseitiges Vertrauen genoß. Elihu Roberts, der damalige amerikanische Außenminister, bemerkte in den Anweisungen an seine Delegation, die Ablehnung von Schlichtungsvereinbarungen beruhe nicht auf der fehlenden Bereitschaft der Staaten, sich bei Streitigkeiten einer unparteiischen

Schlichtung zu unterwerfen, sondern auf der Befürchtung, die Schlichter könnten parteiisch sein.

Was Elihu Roberts damals wollte und was die Welt heute noch immer braucht, ist ein Gerichtshof, zu dem die Staaten Vertrauen haben und der zusammengesetzt ist aus "Richtern, und sonst nichts, die angemessene Gehälter beziehen, keiner sonstigen Beschäftigung nachgehen und ihre gesamte Zeit auf die Untersuchung und Beurteilung internationaler Rechtsangelegenheiten mit juristischen Methoden und im Sinne richterlicher Verantwortung verwenden". In der UN-Charta wurde versucht, einen solchen Gerichtshof zu schaffen. Die Richter des Internationalen Gerichtshofes werden angemessen entlohnt, haben keine widerstreitenden Interessen und verwenden ihre gesamte Zeit auf die Untersuchung und Beurteilung internationaler Rechtsfälle sowie auf wissenschaftliche Abhandlungen über die Entwicklung der internationalen Rechtslehre.

Das Gericht ist nur dann zuständig, wenn die an einem Streit beteiligten Staaten die Verbindlichkeit des Urteils im voraus anerkennen. Dies kann auf dreierlei Weise geschehen. Staaten, die in einem Streit Partei sind und die Zuständigkeit des Gerichtshofes gemäß Artikel 36, Abschnitt 2 des Statuts anerkannt haben, können vereinbaren, diesem einen Fall zur Entscheidung vorzulegen. Im Mai 1989 erhob die Republik Nauru gemäß dieser Optionsklausel Klage gegen das australische Commonwealth. Die Republik Nauru beantragte eine Gerichtsentscheidung dahingehend, ob Australien Entschädigung oder Wiedergutmachung für die Schäden und Nachteile zu leisten habe, die Nauru vorwiegend dadurch erlitten habe, daß Australien die von ihm in Nauru verursachten Umweltzerstörungen nicht behoben habe. Australien erkannte die Zuständigkeit des Gerichtshofes durch seine Beteiligung an der Vorermittlungsphase an. Der Fall wurde allerdings anschließend von den Parteien außergerichtlich geregelt.

Eine zweite Begründung der Zuständigkeit ergibt sich dann, wenn die Streitparteien zuvor in einem Vertrag vereinbart haben, bei sich aus diesem ergebenden Streitigkeiten das Gericht anzurufen.

343

Fälle dieser Art werden durch eine einseitige Klage eingeleitet. Ein bemerkenswertes Beispiel hierfür war die 1979 von den Vereinigten Staaten gegen den Iran wegen der Besetzung der amerikanischen Botschaft in Teheran und der Festsetzung der diplomatischen Bediensteten angestrengte Klage. In einem jüngeren Fall klagte Bosnien-Herzegowina im März 1993 den jugoslawischen Reststaat (Serbien und Montenegro) wegen Völkermord an.

In der dritten Kategorie können Staaten einen Fall aufgrund einer besonderen Vereinbarung vor den Gerichtshof bringen. Dies bedeutet, daß eine Streitigkeit oder sogar nur eine bestimmte sich auf diese beziehende Einzelfrage einem Gericht vorgelegt wird, dessen Zusammensetzung zum Zeitpunkt der Vorlage mehr oder weniger bekannt ist. Ein Beispiel dafür ist die Anrufung des Gerichts durch Libyen und Malta wegen der Abgrenzung des Kontinentalschelfs zwischen den beiden Ländern, über die das Gericht 1985 entschied.

Von den 184 Mitgliedsstaaten der UN haben 57 die Zuständigkeit des Gerichtshofes aufgrund der Optionsklausel anerkannt, und die ad-hoc-Vereinbarung der Zuständigkeit erfolgt in zu wenigen Fällen. Wir halten diese Statistik für beunruhigend. Verträge sind die wichtigste Grundlage der Rechtsprechung durch den Gerichtshof. Gegenwärtig akzeptieren einige Länder bedingungslos die Zuständigkeit des Gerichtes für alle denkbaren Fälle. Viele andere tun dies nur, wenn der gegen sie zu klagen beabsichtigende Staat dies auch tut. Eine Reihe von Staaten sind jedoch nur zur Anerkennung des Internationalen Gerichtshofes bereit, wenn dies gerade ihren kurzfristigen Interessen entspricht. Der letztere Fall ist äußerst unbefriedigend.

Das Ansehen des Gerichtshofes wurde in den 70er und 80er Jahren durch das Verhalten Frankreichs und der Vereinigten Staaten gefährdet. Die Vereinigten Staaten reagierten auf eine von Nicaragua gegen sie vorgebrachte Klage, indem sie zwar erschienen, aber heftig die Zuständigkeit des Gerichts bestritten. Als sich dann aber das Gericht für zuständig erklärte, weigerten sich die Vereinigten Staaten, weiter an der Verhandlung teilzunehmen. Nachdem sie dann das Gericht wegen seiner Zuständigkeitserklärung gescholten hatten, machten die Vereinigten Staaten im Oktober 1985 ihre Zustimmung zur verbindlichen Rechtsprechung des Gerichts gemäß Artikel 36 (2) des Statuts rückgängig.

Ein Jahrzehnt zuvor klagten Australien und Neuseeland wegen Atomtests gegen Frankreich im Rahmen der Klausel über die verbindliche Rechtsprechung des Gerichtshofes. Frankreich weigerte sich, zu erscheinen oder sich an die einstweilige Anordnung des Gerichtes zu halten, derzufolge Atomtests zu vermeiden waren, die zu radioaktiven Niederschlägen auf dem Gebiet Australiens oder Neuseelands führen könnten. Da es sich um zwei Länder handelte, die eine Führungsrolle in internationalen Angelegenheiten beanspruchen, waren dies zwei schwere Schläge für die internationale Rechtsstaatlichkeit.

Beide Fälle stehen nicht für eine allgemein ablehnende Haltung gegenüber dem Gerichtshof. Tatsächlich hat der Gerichtshof allmählich an Ansehen gewonnen und wird heute häufiger angerufen. Doch gewisse Bedenken gegen die juristischen Methoden und die Verantwortlichkeit der Richter bestehen unterschwellig fort. Gelegentlich beruhen sie auf, zu Recht oder zu Unrecht gezogenen Schlüssen, ein bestimmter Richter habe die internationale Rechtsprechung zu weit getrieben. Ähnliche Kritik hört man oft auch über nationale Gerichte von höchstem Ruf. Dennoch muß selbst der Anschein, daß derartige Kritik begründet sein könnte, vermieden werden. Aus diesem Grunde bedarf es bei der Ernennung der Richter klarer Begründungen und Verfahrensregeln.

Die Kriterien und Methoden für die Auswahl der Richter des Internationalen Gerichtshofes bedürfen der Erörterung. Ohne vertrauenschaffende Mechanismen bleibt die Durchsetzung und der Schutz der zentralen Werte der internationalen Gemeinschaft durch ein wirklich effektives Gericht ein illusorisches Ziel.

In einer idealen Welt wäre die Anerkennung der verbindlichen Rechtsprechung durch den Internationalen Gerichtshof Voraussetzung für die Mitgliedschaft in den Vereinten Nationen. Wer der Völkergemeinschaft angehören will, sollte bereit sein, sich an deren Regeln zu halten und diese Bereitschaft durch Anerkennung

Das Kammerverfahren

Im Rahmen des bestehenden Kammerverfahrens kann der Internationale Gerichtshof eine kleine Gruppe von Richtern bilden, als das bei einer Sitzung des gesamten Gerichtes der Fall wäre. Diese Kammer entscheidet dann bestimmte Arten von Rechtssachen. Da die beteiligten Richter vom Gericht nach Beratung mit den Parteien bestellt werden, werden diese praktisch im Einvernehmen mit Parteien ausgewählt.

Das Kammerverfahren wurde im letzten Jahrzehnt mehrfach angewandt. Erstmals kam es 1981 beim Streit zwischen den Vereinigten Staaten und Kanada über den Golf von Maine zur Anwendung. Dabei sah eine besondere Vereinbarung vom 29. März 1979 vor, daß die Frage des Verlaufes der einheitlichen Seegrenze zwischen dem Kontinentalschelf und den Fischereizonen im Bereich des Golfs von Maine der beiden Länder einer besonderen Kammer des Gerichtshofes vorgelegt werden sollte. Die Kammer entschied, die Trennungslinie sei, um ein billiges Ergebnis zu erzielen, nach Kriterien der Ausgewogenheit festzulegen.

der Zuständigkeit des höchsten Rechtsgremiums dieser Gemeinschaft zum Ausdruck bringen. Diese Chance wurde allerdings vertan. Die Vereinten Nationen und ihr Mitgliederkreis sind heute unabänderliche Tatsachen. Dennoch haben einige Mitgliedsstaaten - darunter zur Zeit vier der fünf ständigen Mitglieder des Sicherheitsrates - die bindende Zuständigkeit des Gerichtes gemäß der Optionsklausel abgelehnt. Im Interesse der Erhaltung der Rechtsstaatlichkeit in der Einen Welt fordern wir diese Staaten mit Nachdruck auf, ihre Position zu überdenken.

Jedes Mitglied der Völkergemeinschaft, das dies noch nicht getan hat, sollte die verbindliche Zuständigkeit des Gerichtshofes anerkennen. Zugleich schlagen wir eine Reihe von Maßnahmen vor, die dem mangelnden Vertrauen in dieses Gremium seitens einiger Staaten entgegenwirken sollen.

Das Kammerverfahren

Einige Staaten hegen gewisse Bedenken gegen den Internationalen Gerichtshof als Schlichter bei Streitigkeiten. Dennoch haben sich einige von diesen gelegentlich des sogenannten Kammerverfahrens des Gerichtshofes bedient. Bei diesem Verfahren einigen sich die am Streit beteiligten Staaten auf eine kleine Gruppe von nur drei oder fünf Richtern des Gerichtshofes, die dann tatsächlich als Schlichter tätig werden.

Dennoch sehen manche in diesem Verfahren immer noch eine Herabminderung des Ansehens und der Funktion des Gerichtshofes. Wir verstehen diese Reaktion zwar, sehen aber in dem Rückgriff auf das Kammerverfahren eher einen Beleg dafür, daß Staaten bereit sind, sich einem unabhängigen Urteil zu unterwerfen. Darauf muß die Völkergemeinschaft bauen.

Das Kammerverfahren ist nicht ohne Gefahren. Kammern mit von den Streitparteien ausgewählten Richtern sind eher willkürliche Gremien als wirkliche Instanzen der Rechtsprechung. Entscheidungen von Kammern, die nur von einer Minderheit der Richter oder nur von Richtern aus der gleichen Region getragen werden, können in späteren Fällen von der Gesamtheit des Gerichtes möglicherweise nicht als bindende Präzedenzfälle anerkannt werden. Bei Streitigkeiten, an den nur Staaten aus einer bestimmten Region beteiligt sind, könnte eine von den Parteien ausgewählte Kammer am Ende nur noch aus Richtern aus dieser Region oder dem entsprechenden Rechtskreis bestehen. Durch Kammern könnte auch die Einheitlichkeit des Gerichtes gefährdet werden. Diese Gefahren müssen vermieden werden.

Sicherlich dürften Staaten eher zur Anerkennung der Zuständigkeit des Gerichtshofes bereit sein, wenn sie an der Auswahl der Richter einer ad-hoc-Kammer teilnehmen können. Trotzdem sollte das Kammerverfahren im Hinblick auf die oben genannten Gefahren modifiziert werden. Eine Möglichkeit dazu wäre, daß der Präsident des Gerichtshofes einen der Richter ernennt, der dann zusammen mit den von den Parteien ausgewählten Richtern in der Kammer tätig würde.

Die Auswahl der Richter

Einige Staaten unterwerfen sich nicht der verbindlichen Zuständigkeit des Internationalen Gerichtshofes, weil sie Bedenken gegen das Wahl- und Wiederwahlverfahren der Richter hegen. Die

Richter werden von der Generalversammlung und vom Sicherheitsrat gewählt. Erfolgreiche Kandidaten müssen in beiden Foren eine Mehrheit finden. Sie werden auf neun Jahre gewählt.

Wir würden die Einführung eines Auswahlverfahrens begrüßen, bei dem potentielle Mitglieder des Gerichtshofes im Hinblick auf ihre juristischen Fähigkeiten und ihre nachweisliche Objektivität überprüft würden. Dies ist eine bereits in vielen Ländern geübte Praxis, in deren Rahmen die für ein hohes Richteramt vorgesehenen Personen nur im Benehmen und gelegentlich sogar nur im Einvernehmen mit unabhängigen nationalen Gremien ernannt werden.

Bei einem derartigen Verfahren würden die Beteiligung aller Staaten im Rahmen der Generalversammlung oder die Rolle des Sicherheitsrates beim politischen Akt der Richterwahl nicht beeinträchtigt. Doch es würde bedeuten, daß die Richter aus einer Kandidatenliste ausgewählt würden, die alle über die erforderlichen Erfahrungen und Fähigkeiten und über die gebotene geistige Unabhängigkeit verfügen. Dabei könnten sowohl der Sicherheitsrat als auch die Generalversammlung eine weitere Kandidatenliste anfordern.

Wir glauben, daß dieses Verfahren zu einem Richterkollegium führen würde, das das von allen Nationen angestrebte Vertrauen hätte. Über die genaue Ausgestaltung des Auswahlverfahrens wären weitere Beratungen erforderlich. Sicherlich sollten daran hervorragende und unvoreingenommene Juristen aus allen Regionalgruppen der Vereinten Nationen sowie ausschließlich Personen beteiligt sein, die selbst keine Ambitionen auf ein Richteramt oder eine Anwaltstätigkeit beim Gerichtshof haben. Die nationalen Anwaltsorganisationen der Mitgliedsstaaten könnten bei diesem Verfahren eine Rolle spielen.

Um alle noch verbleibenden Bedenken gegen die Unabhängigkeit des Gerichts auszuräumen, sollten die Richter nur für eine einmalige Amtszeit von zehn Jahren ernannt werden und danach mit voller Pension in den Ruhestand gehen. Dies sollte mit einer obligatorischen Pensionierung bei Erreichen der Altersgrenze von 75 Jahren verbunden sein. Es widerspricht den Gepflogenheiten vieler Rechtssysteme, daß Richter sich selbst zur Wiederwahl oder Wiederauswahl stellen. Dies widerspricht auch den Richtlinien und Grundprinzipien der UN für die Unabhängigkeit der Rechtsprechung. Durch die Beschränkung auf nur eine Amtszeit ließe sich das entwürdigende Schauspiel vermeiden, daß Richter persönlich oder durch Diplomaten in New York für ihre Wiederernennung werben und sich in manchen Fällen um die Unterstützung der Vertreter von Ländern bemühen, deren Fälle beim Gericht anhängig sind. Wichtiger noch wäre, daß jeder Verdacht ausgeschlossen wäre, die Entscheidungen eines Richters seien durch den Gedanken an seine Wiederwahl beeinflußt. Die Auswahl der Richter des Internationalen Gerichtshofes hat einen zu hohen Grad der Politisierung erreicht. Wenn dem nicht entgegengetreten wird, kann dies eine weitere Aushöhlung des Vertrauens in das Gericht bewirken.

Wir wiederholen jedoch, daß die letztliche Entscheidung politischer Art bleiben würde und sollte. Insgesamt gesehen ist es richtig, daß diejenigen, die sich der Zuständigkeit des Gerichtes unterwerfen, Vertrauen zu den Richtern haben sollten. Doch die Rahmensetzungen der Verfahren sollten klar umgrenzt sein. Die vorgeschlagenen Änderungen für die Ernennung und die Amtszeit der Richter könnten durch eine Verfahrensresolution der Generalversammlung bewirkt werden, ohne daß es dazu einer förmlichen Änderung des Statuts des Gerichtshofes bedürfte. Dadurch würde sichergestellt, das aus dem ganzen Prozeß der Wahl und Amtsdauerfestlegung ein Kollegium von Richtern hervorginge, die kollektiv und jeder für sich das volle Vertrauen der Weltgemeinschaft genießen würden.

Schritte zur verbindlichen Zuständigkeit

Wenn auch die verbindliche Zuständigkeit des Internationalen Gerichtshofes in allen Streitigkeiten nicht von allen Mitgliedern der Vereinten Nationen unverzüglich anerkannt werden wird, so gibt es doch einige Rechtsgebiete, auf denen alle Staaten zu einer solchen Anerkennung bewegt werden könnten. Ein Anfang könnte mit zwischenstaatlichen Streitigkeiten über die Grenzen des Kontinentalschelfs und von exklusiv beanspruchten Wirtschaftszonen sowie eventuell auch sonstiger Land- und Seegrenzen gemacht werden. Auf diesem Gebiet verfügt der Internationale Gerichtshof über umfangreiche Erfahrung.

Die erwiesene Sachkunde des Gerichtes und das Vorhandensein einer ausgereiften Fallsammlung verdienen Anerkennung. Die Tatsache, daß derartige Streitigkeiten Frieden und Sicherheit gefährden können, ist ein weiterer guter Grund, aus dem alle Staaten zur Anerkennung der universellen Zuständigkeit des Gerichtshofes auf diesem Gebiet bereit sein sollten.

Eine Entwicklung in dieser Richtung entspräche auch den in anderen Foren unternommenen Schritten. Es ist heute allgemein geübte Praxis, daß Staaten sich in Handelsabkommen für den Fall von Streitigkeiten im voraus auf eine der weltweit bekannten Schlichtungsstellen einigen. Auch besteht die Praxis, in größeren internationalen Verträgen im voraus Verfahren für die Beilegung von Streitigkeiten festzulegen. Das jüngste Beispiel dafür ist das im April 1994 in Marrakesch unterzeichnete Rahmenabkommen über Streitschlichtungsverfahren. Im Rahmen der neuen Regelung verpflichten sich die Mitgliedsstaaten der Welthandelsorganisation, bei angeblichen Verstößen gegen die Handelsregeln keine einseitigen Maßnahmen zu ergreifen. Statt dessen legen sie sich auf die Anwendung des neuen Systems der Streitschlichtung und die Einhaltung der Regeln und Verfahrensweisen fest.

Die Weltgemeinschaft muß die Zahl der Fälle minimieren, in denen sich streitende Staaten sich erst über den Regelungsmechanismus einigen müssen, ehe die Vorverhandlung eröffnet werden kann. Dadurch würden Staaten schneller auf eine nach internationalen Rechtsnormen erfolgende Regelung durch Dritte zurückgreifen, und es gäbe zugleich einen Anreiz, sich vor einem Verfahren über die wesentlichen Inhalte einer Streitigkeit zu einigen. Die Staaten sollten darin bestärkt werden, in künftige Vereinbarungen und Verträgen Bestimmungen aufzunehmen, die für den Fall eventueller Streitigkeiten genaue Regelungsmechanismen festlegen.

Wenn sich auf diese Weise Fortschritte erreichen lassen, könnte das internationale Vertrauen so stark werden, daß sich auch Zweifler vom Gedanken einer verbindlichen Zuständigkeit in allen Angelegenheiten überzeugen lassen. Um diesen Prozeß voranzubringen, sollte man Rechtsgebiete finden, auf denen die verbindliche Zuständigkeit des Internationalen Gerichtshofes nach und nach erreicht werden könnte.

Die Ermächtigung des Generalsekretärs

Gegenwärtig haben der Sicherheitsrat, die Generalversammlung und anderer Organe und Organisationen der Vereinten Nationen das Anrecht, vom Internationalen Gerichtshof Rechtsgutachten anzufordern. Da heute völlig richtig besonderes Gewicht auf die vorbeugende Diplomatie gelegt wird, sollte auch der UN-Generalsekretär schon im Frühstadium aufkeimender Streitigkeiten den Internationalen Gerichtshof um ein Gutachten bitten können. Ein solches Vorgehen könnte zumindest in gewissen Fällen zur friedlichen Beilegung eines Konfliktes beitragen, der sonst zu einer Gefahr für den Frieden und die Sicherheit der Welt werden könnte. Staaten sind im allgemeinen sehr darauf bedacht, das Völkerrecht auf ihrer Seite zu haben, und die Aussicht auf eine dem zuwiderlaufende Entscheidung könnte heilsame Wirkung haben. Ein derartiger Schritt des Generalsekretärs könnte auch bis zur Entscheidung des Gerichts eine politische Abkühlungsperiode bewirken.

Natürlich wird es auch Fälle geben, in denen die Anrufung des Gerichtshofes unangebracht oder wirkungslos ist. Dennoch behauptet niemand, ein inländisches Gericht habe keine abschreckende Wirkung, nur weil es nicht allmächtig ist. Effektivitätsgrenzen dürfen nicht als Ausflucht dienen, dem Generalsekretär diese sinnvolle Stärkung seiner Position zu verweigern.

Aus dem Gesagten folgt, daß der Internationale Gerichtshof selbst beschleunigte Verfahren für die Behandlung von Angelegenheiten von höherer Priorität entwickeln müßte. Zeitsparende Reformen und eine Vereinfachung der Verfahren wären möglich. Derartige Techniken finden in den obersten Gerichten einzelner Staaten zunehmend Anwendung und könnten auch im Internationalen Gerichtshof eingesetzt werden. Die Möglichkeit eines beschleunigten Verfahrens könnte Regierungen durchaus zur Anrufung des Gerichtes veranlassen, wenn sie auf ein schnelles Urteil zu ihren Gunsten rechnen, mit dem sie dann die öffentliche Meinung beeinflussen könnten.

Der Sicherheitsrat und der Internationale Gerichtshof

Der Sicherheitsrat sollte den Internationalen Gerichtshof stärker als Bezugsquelle für Rechtsgutachten nutzen.

Der Sicherheitsrat ist natürlich das oberste Organ der Vereinten Nationen. Er kann den Internationalen Gerichtshof sogar im nachhinein kritisieren, indem er Forderungen nach Umsetzung der Entscheidungen des Gerichts ablehnt. Manche Resolutionen des Sicherheitsrates sind sogar selbst Quelle des Völkerrechts, und im Rat werden häufig völkerrechtliche Feststellungen getroffen.

Wir haben uns ausführlich mit der Frage befaßt, ob der Sicherheitsrat zumindest in Verfahrensfragen seine eigenen Entscheidungen der Überprüfung durch den Internationalen Gerichtshof unterziehen sollte. Täte er dies, befände er sich damit in der gleichen Position wie mehrere Mitgliedsstaaten gegenüber ihrer eigenen Justiz, die die Gerichte über die Rechtmäßigkeit staatlicher Entscheidungen urteilen läßt. Der Internationale Gerichtshof hat keine ausdrückliche Befugnis zur völkerrechtlichen Überprüfung von Maßnahmen des Sicherheitsrates. Doch in vielen Ländern, unter ihnen die Vereinigten Staaten, hat sich dieses Überprüfungsrecht der obersten Gerichte auch ohne ausdrückliche Regelung in der Verfassung oder in Einzelgesetzen entwickelt. Außerdem ist in der UN-Charta vom Internationalen Gerichtshof als dem "Hauptrechtsprechungsorgan" der Organisation die Rede. Man könnte argumentieren, hierin läge eine implizite Befugnis zur juristischen Überprüfung.

Ein Beispiel für die Verwirrung, die sich aus der aktuellen Handlungsweise des Sicherheitsrates ergeben kann, ist der Rechtsstreit über den Absturz des PanAm Fluges 103 über Lockerbie in Schottland. Der Sicherheitsrat hat Libyen zur Auslieferung von verdächtigen libyschen Staatsbürgern aufgefordert. Doch nach der Montrealer Übereinkommen von 1971 zur Bekämpfung widerrechtlicher Handlungen gegen die Sicherheit des zivilen Flugverkehrs hat Libyen das Recht, diese Personen vor ein libysches Gericht zu stellen. Überdies ist es ein allgemeines Prinzip des Völkerrechts, daß Staaten nicht zur Auslieferung ihrer eigenen Angehörigen (denen gegenüber sie eine Schutzpflicht haben) verpflichtet sind. Statt dessen sollten sie diese im eigenen Land verfolgen. Gäbe es ein internationalen Strafgericht (das wir später in diesem Kapitel befürworten werden), hätte es in diesem Fall gegen die libyschen Verdächtigen wegen eines Aktes des internationalen Terrorismus verhandeln können.

Ungeachtet der Tatsache, daß einige Staaten sich schon häufig völkerrechtlicher Regeln als Vorwand zur Rechtfertigung ihrer Untätigkeit innerhalb der eigenen Grenzen benutzt haben (so hat Libyen die mutmaßlichen Täter von Lockerbie nicht einmal vor den eigenen Gerichten verfolgt), haben sich Zweifel ergeben, ob der Sicherheitsrat nicht Libyens völkerrechtlichen Anspruch hätte anerkennen sollen, statt sich über diesen hinwegzusetzen. Außerdem wurde bezweifelt, daß das Anbringen der Bombe, das zum Absturz des Flugzeuges führte, so verabscheuenswürdig es auch war, im juristischen Sinne wirklich eine Bedrohung des Weltfriedens und der internationalen Sicherheit darstellte und ob der Sicherheitsrat für seine Maßnahme eine solide Rechtsgrundlage hatte.

Der Internationale Gerichtshof dürfte versuchen, einer Konfrontation mit dem Sicherheitsrat aus dem Wege zu gehen, indem er diesem die ausschließliche Zuständigkeit für die Beurteilung der Frage zuerkennt, ob bestimmte Handlungen eine Bedrohung des Weltfriedens und der internationalen Sicherheit darstellen. Doch der genaue Verlauf einer möglichen Trennungslinie ist schwer zu bestimmen. Gewiß wären sich wiederholende Kompetenzstreitigkeiten zwischen dem Gerichtshof und dem Sicherheitsrat höchst unerwünscht und lägen keineswegs im Interesse der einen noch der anderen Seite.

Auch gilt, daß ein übermäßig legalistischer Ansatz bestimmte Entwicklungen verhindern könnte, die möglicherweise zum Nutzen aller verlaufen würden. Das derzeitige Ausmaß humanitärer Einsätze zum internationalen Schutz der Menschenrechte ist ein gutes Beispiel einer von den meisten Menschen begrüßten Entwicklung. Doch in einem früheren Stadium hätte eine solche Entwicklung behindert werden können, wenn der Gerichtshof sich eindeutig auf die Seite eines Staates gestellt hätte, der auf der von der Charta garantierte Nichteinmischung in seine inneren Angelegenheiten bestanden hätte.

Obwohl wir es nicht für sinnvoll halten, daß der Sicherheitsrat überhaupt keiner rechtlichen Aufsicht unterliegt, empfehlen wir im jetzigen Stadium kein Recht auf Überprüfung sämtlicher seiner Entscheidungen durch den Internationalen Gerichtshof. Wenn es schließlich doch zu einer Form der rechtlichen Überprüfung kommt, dürfte diese auf jeden Fall auf bestimmte Fragen der "Verfassungsmäßigkeit" von Maßnahmen des Sicherheitsrates, auf den Schutz der Charta selbst sowie auf bestimmte damit zusammenhängende Fragen der Rechtsstaatlichkeit beschränkt sein.

Wir haben weiterhin überlegt, ob ein Staat oder eine Gruppe von Staaten ein Recht auf Anrufung des Internationalen Gerichtshofes zur Begutachtung geplanter Maßnahmen des Sicherheitsrates erhalten sollte. Sollte die Entscheidungsfindung des Sicherheitsrates der Begutachtung und Beratung durch den Gerichtshof unterliegen, während einmal getroffene Entscheidungen des Sicherheitsrates nicht im nachhinein angefochten werden können? Aus bereits erörterten Gründen sind wir zu dem Schluß gelangt, daß ein derartiger Mechanismus sowohl den Sicherheitsrat als auch den Gerichtshof der Gefahr ernster Spannungen aussetzen würde.

Trotzdem haben wir nach Wegen zur Minimierung potentiell rechtswidriger Verhaltensweisen des Sicherheitsrates gesucht. Wir schlagen vor, einen angesehenen Juristen einzusetzen, der dem Sicherheitsrat schon im Frühstadium mit unabhängigem Rat in Völkerrechtsentscheidungen zur Verfügung stehen könnte. Eine solche Persönlichkeit - vielleicht ein ehemaliger Richter des Internationalen Gerichtshofes - würde vom Sicherheitsrat auf Empfehlung der ILC oder eines anderen juristischen Fachgremiums ernannt (bzw. wiederernannt). Diese Persönlichkeit würde zum Sicherheitsrat weitgehend in einem ähnlichen Verhältnis stehen wie der Generalstaatsanwalt in den meisten parlamentarischen Demokratien zur Regierung. Als Generalstaatsanwalt würde der Rechtsberater des Rates in keiner Weise die letztendliche Zuständigkeit des Rates für endgültige politische Entscheidungen an sich reißen, bei denen man seinen Rat eingeholt hätte.

Ein Rechtsexperte, der respektierte Ratschläge erteilt hat, könnte bei der Klärung offener Fragen eine Schlüsselrolle spielen und zu einer zügigeren - und rechtlich besser abgesicherten - Abwicklung der Geschäfte des Rates entscheidend beitragen. Das wichtigste dabei wäre, daß diese Funktion nicht einfach als zusätzliche Aufgabe von den bisherigen UN-Mitarbeitern übernommen würde. Der Rechtsexperte müßte von den eigenen Beratern des Generalsekretärs völlig unabhängig sein. Der Experte wäre der Rechtsberater des Rates selbst, und würde der internationalen Gemeinschaft mit dem Auftrag dienen, den Rat bei informellen Konsultationen nichtöffentlich auf die Gefahr einer Übertretung von Rechtsnormen hinzuweisen. Die Achtung vor der Rechtsstaatlichkeit muß beim obersten Organ des UN-Systems anfangen.

Der Sicherheitsrat sollte sich bei der Abwicklung seiner Geschäfte auch häufiger an den Internationalen Gerichtshof wenden. Regelungen, die dies ermöglichen, gibt es bereits, doch sie werden zu wenig genutzt. Offensichtlich sind viele Geschäfte des Rates von unabweisbarer Dringlichkeit, so daß auch der zeitliche Druck dazu beigetragen hat, daß dieser in bestimmten Situationen praktisch zu seinem eigenen Gutachter in Fragen der Anwendung des Völkerrechts geworden ist. Das ist häufiger der Fall, als viele es wünschen. Wir würde es lieber sehen, wenn der Rat dieses Verfahren nur als letzten Ausweg nutzen würde, nachdem er sich gründlich mit der Möglichkeit der Einholung eines Rechtsgutachtens des Gerichtshofes befaßt hat.

Dies unterstreicht noch einmal die Notwendigkeit, daß der Internationale Gerichtshof Verfahren zur Beschleunigung der Behandlung dringender Fälle entwickelt. Wir treten eindeutig dafür ein, daß der Sicherheitsrat den Internationalen Gerichtshof stärker als Bezugsquelle von Rechtsgutachten nutzt und wenn immer möglich es vermeidet, zum Richter über die Auslegung des Völkerrechts in bestimmten Fällen zu werden.

Ein internationales Strafgericht

Das Fehlen eines internationalen Strafgerichtes widerspricht dem Prinzip der Rechtsstaatlichkeit. Es muß bald geschaffen werden.

Der Gedanke eines internationalen Strafgerichts ist alt. Die Bemühungen um die Schaffung eines solchen Gerichts gehen bis in das Jahr 1945 zurück. Seitdem wurde die Möglichkeit eines solchen Gerichts von mehreren angesehenen Institutionen, einschließlich der Internationalen Völkerrechtskommission der UN, untersucht. Unserer Ansicht nach widerspricht das Fehlen eines solchen internationalen Gerichtes dem Prinzip der Rechtsstaatlichkeit. Es muß bald geschaffen werden. Ein wichtiger Schritt zur Schaffung eines internationalen Strafgerichts erfolgte im Juli 1994, als der ILC ein Statut für das vorgeschlagene Gericht annahm. Dies ist eine begrüßenswerte Entwicklung.

Gelegentlich wird argumentiert, ein derartiges Gericht verstoße gegen die nationale Souveränität, da nationale Gerichte die ausschließliche Zuständigkeit für auf nationalem Territorium begangene Straftaten haben. Jedoch haben souveräne Staaten die internationale Gerichtsbarkeit über bestimmte Verbrechen bereits anerkannt, indem sie Verträge wie dem Verbot des Völkermords, der Folter und anderer Verbrechen gegen die Menschlichkeit ratifiziert haben oder ihnen beigetreten sind. In der Konvention über die Verhütung und Bestrafung des Völkermordes aus dem Jahre 1948 ist die Möglichkeit eines internationalen Strafgerichts explizit vorgesehen.

Überdies haben bestimmte Verbrechen wie terroristische Anschläge schon deswegen einen internationalen Charakter, weil sie über Grenzen hinweg begangen werden. Wie bereits bemerkt, ist der Bombenanschlag auf den PanAm Flug 103 über Lockerbie in Schottland ein tragisches Beispiel eines internationalen Verbrechens, bei dem mehrere Grenzen überschritten wurden und das vor einem internationalen Strafgericht hätte verhandelt werden können, wenn es ein solches gegeben hätte.

Gelegentlich wird auch argumentiert, ein internationales Strafgericht sollte nur ad hoc, von Fall zu Fall, eingerichtet werden. Doch angesichts der Zeit, die es gedauert hat, bis man sich auf ein Gericht für die Verbrechen im ehemaligen Jugoslawien einigte und dies dann einrichtete, spricht vieles für ein ständiges Gericht.

Gelegentlich wird gefragt, warum ausgerechnet der Konflikt in Jugoslawien zu einem ad-hoc-Gericht führte, während anderenorts auch Verbrechen gegen das Völkerrecht begangen wurden oder werden. Ein ähnliches Tribunal wurde zur Aburteilung von am Völkermord aktiv beteiligten Personen in Ruanda vorgeschlagen. Genau dieser Anschein von Willkürlichkeit hätte sich durch ein ständiges Gericht vermeiden lassen. Sein Vorhandensein könnte auch abschreckend wirken. Ein ständiges Gericht hätte auch nicht die Probleme mit zeitlichen Verzögerungen und der Richterauswahl, vor denen ein ad-hoc-Gericht stehen könnte. Wie in jedem Lande kann aufgeschobene Gerechtigkeit auch hier aufgehobene Gerechtigkeit bedeuten.

Ein internationales Strafgericht sollte einen unabhängigen Strafverfolger oder ein Kollegium von Strafverfolgern von höchster moralischer Integrität mit größter Kompetenz und Erfahrung in der Ermittlung und Verfolgung von Straftaten haben. Nach Eingang einer Anzeige oder aus eigenem Ermessen wäre die erste Aufgabe des Strafverfolgers ein angebliches Verbrechen aufzuklären und mutmaßlich Täter bei Verbrechen, die in die Zuständigkeit des Gerichtes fallen, zu verfolgen. Der Strafverfolger müßte natürlich unabhängig sein und dürfte keine Weisungen von Regierungen oder anderer Seite erhalten. Auch der Sicherheitsrat könnte Verfahren an das Gericht überweisen, wenn er befände, daß das betreffende Verbrechen eine Gefahr für den Weltfrieden und die internationale Sicherheit darstellt.

Die Thematik ist komplex und wirft rechtssystematische, ermittlungstechnische, verfahrensmäßige und strafrechtliche Fragen auf, um nur einige zu nennen. Wenn ein solches Gericht durch Vertrag geschaffen werden muß, wird es sicherlich Jahre, wenn nicht Jahrzehnte dauern, bis es eingerichtet ist. Wir dringen auf eine zügige Prüfung verschiedener Möglichkeiten und eine baldige Verwirklichung der schnellsten. Die Schaffung eines solchen Gerichtes sollte unserer Auffassung nach höchste Priorität genießen.

Die Durchsetzung des Völkerrechts

Die Fähigkeit der internationalen Gemeinschaft, die Einhaltung der Regeln der Gesellschaft sicherzustellen, ist das eigentliche Kernstück einer Weltordnungspolitik.

In einer Welt, in der das Völkerrecht respektiert würde, bedürfte es keiner Verfahren für dessen Durchsetzung. In einer Welt, in

Das Internationale Zentrum für die Beilegung von Investitionsstreitigkeiten

Das Internationale Zentrum für die Beilegung von Investitionsstreitigkeiten (ICSID) wurde 1965 durch das Übereinkommen über die Beilegung von Investitionsstreitigkeiten gegründet. Es ist als ein Forum der Konfliktlösung gedacht, in dem die Interessen und Forderungen aller Beteiligten sorgfältig gegeneinander abgewogen werden. Hauptziel ist die Förderung eines Klimas gegenseitigen Vertrauens zwischen Investoren und Staaten, durch das der Kapitalzufluß in Entwicklungsländer unter angemessenen Bedingungen begünstigt wird.

Die Zuständigkeit des ICSID ist beschränkt auf Investitionsstreitigkeiten zwischen Parteien, von den die eine ein Vertragschließender Staat oder eine staatliche Institution und die andere eine nicht-staatliche Institution aus einem anderen Vertragschließenden Staat sein muß. Die Entscheidungen des ICSID sind verbindlich und gegen sie ist keine Berufung oder ein sonstiges Rechtsmittel mit Ausnahme der in dem ICSID-Übereinkommen genannten möglich. Jeder Vertragschließende Staat, gleichgültig ob eine seiner Institutionen an einem Verfahren beteiligt war, muß die Entscheidungen des ICSID als verbindlich anerkennen und die sich aus diesen ergebenden finanziellen Forderungen so durchsetzen, als ob sie aus einem rechtskräftigen Urteil der eigenen Gerichte resultierten.

der dies nicht der Fall ist, ist eine universelle Durchsetzung vielleicht gar nicht möglich.

Natürlich ist das Völkerrecht durchsetzbar und wird auch auf verschiedenen Wegen durchgesetzt. Innerhalb der Justiz vieler Mitgliedsstaaten kümmern sich inländische Gerichte um internationale Rechte und Pflichten, wenn sie in ihnen vorgelegten Verfahren Urteile fällen. In immer mehr Rechtssystemen wird man sich überdies zusehends der universellen Geltung des Völkerrechts und seiner Normen bewußt und ist bereit, diese bei der Beurteilung einzelner Fälle heranzuziehen. Die Normen des Völkerrechts - insbesondere die Menschenrechte - dienen den Richtern in einzelnen Ländern schon heute als Richtschnur bei ihren Entscheidungen. Sie bemühen sich dabei zu Recht darum, im von ihrem Rechtssystem zugelassenen Umfang sicherzustellen, daß universell anerkannte Normen und Werte auch in ihrem Lande geschützt werden.

Wir begrüßen diese Entwicklung von Herzen, da in ihr die Erkenntnis einer gemeinsamen globalen Identität zu Ausdruck kommt. Diese Entwicklung sollte von den Gerichten vorangetrieben werden. Sie sind heute eher als in der Vergangenheit bereit, Klagen zuzulassen, bei denen es Einzelpersonen oder NGOs um die Durchsetzung der Einhaltung internationaler Normen in nationalen Gerichten geht, oder mit denen sie sicherstellen wollen, daß die Außenpolitik ihres Landes diesen Normen entspricht.

Auch gibt es zahlreiche regionale und überregionale Institutionen: den Interamerikanischen Gerichtshof für Menschenrechte, den Europäischen Gerichtshof für Menschenrechte und den Europäischen Gerichtshof, um nur drei zu nennen. Wie bereits zuvor bemerkt, werden auch in internationalen Verträgen zusehends Verfahren zur Konfliktregelung vorgesehen. Staaten, Unternehmen und Einzelpersonen sollten darüber hinaus eine Anrufung von Institutionen wie des Internationalen Zentrums für die Beilegung von Investitionsstreitigkeiten, eines von der Weltbank gegründeten Gerichtes, in Betracht ziehen.

Eine notwendige Voraussetzung für die Stärkung der weltweiten Rechtstaatlichkeit ist ein effizientes Überwachungs- und Durchsetzungssystem. Ohne ein solches geraten die Staaten in Versuchung, internationale Normen und Vereinbarungen zwar zu übernehmen, aber sich nicht konsequent an ihre Verpflichtungen zu halten. Die Fähigkeit der internationalen Gemeinschaft, die Einhaltung der Regeln der Gesellschaft sicherzustellen, ist das eigentliche Kernstück einer Weltordnungspolitik.

Das Völkerrecht wird von den Staaten normalerweise eingehalten, weil sie dies im eigenen langfristigen Interesse für sinnvoll halten. Doch es wird gebrochen, sobald die Rechtsverletzer glauben, dies würde ihnen handfeste Vorteile bescheren und sie kämen damit durch. Um die Einhaltung zu fördern und von der Nichteinhaltung abzuschrecken, bedarf es positiver und negativer Anreize.

Wir erkennen an, daß Fragen der Einhaltung oft streitig sein können. Wie weit eine Einhaltung annehmbar ist, hängt auch von den jeweiligen Problemen, dem Zusammenhang und der Art der Verpflichtungen ab. Im Umweltbereich können beispielsweise technische und finanzielle Unterstützung die Unfähigkeit mancher Staaten, neu entstehende Normen einzuhalten, verringern. So haben die 1990 beschlossenen Zusätze zum Montrealer Protokoll zum Schutz der Ozonschicht diese Vereinbarung zum ersten wichtigen internationalen Vertrag gemacht, bei dem die Parteien tatsächlich gewisse Mittel aufbringen, um Entwicklungsländern bei den zusätzlich entstehenden Kosten zu helfen. Wir empfehlen die Einbeziehung derartiger Bestimmungen in Verträge, wenn dies ein wirksames Mittel darstellt, um die Vertragseinhaltung durch Staaten, denen dies andernfalls schwerfallen würde, sicherzustellen.

In ähnlicher Weise gibt es im Bereich der Sicherheit Gebiete, auf denen die Regelungen für die Einhaltung von Vereinbarungen eindeutig unzulänglich sind. Beispiele sind Verbrechen gegen die Menschlichkeit, Terrorismus und Geiselnahme. Das soeben empfohlene internationale Strafgericht könnte auf den Gebieten der Sicherheit und der Menschenrechte die Einhaltung der Normen verbessern. Der beste Weg, die Einhaltung anderer sicherheitsbezogener Regeln sicherzustellen, besteht darin, Regelverletzungen zu verhindern, ehe sie auftreten. Dies ist der Kern der in Kapitel Drei erörterten präventiven Diplomatie.

Neben den Gerichten sind auch die NGOs mit ihren technischen, organisatorischen und lobbyistischen Fähigkeiten ein wirksames Mittel, um eine bessere Einhaltung von Normen und Vereinbarungen zu bewirken. Wir bestärken diese Gruppen in ihrer Lobbytätigkeit und in ihrem Druck auf Regierungen, multilaterale Institutionen, transnationale Unternehmen und andere Subjekte des Völkerrechts, damit sich diese an ihre völkerrechtlichen Verpflichtungen halten. Obwohl diese Gruppen für die Erreichung angestrebter politischer Ziele im nationalen und internationalen Rechtssystem eine wesentliche Rolle spielen, werden NGOs nur in wenigen internationalen Vereinbarungen oder Durchführungsgremien explizit als Mittel zur Überwachung der Vertragseinhaltung anerkannt.

Durch größere Transparenz wächst auch die Wahrscheinlichkeit, daß nationale politische Entscheidungen internationalen Standards entsprechen. Vor allem wird die zunehmende Inanspruchnahme von verbesserten Verfahren zur Beilegung von Streitigkeiten gewisse Unklarheiten beseitigen, mit denen häufig die Nichteinhaltung begründet wird.

Die Mitgliedschaft in den Vereinten Nationen bedeutet erhebliche Vorteile, Rechte und Privilegien. Wer diese Vorteile wahrnimmt, geht damit auch eine Verpflichtung zur Einhaltung der Charta ein. Die Einhaltung der Normen der internationalen Gemeinschaft läßt sich am einfachsten und wirksamsten durch Freiwilligkeit statt Zwang fördern und sichern. Zu den Methoden der Förderung gehören direkte Kontakte, Öffentlichkeitsarbeit und die Weckung von Schamgefühlen, Abschreckung, Verfahren zur friedlichen Beilegung, Sanktion und als letztes Mittel der Ausschluß aus zwischenstaatlichen Organisationen oder den UN selbst.

In den meisten Fällen genügt ein Urteil des Internationalen Gerichtshofes zur Beilegung einer Streitigkeit. Im allgemeinen halten sich die Staaten an ein solches Urteil. Bei außergewöhnlichen Verstößen kann jedoch die einzig wirksame Möglichkeit der Durchsetzung in einer Resolution des Sicherheitsrates liegen. Wir sind nicht ausgesprochen für förmliche Erzwingungsverfahren, doch bei Nichtbefolgung eines Urteils des Internationalen Gerichtshofes empfehlen wir eine Erzwingung durch den Sicherheitsrat.

Nach Artikel 94 der Charta kann der Sicherheitsrat "Empfehlungen abgeben oder Maßnahmen beschließen, um dem Urteil (des Internationalen Gerichtshofes) Wirksamkeit zu verschaffen". Diese Bestimmung ist weitgehend ungenutzt geblieben. Aufgrund des Vetos ist der Sicherheitsrat gegenüber einem ständigen Mitglied ohnmächtig, selbst in juristischen Fragen. Im früher erwähnten Nicaragua-Fall konnte der Sicherheitsrat das Urteil nicht gegen ein Land mit Vetorecht durchsetzen. Wir meinen, daß ein entsprechend den Vorschlägen aus Kapitel Fünf reformierter Sicherheitsrat sich bei der Durchsetzung von Entscheidungen des Internationalen Gerichtshofes weniger Zwang antun müßte.

Die Förderung des Völkerrechts

Die Eine Welt der Zukunft muß eine Welt des Rechts, und nicht der Rechtlosigkeit werden.

Die traditionellen Verfahren zur Schöpfung und Entwicklung von Völkerrecht sind zeitraubend und im allgemeinen keineswegs mit dem Gedanken der Dringlichkeit verbunden. Selbst wenn man die beim Aushandeln eines Textes, der einen Konsens der globalen Gemeinschaft erfordert, unausbleiblichen Verzögerungen berücksichtigt, erlauben diese Prozesse nicht die für die heutige moderne und schnellebige Welt erforderliche Rechtsentwicklung.

Das Völkerrecht hat angesichts dieser Herausforderung bestimmte Techniken entwickelt. Durch Rechtsinstrumente (z. B. Resolutionen einiger internationaler Organisationen) können Normen gesetzt werden, die zwar im technischen Sinne nicht verbindlich sind, aber in der Praxis starken Einfluß auf das Verhalten ausüben. Wenn solche Normen in der Praxis angewandt werden, können sie allmählich auch eine gewisse Rechtskraft erlangen. Dies ist die Härtung des sogenannten weichen Rechts.

Verträge können Regeln für schnelle Abänderungen bei Verfügbarkeit neuer Daten enthalten, wie dies beim Montrealer Protokoll der Fall ist. Oder sie können noch vor ihrer Ratifizierung vorläufig in Kraft gesetzt werden. Die Verpflichtungen können entsprechend den Bedingungen unterschiedlicher Staaten differenziert werden, um höhere und wirksamere Standards zu ermöglichen. Institutionen können besondere Befugnisse zum Erlaß von Regeln zuerkannt werden, die selbst für Staaten, die einer bestimmten Regel nicht förmlich zustimmen, verbindlich sind. Auch die Organisationen der Zivilgesellschaft können einflußreiche Standards vorschlagen. Das internationale Gewohnheitsrecht kann sich heute schneller als früher entwickeln. Regeln, die nicht für alle Staaten verbindlich sind, können dennoch das Verhalten beeinflussen: Beispielsweise können von einigen wenigen Staaten erlasse Vorschriften von anderen übernommen und dann schließlich in den meisten nationalen Systemen angewandt werden.

Die Rechtsschöpfung hat sich weiterentwickelt, doch der dem gegenwärtigen Systeme innewohnende Gradualismus lebt als Erbe der Vergangenheit fort. Er war einmal angebracht, in einer Weltgemeinschaft mit weit weniger Staaten, in der Technologie, Bevölkerung und Umwelt keine Probleme waren. Die Entwicklung des Völkerrechts erfolgte gemächlich wie in einem Club, ein Vorgehen, das für die heutige globale Gesellschaft sicherlich nicht mehr genügt.

Daher sollte ein geeignetes Gremium beauftragt werden, nach Wegen zur Beschleunigung des Prozesses der internationalen Rechtsschöpfung zu suchen, natürlich ohne dabei den Konsenscharakter des Völkerrechts in Frage zu stellen. Sicherlich hat internationale Rechtsschöpfung um ihrer selbst willen, ohne realistische Aussicht auf genügende Unterstützung für neue Vorschläge, keinen Sinn.

Internationale Foren der Rechtsschöpfung innerhalb des UN-Systems sind bemüht, mit anderen Gremien wie der Konferenz für Internationales Zivilrecht in Den Haag Verbindungen zu knüpfen, um Überschneidungen zu vermeiden und Aufgaben zu verteilen. Das ist nur gut so. Doch es sollte eine einzige Organisation geben, die die internationale Rechtsschöpfung formell koordiniert, Zeitpläne entwickelt und Zuständigkeiten regelt. Eine derartige Organisation - beispielsweise ein modernisierte Internationale Völkerrechtskommission - sollte eine aktive und vorwärtstreibende Rolle spielen. Ihre vordringliche Aufgabe bestünde darin, die Staaten zu aktivieren und dem Prozeß der internationalen Rechtsschöpfung den erforderlichen Rang zu verleihen. Das letztere bezieht sich dabei sowohl auf die Prioritätensetzung als auch auf die von den Mitgliedsstaaten bewilligten Ressourcen.

Zur Erreichung all dieser Ziele denken wir an eine Gruppe aus "weltbürgerlich gesinnten" Staaten und Vertretern von Organisationen der Zivilgesellschaft. Diese Gruppe sollte zur Zusammenarbeit und zur Übernahme einer Führungsrolle bereit sein. Sie sollte durch Beispiel und Überzeugungsarbeit führen und in allen internationalen Foren, in denen sie tätig wird, auf die dargestellten Ziele hinwirken. Insbesondere gibt es Aufgaben bei der Reform bestimmter Aspekte des UN-Systems, sei es durch Änderung der Charta oder auf anderem Wege. Ohne ein Instrumentarium zur Umsetzung dieses Programms wird das volle Potential des Völkerrechts als Mittel zur friedlichen Beilegung von Streitigkeiten ungenutzt bleiben.

Die entstehende Eine Welt muß nach einen neuen Ethos leben, die durch eine Kultur des Rechts untermauert wird. Die Weltgemeinschaft verfügt zumindest über die Anfänge eines potentiell wirksamen Rechtssystems zur Unterstützung einer Weltordnungspolitik. Es gibt heute neben dem etablierten Gewohnheitsrecht unzählige multilaterale und bilaterale Verträge und Vereinbarungen. Überdies gibt es mehrere juristische und nicht-juristische Mechanismen, mit deren Hilfe, den notwendigen politischen Willen vorausgesetzt, die Einhaltung oder Durchsetzung des Rechts wirksam vorangetrieben werden können.

Die Schwächen des gegenwärtigen internationalen Rechtssystems sind weitgehend Ausdruck von Schwächen des gesamten internationalen Systems. Obwohl es dringend neuer Gesetze, besserer Überwachungsmöglichkeiten und wirksamerer Erzwingungsmechanismen bedarf, ist der politische Wille der Staaten eine unerläßliche Voraussetzung für jeden Erfolg in dieser Richtung.

Die internationale Gemeinschaft muß dafür sorgen, daß die Eine Welt der Zukunft eine Welt des Rechtes, und nicht der Rechtlosigkeit wird, eine Welt mit von allen zu respektierenden Regeln, beherrscht von der Erkenntnis, daß alle vor dem Gesetz gleich sind und daß sich niemand, und sei er noch so mächtig, über das Recht hinwegsetzen darf. Dies wiederum erfordert bei denjenigen, die dazu fähig sind, den Willen voranzugehen, und bei den übrigen die Bereitschaft, an der gemeinsamen Anstrengung teilzunehmen.

Stärkung des Völkerrechts

1. Alle Mitglieder der Vereinten Nationen sollten die verbindliche Zuständigkeit des Internationalen Gerichtshofes anerkennen.

2. Das Kammerverfahren des Internationalen Gerichtshofes sollte modifiziert werden, um die ihm innewohnenden Gefahren zu beheben und es für die Staaten attraktiver zu machen.

3. Die Richter des Internationalen Gerichtshofes sollten für eine einmalige Amtszeit von zehn Jahren ernannt werden, und es sollte ein System zur Überprüfung der juristischen Qualifikation und der Objektivität möglicher Kandidaten eingeführt werden.

4. Die Staaten sollten ermutigt werden, in künftige Vereinbarungen und Verträge Bestimmungen über die Beilegung zwischenstaatlicher Streitigkeiten aufzunehmen.

5. Der Generalsekretär der Vereinten Nationen sollte das Recht haben, den Internationalen Gerichtshof zu den juristischen Aspekten aufkeimender Streitigkeiten bereits im Frühstadium um Rat fragen zu können.

Der Sicherheitsrat

6. Der Sicherheitsrat sollte einen angesehenen Juristen als unabhängigen Berater bei völkerrechtlichen Entscheidungen des Rates ernennen.

7. Der Sicherheitsrat sollte sich in stärkerem Maße des Internationalen Gerichtshofes als Bezugsquelle von Rechtsgutachten bedienen und, wenn irgend möglich, nicht selbst zum Richter in Völkerrechtsfragen werden.

Durchsetzung des Völkerrechts

8. Es sollte ein internationales Strafgericht mit einem oder mehreren unabhängigen Strafverfolgern von höchster moralischer Integrität und höchster Qualifikation und Erfahrung geschaffen werden.

367

9. In internationale Verträge sollten Bestimmungen aufgenommen werden, nach denen finanzschwache Staaten zur Erfüllung dieser Verträge Unterstützung erfahren.

10. Wenn Urteile des Internationalen Gerichtshofes sowie andere internationaler rechtliche Pflichten nicht freiwillig eingehalten werden, sollte sich der Sicherheitsrat um die Durchsetzung bemühen.

11. Ein geeignetes Gremium sollte aufgefordert werden, Wege zur Beschleunigung der internationalen Rechtsschöpfung zu untersuchen, ohne dabei den Konsenscharakter des Völkerrechts in Frage zu stellen.

Kapitel Sieben

Ein Aufruf zum Handeln

In diesem letzten Kapitel stellen wir unsere wichtigsten Schlußfolgerungen und Vorschläge dar und erörtern, wie die internationale Gemeinschaft sich mit diesen und anderen Vorschlägen anläßlich des fünfzigsten Jubiläums der Gründung der Vereinten Nationen befassen kann.

Zusammenfassung der Vorschläge der Kommission

Ein globales Bürgerethos und eine von diesem
durchdrungene Führung sind für die Qualität einer Weltordnungspolitik
von entscheidender Bedeutung

In diesem Abschnitt rekapitulieren wir die wichtigsten bisherigen Schlußfolgerungen und Empfehlungen. Eine vollständige Liste der Empfehlungen befindet sich am Ende eines jeden Kapitels, und wir wollen diese deshalb nicht alle wiederholen. Indem wir jedoch die wichtigsten Reformvorschläge noch einmal aufgreifen, betonen wir, in welchem Maße wir diese als ein zusammenhängendes Ganzes ansehen - natürlich nicht unauflöslich miteinander verknüpft, aber doch einander sinnvoll ergänzend. Wir bitten darum, diese Vorschläge zu prüfen.

Ordnungspolitik, Wandel und Werte

Weltordnungspolitik wurde früher hauptsächlich als System zwischenstaatlicher Beziehungen angesehen, heute umfaßt sie nicht nur Staaten und zwischenstaatliche Institutionen, sondern auch Nichtregierungsorganisationen (NGOs), Bürgerbewegungen, transnationale Unternehmen, wissenschaftliche Einrichtungen und die Massenmedien. Das Entstehen einer globalen Zivilgesellschaft, in der eine Vielzahl von Bewegungen das Bewußtsein menschlicher Solidarität stärkt, ist Ausdruck der gewachsenen Fähigkeit und Bereitschaft der Menschen, ihr Leben selbst zu gestalten.

Die Staaten bleiben Hauptakteure, müssen jedoch mit anderen zusammenarbeiten. Die Vereinten Nationen spielen eine entscheidende Rolle, können jedoch nicht alle Aufgaben allein erledigen. Weltordnungspolitik bedeutet nicht Weltregierung oder Weltföderalismus. Eine wirksame Weltordnungspolitik erfordert eine neue Vision und bedeutet für die Menschen und die Regierungen die herausfordernde Erkenntnis, daß es keine Alternative gibt zur Zusammenarbeit und zur Schaffung einer Welt, wie wir sie für uns und unsere Kinder wünschen. Dies erfordert ein starkes Bekenntnis zu einer in der Zivilgesellschaft verankerten Demokratie.

Durch die Veränderungen der letzten fünfzig Jahre ist die Eine Welt der Wirklichkeit näher gerückt - eine Welt, deren Bürger zusehends in wechselseitiger Abhängigkeit stehen und zusammenarbeiten müssen. Heute kommt es viel mehr auf das an, was in weiter Ferne geschieht.

Wir glauben, daß ein globales Bürgerethos und eine von diesem durchdrungene Führung für die Qualität einer Weltordnungspolitik von entscheidender Bedeutung sind. Wir rufen auf zum gemeinsamen Engagement für die zentralen Werte, die die gesamte Menschheit vertreten kann: Achtung vor dem Leben, Freiheit, Gerechtigkeit und Ausgewogenheit, gegenseitige Achtung, Hilfsbereitschaft und Integrität. Überdies glauben wir, daß der Menschheit als Ganzes mit der Anerkennung einer Reihe gemeinsamer Rechte und Pflichten gedient ist.

Alle Menschen sollten ein Anrecht haben auf:
- ein sicheres Leben,
- gerechte Behandlung,
- die Möglichkeit, einen angemessenen Lebensunterhalt zu verdienen und für das eigene Wohlergehen zu sorgen,
- die Bestimmung und Erhaltung von Unterschieden mit friedlichen Mitteln,
- die Beteiligung an der Ordnungspolitik auf allen Ebenen,
- freie und angemessene Beschwerdemöglichkeiten bei grober Ungerechtigkeit,
- gleichberechtigten Zugang zu Informationen und
- gleichberechtigten Zugang zu globalen Gemeingütern.

Gleichzeitig haben alle Menschen die gemeinsame Pflicht,

- zum Gemeinwohl beizutragen,
- die Auswirkungen ihrer Handlungen auf die Sicherheit und das Wohlergehen anderer zu berücksichtigen,
- die Gleichberechtigung, einschließlich derer der Geschlechter, zu fördern,
- die Interessen künftiger Generationen zu wahren, indem eine nachhaltige Entwicklung verfolgt wird und die globalen Gemeingüter geschützt werden,
- das kulturelle und geistige Erbe der Menschheit zu wahren,
- sich aktiv an der Ordnungspolitik zu beteiligen und
- sich für die Beseitigung der Korruption einzusetzen.

Die Demokratie ist das Umfeld, in dem die Grundrechte der Bürger am besten geschützt sind, und sie bietet die günstigsten Voraussetzungen für Frieden und Stabilität. Die Welt muß jedoch auch die Rechte von Minderheiten sichern und sich gegen eine Übermacht des Militärs sowie gegen die Korruption schützen. Demokratie bedeutet mehr als nur das Recht zur Stimmabgabe bei regelmäßigen Wahlen. Und wie im nationalen Bereich muß auch global das demokratische Prinzip immer größeres Gewicht erhalten.

Die Souveränität ist bisher das Kernstück des zwischenstaatlichen Systems. In einer zusehends interdependenten Welt haben jedoch die Begriffe der Territorialität, der Unabhängigkeit und der Nichteinmischung teilweise ihren Sinn verloren. In bestimmten Bereichen muß die Souveränität kollektiv ausgeübt werden, insbesondere hinsichtlich der globalen Gemeingüter. Überdies haben die größten Gefahren für die nationale Souveränität und die territoriale Integrität heute oft innenpolitische Ursachen.

Die Prinzipien der Souveränität und der Nichteinmischung müssen heute so angepaßt werden, daß ein Gleichgewicht zwischen den Rechten der Staaten und denen der Menschen, zwischen den Interessen von Nationen und denen der Einen Welt entsteht. Auch ist es an der Zeit, die Frage der Selbstbestimmung im neuen Kontext der Einen Welt statt im traditionellen Kontext einer Welt voneinander getrennter Staaten zu sehen.

Vor diesem Hintergrund einer neu entstehenden globalen Nachbarschaft und der Werte, die deren Ordnung bestimmen sollten, haben wir vier spezifische Bereiche der Ordnungspolitik untersucht, die für die Herausforderungen des neuen Weltzeitalters von zentraler Bedeutung sind: Sicherheit, wirtschaftliche Interdependenz, die Vereinten Nationen und die Rechtsstaatlichkeit. In jedem dieser Bereiche haben wir uns um eine Konzentration auf ordnungspolitische Aspekte bemüht, doch diese sind häufig mit inhaltlichen Fragen verknüpft, die wir deshalb ebenfalls behandeln mußten.

Förderung der Sicherheit

Das traditionelle Konzept der globalen Sicherheit muß erweitert werden und neben der Sicherheit von Staaten auch die Sicherheit von Menschen und die Sicherheit des Planeten einbeziehen. Die folgenden sechs Prinzipien sollten in internationalen Vereinbarungen verankert werden und als Normen der Sicherheitspolitik in der neuen Ära dienen:

- Alle Menschen haben ebenso wie alle Staaten ein Recht auf gesicherte Existenz, und alle Staaten sind zum Schutz dieses Rechtes verpflichtet.

- Die vorrangigen Ziele globaler Sicherheitspolitik sollten darin bestehen, Kriegen und Konflikten vorzubeugen und die Integrität der lebenerhaltenden Systeme des Planeten zu bewahren. Diese Ziele sollten durch die Beseitigung der wirtschaftlichen, sozialen, umweltlichen, politischen und militärischen Bedingungen, welche die Sicherheit der Menschen auf der Erde bedrohen, sowie durch frühzeitige Erkennung und Lösung von Krisen, ehe sie zu bewaffneten Konflikten eskalieren, angestrebt werden.

- Militärische Gewalt ist kein legitimes Mittel der Politik, es sei denn zur Selbstverteidigung oder unter Aufsicht der UN.

- Die Entwicklung militärischer Kapazitäten über das zur nationalen Verteidigung und zur Unterstützung von UN-Aktionen erforderliche Maß hinaus stellt eine potentielle Bedrohung der Sicherheit der Menschen dar.

- Massenvernichtungswaffen sind kein legitimes Instrument der nationalen Verteidigung.

• Die Waffenproduktion und der Waffenhandel sollten von der internationalen Gemeinschaft kontrolliert werden.

Die beispiellose Zunahme der menschlichen Aktivitäten und der Bevölkerung haben einen Punkt erreicht, an dem ihre Auswirkungen die Grundvoraussetzungen des Lebens gefährden. Es sind dringend Maßnahmen geboten, um diese Aktivitäten unter Kontrolle zu bringen und das Bevölkerungswachstum in zumutbaren Grenzen zu halten, damit die Sicherheit des Planeten nicht gefährdet wird.

Das Prinzip der Nichteinmischung in die inneren Angelegenheiten darf nicht geringgeachtet werden. Doch ebenso ist es notwendig, das Recht und die Interessen der internationalen Gemeinschaft in Situationen innerhalb einzelner Staaten durchzusetzen, in denen die Sicherheit von Menschen auf das äußerste gefährdet ist. In derartigen Fällen besteht heute ein globaler Konsens über die Berechtigung von UN-Interventionen aus humanitären Gründen.

Es sollte ein neues "Petitionsrecht" für nicht-staatliche Akteure geben, damit diese die Aufmerksamkeit des Sicherheitsrates auf Situationen lenken können, in denen die Sicherheit von Menschen massiv gefährdet ist. Durch die das Petitionsrecht begründende Änderung der Charta sollte außerdem der Sicherheitsrat ermächtigt werden, die an einer zwischenstaatlichen Streitigkeit beteiligten Parteien aufzurufen, diese mit Hilfe der in Artikel 33 der UN-Charta aufgeführten Mechanismen beizulegen. Für den Fall des Versagens dieser Mechanismen sollte der Sicherheitsrat außerdem zu Zwangsmaßnahmen nach Kapitel VII der Charta ermächtigt werden. Allerdings sollte die nur dann der Fall sein, wenn er befindet, daß eine Intervention aufgrund der vorgeschlagenen Änderung der Charta wegen der Verletzung der Sicherheit von Menschen gerechtfertigt ist. Selbst dann wären Zwangsmaßnahmen das letzte Mittel.

Wir schlagen zwei Maßnahmen zur Verbesserung von UN-Friedensoperationen vor. Erstens muß die Integrität des UN-Oberbefehls respektiert werden. Für jede Operation sollte, wie dies ursprünglich der Fall war, ein Beratungsausschuß geschaffen werden, dem Vertreter des Sicherheitsrates sowie der Länder, die Truppen bereitstellen, angehören sollten. Zweitens sollte zwar das Prinzip, daß Länder mit besonderen Interessen an einem Konflikt keine Truppen beisteuern sollten, aufrechterhalten werden, doch sollte die frühere Auffassung, daß die ständigen Mitglieder des Sicherheitsrates bei der Friedenssicherung keine aktive Rolle spielen, aufgegeben werden.

Neue Möglichkeiten ergeben sich für die Zusammenarbeit zwischen Regionalorganisationen und den UN bei der Konfliktlösung. Wir unterstützen das Plädoyer des Generalsekretärs für eine aktivere Nutzung der Regionalorganisationen im Rahmen von Kapitel VIII der Charta.

Die UN müssen bereits im Frühstadium einer Krise und kurzfristig in der Lage sein, glaubwürdig und effektiv Friedenstruppen einzusetzen. Es ist höchste Zeit für die Schaffung einer UN-Freiwilligentruppe. Wir denken an eine Truppe von maximal 10.000 Mann. Ihr Einsatz würde nicht an die Stelle von Präventivaktionen traditioneller Friedenstruppen oder umfassender Zwangsmaßnahmen nach Kapitel VII der Charta treten. Vielmehr würde sie eine Lücke füllen, indem der Sicherheitsrat die Möglichkeit erhielte, seine vorbeugende Diplomatie durch eine unmittelbare und überzeugende Aktion vor Ort zu untermauern. Allein schon die Existenz einer solchen Truppe könnte abschreckend wirken; sie wäre eine Unterstützung bei Verhandlungen und bei der friedlichen Beilegung von Streitigkeiten. Die internationale Gemeinschaft muß erheblich mehr Mittel für die Friedenssicherung bereitstellen, wobei ein Teil der durch Verringerung von Verteidigungsausgaben frei werdenden Gelder hierfür verwendet werden sollte. Die Kosten der Friedensoperationen sollten in einem einzigen Haushalt integriert und entsprechend eines Verteilungsschlüssels von allen UN-Mitgliedern finanziert werden. Dabei sollte der Reservefonds für Friedensoperationen erhöht werden, um einen schnellen Einsatz von Truppen zu erleichtern.

Die internationale Gemeinschaft sollte ihre Verpflichtung zur Abschaffung von Kernwaffen und anderen Massenvernichtungswaffen in allen Ländern erneut bekräftigen und ein Programm zur Erreichung dieses Zieles innerhalb von zehn bis fünfzehn Jahren einleiten.

Die Bemühungen um nukleare Abrüstung sollten in vier Schritten erfolgen:
- Baldmöglichst bestehende Abkommen über Kernwaffen und andere Massenvernichtungswaffen ratifizieren und umsetzen;
- Unbegrenzte Verlängerung des Nichtverbreitungsvertrages;
- Abschluß eines Vertrages über die Beendigung aller Atomtests und
- Aufnahme von Gesprächen zwischen allen offiziellen Nuklearmächten, um einen Prozeß zur Verringerung und schließlichen Abschaffung aller Nukleararsenale einzuleiten.

Alle Länder sollten die Konventionen über Biologische und Chemische Waffen unterzeichnen und ratifizieren, damit die Welt ohne diese Waffen in das 21. Jahrhundert eintreten kann.

Erstmals in der Geschichte haben die dominanten Militärmächte der Welt ein Interesse an der Verringerung der weltweiten militärischen Kapazitäten und gleichzeitig die Möglichkeit, diese zu bewirken. Die internationale Gemeinschaft sollte der Entmilitarisierung der Weltpolitik erhöhte Priorität einräumen.

Geberinstitutionen und Geberländer sollten die Militärausgaben eines Landes in ihre Überlegungen zur Entwicklungshilfe einbeziehen. Es sollte ein Entmilitarisierungsfonds eingerichtet werden, um Ländern bei der Reduzierung ihres militärischen Engagements zu helfen. Der Gesamtbetrag der Militärausgaben aller Länder sollte bis zum Ende des Jahrzehnts auf 500 Milliarden $ verringert werden.

Die Staaten sollten unverzüglich Verhandlungen über eine Konvention zur Begrenzung des Waffenhandels aufnehmen. Dabei sollte ein obligatorisches Waffenregister eingeführt werden und ein Verbot staatlicher Finanzierung oder Subventionierung von Waffenexporten ergehen.

Das Management der wirtschaftlichen Interdependenz

Im Globalisierungsprozeß liegt die Gefahr einer Erweiterung der Kluft zwischen arm und reich. Neben einer anspruchsvollen, globalisierten und zusehends wohlhabenderen Welt besteht heute eine marginalisierte globale Unterschicht.

Das Tempo der Globalisierung der Finanzmärkte und anderer Märkte übertrifft die Möglichkeiten der Regierungen, den notwendigen ordnungspolitischen Rahmen zu schaffen. Für die Lösung derartiger Fehlentwicklungen in einer globalisierten Wirtschaft gibt es im nationalen Bereich scharfe Grenzen, noch sind die Strukturen einer Weltordnungspolitik für die Verfolgung internationaler Ziele unterentwickelt.

Die Zeit ist nunmehr reif, ja überreif, ein globales Forum zu schaffen, das in den Bereichen der Wirtschaft, der Umwelt und der Sozialpolitik richtungsweisend wirkt. Dieses müßte repräsentativer sein als die G7 oder die Bretton Woods Institutionen und effektiver als das gegenwärtige UN-System. Wir schlagen die Schaffung eines Rates für Wirtschaftliche Sicherheit (RWS) vor, der auf hoher politischer Ebene zusammentreten würde. Dieser Rat hätte eine reine Beratungsfunktion; sein Einfluß ergäbe sich aus seiner Sachkunde, der Qualität seiner Arbeit und seiner ins Gewicht fallende Zusammensetzung.

Der RWS hätte die folgenden Aufgaben:

- kontinuierlich die weltwirtschaftliche Gesamtlage und die gegenseitige Beeinflussung der wichtigen Politikbereiche zu bewerten;
- einen langfristigen strategisch-politischen Rahmen für die Förderung einer stabilen, ausgewogenen und nachhaltigen Entwicklung zu entwickeln;
- die Vereinbarkeit der politischen Zielsetzung der großen internationalen Organisationen, insbesondere der großen internationalen Organisationen, insbesondere der Bretton Woods Institutionen und der Welthandelsorganisation -WTO) zu sichern und

- eine politische Führungsrolle zu übernehmen und den Konsens in weltwirtschaftlichen Fragen zu fördern.

Der RWS sollte innerhalb des UN-Systems ein eigenständiges Gremium sein, mit einer ähnlichen Struktur wie der Sicherheitsrat, jedoch nicht mit den gleichen Mitgliedern und unabhängig von diesem.

Angesichts von weltweit 37.000 transnationalen Unternehmen wachsen die Auslandsinvestitionen schneller als der Handel. Die große Aufgabe besteht in der Schaffung eines Regel- und Ordnungsrahmens für den globalen Wettbewerb im weitesten Sinne. Die Welthandelsorganisation sollte starkes Wettbewerbsregeln einführen, und wir schlagen vor, ein mit dieser Organisation verbundenes Amt für Globalen Wettbewerb zu schaffen, das die nationalen Maßnahmen überwachen und Widersprüche zwischen diesen lösen sollte.

Die Entscheidungsstrukturen der Bretton Woods Institutionen müssen reformiert werden und die wirtschaftliche Realität besser widerspiegeln. Die Stimmrechte sollten anhand von auf Kaufkraftparitäten basierenden Angaben über das Bruttoinlandsprodukt bestimmt werden.

Die Rolle des Internationalen Währungsfonds sollte gestärkt werden, indem dieser die Möglichkeit erhält,
- in stärkerem Maße bei Zahlungsbilanzproblemen Unterstützung durch Ausgleichszahlungen zu günstigen Bedingungen zu gewähren;
- die Aufsicht über das internationale Währungssystem auszuüben und sicherzustellen, daß die internen wirtschaftspolitischen Maßnahmen der größten Länder nicht einander widersprechen oder der übrigen internationalen Gemeinschaft Schaden zufügen;
- eine Neuauflage von Sonderziehungsrechten durchzuführen und
- seine Möglichkeiten zur Stützung nominaler Wechselkurse im Interesse der Stabilität der Devisenmärkte zu verbessern.

Für einige Länder dürfte auf viele Jahre hinaus die Entwicklungshilfe eine der wichtigsten Möglichkeiten sein, um aus der Falle des niedrigen Einkommens und der geringen Spar- und Investitionsraten zu entkommen. Es gibt keinen Ersatz für eine politisch realistische Strategie zur Mobilisierung von Hilfsgeldern und zum Nachweis von deren Wirksamkeit. Hierzu gehören auch Kofinanzierungen durch öffentliche Entwicklungshilfe und den privaten Sektor, einschließlich NGOs, um die Finanzierungsbasis zu verbreitern.

In Bezug auf das Schuldenproblem der Entwicklungsländer herrscht unbegründete Selbstgefälligkeit. Für stark verschuldete einkommensschwache Länder bedarf es einer radikalen Schuldenreduktion, bei der zumindest die vollen "Trinidad Terms" angewandt und auch multilaterale Schulden berücksichtigt werden.

Im Hinblick auf die Umweltbelange sollten die Regierungen in größtmöglichem Umfang Marktinstrumente, einschließlich Umweltsteuern und handelbarer Zertifikate, einsetzen und dabei das Verursacherprinzip anwenden. Wir unterstützen den Vorschlag der Europäischen Union zur Einführung einer CO_2-Steuer als einen ersten Schritt zu einem System, das den Ressourcenverbrauch statt der Beschäftigung und den Rücklagen besteuert. Wir treten daher nachdrücklich für die Annahme dieses Vorschlages ein.

Die Schaffung globaler Regelungen zur Finanzierung globaler Ziele muß endlich in Angriff genommen werden. Hierzu gehören Gebühren für die Nutzung globaler Ressourcen wie Flugkorridore, Schiffahrtswege und Fischereigebiete in den Ozeanen sowie die Erhebung globaler Abgaben aufgrund von Verträgen. Als Optionen sollten eine internationale Steuer auf Devisentransaktionen und eine internationale Steuer für multinationale Unternehmen in Erwägung gezogen werden. Es ist an der Zeit, einen Konsens über das Konzept einer globalen Besteuerung für die Zwecke der Einen Welt zu entwickeln.

Die Reform der Vereinten Nationen

Wir vertreten nicht die Ansicht, die UN sollten abgeschafft werden, um für ein neues Gebäude der Weltordnungspolitik Platz zu schaffen. Ein großer Teil der notwendigen Reformen der Vereinten Nationen ist ohne Änderung der Charta möglich, vorausgesetzt, die Regierungen sind dazu bereit. Doch einige Änderungen sind im Sinne einer besseren Weltordnungspolitik notwendig, und die von uns dazu unterbreiteten Vorschläge würden ein Umfeld schaffen, das für eine Rückkehr zum Geiste der Charta günstig wäre.

Die UN-Reform muß die Realitäten des Wandels widerspiegeln, darunter auch die neuen Möglichkeiten der globalen Zivilgesellschaft, zur Weltordnungspolitik beizutragen.

Die Reform des Sicherheitsrates ist für die Reform des gesamten UN-Systems von zentraler Bedeutung. Die Begrenzung auf fünf ständige Mitglieder, deren Vorrangstellung auf Ereignissen von vor fünfzig Jahren beruht, ist nicht mehr hinnehmbar. Das gleiche gilt für das Vetorecht. Weitere Mitglieder hinzuzufügen und diesen auch das Vetorecht zu geben, wäre ein Schritt in die falsche Richtung. Wir schlagen einen Reformprozeß in zwei Stufen vor.

Zunächst sollte eine neue Kategorie von fünf "ständigen" Mitgliedern geschaffen werden, deren Amtszeit bis zum Beginn der zweiten Stufe des Reformprozesses laufen sollte. Diese würden von der Generalversammlung bestimmt und wir denken dabei an zwei Mitglieder aus Industrieländern und jeweils eines aus Afrika, Asien und Lateinamerika. Die Anzahl der nichtständigen Mitglieder sollte von zehn auf dreizehn angehoben werden, wobei die für einen Beschluß des Rates erforderliche Mehrheit von neun auf vierzehn erhöht werden sollte. Um den schrittweisen Abbau des Vetorechts zu erleichtern, sollten die ständigen Mitglieder übereinkommen, auf ihr Vetorecht zu verzichten, mit Ausnahme von Situationen, die ihres Erachtens außergewöhnlich und von überwältigender Bedeutung sind.

In der zweiten Stufe würde dann spätestens bis zum Jahre 2005 eine vollständige Überprüfung der Zusammensetzung des Sicherheitsrates erfolgen. Dabei wären neben den in der ersten Stufe getroffenen Regelungen die endgültige Abschaffung des Vetos und die Stellung der ursprünglichen ständigen Mitglieder unter Berücksichtigung neuer Umstände, einschließlich der wachsenden Bedeutung regionaler Gremien, zu überprüfen.

Der Treuhandrat sollte ein neues Mandat für die globalen Gemeingüter erhalten, um dem Anliegen der Sicherheit des Planeten Rechnung zu tragen.

Die Generalversammlung sollte als universelles Forum der Staaten der Welt neubelebt werden. Zu dieser Neubelebung gehören regelmäßige Themensitzungen, die wirksame Ausübung der Haushaltshoheit sowie die Vereinfachung und Rationalisierung der Tagesordnung und Verfahrensregeln. Überdies schlagen wir ein alljährliches Forum der Zivilgesellschaft vor, das aus Vertretern von bei der Generalversammlung zu akkreditierenden "Organisationen der Zivilgesellschaft" bestehen würde. Dieses Forum sollte jeweils im August vor der Jahrestagung der Generalversammlung in deren Saal zusammentreten. An der Festlegung der Struktur und der Aufgaben dieses Forums sollte die internationale Zivilgesellschaft beteiligt sein.

Das im Zusammenhang mit der Förderung der Sicherheit von Menschen vorgeschlagene Petitionsrecht erfordert die Bildung eines Petitionsrates, eines hochrangigen Gremiums von fünf bis sieben Persönlichkeiten, die von den Regierungen unabhängig wären und die Petitionen entgegennehmen würden. Die Empfehlungen dieses Gremiums würden dann gegebenenfalls an den Generalsekretär, den Sicherheitsrat oder die Generalversammlung weitergeleitet, die dann Maßnahmen im Rahmen der Charta ergreifen könnten.

Angesichts der bisherigen Erfahrungen sowie im Hinblick auf den vorgeschlagenen Rat für Wirtschaftliche Sicherheit und andere Empfehlungen schlagen wir die Auflösung des Wirtschafts- und

Sozialrates (ECOSOC) vor. Das UN-System muß von Zeit zu Zeit auch zur Auflösung objektiv nicht mehr zu rechtfertigender Institutionen bereit sein. Wir glauben, daß dies auch für die UN-Konferenz über Handel und Entwicklung (UNCTAD) und Organisation der UN für Industrielle Entwicklung (UNIDO) gilt und schlagen in dieser Hinsicht eine gründliche, unabhängige Untersuchung vor. Unsere Anregungen zu diesen UN-Gremien sind Teil eines Gesamtpaketes von Vorschlägen zur Reform der wirtschaftlichen Strukturen einer Weltordnungspolitik, darunter insbesondere der Vorschlag zur Schaffung eines Rates für Wirtschaftliche Sicherheit. Einem ausgewogenen Kräfteverhältnis in der Weltordnungspolitik wäre nicht damit gedient, daß die Entscheidungsbefugnisse weiterhin bei einem kleinen Direktorium aus wenigen Ländern verbleiben, während Institutionen zur Korrektur von Ungleichgewichten wie UNCTAD abgeschafft werden.

Die Weltgemeinschaft kann auf die von den Sonderorganisationen, Programmen und Fonds der UN im wirtschaftlichen und sozialen Bereich erbrachten Leistungen stolz sein. Dennoch gibt es im Hinblick auf die Bewältigung neuer Anforderungen und die Effizienz der Arbeit Verbesserungsmöglichkeiten. Weiterhin muß die Koordinierung verbessert werden, und die Sonderorganisationen müssen sich stärker als internationale Beratungszentren profilieren. Die verschiedenen Programme und Fonds bedürfen effizienterer Lenkungsstrukturen und verbesserter Finanzierungssysteme mit gerechterer Verteilung der Lasten auf eine größere Anzahl von Geberländern.

Um Frauen in den Mittelpunkt der Weltordnungspolitik zu rücken, schlagen wir vor, beim Generalsekretär die Position einer hochrangigen Beraterin (Senior Adviser) für Frauenfragen zu schaffen und ähnliche Positionen auch bei den Sonderorganisationen einzurichten.

Die UN müssen sich auf eine Zeit vorbereiten, in der der Regionalismus weltweit stärker ansteigt, und sie müssen diesen Prozeß vorausschauend fördern. Regionale Zusammenarbeit und Integration sollten als wichtiger und unverzichtbarer Bestandteil eines ausgewogenen Systems der Weltordnungspolitik gesehen werden. Ob jedoch die UN-Regionalkommissionen für Wirtschaftsfragen auch heute noch nützlich sind, muß genau untersucht werden. Über ihre Zukunft muß in Konsultationen mit den jeweiligen Regionen entschieden werden.

Das Verfahren zur Ernennung des Generalsekretärs bedarf einer radikalen Verbesserung. Die Amtszeit sollte einmalig sieben Jahre betragen. Die Verfahren zur Auswahl der Leiter der Sonderorganisationen, Fonds und Programme der UN sollten in ähnlicher Weise verbessert werden.

Die Mitgliedsstaaten sollten ihre finanziellen Beiträge für die UN stets in vollem Umfang und pünktlich zahlen.

Die Stärkung der weltweiten Rechtsstaatlichkeit

Die Einen Welt der Zukunft muß vom Recht und der Realität geprägt sein, daß alle - einschließlich der Schwächsten - vor dem Recht gleich sind und daß niemand - einschließlich der Stärksten - sich über dieses hinwegsetzen darf. Unsere Vorschläge zielen auf die Stärkung des Völkerrechts und insbesondere des Internationalen Gerichtshofes ab.

Alle Mitglieder der Vereinten Nationen, die dies nicht bereits getan haben, sollten die verbindliche Zuständigkeit des Internationalen Gerichtshofes anerkennen. Das Kammerverfahren des Internationalen Gerichtshofes sollte modifiziert werden, um es für die Staaten attraktiver zu machen und eine Schädigung der Integrität des Gerichtshofes zu vermeiden.

Die Richter des Internationalen Gerichtshofes sollten für eine einmalige Amtszeit von zehn Jahren ernannt werden, und es sollte ein System zur Überprüfung der juristischen Qualifikation und der Objektivität möglicher Kandidaten eingeführt werden. Der Generalsekretär sollte bezüglich der juristischen Aspekte internationaler Probleme den Rat des Internationalen Gerichtshofes einholen können. Dies sollte insbesondere im Frühstadium neu entstehender Konflikte möglich sein.

Der Sicherheitsrat sollte einen angesehenen Juristen als unabhängigen Berater in allen Phasen völkerrechtlichen Entscheidungen ernennen. Der Sicherheitsrat sollte sich außerdem in stärkerem Maße des Internationalen Gerichtshofes als Bezugsquelle von Rechtsgutachten bedienen und vermeiden, selbst zum Richter in Völkerrechtsfragen zu werden.

Wir betonen keine formelle Anwendung von Zwangsmaßnahmen aber wenn Urteile des Internationalen Gerichtshofes sowie andere internationaler rechtliche Pflichten nicht freiwillig eingehalten werden, sollte sich der Sicherheitsrat um die Durchsetzung gemäß Artikel 94 der Charta bemühen.

Ein internationales Strafgericht mit einem oder mehreren unabhängigen Strafverfolgern von höchster moralischer Integrität und höchster Qualifikation und Erfahrung sollte schnellstens geschaffen werden.

Die Internationale Völkerrechtskommission oder ein geeignetes Gremium sollte beauftragt werden, nach Wegen zur Beschleunigung der internationalen Rechtsschöpfung zu suchen.

Die nächsten Schritte

Wenn die Reform den herkömmlichen Prozessen überlassen bleibt, werden dabei nur stückwerkhafte, unzulängliche Aktivitäten herauskommen

Wir haben viele, teils weitreichende Empfehlungen vorgelegt. In diesem Kapitel möchten wir einen Schritt weitergehen und einen Prozeß vorschlagen, in dessen Rahmen sich die Weltgemeinschaft mit diesen und anderen Empfehlungen befassen kann.

Wir haben an mehreren Stellen dieses Berichtes daran erinnert, daß die Vereinten Nationen vor fünfzig Jahren gegründet wurden. Der Ablauf eines halben Jahrhunderts bietet einen angemessenen Anlaß zu einer Bestandsaufnahme der bisherigen Leistungen des UN-System und seiner Vorbereitung auf die Bewältigung aktueller und künftiger Herausforderungen. Die Welt ist in diesen fünfzig

Jahren nicht stehengeblieben. Wir begannen diesen Bericht mit einem Überblick über die Umgestaltung der Welt in der Nachkriegszeit. Auch in der jüngsten Vergangenheit ist der sich beschleunigende Wandel ein hervorstechendes Merkmal.

Während der Arbeit der Kommission haben wir erlebt, wie die Währungen Europas von außer Kontrolle geratenen Spekulationskräften als Geisel genommen wurden. Mächtige Volkswirtschaften begaben sich in gegenseitiger Konfrontation bis an die Schwelle von Handelskriegen, während schwache Volkswirtschaften zusammenbrachen. Es gab ethnische Säuberungen auf dem Balkan, einen "gescheiterten Staat" in Somalia und Völkermord in Ruanda. Atomwaffen lagerten ungesichert in der ehemaligen Sowjetunion, und im Westen kam der Faschismus wieder an die Oberfläche.

Die Vereinten Nationen standen vor weit größeren Anforderungen. Ihr Vorhandensein erinnert ständig daran, daß alle Nationen zu einer einzigen Welt gehören, wenn sich auch deren vielfältige Spaltung immer wieder deutlich zeigt. Die Interdependenzen in der heutigen Welt zwingen dazu, die globale Einheit anzuerkennen. Die Menschen sind gezwungen, nicht nur Nachbarn, sondern auch gute Nachbarn zu sein. Die praktischen Notwendigkeiten einer gemeinsamen Lebensumwelt und das Gefühl der menschlichen Solidarität weisen in die gleiche Richtung. Mehr denn je zuvor brauchen die Menschen einander, für ihr Wohlergehen, für ihre Sicherheit und vielleicht sogar für ihr Überleben. Eine Weltordnungspolitik muß dieses Bedürfnis anerkennen.

Unser Bericht erscheint im Jubiläumsjahr der Vereinten Nationen. Er ist nicht nur mit diesem einen Ereignis oder nur mit dem UN-System verknüpft. Er bezieht sich auf einen längeren Zeitraum und einen größeren Rahmen, doch die UN und ihre Zukunft sind eines unserer zentralen Anliegen. Es ist wichtig, daß die internationale Gemeinschaft das Jubiläum der UN nutzt, um das Bekenntnis zum Geist der Charta und dem in ihr verankerten Internationalismus zu erneuern und um einen Prozeß in Gang zu setzen, der die Welt auf eine höhere Ebene der internationalen

Zusammenarbeit führen kann. Dieser Prozeß muß seinen Mittelpunkt in den UN haben, darf sich aber nicht auf diese beschränken.

Unsere Empfehlungen sind nicht die einzigen, mit denen man sich im Jubiläumsjahr befassen wird. Zahlreiche neue Gedanken äußerst der UN-Generalsekretär in seinem Bericht „Agenda für den Frieden" und dessen Fortschreibungen sowie in der „Agenda für Entwicklung". Gareth Evans, der Außenminister Australiens, macht in seiner Studie „Cooperating for Peace" wohldurchdachte Vorschläge zur weltweiten Stärkung der vorbeugenden Diplomatie, der Friedenserhaltung und der Friedensschaffung. Darüber hinaus gibt es auch die umfassende UN-Studie „Renewing the United Nations" von Erskine Childers und Brian Urquhart.

Weitere größere Untersuchungen sind in Arbeit, davon eine unter der Schirmherrschaft der Ford Foundation über "die Vereinten Nationen in ihrem zweiten halben Jahrhundert" und eine weitere der Carnegie-Commission über die "Prävention Tödlicher Konflikte". Auch die Generalversammlung selbst wird aufgrund der Tätigkeit ihrer diesbezüglichen Arbeitsgruppe neue Reformgedanken vorlegen.

Die Vielfalt der Berichte und Studien mit Argumenten für eine Reform und Vorschlägen zu deren Gestaltung ist Ausdruck der breiten Erkenntnis, daß eine Reform not tut. Dies allein ist noch keine Garantie dafür, daß Veränderungen auch wirklich stattfinden. Nicht überall besteht der Wille zur Veränderung. Die Gesamtheit der Reformbemühungen kann durchaus durch Hinhaltetaktik oder auch einfach durch Trägheit blockiert werden. Oder sie könnten paradoxerweise durch das Eintreten genau der Gefahren, vor denen sie Schutz bieten sollen, zunichte gemacht werden.

Wir fühlen uns veranlaßt, an die Vision zu erinnern, die treibende Kraft bei der Gründung der Vereinten Nationen war, und an den Geist der Innovation, der am Anfang einer neuen Ära von Weltordnungspolitik stand. Dieses Geistes bedarf es auch heute wieder, zusammen mit der Bereitschaft, den Blick über die Vereinten

Nationen und die Nationalstaaten hinauszulenken auf die neuen Kräfte, die zu einer besseren Ordnungspolitik in der Einen Welt beitragen können.

Wir fürchten, daß, wenn die Reform den herkömmlichen Prozessen überlassen bleibt, dabei nur stückwerkhafte, unzulängliche Aktivitäten herauskommen werden. Wir streben daher einen gezielteren Prozeß an. In Artikel 109 der Charta ist die Möglichkeit von Änderungen der Charta vorgesehen. Interessanterweise wurde in San Francisco im Zusammenhang mit den Einwänden von Nicht-Großmächten gegen das Vetorecht auch der Gedanke einer regelmäßig vorzusehenden Überprüfung der Charta erwogen. Die Charta wurde bei vier Anlässen geändert: 1963 bei der Erweiterung des Sicherheitsrates von elf auf fünfzehn Mitglieder; 1965, um jederzeit die Einberufung einer Überprüfungskonferenz zu ermöglichen; sowie 1971 und 1975 zur Erweiterung des ECOSOC von achtzehn auf einundzwanzig und anschließend auf fünfundzwanzig Mitglieder. Doch eine Änderung der Charta ist die letzte Phase eines Reformprozesses und ist für viele der von uns vorgeschlagenen Veränderungen nicht erforderlich.

Der abschließende Prozeß muß auf hoher zwischenstaatlicher Ebene stattfinden, um einer neuen Weltordnung, die von den für das Jubiläumsjahr erarbeiteten Entwürfen skizziert wurde, Billigung zu verschaffen.

Damit ein derartiger Prozeß die bestmöglichen Aussichten auf eine Einigung über Art und Form eines neuen Systems der Weltordnungspolitik bietet, bedarf es einer sorgfältigen Vorbereitung. Die Zivilgesellschaft muß am Vorbereitungsprozeß beteiligt werden, und dieser sollte noch größere Teile der Gesellschaft umfassen als die Vorbereitungsprozesse der jüngsten Weltkonferenzen. Viele Ansichten sind zu prüfen, der Wettstreit vieler Ideen ist notwendig.

Unsere Empfehlung lautet, daß die Generalversammlung 1998 eine Weltkonferenz zur Ordnungspolitik einberufen sollte, deren Beschlüsse dann bis zum Jahre 2000 zu ratifizieren und in Kraft zu setzen wären. Damit stünden über zwei Jahre für den Vorbereitungsprozeß zur Verfügung.

Wir rechnen nicht damit, daß alle Maßnahmen aufgrund unserer Empfehlungen bis zu dieser Abschlußkonferenz warten müssen. Tatsächlich dürfen einige Veränderungen nicht hinausgeschoben werden, wenn man nicht das Risiko gefährlicher Entwicklungen eingehen will. Dies gilt insbesondere im Hinblick auf Frieden und Sicherheit. Wir würden es sehr begrüßen, wenn die Generalversammlung einige der Fragen wie die Reform des Sicherheitsrates bereits vor dem Vorbereitungsprozeß aufgreifen würde. Auch sollten während dieses Prozesses Entscheidungen über Empfehlungen getroffen werden können, die einer alsbaldigen Prüfung bedürfen.

Viele der vorgeschlagenen Veränderungen erfordern keine Änderung der Charta. Einige Veränderungen sind bereits im Gange. Wir befürworten Reformmaßnahmen auf allen Ebenen, allerdings vorausgesetzt, daß ad-hoc-Entscheidungen nicht an die Stelle einer systematischen Reform durch ein wirklich repräsentatives Forum treten. Wir erinnern daran, daß das atomare Wettrüsten begann, weil der durch die erste Resolution der Generalversammlung abgesegnete Prozeß der Abrüstung solange zerredet wurde, bis es zu spät war, dem beginnenden Wettrüsten noch Einhalt zu gebieten.

Eine besondere Verantwortung kommt dem nicht-staatlichen Sektor zu. Wenn unsere Vorschläge und die anderer Urheber unterstützenswert sind, dann muß die internationale Zivilgesellschaft auf die Regierungen einwirken, damit diese die Vorschläge ernsthaft prüfen. Damit würden sie sicherstellen, daß "Wir, die Völker" in weit größerem Maße als vor fünfzig Jahres die wichtigsten Träger des Wandels sind. Wir rufen die internationale Zivilgesellschaft, die NGOs, die Wirtschaft, die Wissenschaft, die Berufsstände und insbesondere die jungen Menschen auf, sich der Bewegung für eine Veränderung des internationalen Systems anzuschließen.

Die Regierungen können zur Einleitung von Veränderungen bewegt werden, wenn die Menschen diese wollen. Dies ist die Geschichte aller großen Veränderungen unserer Zeit: Die Befreiung der Frauen und die Umweltbewegung sind Beispiele dafür. Wenn die Menschen in Einer großen Welt mit nachbarschaftlichen Werten leben sollen, dann müssen sie dafür die Voraussetzungen schaffen. Wir glauben, daß sie dazu bereit sind.

Wir appellieren nachdrücklich an die Regierungen, einen Prozeß des Wandels in Gang zu setzen, der den Menschen überall, und insbesondere den jungen Menschen, Hoffnung zu geben vermag. Trotz der großen Komplexität und der vielen Unwägbarkeiten der heutigen Welt hat die Menschheit eine einzigartige Gelegenheit, die menschliche Zivilisation auf eine höhere Ebene zu heben, und die Eine Welt zu einem friedlicheren und gerechteren Ort für alle zu machen, der heute und auch in Zukunft bewohnbar ist.

Die Notwendigkeit der politischen Führung

Die Welt braucht Führer, die durch Visionen gestärkt sind, die von Ethos getragen sind und die den politischem Mut haben, auch über die nächste Wahl hinaus zu denken.

Welche Dimensionen eine Weltordnungspolitik auch immer hat, wie stark ihr Instrumentarium auch erneuert und erweitert sein mag, welche Werte auch immer ihr Inhalt verleihen, ihre Qualität hängt letzten Endes von der politischen Führung ab. Während des gesamten Verlaufes unserer Arbeit waren wir uns über das Ausmaß im Klaren, in dem die Wirksamkeit unserer Vorschläge, ja, deren eigentliche Umsetzung, von einer hervorragenden politischen Führung auf allen Ebenen innerhalb einer Gesellschaft und darüber hinaus abhängt.

Heute, da die Welt aufgeklärter Antworten auf die Herausforderungen am Vorabend des neuen Jahrhunderts bedarf, sind wir beunruhigt über den Mangel an Führung in vielen Bereichen der menschlichen Gesellschaft. Auf nationaler, regionaler und internationaler Ebene, in lokalen Gemeinschaften und in internationalen Organisationen, in Regierungen und Nichtregierungsorganisationen braucht die Welt glaubwürdige und beständige Führung.

Sie braucht eine vorausschauende, nicht nur reagierende Führung, die Ideen entwickelt und nicht nur funktioniert, die sich orientiert an langfristigen Perspektiven und den Interessen künftiger Generationen, für die wir die heutige Welt treuhänderisch verwalten. Sie braucht Führer, die durch Visionen gestärkt sind, die von Ethos getragen sind und die den politischem Mut haben, auch über die nächste Wahl hinaus zu denken.

Dies kann keine auf die eigenen vier Wände beschränkte Führung sein. Sie muß über Länder, Rassen. Religionen, Kulturen, Sprachen und Lebensstile hinwegreichen. Sie muß von einem tieferen Gefühl der Menschlichkeit getragen und von Hilfsbereitschaft für andere durchdrungen sein, sie bedarf eines Gespürs der Verantwortung gegenüber der Einen Welt. Vaclav Havel brachte dies 1990 in seiner Rede vor dem amerikanischen Kongreß zum Ausdruck, als er sagte:

„Ohne eine globale Revolution im Bereich des menschlichen Bewußtseins wird sich nichts für unser Dasein als Menschen zum besseren wenden, und die Katastrophe, auf die unsere Welt zusteuert .. wird unvermeidlich sein. ... Wir sind immer noch nicht zu der Erkenntnis fähig, daß der einzige wirkliche Rückhalt allen unseren Handelns - wenn es moralisch sein soll - die Verantwortung ist: Verantwortung gegenüber etwas Höherem als meiner Familie, meinem Land, meiner Firma, meinem Erfolg, Verantwortung gegenüber der Ordnung des Seins, in der alle unsere Handlungen unauslöschlich verzeichnet werden, in der sie - und nur dort - angemessen beurteilt werden."

Die Anerkennung einer Verantwortung gegenüber etwas Höherem als einem Land fällt nicht leicht. Der Revierinstinkt ist bei allen Arten mächtig; doch die Menschen müssen ihn überwinden. In der Einen Welt darf ein Empfinden des Andersseins nicht zu Gefühlen des Abgekapseltseins, der Intoleranz, der Gier, der Bigotterie und vor allem nicht zum Wunsch nach Dominanz führen. Doch geistige Barrieren können sich noch schlimmer auswirken als territoriale Grenzen. Durch die Globalisierung sind diese Grenzen immer unwichtiger geworden. Durch Führung muß die Welt zu jenem höheren Bewußtsein gelangen, von dem Vaclav Havel sprach.

Die Notwendigkeit von Führung wird heute in ganz besonderem Maße empfunden, und das Gefühl, ihrer beraubt zu sein, ist Ursache von Unsicherheit und Instabilität. Es trägt bei zum Eindruck des Getriebenseins und der Ohnmacht. Auch bildet es den Kern der überall zu beobachtenden Tendenz, sich nach innen zu wenden. Deshalb haben wir uns in diesem Bericht so intensiv mit Werten, mit dem Wesen von Führung und der Notwendig einer ethischen Grundlage von Weltordnungspolitik befaßt. Eine Welt ohne Führung ist eine Welt in Gefahr.

Internationale Führung ist leicht daran zu erkennen, ob sie vorhanden ist oder nicht, doch sie läßt sich außerordentlich schwer definieren und ist noch schwieriger zu gewährleisten. Politische Differenzen und Konflikte zwischen Staaten, Auseinandersetzungen über das Verhältnis zwischen internationaler Verantwortung und nationaler Souveränität und nationalen Interessen, zunehmend schwierigere innenpolitische Probleme und die von gelegentlicher Unordnung geprägte Struktur des Systems der internationalen Organisationen und Institutionen, all diese Faktoren bilden erhebliche Hindernisse für Führung auf internationaler Ebene.

Derartige Führung kann aus verschiedenen Quellen und in vielerlei Form erwachsen. Regierungen können einzeln oder in Gruppen große Ziele verfolgen. Die von den Amerikanern angeführte Nachkriegsplanung, die zu dem neuen, auf den Vereinten Nationen beruhenden Weltsystem führte, ist ein klassisches Beispiel derartiger Führung. Einzelne können ihr Ansehen für internationale Innovation einsetzen, wie dies der Kanadier Lester Pearson für die UN-Friedenssicherung tat. Bestimmte Regierungen können eine Basis für internationale Initiativen schaffen, wie dies Schweden in Umweltfragen und Malta im Bereich des Seerechtes getan haben.

Auch in den UN selbst können internationale Führer erwachsen. Ralph Bunche war Pionier der Treuhandschaft und der Entkolonialisierung und schuf neue Maßstäbe für die internationale Vermittlungstätigkeit, ja sogar für das internationale Beamtentum insgesamt. Dag Hammarskjöld war der beherrschende und innovativste internationale Führer seiner Zeit. Maurice Pate und Harry Lobouisse standen an der Spitze der Bewegung, die die Kinder der Welt ins Blickfeld der internationalen Gemeinschaft rückte. Halfdan Mahler führte die Weltgesundheitsorganisation zu ihrer zentralen internationalen Bedeutung.

Mit Führung meinen wir nicht nur Menschen auf höchster nationaler und internationaler Ebene. Wir meinen aufgeklärte Führung auf jeder Ebene - in lokalen und nationalen Gruppen, in Parlamenten und Berufsständen, unter Wissenschaftlern und Schriftstellern, in kleinen Basisgruppen und großen nationalen NGOs, in internationalen Institutionen jeder Art, in religiösen Gemeinschaften und unter Lehrern, in politischen Parteien und Bürgerbewegungen, in der Privatwirtschaft und in großen transnationalen Unternehmen - und besonders in den Medien. NGOs können bei der Entwicklung von Unterstützung und neuen Ideen für wichtige internationale Ziele von größter Bedeutung sein. Zu den jüngsten Beispielen gehören die Bewegungen für die Umwelt, für Frauenrechte und im großen weltweiten Bereich der Menschenrechte.

Augenblicklich bewirken politische Vorsicht, nationale Belange, kurzfristige Probleme und eine gewisse internationale Politikverdrossenheit gemeinsam einen großen Mangel an Führung in wichtigen internationalen Fragen. Das bloße Ausmaß globaler Probleme wie Armut, Bevölkerung oder die Huldigung des Konsums scheinen potentielle internationale Führer eingeschüchtert zu haben. Und dennoch wird es ohne eine mutige langfristige Führung auf jeder Ebene - national und international - unmöglich sein, eine genügend starke und zuverlässige Basis zu schaffen und zu erhalten, die bei den Problemen, die auf die eine oder andere Art die Zukunft der Menschheit auf diesem Planeten bestimmen werden, wirklich etwas bewirken kann.

Eine große Aufgabe für die Führung besteht heute darin, die innenpolitischen Forderungen nach nationalen Maßnahmen und die

391

zwingenden Erfordernisse der internationalen Zusammenarbeit miteinander in Einklang zu bringen. Dabei handelt es sich nicht um eine neue Herausforderung, doch sie hat eine neue Intensität, da die Globalisierung zu verringerten Leistungsmöglichkeiten im eigenen Lande und zur Notwendigkeit gemeinsamer Anstrengungen im Ausland führt. Aufgeklärte Führung erfordert eine klare Vision der Solidarität, die im wahren Interesse der nationalen Wohlfahrt liegt, und bedarf des politischen Mutes, zu erklären, wie sich die Welt verändert hat und weshalb ein neuer Geist der globalen Nachbarschaft die alten Vorstellungen gegnerischer Staaten in ewiger Konfrontation ersetzen muß.

Die Alternative ist zu erschreckend, als daß man sie auch nur in Erwägung ziehen könnte. Im Endkampf um die Vorherrschaft, bei dem jeder nur die nationalen Eigeninteressen im Auge hat und Staaten und Menschen gegeneinander ausgespielt werden, kann es keine Sieger geben. Alle würden dabei verlieren; der Egoismus würde die menschliche Erfindungsgabe zum Werkzeug der Selbstzerstörung machen. Doch die Führung, die dies abwenden kann, zeichnet sich nicht klar genug ab. Die Hoffnung müssen die Menschen sein - Menschen, die von ihren Führern Aufklärung verlangen, die sich weigern, als Alternative eine Menschheit im Krieg mit sich selbst zu akzeptieren. Und an diese Hoffnung knüpft sich die Verheißung, daß künftige Generationen eine solche Führung hervorbringen werden.

In einem ganz realen Sinne ist die Eine Welt die Heimstätte künftiger Generationen; Weltordnungspolitik bedeutet die Aussicht, diese besser zu machen, als sie es heute ist. Doch dies wäre lediglich eine fromme Hoffnung, gäbe es nicht Anzeichen, daß künftige Generationen für die Bewältigung der Aufgabe besser gerüstet sein werden als ihre Eltern. Von den Animositäten und Feindseligkeiten, die sich in der Ära der Nationalstaaten aufgestaut haben, schleppen sie weniger mit sich in das neue Jahrhundert.

Die neue Generation weiß, wie dicht am Abgrund sie steht, wenn sie nicht die Grenzen der natürlichen Ordnung achtet und sich um die Erde kümmert, indem sie deren lebenspendende Eigenschaften erhält. Diese Generation hat ein tieferes Gefühl der Solidarität mit den Menschen des Planeten als jede frühere Generation. Diese Menschen sind Nachbarn, in einem Ausmaß, das es nie zuvor auf der Erde gegeben hat.

Darauf beruht unsere Hoffnung für unsere Eine Welt.

Anhang
Die Kommission und ihre Arbeit

Die Kommission für Weltordnungspolitik (Commission on Global Governance) wurde 1992 in dem Glauben gegründet, daß die damaligen internationalen Entwicklungen eine einzigartige Möglichkeit darstellten, die weltweite Zusammenarbeit zu stärken und die Herausforderungen der Friedenssicherung, der nachhaltigen Entwicklung und die universelle Ausbreitung der Demokratie nun angegangen werden könnten.

Die ersten Schritte zur Gründung der Kommission wurden von dem ehemaligen westdeutschen Bundeskanzler Willy Brandt eingeleitet, der zehn Jahre zuvor den Vorsitz der Unabhängigen Kommission für Internationale Entwicklungsfragen innehatte. Im Januar 1990 lud er die Mitglieder seiner Kommission sowie auch die Mitlieder der Unabhängigen Kommission für Abrüstung und Sicherheitsfragen (die Palme-Kommission), der Weltkommission für Umwelt und Entwicklung (die Brundtland-Kommission) und der Südkommission (unter Vorsitz von Julius Nyerere) nach Königswinter, in Deutschland, ein.

Die Teilnehmer dieses Treffens waren sich darin einig, daß trotz der verbesserten internationalen Situation die großen Herausforderungen des folgenden Jahrzehnts nur durch multilateral abgestimmte Vorgehensweisen zu bewältigen seien. Ingvar Carlsson (der schwedische Premierminister), Shridath Ramphal (der damalige Generalsekretär der Commonwealth) und Jan Pronk (der niederländische Minister für Entwicklungszusammenarbeit) wurden gebeten, einen Bericht über die Möglichkeiten globaler Zusammenarbeit in Fragen, die multilaterale Vorgehensweisen erforderten, zu erarbeiten.

Aufgrund des von dieser Arbeitsgruppe vorgelegten Berichts kamen im April 1991 in Stockholm über 30 führende Persönlichkeiten zusammen, um zentrale Fragen der 90er Jahre zu diskutieren. In der "Stockholmer Initiative zu globaler Sicherheit und Weltordnung" schlugen sie vor, eine internationale Kommission einzusetzen, die die Möglichkeiten der Ausgestaltung eines effektiveren Systems der Weltsicherheit und Weltordnung (Governance) nach Ende des Kalten Krieges genauer beleuchten sollte.

Nach eingehenden Beratungen mit Gro Harlem Brundtland und Julius Nyerere bat Willy Brandt Ingvar Carlsson und Shridath Ramphal, gemeinsam den Vorsitz in dieser neuen Kommission zu übernehmen. Im April 1992 trafen sich die beiden Vorsitzenden mit dem Generalsekretär der Vereinten Nationen Boutros Boutros-Ghali, um ihm die Aufgaben und Ziele der Kommission darzulegen. Er begrüßte die Initiative und versicherte ihnen seine Unterstützung.

Im September 1992 wurde die Kommission mit achtundzwanzig Mitgliedern aus allen Teilen der Welt gegründet. Alle Mitglieder arbeiteten in der Kommission in ihrer persönlichen Eigenschaft mit und waren an keine Anweisungen einer Regierung oder einer Organisation gebunden.

Folgenden Persönlichkeiten nahmen an der Stockholmer Initiative teil oder unterstützten sie formell:

Ali Alatas, Indonesien
Patricio Aylwin Azocar, Chile
Benazir Bhutto, Pakistan
Willy Brandt, Bundesrepublik Deutschland
Gro Harlem Brundtland, Norwegen
Boutros Boutros-Ghali, Ägypten
Manuel Camacho Solis, Mexiko
Fernando Henrique Cardoso, Brasilien
Jimmy Carter, Vereinigte Staaten von Amerika
Bernard Chidzero, Simbabwe
Reinaldo Figueredo Planchart, Venezuela
Bronislaw Geremek, Polen
Abdlatif Al-Hamad, Kuwait
Mahbub ul Haq, Pakistan
Vaclav Havel, Tschechische und Slowakische Föderative Republik
Edward Heath, Großbritannien
Enrique Iglesias, Uruguay
Hong-Koo Lee, Republik Korea
Stephen Lewis, Kanada
Michael Manley, Jamaika
Vladlen Martynov, Sowjetunion
Thabo Mbeki, Südafrika
Robert McNamara, Vereinigte Staaten von Amerika
Bradford Morse, Vereinigte Staaten von Amerika
Julius Nyerere, Tansania
Babacar Ndiaye, Senegal
Saburo Okita, Japan
Jan Pronk, Niederlande
Nafis Sadik, Pakistan
Salim Salim, Tansania
Arjun Sengupta, Indien
Eduard Shevardnadze, Sowjetunion
Kalevi Sorsa, Finnland
Maurice Strong, Kanada
Brian Urquhart, Großbritannien

Die Mitglieder der Kommission

Vorsitzende

Ingvar Carlsson, Schweden Schwedischer Premierminister von 1986-91 und seit Oktober 1994, Vorsitzender der Sozialdemokratischen Partei Schwedens. Stellvertretender Premierminister von 1982 bis 1986, Parlamentsmitglied seit 1964, Bildungsminister (1969-73), Minister für Wohnungsbau und Raumordnung (1973-76) und Umweltminister (1985-86). Im April 1991 war er Gastgeber der Stockholmer Initiative, die zur Gründung der Kommission für Weltordnungspolitik führte.

Shridath Ramphal, Guyana Generalsekretär des Commonwealth von 1975 bis 1990, Außen- und Justizminister Guyanas von 1972 bis 1975. Amtierender Vorsitzender des Internationalen Lenkungsausschusses von LEAD International - International Leadership in Environment and Development Program - und Kanzler der Universität Westindischen Inseln und der Universität Warwick in Großbritannien. Mitglied jeder der fünf Unabhängigen Kommissionen in den achtziger Jahren und Vorsitzender der Westindien Kommission, die 1992 ihren Bericht veröffentlichte. Präsident der Internationalen Union für Naturschutz - IUCN (World Conservation Union) - von 1991 bis 1993 und Autor des anläßlich des Erdgipfels verfaßten Buches "Our Country, Our Planet".

Mitglieder

Ali Alatas, Indonesien Seit 1988 Außenminister der Republik Indonesien. Botschafter Indonesiens und ständiger Vertreter bei den Vereinten Nationen in New York (1982-88) und Genf (1976-78). Er vertrat Indonesien in vielen internationalen Foren, so zum Beispiel in der Funktion des Vorsitzenden des Ersten Ausschusses der 40. Sitzungsperiode der UN-Generalversammlung im Jahre 1985, Präsident der Folgekonferenz der Vertragsstaaten des Abkommens über das Verbot von Kernwaffenversuchen und als einer der beiden Vorsitzenden der Internationalen Kambodscha-Konferenz in Paris. Derzeit hat Indonesien den Vorsitz in der Bewegung der Blockfreien Staaten inne.

397

Abdlatif Al-Hamad, Kuwait Generaldirektor und Vorsitzender des Arabischen Fonds für Wirtschaftliche und Soziale Entwicklung in Kuwait. Ehemaliger Finanzminister und Minister für Raumordnung in Kuwait. Mitglied sowohl der Unabhängigen Kommission für Internationale Entwicklungsfragen als auch der Südkommission, Vorsitzender des UN-Ausschusses für Entwicklungsplanung und Vorstandsmitglied des Stockholmer Umweltinstituts.

Oscar Arias, Costa Rica Präsident Costa Ricas von 1986 bis 1990. Im Jahr 1987 arbeitete er ein regionales Abkommen zur Beendigung der andauernden kriegerischen Auseinandersetzungen in Mittelamerika aus, das als der Arias Friedensplan bekannt wurde. Dieses Abkommen wurde am 7. August 1987 von allen Präsidenten Mittelamerikas unterzeichnet und war Anlaß für die Verleihung des Friedensnobelpreises an Dr. Arias im selben Jahr. Im Jahre 1988 benutzte Dr. Arias das Preisgeld für die Gründung der Arias Foundation for Peace and Human Development (Arias-Stiftung für Frieden und Menschliche Enwicklung).

Anna Balletbo i Puig, Spanien Seit 1979 Mitglied des spanischen Parlaments. Mitglied des Ausschusses für Auswärtiges, Radio und Fernsehen und des Exekutivausschusses der Sozialistischen Partei Spaniens. Seit 1988 Generalsekretärin der Internationalen Olof Palme-Stiftung in Barcelona. Davor bekleidete sie das Amt der Vorsitzenden der spanischen UN-Vertretung, war Dozentin am Wilson Center in Washington, D.C., und Professorin für Radio und Fernsehen an der Universidad Autonoma in Barcelona. Aktives Mitglied der Frauenbewegung seit 1975.

Kurt Biedenkopf, Deutschland Seit 1990 Ministerpräsident Sachsens. Politisch aktiv auf Bundes- und Landesebene. Mitglied des Deutschen Bundestages (1976-80 und 1987-90) und des Landtags in Nordrhein-Westfalen (1980-88). Generalsekretär der Christlich Demokratischen Union Deutschlands von 1973 bis 1977 und später Vorsitzender des Landesverbandes. Vor Beginn seiner politischen Laufbahn war er Professor, Dekan und Präsident der Ruhr Universität in Bochum.

Allan Boesak, Südafrika Minister für Wirtschaftsfragen der westlichen Kapregion. Direktor der Foundation for Peace and Justice

(Stiftung für Frieden und Gerechtigkeit) in Kapstadt. Führende Persönlichkeit im Kampf seines Landes gegen die Apartheid, Vorsitzender des African National Congress (ANC) in der westlichen Kapregion und Mitglied des Nationalen Exekutivausschusses des ANC. Davor Präsident des Weltbundes der Reformierten Kirchen (World Alliance of Reformed Churches) und Schirmherr der Vereinigten Demokratischen Front.

Manuel Camacho Solis, Mexiko Ehemaliger Außenminister von Mexiko und ehemaliger Bürgermeister der Stadt Mexiko (Bezirksleiter). Hatte das Amt des Ministers für Stadtentwicklung und Ökologie von 1986-88 inne, in dieser Zeit verantwortlich für das Wiederaufbauprogramm nach dem Erdbeben im Jahre 1985. Als Mitglied der Friedenskommission in Chiapas spielte er eine Schlüsselrolle bei der Aushandlung des Waffenstillstandes im Jahre 1994 und der Aufnahme direkter Verhandlungen mit der EZLN. Jüngst veröffentlichte er das Buch „Change without Breakdown" - eine Blaupause für demokratische Reformen in Mexiko.

Bernard Chidzero, Simbabwe Ehemaliger Finanzminister. Seit den sechziger Jahren politisch aktiv in internationalen und nationalen Gremien. Er bekleidete über zwanzig Jahre lang verschiedene Ämter bei den Vereinten Nationen, wie zum Beispiel das Amt des Stellvertretenden Generalsekretärs der UNCTAD (1977-80) und war Präsident der UNCTAD in deren siebter Sitzungsperiode (1987-91), Vorsitzender des Entwicklungsausschusses der Weltbank und des IWF (1987-90) und Mitglied der Weltkommission für Umwelt und Entwicklung.

Barber Conable, Vereinigte Staaten von Amerika Präsident der Weltbank in Washington, D.C. von 1986 bis 1991. Amtierender Vorsitzender des Ausschusses für US-Chinesische Beziehungen und Mitglied des Beratenden Oberausschusses der Globalen Umweltfazilität (GEF). Mitglied des amerikanischen Repräsentantenhauses von 1965 bis 1985, wo er mehr als achtzehn Jahre lang Mitglied im Haushaltsausschuß war, davon die letzten acht Jahre in der Minderheitspartei. Er arbeitete auch im Gemeinsamen Wirtschaftsausschuß, dem Haushaltsausschuß des Repräsentantenhauses und dem Ausschuß für Ethik. Er war Vorstandsmitglied vieler multinationalen Unternehmen und im

Vorstand der New Yorker Börse. Amtierender Vorsitzender des Exekutivausschusses des Verwaltungsrates des Smithsonian Instituts und Treuhänder und Mitglied des Exekutivausschusses der Cornell Universität.

Jaques Delors, Frankreich Von 1985 bis 1994 Präsident der Europäischen Kommission. Als Mitglied des Zentralkomitees der Sozialistischen Partei Frankreichs hatte er das Amt des Ministers für Wirtschaft, Finanzen und Haushaltsfragen inne (1981 und 1983-84). Er war von 1983-84 Bürgermeister von Clichy. Er bekleidete von 1969-72 das Amt des Beraters des Premierministers, war Mitglied des Allgemeinen Rates der Banque de France (1973-79), Mitglied des Europäischen Parlaments und Präsident des Ausschusses für Wirtschafts- und Währungsfragen (1979-81). Davor arbeitete er als Professor an der Universität Paris-Dauphine, war Vorsitzender des Forschungszentrums "Travail et Societé" und Begründer des Verbandes "Exchanges et Projects", dessen Ehrenpräsident er jetzt ist.

Jiri Dienstbier, Tschechische Republik Vorsitzender der Freien Demokratischen Partei in der Tschechischen Republik und Vorsitzender des Tschechischen Rates für Auswärtige Beziehungen. Stellvertretender Premierminister und Minister für Auswärtige Beziehungen der Tschechoslowakei von 1989 bis 1992. Mitunterzeichner und Sprecher der Charta 77 und eines der herausragenden Mitglieder der Gruppe unter Vaclav Havel, die die politische Veränderung des Landes in Gang brachte. Aufgrund seiner oppositionellen Tätigkeit wurde er 1979 zu drei Jahren Gefängnis verurteilt. Er war der Erste Sprecher des Koordinierungszentrums des Bürgerforums bei dessen Gründung im Jahre 1989.

Enrique Iglesias, Uruguay Seit 1988 Präsident der Interamerikanischen Entwicklungsbank. Bekleidete das Amt des Außenministers von Uruguay (1985-88), war Leitender Sekretär des UN-Wirtschaftsausschusses für Lateinamerika und die Karibik (1972-85), Präsident der Zentralbank Uruguays (1966-68) und Vorsitzender der Konferenz, die 1986 die Uruguay-Runde zu Welthandelsfragen einleitete.

Frank Judd, Großbritannien Mitglied des Oberhauses, in dem er der Sprecher für Bildung der oppositionellen Labour Partei war und jetzt das Amt des Sprechers für Entwicklungszusammenarbeit innehat.

Ein Spezialist und Berater für internationale Angelegenheiten; dabei vor allem zu den Themen Vereinte Nationen, Dritte Welt, Konfliktlösung und Rüstungskontrolle. Während seiner dreizehnjährigen Tätigkeit als Mitglied des Parlaments bekleidete er erst das Amt des Parlamentarischen Staatssekretärs des Verteidigungsministers, war dann Minister für Überseeische Entwicklung, Staatsminister im Amt für Auswärtiges und dem Commonwealth, und hatte das Amt des stellvertretenden Staatssekretärs inne. Direktor des Voluntary Service Overseas von 1980 bis 1985 und Direktor von Oxfam (1985 bis 1991).

Hongkoo Lee, Republik Korea Stellvertretender Premierminister von Korea und Minister für Nationale Vereinigung. Er war von 1991 bis 1993 Botschafter der Republik Korea in Großbritannien und Minister für die Vereinigung Nord- und Südkoreas von 1988 bis 1990. 1985 gründete er das Seoul Forum for International Affairs (Forum von Seoul für Internationale Angelegenheiten) und war bis 1988 dessen Vorsitzender. Von 1968 bis 1988 Professor für Politologie an der Seoul National University und Direktor des Instituts für Soziologie (1978-82). Derzeitig amtierender Vorsitzender des Ausschusses "Seoul im 21. Jahrhundert" und des Bewerbungsausschusses für den Weltcup 2002.

Wangari Maathai, Kenia Begründerin und Koordinatorin des Green Belt Movement Kenias. Aktives Engagement für Umwelt- und Naturschutz, Frauenfragen und Menschenrechte. Ehemalige Vorsitzende des Nationalen Frauenrates von Kenia und Sprecherin der Nichtregierungsorganisationen beim Erdgipfel in Rio de Janeiro im Jahre 1992. Seit kurzem planmäßige außerordentliche Professorin für Anatomie an der Universität von Nairobi.

Sadako Ogata, Japan Derzeitige Hochkommissarin der Vereinten Nationen für Flüchtlinge (seit 1991) und davor Professorin und Dekanin der Fakultät für Auslandsstudien an der Sophia Universität in Tokio und Direktorin des Instituts für Internationale Beziehungen (1980-1991). Vertreterin Japans in der UN-Kommission für Menschenrechte von 1982-85 und Mitglied der unabhängigen Kommission für Internationale Humanitäre Fragen. Von 1978 bis 1979 Delegierte Japans bei den Vereinten Nationen so wie auch Vorsitzende des Exekutivgremiums von UNICEF.

Olara Otunnu, Uganda Präsident der Internationalen Friedens-akademie in New York. In seiner Funktion als ugandischer Außen-minister von 1985 bis 1986 unterstützte er die Friedensverhandlungen, die zum Friedensabkommen von Nairobi führten. In seiner Amtszeit als Ständiger Vertreter Ugandas bei den Vereinten Nationen (1980-85) bekleidete er das Amt des Präsidenten des Sicherheitsrates (1981), war Vizepräsident der Generalversammlung (1982-83) und Vorsitzender der UN-Kommission für Menschenrechte. Er lehrte an der American University und der Albany Law School und war Gastdozent am Insti-tut Francais des Relations Internationales in Paris.

I.G. Patel, Indien Vorsitzender des Aga Khan Hilfsprogramms Ländlicher Regionen in Indien. Er bekleidete Schlüsselpositionen im wirtschaftlichen Bereich in Indien und auf internationaler Ebene: als Präsident der Reservebank Indiens, Erster Wirtschaftsberater der indi-schen Regierung und Ständiger Sekretär des indischen Finanzmi-nisteriums. Davor Direktor der London School of Economics and Political Science. Er war leitender Direktor Indiens im Internationalen Währungsfond und als stellvertretender Direktor im Entwicklungs-programm der Vereinten Nationen (UNDP).

Celina Vargas do Amaral Peixoto, Brasilien Direktorin der Getulio Vargas Stiftung in Brasilien. Generaldirektorin des brasilia-nischen Nationalarchivs von 1980 bis 1990 und Direktorin des Zen-trums für Forschung und Dokumentation Brasilianischer Geschichte von 1973 bis 1990. Mitglied des Interamerikanischen Dialogs und Mitglied in zahlreichen nationalen Ausschüssen zu kulturellen, histori-schen und technologischen Themenbereichen.

Jan Pronk, Niederlande Amtierender niederländischer Minister für Entwicklungszusammenarbeit. Dieses Amt bekleidete er ebenfalls von 1973 bis 1978. Stellvertretender Vorsitzender der Arbeiterpartei (1987-89) und Parlamentsmitglied (1971-73; 1978-80; 1986-89). Hatte von 1980 bis 1986 das Amt des stellvertretenden Generalsekretär der UN-Konferenz über Handel und Entwicklung (UNCTAD) inne. Da-vor Professor am Institut für Soziologie in Den Haag und an der Uni-versität von Amsterdam. Mitglied der Unabhängigen Kommission für Internationale Entwicklungsfragen.

Qian Jiadong, China Stellvertretender Generaldirektor des Chinesischen Zentrums für Internationale Studien in Beijing. Davor Botschafter und Ständiger Vertreter bei den Vereinten Nationen in Genf, Botschafter für Abrüstungsfragen, Vertreter Chinas bei der Abrüstungskonferenz. Mitglied der Südkommission unter Vorsitz von Julius Nyerere.

Marie-Angélique Savané, Senegal Soziologin und amtierende Direktorin der afrikanischen Abteilung des UN-Bevölkerungsfond (UNFPA) in New York. Ehemalige Direktorin des Unterstützungsteams der Länder des UNFPA in Dakar (1992 bis Oktober 1994), Sonderberaterin des UN-Hochkommissars für Flüchtlinge (1990-1992), Gruppenleiterin des UN-Forschungsinstituts für Soziale Entwicklung (UNRISD) (1979-88) und Chefherausgeberin von "Famille et Développement" (1974-78). Begründerin und ehemalige Präsidentin des Verbandes Afrikanischer Frauen für Forschung und Entwicklung. Vorstandsmitglied zahlreicher internationaler Organisationen und Institutionen, Mitglied der Südkommission und seit kurzem Mitglied der UNESCO-Kommission für Bildung im 21. Jahrhundert.

Adele Simmons, Vereinigte Staaten von Amerika Präsidentin der John D. und Catherine T. MacArthur Stiftung in Chicago. Vorstandsmitglied in zahlreichen Organisationen und Unternehmen und gewähltes Mitglied der Amerikanischen Akademie für Kunst und Wissenschaft und des Rats für Auslandsbeziehungen. 1993 wurde sie vom Generalsekretär der Vereinten Nationen zum Mitglied des Hochrangigen Beirats für Nachhaltige Entwicklung ernannt. Von 1977 bis 1989 war sie Präsidentin des Hampshire College in Massachusetts, wo sie neue Programme für Bevölkerung und Gesundheit sowie Frieden und internationale Sicherheit ausarbeitete. Von 1978 bis 1980 arbeitete sie in der Commission on World Hunger, die von Präsident Carter eingerichtet wurde, und von 1991 bis 1992 in der Commission on Environmental Quality unter Präsident Bush.

Maurice Strong, Kanada Vorsitzender und Vorstandsvorsitzender von Ontario Hydro, Vorsitzender des Earth Council. Ihm wurde der Orden von Kanada verliehen und er ist Mitglied im Königlichen Kronrat Kanadas. Generalsekretär der UN-Konferenz über Umwelt und Entwicklung in Rio 1992 und der Stockholmer UN-Konferenz über die menschliche Umwelt im Jahr 1972. Mitglied der Weltkommission für Umwelt und Entwicklung.

Brian Urquhart, Großbritannien   Derzeitig Dozent des Programms für Internationale Angelegenheiten der Ford-Stiftung. War an der Gründung der Vereinten Nationen im Jahre 1945 beteiligt und bekleidete das Amt des Stellvertretenden Generalsekretärs für Besondere Politische Angelegenheiten von 1972 bis 1986. Hauptinteressengebiete und Tätigkeitsbereiche bei den Vereinten Nationen waren Konfliktlösung und friedenerhaltende Maßnahmen. Er veröffentlichte unter anderem "A World in Need of Leadership: Tomorrow's United Nations" (zusammen mit Erskine Childers, 1990); "Towards a More Effective United Nations" (zusammen mit Erskine Childers, 1991), "Ralph Bunche: An American Life" (1993) und "Renewing the United Nations System" (zusammen mit Erskine Childers, 1994). Mitglied der Unabhängigen Kommission für Abrüstung und Sicherheitsfragen.

Yuli Worontsow, Rußland   Botschafter Rußlands in den Vereinigten Staaten, nachdem er fünf Jahre Botschafter bei den Vereinten Nationen war, und Berater für Auslandsbeziehungen des Präsidenten Boris Jelzin. Er bekleidete das Amt des Botschafters der UdSSR in Afghanistan (1988-89), Frankreich (1983-86) und Indien (1977-83). Zwischen den Tätigkeiten im Ausland wurde er 1986 zum Ersten Stellvertretenden Außenminister ernannt.

Das Arbeitsmandat (Terms of Reference)

Der Aufgabenbereich der Kommission wurde auf der dritten Sitzung im Februar 1993 beschlossen und gestaltet sich wie folgt:

Die Kommission für Weltordnungspolitik ist zu einer Zeit grundlegender, schneller und bedeutender internationaler Veränderungen gegründet worden - einer Zeit der Unsicherheit, einer Zeit neuer Herausforderungen und Möglichkeiten.

Befreit von den Ost-West Spannungen sind die Möglichkeiten zur Zusammenarbeit aller Nationen dieser Erde zur Gestaltung einer besseren Welt für alle günstiger denn je. Auch ist es jetzt viel wichtiger, daß die Völker dieser Erde zusammenarbeiten. In vielerlei Hinsicht sind die Staaten stärker voneinander abhängig geworden. Neue Probleme haben sich aufgetan, die ein gemeinsames Handeln erforderlich machen. Die Weltgesellschaft befindet sich im Spannungsfeld zwischen Integration und Teilung.

Diese Entwicklungen bieten neue Herausforderungen für die existierenden Strukturen der internationalen Zusammenarbeit. Deswegen ist es notwendig, deren Fähigkeiten und die ihnen zu Grunde liegenden Werte und Begriffe zu überprüfen. Jetzt ist es an der Zeit, die Übereinkommen einer Weltordnungspolitik für unsere Weltgesellschaft noch einmal genauer zu beleuchten.

Fünfzig Jahre nach dem Zweiten Weltkriegs und nach Ende des Kalten Krieges beginnt eine neue Welt Form anzunehmen. In ihr könnten die gemeinsamen Rechte und Verantwortlichkeiten der Staaten, der Völker und der Individuen neue Bedeutung erhalten. In dieser Welt könnten wir zu mehr Frieden, Freiheit und Wohlstand gelangen. Die Kommission ist eingesetzt worden, um zur Ausgestaltung einer solchen Weltordnung beizutragen.

Elemente des Wandels

Die internationalen Beziehungen haben sich grundlegend geändert. Die Anzahl der Nationalstaaten hat sich vervielfacht und es gab Veränderungen in deren relativer Bedeutung. Der Ost-West Teilung ist beendet. Zahlreiche Staaten haben sich enger miteinander verbündet und souveräne Rechte an gemeinsame Gremien abgetreten. Andere Staaten wiederum haben sich zersplittert, da ethnische, religiöse oder andere Gruppierungen auf ihrer eigenen Identität bestehen.

Autoritäre Herrschaftsformen werden durch demokratischere Regierungen ersetzt, aber der Übergang ist noch nicht vollendet und die Menschenrechte werden weiterhin massiv verletzt. Die Apartheid scheint überwunden, doch sind die Fortschritte ins Stocken geraten und der Rassismus tritt anderenorts auf.

Die beiden Supermächte haben begonnen, abzurüsten, aber das Potential und die Verbreitung von Waffen, einschließlich der Kernwaffen, bedrohen weiterhin den Frieden. Neue Unruhe- und Konfliktherde - wirtschaftlicher, ökologischer, sozialer und humanitärer Art - erfordern schnelle, gemeinsame Maßnahmen und neue Sicherheitskonzepte.

Das letzte Jahrhundert war von beispiellosem wirtschaftlichem Wachstum und Veränderungen geprägt. Diese Entwicklung ist angeregt worden durch expandierenden Welthandel und Investitionen sowie durch beschleunigten technologischen Wandel. Die weitreichende Liberalisierung des Handels und finanzielle Deregulierung haben einen zunehmend globalen Markt geschaffen. Aber immer noch gibt es protektionistische Hemmnisse und schwächere Länder laufen Gefahr, an den Rand gedrängt zu werden. Die Kluft zwischen Arm und Reich, zwischen den verschiedenen Staaten, aber auch innerhalb der Staaten, hat sich vergrößert. Obwohl der wirtschaftliche Fortschritt Milliarden nutzt, lebt ein Fünftel der Weltbevölkerung in absoluter Armut. Selbst in reichen Ländern gibt es Besorgnis über eine unterprivilegierte Klasse. Die weltweiten Disparitäten könnten sich sogar noch vergrößern, da die Fähigkeit, Wissen mittels neuer Kommunikations- und Informationstechnologien zu nutzen, der Schlüssel zum wirtschaftlichen Erfolg wird. Diese wachsende Kluft, die durch die sich weiter ausbreitenden Medien sichtbarer wird, schürt Unzufriedenheit und ist unter anderem Ursache für die Migrationsströme nicht nur von ländlichen in städtische Regionen innerhalb der Entwicklungsländer, sondern auch von ärmeren in reichere Länder.

Migration ist immer schon ein Sicherheitsventil gewesen, um den Druck der menschlichen Verzweiflung abzubauen. Heutzutage, da die wirtschaftlichen Kräfte die Grenzen zwischen Staaten zunichte machen, werden diese für Menschen geschlossen, selbst wenn Armut, Hungersnot, politische Unruhen oder Umweltzerstörung es mehr und mehr Menschen unmöglich machen, in ihrem Heimatland zu bleiben. Die Beschränkung des Zugangs könnte zu Spannungen führen und birgt ein Konfliktpotential in sich.

Auch das Konzept des internationalen Systems ist Veränderungen unterworfen. Viele Menschen sehen es jetzt nicht mehr nur als Schauplatz für Staaten und deren Vertreter an, sondern für eine globale Gesellschaft, in der viel mehr legitime Rollen an unterschiedliche Akteure zu vergeben sind. Bei dieser neuen Weltanschauung wird der kulturellen Vielfalt große Bedeutung beigemessen und Gerechtigkeit und Ausgewogenheit gelten als die Fundamente ordnungspolitischer Institutionen.

Kulturelle Vielfalt und indigene Werte leiden unter der Homogenisierung, welche die ganze Welt der westlichen Kommunikations- und Unterhaltungsindustrie und anderen Vertretern des westlichen Lebensstils aussetzt. Das führt zu Spannungen zwischen den älteren und jüngeren Generationen und zu Auseinandersetzungen, die manchmal auf extremistischen oder obskuren Positionen gründen.

Trotz der verstärkten internationalen Zusammenarbeit haben die globalen und regionalen Institutionen nicht mit den Herausforderungen zunehmender Interdependenz Schritt halten können. Auf allen Ebenen findet man diese Kluft zwischen den Bedürfnissen der Individuen, Völker und Staaten auf der einen Seite und die mangelnde Fähigkeit des Systems auf der anderen Seite, diese Bedürfnisse zufriedenzustellen. In einer Welt, die sich in ein globales Dorf verwandelt, müssen die Rechte und Pflichten der

Akteure auf dem Weg zu einer neuen globalen Demokratie neu definiert - und respektiert - werden.

Aufgaben der Kommission

Eine der wichtigsten Aufgaben der Kommission ist es, zur Ausgestaltung einer Weltordnungspolitik beizutragen. Die Kommission wird die Hauptkräfte des globalen Wandels, die wichtigsten Aufgaben, denen sich die Weltgemeinschaft stellen muß, herausarbeiten, die Angemessenheit globaler institutioneller Vereinbarungen bewerten und Vorschläge zu deren Reform oder Stärkung unterbreiten.

Die Kommission wird dabei auf die Arbeit der vorherigen unabhängigen Kommissionen unter Vorsitz von Willy Brandt, Olof Palme, Sadruddin Aga Khan und Hassan bin Talal, Gro Harlem Brundtland und Julius Nyerere zurückgreifen können. Diese Kommissionen haben dazu beigetragen, ein besseres Verständnis für die notwendigen politischen Strategien und Maßnahmen bei der Bearbeitung zentraler Fragen gewinnen zu können, wie zum Beispiel für so wichtige Themenbereiche wie: Nord-Süd-Beziehungen, Sicherheit und Abrüstung, humanitäre Fragen, Umwelt und Entwicklung und Fortschritt der Entwicklungsländer.

Die Kommission wird die Arbeit der anderen Kommissionen nicht wiederholen, sie wird aber deren Vorschläge daraufhin überprüfen, ob sie heute noch gültig sind und wie deren Akzeptanz gefördert werden kann. Die Kommission wird untersuchen, welche Faktoren in der Vergangenheit dazu geführt haben, daß Maßnahmen für eine Weltordnungspolitik gescheitert sind - bzw. welche Bedingungen zu deren Erfolg beigetragen haben. Die Kommission wird vorschlagen, welche Strukturen globale, regionale und nationale Institutionen haben sollten, damit sie die Zusammenarbeit in der Welt von heute besser unterstützen können.

Die größte Herausforderung wird darin bestehen, den politischen Willen für multilaterales Handeln zu mobilisieren. Einstellungen müssen gefördert werden, die es langfristig möglich machen, gemeinsame Lösungen für globale Probleme in die Tat umsetzen zu können. Wirtschaftliche und politische Argumente für Maßnahmen im gemeinsamen Interesse aller Beteiligten müssen überzeugend vorgebracht werden. Es wird Aufgabe der Kommission sein, eine Vision der globalen Zusammenarbeit zu formulieren, die die Führungspersonen so wie auch die Menschen dazu bewegt, ihre gemeinsamen Bemühungen zu intensivieren.

Zentrale Themen

Die Verbesserung globaler Sicherheit in all ihren Formen ist eines der zentralen Themen, mit denen sich die Kommission auseinandersetzen wird. Zwar ist der Welt in den letzten Jahrzehnten ein großer Krieg erspart geblieben, aber Konflikte und Gewalt haben nicht abgenommen. Vor allem gibt es vermehrt Auseinandersetzungen innerhalb der Staaten. Einige dieser Konflikte haben die Verletzbarkeit von Minderheiten besonders deutlich zum Ausdruck gebracht. Manche haben unermeßliches Leid verursacht, schwerste Verletzungen der Menschenrechte und immense Flüchtlingsbewegungen ausgelöst; dadurch sind Interventionen von außen erforderlich geworden. Zunehmend besorgniserregend ist auch die Gefährdung der Stabilität durch nicht-militärische Faktoren. Im Rahmen der Beschäftigung mit Sicherheitsfragen wird die Kommission untersuchen, welche Ansätze die Weltgemeinschaft vertreten sollte, um Sicherheitsgefährdungen im weitesten Sinne zu begegnen.

Die Kommission wird Maßnahmen untersuchen, mit denen das System kollektiver Sicherheit gemäß der Charta der Vereinten Nationen zur Verhinderung oder Beilegung von Streitigkeiten zwischen Staaten gestärkt werden kann. Im Zusammenhang damit stehen Fragen der Rüstungskontrolle und von Präventivmaßnahmen der Weltgemeinschaft zur Vermeidung destabilisierender Situationen, die aus der Weitergabe von Waffen und dem damit einhergehenden Waffenhandel herrühren. Ein System der kollektiven Sicherheit, das Vertrauen fördert, könnte das Bedürfnis einiger Staaten, große Waffenarsenale anzulegen, unterbinden und dadurch wertvolle Ressourcen für sinnvolle soziale Zwecke freisetzen. Die Kommission wird auch der Abrüstung seitens der Großmächte Aufmerksamkeit schenken und sich mit den Aussichten der Einsparung von Rüstungsausgaben beschäftigen, um dadurch Entwicklung zu beschleunigen.

Die Kommission wird im Rahmen der Sicherheitsfragen darüber hinaus analysieren, welche Überlegungen internationale Vorgehensweise - sei es nun vorbeugende Diplomatie oder Zwangsinterventionen - zu Grunde liegen sollten, um mit Konflikten innerhalb von Staaten umzugehen, die potentiell auf andere Staaten ausstrahlen könnten oder aus humanitären Gründen untragbar sind. Vor dem Hintergrund der steigenden Zahl interner Konflikte, die den Ruf nach Intervention von außen auslösen, sollte es klar definierte Richtlinien geben, damit diese Maßnahmen effektiv und konsistent angewandt werden können. Die Kommission muß dabei genau untersuchen, welches Verhalten in den verschiedensten Situationen von der Weltgemeinschaft noch akzeptiert werden kann, ohne daß ein Eingriff erforderlich wird. Im Zusammenhang mit zukünftigen völkerrechtlichen Bestimmungen wird sie Mechanismen erörtern, die die Einhaltung dieser Richtlinien fördern und - wenn nötig - durchsetzen.

Die der internationalen Gemeinschaft zu Grunde liegenden Werte müssen durch den regulatorischen Rahmen des Völkerrechts gestärkt werden. Da souveräne Staaten weiterhin die wichtigsten Akteure im internationalen Systems sind, wird der sich wandelnde Stellenwert der staatlichen Souveränität und die Beziehung zwischen nationaler Selbstbestimmung und internationalen Verantwortung eines der wichtigsten Themen für die Kommissionsarbeit sein.

Im Zusammenspiel mit der weltweiten Tendenz hin zu partizipatorisch-demokratischen Strukturen wird den Rechten des Einzelnen und der Minderheiten sowie auch der Rolle der Zivilgesellschaft und ihren freiwilligen Organisationen bei der Stärkung der breiten gesellschaftlichen Anliegen mehr Aufmerksamkeit gewidmet. Die Kommission wird sich mit dem Schutz dieser Rechte befassen. Sie wird erörtern, wie Individuen, Völker und Nationen mit Rechten ausgestattet werden können, um mehr Kontrolle über ihr eigenes Schicksal auszuüben und wie demokratische Verantwortlichkeit auf allen Ebenen, von der lokalen bis zur globalen, gefördert werden kann.

Die wirtschaftlichen Turbulenzen der letzten Jahre machen eine bessere Koordination politischer Maßnahmen notwendig, um stabilere Bedingungen für Investitionen und weltweites Wachstum zu schaffen. Weiterhin müssen sich die Staaten dafür einsetzen, daß Fortschritte hin zu multilateralem Freihandel erfolgen. Auch dieses Thema wird von der Kommission aufgegriffen.

Ein wichtiges Anliegen wird es sein, die Entwicklung in den weniger entwickelten Ländern zu beschleunigen, so daß absolute Armut beendet und der Lebensstandard von Millionen von Menschen auf ein angemessenes Niveau gehoben werden kann. Die Kommission wird Vorschläge für ein internationales Umfeld erarbeiten, in dem die Entwicklungsländer besser unterstützt werden und die Bemühungen der Länder selbst, einen Weg aus der Armut zu finden, nicht von außen behindert werden. Gerechtere Zugangsbedingungen zu den Märkten der Industrieländer durch den Abbau von Handelshemmnissen, günstigere terms of trade bei Rohstoffprodukten sowie ein verbesserter Zugang zu Kapital und Technologie bleiben weiterhin zentrale Fragen. Die Ausweitung von Handelsblöcken könnte Nichtmitgliedsländer, - insbesondere Entwicklungsländer - negativ betreffen. Das Schuldenproblem muß weiterhin angegangen werden, denn es stellt für viele Länder immer noch eine große Last dar, und Ressourcen sind dadurch gebunden, die sonst für die Steigerung der Produktion und verbesserte Lebensstandards genutzt werden könnten.

Ein weiteres wichtiges Thema wird die Umwelt sein, die in engem Zusammenhang mit Entwicklung und Bevölkerungswachstum zu sehen ist. Sowohl Überfluß als auch Armut belasten die Umwelt. Gleichermaßen haben der Bevölkerungsdruck und die oft damit verbundene Armut negative Umweltauswirkungen. Die größten, nationale Grenzen überschreitenden Umweltprobleme, wie zum Beispiel der Treibhauseffekt, das Ozonloch und einige Naturkatastrophen, haben das Schicksal der Nationalstaaten enger miteinander verbunden. Sie erfordern kooperative Strategien auf der Grundlage einer ausgewogenen gemeinsamen Verantwortung. Damit eine nachhaltige Entwicklung auf globaler Ebene gefördert wird, müssen solche Strategien so ausgestaltet sein, daß gemeinsame Bedrohungen angegangen werden können, und sie müssen getragen sein von der Besorgnis um die Bedürfnisse zukünftiger Generationen.

Die Kommission wird sich auch damit auseinandersetzen, wie die begrenzten Fortschritte des Erdgipfels im Juni 1992 gefestigt und erweitert werden können und wie die durch Umweltgefahren bezeugte Interdependenz der menschlichen Familie zu größerer internationaler Unterstützung für nachhaltige Entwicklung führen kann.

Schwerpunkt auf internationale Institutionen

Ein umfangreiches System der internationalen Zusammenarbeit ist in den letzten fünfzig Jahren errichtet worden. Mit den Vereinten Nationen im Mittelpunkt verfügt dieses System über eine große Spannweite bedeutender Organisationen.

Dennoch genügen diese Institutionen im Dienste einer Weltordnungspolitik nicht den heutigen Ansprüchen; ursprünglich wurden sie auch in einer weitaus weniger komplexen Welt gegründet, in der es auch viel weniger Staaten gab. In vielen Fällen behindern eingefahrene Strukturen die Entwicklung eines verbesserten Systems der globalen Sicherheit und günstigerer menschlicher Lebensbedingungen. Ein wichtiges Ziel der Kommission wird es daher sein, Vorschläge für einen angemessenen institutionellen Rahmen im internationalen Bereich auszuarbeiten.

Die Kommission wird die zu bewältigenden Aufgaben so klar wie möglich definieren. Sie wird die Anforderungen zu ihrer effektiven Bearbeitung und die Angemessenheit bestehender institutioneller Strukturen prüfen und Vorschläge zur Verbesserung dieser Einrichtungen unterbreiten.

Die Vereinten Nationen sowie auch ihre Sonderorganisationen, die Bretton Woods Institutionen und das GATT werden im Zentrum der Empfehlungen stehen. Die Zusammensetzung des Sicherheitsrates und die Anwendung des Vetorechts werden ebenfalls überprüft. Die Kommission wird auch untersuchen, inwieweit einige Funktionen auf die regionale Ebene, häufig außerhalb des UN-Systems, verlagert werden können.

Ein entscheidender Faktor für den Erfolg einer Organisation ist ihre wahrgenommene Legitimität. Dabei geht es um Mitbestimmung und

Transparenz im Entscheidungsprozeß und die Repräsentativität der beschlußfassenden Organe. Im Rahmen der Überlegungen über die Frage, inwieweit globale Institutionen diesen Anforderungen gerecht werden, wird die Kommission untersuchen, wie nicht-staatliche Akteure - Nichtregierungsorganisationen, Wirtschaft und Gewerkschaften, die Wissenschaft, kulturelle und religiöse Bewegungen, Bürgerrechtsgruppen - sinnvoll in die Arbeit internationaler Organisationen mit einbezogen werden können.

Die Effizienz dieser Organisationen hängt ebenfalls von ihrer Finanzierung und der Qualität ihres Personals ab. Eine zuverlässige und angemessene Finanzierungsgrundlage und ein gut funktionierender öffentlicher Dienst sind unerläßlich für die erfolgreiche Arbeit der mehr und mehr in Anspruch genommeneren Weltorganisationen. Die Kommission wird Maßnahmen vorschlagen, um deren gegenwärtig zu schwache Stellung zu stärken.

Im Geiste von San Francisco

Die Vereinten Nationen wurden 1945 auf der Konferenz von San Francisco gegründet und ihre Charta wurde dort verabschiedet.

Je mehr wir uns dem Jahr 1995 nähern, in dem die Vereinten Nationen ihr fünfzigjähriges Bestehen feiern, um so mehr beschäftigen sich sowohl die Führungsspitzen der Welt als auch die Bürger mit den Fragen, ob unsere Institutionen für eine Weltordnungspolitik ausreichen und ob es nötig ist, sie zu stärken.

Die jüngsten positiven Veränderungen der internationalen Beziehungen haben eine einzigartige Möglichkeit geschaffen, ein Weltsystem zu errichten, das den Bedürfnissen der Nationen und der Völker besser Rechnung trägt. Es sollte möglich sein, im wachsenden Bewußtsein um die gegenseitige Abhängigkeit der Staaten, die Welt zu einem höheren Grad der Zusammenarbeit als je zuvor zu führen.

Um ihren Beitrag zu diesem Bemühungen zu leisten, appelliert die Kommission an den Geist des Multilateralismus, der bereits die Gründungsväter der Vereinten Nationen in San Francisco beflügelte. Die Kommission beabsichtigt, ihren Bericht 1994 zu veröffentlichen, damit die darin enthaltenen Vorschläge und Empfehlungen im Vorfeld der UN-Generalversammlung in ihrer 50. Sitzungsperiode diskutiert werden können.

Mitarbeiter der Kommission

Im Mai 1992 hat die Kommission ein Sekretariat in Genf eingerichtet, das sich zuerst in der Rue de Cendrier befand und dann, mit Unterstützung des Kanton von Genf, in die Avenue Joli-Mont verlegt wurde. Mitglieder des Sekretariats sind:

Generalsekretär:
Hans Dahlgren

Geschäftsführer (bis März 1994):
Peter Hansen

Hauptamtliche Mitarbeiter:
Salma Hassan Ali, Öffentlichkeitsarbei
Edward Kwakwa, Beratung für Internationales Recht
Rama Mani, Außenbeziehungen

Allgemeine Dienste:
Vibeke Underhill, leitende Angestellte

Darüber hinaus arbeiteten in dem Sekretariat folgende Teilzeitkräfte: *Jaqueline Ocholla* und *Ulla Tabatabay*. *Alberto Bin, Peter Due, Lorenzo Garbo* und *Tomas Vargas* waren Sommerpraktikanten im Sekretariat.

Die Vorsitzenden der Kommission sind durch folgendes Personal in den Regionalbüros unterstützt worden:

Büro London:
Charles Gunawardena
Janet Singh

Büro Stockholm:
Mats Karlsson
Christina Örvi

Zahlreiche Personen haben an der Erstellung des Berichtes mitgewirkt. *Michale Clough* war Berichterstatter für drei von vier Arbeitsgruppen und verfaßte den ersten Entwurf des Berichtes. *Susan Berfield* unterstützte uns beim Rohentwurf der Kapitel eins und zwei. *Vincent Cable* arbeitete kontinuierlich an Kapitel vier mit. Weitere Beiträge stammen von *Christoph Bail, Barry Blechman, Lars Danielsson, Jan Eliasson, Jeremy Pope* und *Marti Rabinowitch*. *Charles Jones* und *Benedict Kingsbury* überarbeiteten das Manuskript. *Yves Fortier* fungierte als Sonderberater. *Jonathan Thomson* unterstützte das Büro in London durch Recherchearbeiten.

Linda Starke redigierte den Bericht. *Gerald Quinn* war verantwortlich für das Design und die Illustrationen, die Schreibarbeiten wurden von *Peggy Miller* ausgeführt.

Sitzungen der Kommission

Die erste Sitzung der Kommission fand im September 1992 in Genf statt, wobei ihr Mandat und ihre Aufgabenbereiche ausgearbeitet wurden.

Im Dezember 1992 wurden auf der zweiten Sitzung in Genf das Arbeitsmandat der Kommission im Detail besprochen und ein Arbeitsprogramm aufgestellt.

Beim dritten Zusammentreffen der Kommissionsmitglieder im Februar 1993 in Genf wurde der Text zu dem Arbeitsmandat fertiggestellt. Die Kommissionsmitglieder teilten sich in vier Arbeitsgruppen mit folgenden Schwerpunktthemen auf: Globalen Werte, Globale Sicherheit, Weltentwicklung und Weltordnungspolitik. Anläßlich dieser Sitzung fand eine Diskussionsrunde mit den Vorsitzenden zweier früherer unabhängiger Kommissionen statt: mit der norwegischen Premierministerin Gro Harlem Brundtland und dem ehemaligen Präsidenten von Tansania Julius Nyerere.

Bei der vierten Sitzung im Mai 1993 in Genf galt hauptsächlich der Arbeit in den verschiedenen parallelen Arbeitsgruppen. Die gesamte Kommission nahm auch an einer Diskussion mit Dr. Harlan Cleveland, dem ehemaligen amerikanischen Botschafter bei der NATO teil. Nach Abschluß der Sitzungsrunde der Kommission fand eine eintägige Sitzung mit Vertretern internationaler Nichtregierungsorganisationen statt.

Gleichzeitig mit dem Beginn der Sitzungsperiode der UN-Generalversammlung in New York fand im September 1993 die fünfte Sitzung. Die vier Arbeitsgruppen kamen zusammen und berichteten vor der gesamten Kommission über ihre Arbeiten. Der Außenminister Australiens, Senator Gareth Evans, diskutierte mit der Kommission seine zur Veröffentlichung anstehende Studie über kooperative Sicherheit. Es gab weitere Zusammenkünfte mit dem Sonderberater von UNDP Mahbub ul Haq und Botschafter Juan Somavía, dem Vorsitzenden des Vorbereitungsausschusses zum Weltgipfel für Soziale Entwicklung.

Die sechste Sitzung wurde im Dezember 1993 in Genf abgehalten. Zu diesem Zeitpunkt hatten die vier Arbeitsgruppen ihre Arbeiten beendet und stellten ihre Ergebnisse und Empfehlungen der gesamten Kommission zur Diskussion vor.

Auf Einladung von Manuel Camacho Solis und dem Stadtrat von Mexiko City wurde die siebte Sitzung im Januar 1994 in Cuernavaca, Mexiko, abgehalten. Die Kommissionsmitglieder diskutierten das Konzept für den Gesamtbericht sowie die ersten Entwürfe mehrerer Kapitel. Darüber hinaus gab es eine Treffen mit dem Präsidenten Mexikos, Carlos Salinas in Mexiko City und einige Mitglieder kamen mit verschieden Vertretern mexikanischer Nichtregierungsorganisationen Mexikos.

Die achte Sitzung der Kommission fand in Tokyo statt und wurde von der United Nations University (UNU) mitfinanziert. Das Sitzungsprogramm beinhaltete ein eintägiges Seminar an der UN-Universität zum Thema einer neuen Weltordnung. Bei diesem Treffen in Tokio setzte die Kommission ihre Diskussion über Entwurfsfassungen für den Bericht fort. Die Stadt Hiroshima und zwei japanische Bürgerbewegungen luden die Kommissionsmitglieder zu einer Besuch Hiroshimas ein. Die Einladung umfaßte einen Besuch des Friedensparks und des Gedenkmuseums sowie die Teilnahme an einer öffentlichen Konferenz mit mehr als eintausend Personen.

Zum neunte Treffen luden Jaques Delors und die Europäische Kommission im Juni 1994 die Kommisssion nach Brüssel ein. Im Laufe der Sitzung wurden die Textentwürfe aller Kapitel des Berichtes diskutiert.

Beim der zehnten Sitzung in der schwedischen Stadt Visby im Juli 1994 wurde das gesamte Manuskript für den Bericht überarbeitet und es erfolgte die grundsätzliche Zustimmung zu den Empfehlungen. Die Kommission diskutierte ebenfalls Möglichkeiten der Veröffentlichung des Berichtes und die Verbreitung der darin enthaltenen Ideen.

Anläßlich der elften Sitzung im Oktober 1994 in Genf verabschiedete die Kommission den endgültigen Berichtstext und arbeitete ein Programm für dessen Veröffentlichung, Verbreitung und Werbung im Jahr 1995 aus.

Studien im Auftrag der Kommission

Eine wichtige Diskussionsgrundlage in den Arbeitsgruppen waren Expertenstudien und Hintergrundpapiere, die eigens für die Kommission erstellt wurden. Sie sollen als Sonderband von Martinus Nijhoff (Dordrecht) 1995 veröffentlicht werden und umfassen folgende Texte:

Georges Abi-Saab "The Unused Charter Capacity for Global Governance"

Sverker Aaström: "Security Council Reform"

Pablo Bifani: "Technology and Global Governance"

Lincoln Bloomfield: "Enforcing Rules in the International Community: Governing the Ungovernable"

Jorge Castañeda: "Athens in Ipanema: Exclusion and Citizenship, Thinking About Equality and Living Without It"

Johan Galtung: "Global Governance for and by Global Democracy"

Bimal Ghosh: "Global Governance and Population Movements"

Peter Haas: "Protecting the Global Environment"

Ernst und Peter Haas: "Some Thoughts on Improving Global Governance"

Shafiq ul Islam: "Global Economic Governance"

Ramatullah Khan: "The Thickening Web of International Law"

Alister McIntyre: "Reforming the Economic and Social Sectors of the United Nations"

Ruben Mendez: "Proposal for the Establishment of a Global Foreign Currency Exchange"

Bhaskar Menon: "The Image of the United Nations"

Jeremy Pope: "Containing Corruption in International Transactions - the Challenge of the 1990s"

James Rosenau: "Changing Capacities of Citizens"

James Rosenau: "Changing States in a Changing World"

James Rosenau: "Organizational Proliferation in a Changing World"

Emma Rothschild: "The Changing Nature of Security"

Osvaldo Sunkel: "Poverty and Development: From Economic Reform to Social Reform"

Herbert Wulf: "Military Demobilization and Conversion"

Die Kommission und Organisationen der Zivilgesellschaft

Die Kommission hat Diskussionsbeiträge von Nichtregierungsorganisationen und sozialen Bewegungen sehr geschätzt und deren Mitwirkung im Laufe ihrer eigenen Arbeit aktiv gesucht. Anfang 1993 sind die beiden Vorsitzenden der Kommission persönlich mit fünfzig führenden NGO-Netzwerken in Kontakt getreten und haben sie aufgefordert, Informationsmaterial über die Kommission an ihre Mitgliedsorganisationen zu verteilen und deren direkte Stellungnahmen zurückzumelden. Daraufhin erhielt die Kommission hunderte von Antwortschreiben - Vorschläge, Empfehlungen und anderes wichtiges Informationsmaterial -, die die Diskussion in der Kommission anregten.

Aufgrund zahlreicher Treffen konnte die Kommission ein breites Spektrum von Meinungen und Ansichten der NGOs und sozialen Bewegungen kennenlernen. Anläßlich des Treffens im Dezember 1992 kamen die beiden Vorsitzenden mit Vertretern internationaler NGOs in Genf zusammen und diskutierten die begonnene Arbeit. Im Juni 1993 erörterten Mitglieder der Kommission, ebenfalls in Genf, mit einer vielfältig zusammengesetzten Gruppe von NGO-Vertretern aus allen Teilen der Welt Themen einer Weltordnungspolitik. Im Dezember 1993 lud die Kommission die in Genf ansässigen NGOs zu einem informellen Treffen ein, um sie über den Fortschritt ihrer Arbeit zu informieren und bei dem letzten Kommissionstreffen in Genf wurden die Nichtregierungsorganisationen über die grundsätzlichen Empfehlungen des Berichtes unterrichtet.

Um möglichst viele verschiede Standpunkte einholen zu können wurden Diskussionsrunden mit NGOs in Verbindung mit den Kommissionssitzungen in New York, Mexiko City und Tokio organisiert. Ein Treffen mit führenden indischen NGOs fand anläßlich der asiatischen Konsultationen der Kommission in Delhi statt. Darüber hinaus nahmen einige Mitglieder der Kommission an öffentlichen Veranstaltungen und Versammlungen von NGOs teil, um von ihrer Arbeit zu berichten.

Konsultationen

Eine große Gruppe von Organisationen richtete Diskussionsveranstaltungen und Symposien für die Kommission aus bzw. half dabei, diese zu organisieren. Das Common Security Forum veranstaltete drei solcher Seminare: über „NGOs und Weltordnungspolitik/NGOs and Governance" an der Harvard University im Mai 1993, über „Nationalismus und Religion" im Juni 1993 und über die „Demokratisierung der internationalen Finanzinstitutionen" im August 1993, die letzten beiden in Cambridge, Großbritannien. Das norwegische Außenministerium war Gastgeber für ein Symposium mit dem Titel „Kollektive Antworten auf gemeinsame Bedrohungen/Collective Responses to Common Threats" im Juni 1993 in Oslo. Im September 1993 wurde eine Konferenz mit dem Thema „Die Globalen Institutionen auf dem Prüfstand/Rethinking Global Institutions" von dem Centre for the Study of Global Governance der London School of Economics and Political Science organisiert. Einige Kommissionsmitglieder nahmen an der Überprüfungskonferenz zu Palme Kommission im November 1993 in Ditchley Park, Großbritannien, teil. Im April 1994 war die United Nations University Mitveranstalter eines öffentlichen Symposiums über Fragen der Weltordnungspolitik in Tokyo und das

Kyoto Forum in Hiroshima richtete eine öffentliche Konferenz mit dem Titel „Was können wir für zukünftige Generationen tun? aus.

Nachdem der Entwurf dieses Berichts verfaßt und die Empfehlungen formuliert worden waren, suchte die Kommission nochmals Rat von außen, wobei sie sich besonders an Dozenten und Experten aus Entwicklungsländern richtete. Zu diesem Zweck fanden drei regionale Konsultationen in Lateinamerika, Afrika und Asien statt, bei denen führende Fachleute zusammenkamen, um die Hauptthemen des Berichts zu diskutieren.

Die Konsultationen in Lateinamerika fanden im März 1994 in San José, Costa Rica, in Zusammenarbeit mit der Arias Foundation for Peace and Human Progress statt. Die afrikanischen Konsultationen wurden in Kairo im Mai 1994 in Zusammenarbeit mit der International Peace Academy, dem ägyptischen Außenministerium und der Organisation Afrikanischer Staaten organisiert. Die asiatischen Konsultationen fanden in Delhi im Mai 1994 in Zusammenarbeit mit dem Radjiv Ghandi Institute for Contemporary Studies statt.

Diese Treffen boten der Kommission die Gelegenheit, die wichtigsten Themen und Empfehlungen für Bereiche wie Sicherheit, institutionelle Reform, weltwirtschaftliche Strukturen und Entwicklung zu diskutieren, und stellten einen weiteren bedeutenden Beitrag zur Erstellung des Bericht dar.

Finanzielle Zuwendungen und andere Beiträge

Die Einrichtung der Kommission wurde ermöglicht durch finanzielle Unterstützung der Regierungen der Niederlande, Norwegens und Schwedens. Weitere finanzielle Beiträge wurden von den Regierungen Dänemarks, Indiens, Indonesien, Kanadas und der Schweiz geleistet. Durch die Unterstützung seitens der japanischen Regierung wurden ebenfalls Mittel aus zwei Treuhandfonds der Vereinten Nationen verfügbar gemacht. Die Kommission erhielt ebenfalls finanzielle Unterstützung durch den Arab Fund for Economic and Social Development (Kuwait) und den World Humanity Action Trust (Großbritannien), sowie von der MacArthur Foundation, der Carnegie Corporation und der Ford Foundation (alle mit Sitz in den Vereinigten Staaten). Der Stadtrat von Mexiko City übernahm Reisekosten und Verpflegung für die Kommissionssitzung in Mexiko, und die Europäische Kommission tat dies anläßlich des Treffens in Brüssel. Die Friedrich Ebert Stiftung (Deutschland) übernahm einen Teil der Reisekosten für die Sitzung in New York. Der Kanton von Genf stellte der Kommission ein Haus in Genf zur mietfreien Nutzung als Sekretariat zur Verfügung.

Follow-up Aktivitäten

Die Kommission hatte sich schon in einem frühen Stadium dazu entschieden, sich aktiv für die Verbreitung dieses Berichts einzusetzen und für die darin enthaltenen Ideen und Empfehlungen zu werben. Dies wird hauptsächlich durch Dialoge und Zusammenarbeit mit Regierungsvertretern, internationalen Organisationen, NGOs und anderen Organisationen der Zivilgesellschaft sowie mit den Medien erfolgen. Darüber hinaus sollen Workshops und Diskussionsveranstaltungen organisiert und Informationsmaterial verbreitet werden.

Das Sekretariat der Kommission wird weiterhin in Genf seinen Sitz haben. Seit November 1994 ist der Leiter des Sekretariats Stefan Noreén. Die Adresse ist:

The Commission on Global Governance
Case Postale 184
CH-1211 Genf 28
Schweiz
Tel.: +41 22 798-2713
Fax: +41 22 798-0147

Danksagung

Die Kommission erhielt Hilfe und Rat von zahlreichen Personen, Institutionen und Organisationen aus allen Teilen der Welt. Ihr besonderer Dank gilt ihnen allen.

Marie-Clare Acosta, Commission for the Defence and Promotion of Human Rights, Mexiko
Sergio Aguayo, Academia Mexicana de Derechos Humanos, Mexiko
Francisco Aguilar, Arias Foundation for Peace and Human Progress, Costa Rica
Gabriel Aguilera, FLACSO, Guatemala
Dominik Alder, Ständige Vertretung der Schweiz bei den Vereinten Nationen, Schweiz
Mohammed Amr, Stellvertretender Außenminister, Ägypten
Bahá'í International Community, Vereinigte Staaten von Amerika

418

Brian van Arkadie, Institute of Social Studies, Niederlande
Torsten Andersson, Gouverneur von Gotland, Schweden
Peter Anyang' Nyong'o, African Association of Political Science, Kenia
Victoria Aranda, UN-Konferenz über Handel und Entwicklung,
    UNCTAD, Schweiz
Giorgi Arbatow, Institute of the USA and Canada, Rußland
Oscar Arguelles, Mexiko
Marcus Arruda, International Council of Voluntary Associations,
    Schweiz
John Ashworth, London School of Economics, Vereinigtes Königreich
Göran Bäckstrand, International Federation of Red Cross and Red
    Crecent Societies, Schweiz
Lennart Båge, Außenministerium, Schweden
Egon Bahr, Universität Hamburg, Deutschland
Edith Ballantyne, Women's International League for Peace and
    Freeom, Schweiz
Mr. Bakshi, Rajiv Gandhi Institute for Contemporary Studies, Indien
Ashok Bapna, Society for International Developement, Indien
Regina Barba, Union of Environmental Organizations, Mexiko
Magne Barth, Norwegen
Tim Barton, Oxford University Press, Vereinigtes Königreich
Miguel Basanez, ACUDE, Mexiko
Jacques Baudot, Vereinte Nationen, Vereinigte Staaten von Amerika
Margarita Benitez, Universidad de Puerto Rico en Cayey, Puerto Rico
Douglas Bennet, Assistant Secretary of State for International
    Orgnization Affairs, Vereinigte Staaten von Amerika
Mats Berdal, International Institute for Strategic Studies, Vereinigtes
    Königreich
Sverre Bergh Johansen, Außenministerium, Norwegen
Keith Best, World Federalist Movement, Vereinigtes Königreich
Jagdish Bhagwati, Columbia University, Vereinigte Staaten von Amerika
Austin Bide, World Humanity Action Trust, Vereingtes Königreich
Harold S. Bidmead, Norwegen
Jérôme Bindé, World Commission on Education and Culture, Frankreich
Alan Blackhurst, International Community Education Association,
    Vereinigtes Königreich
Selma Brackman, War and Peace Foundation, Vereinigte Staaten von
    Amerika

Ove Bring, Uppsala University, Schweden

Anthony and Gita Brooke, Operation Peace Through Unity, Neuseeland

Andrew Brown, Foundation for International Environmental Law and Development, Vereinigtes Königreich

Der Bürgermeister von Brüssel, Belgien

Der Bürgermeister von Hiroshima, Japan

Der Bürgermeister von Mexico City, Mexiko

Gro Harlem Brundtland, Premierministerin von Norwegen

Anne-Marie Burley, University of Chicago, Vereinigte Staaten von Amerika

Richard Butler, Ständige Vertretung Australiens bei den Vereinten Nationen, Vereinigte Staaten von Amerika

Campaign for Nuclear Disarmament, Vereinigtes Königreich

The Carter Center of Emory University, Vereinigte Staaten von Amerika

Jorge Castañeda, National University of Mexico, Mexiko

Maria Cattaui, World Economic Forum, Schweiz

Lincoln Chen, Harvard University, Vereinigte Staaten von Amerika

Martha Chen, Harvard University, Vereinigte Staaten von Amerika

Erskine Childers, Vereinigte Staaten von Amerika

Kamala Choudhri, Vikram Sarabhai Foundation, Indien

Patricio Civili, Vereinte Nationen, Vereinigte Staaten von Amerika

Harlan Cleveland, University of Minnesota, Vereinigte Staaten von Amerika

Solita Collàs-Monsod, University of Philippines, Philippinen

Common Security Forum, Vereinigtes Königreich

Conference of Catholic Bishops, Vereinigtes Königreich

Conference of Non-Governmental Organisations in Consultative Status with the United Nations, Schweiz

Conferences on a More Democratic United Nations, Vereinigtes Königreich

George Cox, World Disarmament Campaign, Vereinigtes Königreich

Juie Dahlitz, Australien

Christine Dawson, Aspen Institute, Vereinigte Staaten von Amerika

Gurgulino de Souza, United Nations University, Japan

Tarcisio Della Senta, United Nations University, Japan

Francis Deng, Brookings Institute, Vereinigte Staaten von Amerika

Meghnad Desai, Centre for the Study of Global Governance, Vereinigtes Königreich

Ali Hillal Dessouki, University of Cairo, Ägypten
Development Gap, Vereinigte Staaten von Amerika
P.N. Dhar, Indien
Rut Diamant, Universidad de Buenos Aires, Argentinien
Peter Dicken, University of Manchester, Vereinigtes Königreich
Adama Dieng, International Commission of Jurists, Schweiz
Terje Disington, Norwegen
Julian Disney, Australian National University, Australien
David Doerge, Stanley Foundation, Vereinigte Staaten von Amerika
James Dooge, International Council of Scientific Unions, Frankreich
Muchkund Dubey, Council for Social Development, Indien
Daniel Dufour, United Nations, Schweiz
Nicholas Dunlop, Earth Action Network, Vereinigtes Königreich
John Dunning, University of Reading, Vereinigtes Königreich
Juan Enriques, Mexiko
Armando Entralgo, Cuban Center on Africa, Kuba
Dwain Epps, World Council of Churches, Schweiz
Gareth Evans, Außenminister von Australien
Richard Falk, Princeton University, Vereinigte Staaten von Amerika
Arghyris Fatouros, UN Konferenz über Handel und Entwicklung,
    UNCTAD, Schweiz
Eric Fawcett, University of Toronto, Kanada
René Felberg, ehem. Präsident der Schweizer Konföderation, Schweiz
Anders Ferm, Arbetet, Schweden
Dietrich Fischer, Pace University, Vereinigte Staaten von Amerika
Inga Eriksson Fogh, Ständige Vertretung von Schweden bei den
    Vereinten Nationen, Vereinigte Staaten von Amerika
Thomas Franck, New York University, Vereinigte Staaten von Amerika
Friends of the Earth International, Niederlande
Enzo Friso, International Confederation of Free Trade Unions, Belgien
Maud Frölich, Swedish United Nations Association, Schweden
Gerard Fuchs, Sozialistische Partei, Frankreich
Moises Garcia, Mexiko
Dharam Ghai, United Nations Research Institute for Social
    Development, Schweiz
Robert Gillespie, Population Communication, Vereinigte Staaten von
    Amerika
Global Citizens Association, Kanada

P. Gopinath, Internationale Arbeitsorganisation, ILO, Schweiz
Branislav Gosovic, South Centre, Schweiz
Ricardo Govela, Mexiko
Kennedy Graham, Parliamentarians for Global Action, Vereinigte
    Staaten von Amerika
Greenpeace, Vereinigtes Königreich
GreenCross International, Schweiz
Martin Griffith, ActionAid, Vereinigtes Königreich
Christian Grobet, former Conseiller d'Etat, Schweiz
S. Guhan, Madras Institute of Development Studies, Indien
Pranay Gupte, Earth Times, Vereinigte Staaten von Amerika
Ahmed Haggag, Organisatization of African Unity, Ethiopia
Marek Hagmajer, World Federation of United Nations Associations,
    Schweiz
Roger Hällhag, International Union of Socialist Youth, Österreich
Fred Halliday, London School of Economics, Vereinigtes Königreich
Stuart Hampshire, Stanford University, Vereinigte Staaten von Amerika
Sven Hamrell, Dag Hammarskjöld Foundation, Schweden
Robert Harris, Education International, Schweiz
John Harriss, London School of Economics, Vereinigtes Königreich
Sohail Hashmi, Harvard University, Vereinigte Staaten von Amerika
Luis Hernandes, Centro de Estudios para el Cambio en el Campo
    Mexicano, Mexiko
Staffan Hildebrand, Schweden
Wolfgang Hirschwald, Universität Berlin, Deutschland
John Hobcraft, London School of Economics, Vereinigtes Königreich
Michael Hofmann, Sozialdemokratische Partei Deutschland,
    Deutschland
Stanley Hoffmann, Harvard University, Vereinigte Staaten von Amerika
Kamal Hossain, Bangladesh Bar Council, Bangladesh
Richard Hudson, Center for War and Peace Studies, Vereinigte Staaten
    von Amerika
Eric Hundewadt, Danish United Nations Association, Dänemark
Mahbub ul Haq, United Nations Development Programme, Vereinigte
    Staaten von Amerika
Johan Jörgen Holst, ehemaliger Außenminister Norwegens
Abid Hussain, Rajiv Gandhi Institute for Contemporary Studies, Indien

Sa'ad Eddin Ibrahim, Ibn Khaldoun Center for Development Studies, Ägypten

Jean Ingram, Centre for the Study of Global Governance, Vereinigtes Königreich

Inter Action Council, Vereinigte Staaten von Amerika

International Cooperative Alliance, Schweiz

International Peace Bureau, Schweiz

Shafiq ul Islam, Council on Foreign Relations, Vereinigte Staaten von Amerika

Asma Jahangir, Supreme Court of Pakistan, Pakistan

Amir Habib Jamal, South Centre, Schweiz

Peter Jay, BBC, Vereinigtes Königreich

Rani Jethmalani, Supreme Court India, Indien

Richard Jolly, UN-Kinderhilfwerk, UNICEF, Vereinigte Staaten von Amerika

Anthony Judge, Union of International Associations, Belgien

Mary Kaldor, Sussex European Institute, Vereinigtes Königreich

Hal Kane, Worldwatch Institute, Vereinigte Staaten von Amerika

Michael Kane, Environmental Protection Agency, Vereinigte Staaten von Amerika

Tatsuro Kanugi, International Christian University, Japan

Inge Kaul, UN Entwicklungsprogramm, UNDP, Vereinigte Staaten von Amerika

Vijay Kelkar, UN Konferenz über Handel und Entwicklung, UNCTAD, Schweiz

Ashok Khosla, Development Alternatives, Indien

Dalchoong Kim, Yonsei University, Korea

Uner Kirdar, UN-Entwiclungsprogramm, UNDP, Vereinigte Staaten von Amerika

Yuji Kumamaru, Japanisches Außenministerium, Japan

Radha Kumar, Helsinki Citizens' Assembly, Tschechische Republik

Ferdinand Lacina, Finanzminister von Österreich

Maurice Laing, World Humanity Action Trust, Vereinigtes Königreich

Sarwar Lateef, World Bank, Vereinigte Staaten von Amerika

Bernie Lee, Vereinigtes Königreich

Georg Lennkh, Kanzleramt, Österreich

James Leonard, Vereinigte Staaten von Amerika

Iain Levine, Vereinigtes Königreich

Ioan Lewis, London School of Economics, Vereinigtes Königreich

Carl Lidbom, Schweden

Warren Lindner, Centre for Our Common Future, Schweiz

Börge Ljunggren, Swedish Institute for Development Assistance, Schweden

John Logue, Common Heritage Institute, Vereinigte Staaten von Amerika

Jan Lönn, International Youth and Student Movement for the United Nations, Schweiz

Jim MacNeill, Institute for Research on Public Policy, Kanada

C. Mahendran, Sri Lanka

Manmohan Malhoutra, Indien

Mahmood Mamdani, Centre for Basic Research, Uganda

Ibbo Mandaza, South Africa Political Economy Series Trust, Simbabwe

Elsa Mansell, Vereinigtes Königreich

Ali Mazrui, State University of New York at Binghamton, Vereinigte Staaten von Amerika

Media Natura, Vereinigtes Königreich

Medical Action for Global Security, Vereinigtes Königreich

Brian Mulroney, ehemaliger Premier Minister von Kanada

K.G. Mohan Chandra, Development Alternatives, Indien

Rod Morris, Center for Global Citizens, Vereinigte Staaten von Amerika

Robert Mueller, University for Peace, Costa Rica

Max Muth, Schweiz

C.B. Muthamma, Indien

K. Natwar-Singh, Jawarhalal Nehru Memorial Fund, Indien

Mazide Ndiaye, Forum for African Voluntary Development Organizations, Senegal

Thomas Netter, United Nations Information Service, Schweiz

The New Economics Foundation, Vereinigtes Königreich

Hanna Newcombe, Peace Research Institute, Kanada

NGO Network on Global Governance and Democracy, Schweiz

Lars Norberg, Botschafter von Schweden, Schweiz

Nuclear Age Peace Foundation, Vereinigte Staaten von Amerika

Julius Nyerere, Former President, Tansania

Olusegan Obasanjo, ehemaliger Staatspräsident, Nigeria

Waafas Ofosu-Amaah, WorldWide Network, Vereinigte Staaten von Amerika

One World Action, Vereinigtes Königreich

Oxfam, Vereinigtes Königreich

Peter Osvald, Permanent Mission of Sweden to the United Nations,
Vereinigte Staaten von Amerika

John Otranto, Global Committee Against Radioactive Energy,
Deutschland

David Owen, International Konferenz über das ehemalige Jugoslawien,
Schweiz

John Pace, Weltkonferenz über Menschenrechte, Schweiz

William Pace, Global Policy Institute, Vereinigte Staaten von Amerika

Bernadette Palle, Burkina Faso

Lisbet Palme, Schwedisches UNICEF Komitee, Schweden

Barbara Panvel, Indien

Asha Patel, Cambridge University, Vereinigtes Königreich

Connie Peck, Ausbildungs- und Forschungsinstitut der UN, UNITAR,
Schweiz

Ellen Permato, Centre for Our Common Future, Schweiz

Vladimir Petrovsky, United Nations, Schweiz

Raymond Plant, Oxford University, Vereinigtes Königreich

Stanley Platt, World Federalist Association, Vereinigte Staaten von
Amerika

Gerry Pocock, Vereinigtes Königreich

Jonathan Power, Vereinigtes Königreich

V.R. Punchamukhi, Research and Information Systems for
Non-Aligned and Other Developing Countries, Indien

Chakravarthy Raghavan, Third World Network, Schweiz

Indira Rajaraman, National Institute of Public Finance and Policy, Indien

V. Ramachandran, Rajiv Gandhi Institute for Contemporary Studies,
Indien

Krishna Rao, Rajiv Gandhi Institute for Contemporary Studies, Indien

Paul Redfern, Centre for the Study of Global Governance, Vereinigtes
Königreich

Michael Reisman, Yale Law School, Vereinigte Staaten von Amerika

Paul Evan Ress, Schweiz

B.H.S. Roberts, Australien

Gabriela Rodrigues, Arias Foundation for Peace and Human Progress,
Costa Rica

Andrès Rozental, Außenministerium, Mexico

John Ruggie, Columbia Universtiy, Vereinigte Staaten von Amerika

Kumar Rupesinghe, International Alert, Vereinigtes Königreich

Nafis Sadik, UN Bevölkerungsfonds, UNFPA, Vereinigte Staaten von
    Amerika

SaferWorld, Vereinigtes Königreich

Mohamed Sahnoun, International Development Research Centre, Kanada

Karl Sauvant, UN Konferenz über Handel und Entwicklung,
    UNCTAD, Schweiz

Bengt Säve-Söderbergh, Außenministerium, Schweden

Oscar Schachter, Columbia University, Vereinigte Staaten von Amerika

Peter Schatzer, Internationale Migrationsorganisation, Schweiz

Stephan Schmidheiny, Business Council for Sustainable Development,
    Schweiz

Pierre Schori, Minister für Entwicklungszusammenarbeit, Schweden

Klaus Schwab, World Economic Forum, Schweiz

Gautam Sen, Poona University, Indien

Amartya Sen, Harvard University, Vereinigte Staaten von Amerika

Monica Serrano, El Colegio de Mexico, Mexiko

Kaushik Shridharani, Vereinigte Staaten von Amerika

Sampooran Singh, Indien

Jasjit Singh, Institute for Defence Studies and Analysis, Indien

Karan Singh, People's Commission on Environment and Development,
    Indien

Manhohan Singh, Finanzminister, Indien

Kusuma Snitwongse, Institute of Security and International Studies,
    Thailand

Karin Söder, ehemalige Außenministerin, Schweden

Luis Guillerme Solis Rivera, Aria Foundation for Peace and Human
    Progress, Costa Rica

Juan Somavia, Ständige Vertretung von Chile bei den Vereinten
    Nationen, Vereinigte Staaten von Amerika

Gillian Sorenson, UN-Ausschuß zum 50sten Jahrestag, Vereinigte
    Staaten von Amerika

James Gustave Speth, UN-Entwicklungsprogramm, UNDP, Vereinigte
    Staaten von Amerika

Rodolfo Stavenhagen, Colegio de Mexico, Mexiko

Stockholm International Peace Research Institute, Schweden

Thorvald Stoltenberg, International Konferenz über das ehemalige
 Jugoslawien, Schweiz
Paul Streeten, University of Sussex, Vereinigtes Königreich
Nishkala Suntharalingam, International Peace Academy, Vereinigte
 Staaten von Amerika
Sussex Alliance for Nuclear Disarmament, Vereinigtes Königreich
John Sutter, World Federalist Association of Northern California,
 Vereinigte Staaten von Amerika
Alberto Szekely, Mexiko
Joaquin Tacsan, Arias Foundation for Peace and Human Progress,
 Costa Rica
Zenebeworke Tadesse, Äthiopien
Daniel Tarschys, Europarat
Paul Taylor, London School of Economics, Vereinigtes Königreich
Carl Tham, Bildungsminister von Schweden
Ray Thamotheram, Vereinigtes Königreich
Bhekh Thapa, Institute of Integrated Development Studies, Nepal
Rita Thapa, UN-Bevölkerungsfond, UNFPA, Nepal
Marta Turok, AMACUP, Mexiko
Takeo Uchida, United Nations University, Japan
Jakob von Uexküll, Right Livelihood Award Foundation, Vereinigtes
 Königreich
United Nations Association - Merton Branch, Vereinigtes Königreich
United Nations Association of Great Britain and Northern Ireland
United Nations Association of New Zealand
Cyrus Vance, ehemaliger Außenminister der Vereinigten Staaten von
 Amerika
Margaret Vogt, Nigerian Institute of International Affairs, Nigeria
Béat Vuagniaux, Republique et Canton de Genève, Schweiz
Thomas Weiss, Academic Council on the United Nations System,
 Vereinigte Staaten von Amerika
Marc Weller, Cambridge University, Vereinigtes Königreich
Morten Wetland, Prime Minister's Office, Norwegen
Joan Wicken, Tansania
Anders Wijkman, SAREC, Schweden
Guy Willms, Europäische Union, Belgien
Woods Hole Research Center, Vereinigte Staaten von Amerika
David Wollcombe, Peace Child International, Vereinigtes Königreich

Women's Environment and Development Organization, Vereinigte
    Staaten von Amerika
World Council of Churches, Schweiz
World Vision International, Schweiz
Tetsuji Yasumaru, Future Generations Alliance Foundation, Japan
Katsuhiko Yazaki, Chairman, Future Generations Alliance Foundation,
    Japan
Gisele Yitamben, Kamerun

Abkürzungsverzeichnis

ASEAN	Association of Southeast Asian Nations
	Verband Südostasiatischer Staaten
BIP	Bruttoinlandsprodukt
BIZ	Bank für Internationalen Zahlungsausgleich
CSD	UN-Commission on Sustainable Development
	UN-Kommission für nachhaltige Entwicklung
ECA	Economic Commission for Africa
	UN-Wirtschaftskommission für Afrika
ECE	Economic Commission for Europe
	UN-Wirtschaftskommission für Europa
ECLAC	Economic Commission for Latin America and the Caribbean
	UN-Wirtschaftskommission für Lateinamerika und die Karibik
ECOSOC	UN Economic and Social Council
	Wirtschafts- und Sozialrat der UN
ECWA	Economic Commission for West Asia
	UN-Wirtschaftskommission für Westasien
ESAF	Enhanced Structural Adjustment Facility
	Erweiterte Strukturanpassungsfazilität
ESCAP	Economic and Social Commission for Asia and the Pacific
	UN-Wirtschafts- und Sozialkommission für Asien und den Pazifik
EU	Europäische Union
FAO	UN Food and Agriculture Organization
	Ernährungs- und Landwirtschaftsorganisation der UN
GATT	General Agreement on Tariffs and Trade
	Allgemeines Zoll- und Handelsabkommen
GEF	Global Environment Facility
	Globale Umweltfazilität
ICAO	International Civil Aviation Organisation
	Internationale Zivilluftfahrt-Organisation
IDA	International Development Association (of the World Bank)
	Internationale Entwicklungsorganisation (der Weltbank)

ILC	International Law Commission
	Internationale Völkerrechtskommission der UN
ILO	International Labour Organisation
	Internationale Arbeitsorganisation
IMO	International Maritime Organization
	Internationale Seeschiffahrtsorganisation
IOM	International Organisation for Migration
	Internationale Migrationsorganisation
ITU	International Telecommunications Union
	Internationale Fernmeldeorganisation
IWF	Internationaler Währungsfonds
KSZE	Konferenz über Sicherheit und Zusammenarbeit in Europa
NAFTA	North American Free Trade Agreement
	Nordamerikanische Freihandelszone
NATO	North Atlantic Treaty Organization
	Nordatlantische Allianz
NGO/NGOs	Non-governmental organization/s
	Nichtregierungsorganisation/en
NPT	Nuclear Non-Proliferation Treaty
	Nichtverbreitungsvertrag/Atomwaffensperrvertrag
OAS	Organization of American States
	Organisation Amerikanischer Staaten
ODA	Official development assistance
	Öffentliche Entwicklungshilfe
OECD	Organisation for Economic Co-operation and Development
	Organisation für wirtschaftliche Zusammenarbeit und Entwicklung
PPP	Purchasing power parity
	Kaufkraftparität
RWS	Rat für Wirtschaftliche Sicherheit
SZR	Sonderziehungsrechte
UNCED	UN Conference on Environment and Development
	UN Konferenz über Umwelt und Entwicklung
UNCTAD	UN Conference on Trade and Development
	UN Konferenz über Handel und Entwicklung
UNDP	UN Development Programme
	Entwicklungsprogramm der UN

UNESCO	UN Educational, Scientific, and Cultural Organization
	UN Organisation für Erziehung, Wissenschaft und Kultur
UNEP	UN Environmental Programme
	Umweltprogramm der UN
UNFPA	UN Population Fund
	UN Bevölkerungsfonds
UNHCR	UN High Commissioner for Refugees
	Hoher Flüchtlingskommissar der UN
UNICEF	UN Children´s Fund
	UN Kinderhilfswerk
UNIDO	UN Industrial Development Organization
	Organisation der UN für industrielle Entwicklung
UPU	Universal Post Union
	Weltpostverein
WEU	Western European Union
	Westeuropäische Union
WFP	World Food Programme
	Welternährungsprogramm der UN/FAO
WHO	World Health Organization
	Weltgesundheitsorganisation
WTO	World Trade Organization
	Welthandelsorganisation

Bibliographie

Kapitel 1

Anspanger, Franz. 1989. The Dissolution of the Colonial Empires. London: Routledge.

Bairoch, P. 1993. Economics and World History; Myths and Paradoxes. Hertfordshire, U.K.: Harvester Wheatsheaf.

--. 1982. "International Industrialization Levels from 1750 to 1980." Journal of European Economic History (Herbst): 268-333.

Brown, Lester R., Hal Kane und David Malin Roodman. 1994. Vital Signs 1994. New York: W.W. Norton & Company.

Gilbert, M. 1989. Second World War. London: Weidenfeld and Nicholson.

IWF (Internationaler Währungsfond). 1993. World Economic Outlook (Oktober). Washington, D.C.: IMF

International Commission on Peace and Food. 1994. Uncommon Opportunities: An Agenda for Peace and Development. London: Zed Books.

Ishikawa, E. und D.L. Swain. 1981. Hiroshima and Nagasaki - The Physical, Medical and Social Effects of the Atomic Bombings. London: Hutchinson.

Michel, H. 1975. The Second World War. London: Andre Deutsch.

Senghaas, Dieter. 1993. "Global Governance: How could it be Conceived?" Security Dialogue 24 (3): 247-56.

UNEP (Umweltprogramm der UN). 1993. United Nations Environmental Programme: Environmental Data Report 1993-1994. London: Blackwell Publishers.

UNIDO (Organisation für industrielle Entwicklung der UN). 1992. The Handbook of Industrial Statistics 1992. Wien: United Nations.

Vereinte Nationen. 1993. World Polulation Prospects: The 1992 Revision. New York: United Nations.

Vereinte Nationen, Department of Public Information. 1992. Basic Facts About the United Nations. New York: United Nations.

Weltbank. 1994. World Development Report 1994. New York: Oxford University Press.

Kapitel 2

Cleveland, Harlan. 1993. Birth of a New World. San Francisco: Jossey-Bass.

Deng, Francis. 1993. "Reconciling Sovereignty with Responsibility". Beitrag zum Symposium in Oslo „Collective Responses to Common Threats" (Commission on Global Governance and the Norwegian Ministry for Foreign Affairs, 22.-23. Juni) .

Eisner, Michael. 1992. "A Procedural Model for the Resolution of Secessionist Disputes". Harvard International Law Journal (Frühjahr): 408-25.

Etzioni, Amitai. 1992-93. "The Evils of Self-Determination." Foreign Policy (Winter): 21-35.

Falk, Richard. 1975. A Study of Future Worlds. New York: The Free Press.

Franck, Thomas. 1992. "The Emerging Right to Democratic Governance". American Journal of International Law (Januar): 46-91.

Hoffman, Stanley. 1981. Duties Beyond Borders: On the Limits and Possibilities of Ethical International Politics. Syrakus: Syracuse University Press.

Kidder, Rushworth, M. Shared Values for a Troubled World. San Francisco: Jossey-Bass.

Mazrui, Ali A. 1994. "The Failed State and Political Collapse in Africa." Beitrag zu den Konsultationen in Kairo über die OAU-Mechanismen zur Prävention, Bearbeitung und Lösung von Konflikten (Organization of African Unity, Government of Egypt, and International Peace Academy, 7.-11. Mai).

Miller, Lynn H.. 1990. Global Order: Values and Power in International Politics. San Francisco: Westview Press.

Pope, Jeremy. 1993. "Containing Corruption in International Transactions - The Challenge of the 1990s." Hintergundpapier im Auftrag der Komission für Weltordnungspolitik.

South-Commission. 1990. The Challenge to the South. New York: Oxford University Press. - In Deutsch erschienen bei Stiftung Entwicklung und Frieden (Hrsg): Die Herausforderung des Südens. Der Bericht der Südkommission. Über die Eigenverantwortlichkeit der Dritten Welt für dauerhafte Entwicklung. Texte EINE Welt, Nr. 4. Bonn 1991.

Vereinte Nationen. 1945. Die Charta der Vereinten Nationen. New York.

Kapitel 3

Adeniji, Oluyemi. 1993. "Regionalism in Africa". Security Dialogue 24 (2) : 211-20.

Anthony, Ian. 1993. "Assessing the UN Register of Conventional Arms". Survival 35 (4): 113-29.

Berdal, Mats. 1993. "Whither UN Peacekeeping?" Adelphi Paper 281, International Institute of Strategic Studies, London.

Blechman, Barry. 1993. "Current Status of the Palme Commission Proposals". Hintergrundpapier für die Palme-Überprüfungskonferenz, Ditchley Park (13.-14. November).

Boutros-Ghali, Boutros. 1992. An Agenda for Peace: Peacemaking and Peace-Keeping. Bericht des Generalsekretärs nach Annahme der Erklärung beim Gipfeltreffen des Sicherheitsrates am 31. Januar. New York: United Nations. In Deutsch erschienen der bei Stiftung Entwicklung und Frieden (Hrsg): Die Agenda für den Frieden. Analysen und Empfehlungen des UN-Generalsekretärs. Forderungen an die deutsche Politik. Texte EINE Welt, Nr. 8. Bonn 1992.

Cleveland, Harlan. 1993. Birth of a New World. San Francisco: Jossey-Bass.

Evans, Gareth. 1993. Cooperating for Peace. Australien: Allen & Unwin.

Grimmett, Richard F. 1994. "Conventional Arms Transfer to the Third World, 1986-1993" (A Congressional Research Service Report for Congress). Washington, D.C.: The Library of Congress.

Helman, Gerald B. und Steven R. Ratner. 1992-93. "Saving Failed States". Foreign Policy (Winter): 3-20.

Homer-Dixon, Thomas F. 1991. "On the Threshold: Environmental Changes as Causes of Acute Conflict". International Security 16 (2): 76-116.

Independent Commission on Disarmament and Security Issues / Unabhängige Kommission für Abrüstung und Sicherheitsfragen. 1989. A World at Peace: Common Security in the Twenty-First Century. Stockholm.

Independent Commission on Disarmament and Security Issues / Unabhängige Kommission für Abrüstung und Sicherheitsfragen. 1982. Common Security: A Programme for Disarmament. London: Pan Books.

Independent Commission on International Humanitarian Issues / Unabhängige Kommission für Internationale Humanitäre Fragen. 1988. Winning a Human Race? London: Zed Books.

Keegan, John. 1993. A History of Warfare. New York: Alfred A. Knopf.

Nanda, Ved P. 1992. "Tragedies in Northern Iraq, Liberia, Yugoslavia, and Haiti-Revisiting the Validity of Humanitarian Intervention under International Law - Part I". Denver Journal of International Law and Policy 20 (2): 305-34.

Ogata, Shijuro, Paul Volcker et al. 1993. "Financing an Effective United Nations: A Report of the Independent Advisory Group on U.N. Financing." Projekt der Ford Foundation. Februar.

Roberts, Adam. 1994. "The Crisis in UN Peacekeeping." Survival (Herbst): 93-120.

436

--. 1993. "The United Nations and International Security." Survival (Sommer): 3-30.

Rothschild, Emma. 1993. "The Changing Nature of Security." Hintergrundpapier im Auftrag der Kommission für Weltordnungspolitik.

Scheffer, David. 1992. "Toward a Modern Doctrine of Humanitarian Intervention." University Of Toledo Law Review (Winter): 253-93.

SIPRI (Stockholm International Peace Research Institute). 1994. SIPRI Yearbook: World Armaments and Disarmament. New York: Oxford University Press.

--. 1993. SIPRI Yearbook: World Armaments and Disarmanent. New York: Oxford University Press.

Sivard, Ruth Leger. 1993. World Military and Social Expenditures 1993. Leesburg, Va.: World Priorities Inc.

UNDP (Entwicklungsprogramm der UN). 1994. Human Development Report 1994. New York: Oxford University Press.

UNICEF (UN-Kinderhilfswerk). 1994. Anti-Personnel Land-Mines: A Scourge on Children. New York: UNICEF.

UN Department for Public Information. 1994. "Background Note: United Nations Peace-Keeping Operations March 1994."

Urquhart, Brian. 1993. "A UN Volunteer Force - The Prospect." New York Review of Books (15. Juli): 52-56.

Wulf, Herbert. 1993. "Military Demobilization and Conversion". Hintergrundpapier im Auftrag der Kommission für Weltordnungspolitik.

Kapitel 4

Bifani, Pablo. 1993. "Technology and Global Governance". Hintergrundpapier im Auftrag der Kommission für Weltordnungspolitik.

ECE (Economic Commission for Europe). 1992. The Environment in Europe and North America: Annotated Statistics. New York: Vereinte Nationen.

GATT (Allgemeines Zoll- und Handelsabkommen). 1993. International Trade Statistics 1993. Genf: GATT:

Ghosh, Bimal. 1993. "Global Governance and Population Movements". Hintergrundpapier im Auftrag der Kommission für Weltordnungspolitik.

Grubb, Michael. 1991. The Greenhouse Effect: Negotiating Targets. London: Royal Institute of International Affairs.

Haas, Peter. 1993. "Protecting the Global Environment". Hintergrundpapier im Auftrag der Kommission für Weltordnungspolitik.

IWF (Internationaler Währungsfond). 1993. World Economic Outlook May 1993. Washington, D.C.: IMF.

--. 1993. IMF Annual Report 1993. Washington, D.C.: IMF.

--. 1992. Measurement of International Capital Flows. Washington D.C.: IMF.

--. 1991. Determinants and Systematic Consequences of International Capital Flows. Washington D.C.: IMF.

Islam, Shafiq ul. 1993. "Global Economic Governance". Hintergrundpapier im Auftrag der Kommission für Weltordnungspolitik.

Korten, David C. 1990. Getting to the 21st Century. West Hartford, Conn.: Kumarian Press.

Mendez, Ruben. 1993. "Proposal for the Establishment of a Global Foreign Currency Exchange". Hintergrundpapier im Auftrag der Kommission für Weltordnungspolitik.

--. 1993. "The Provision and Financing of Universal Public Goods". Hintergrundpapier für die Arbeitsgruppe "Entwicklung" der Kommission für Weltordnungspolitik.

OECD (Organisation für Wirtschaftliche Zusammenarbeit und Entwicklung). 1994. Development Co-operation: Efforts and Policies of the Members of the Development Assistance Comittee 1993. Paris: OECD.

--. 1993. Development Co-operation Report. Paris: OECD.

--. 1991. The State of the Environment. Paris: OECD.

Streeten, Paul, Louis Emmerij und Carlos Fortin. 1992. International Governance (Silver Jubilee papers, Institute of Development Studies, University of Sussex). Brighton: University of Sussex.

Sunkel, Osvaldo. 1993. "Poverty and Development: From Economic Reform to Social Reform". Hintergrundpapier im Auftrag der Kommission für Weltordnungspolitik.

UNDP (Entwicklungsprogramm der UN). 1994. Human Development Report 1994. New York: Oxford University Press.

--. 1993. Human Development Report 1993. New York: Oxford University Press.

UNEP (Umweltprogramm der UN).1993. Environmental Data Report 1993-94. Oxford: Blackwell.

UNESCO (Organisation der Vereinten Nationen für Erziehung, Wissenschaft und Kultur). 1993. World Science Report. UNESCO: Paris.

Vereinte Nationen. 1992. World Investment Report 1992: Transnational Corporations as Engines of Growth. Department of Economic and Social Development, Transnational Corporations and Management Division. New York: Vereinte Nationen.

Weltbank. 1994. World Development Report 1994. New York: Oxford University Press.

--. 1993. World Development Report 1993. New York: Oxford University Press.

--. 1993. World Tables 1993. Baltimore: Johns Hopkins University Press.

--. 1993. The World Bank and the Environment 1993. Washington, D.C.: The World Bank.

World Commission on Environment and Development. 1987. Our Common Future. New York: Oxford University Press. In deutsch erschienen als: Volker Hauff (Hg.): Unsere gemeinsame Zukunft. Der Brundtlandbericht der Weltkommission für Umwelt und Entwicklung. Greven 1987: Eggenkamp Verlag.

Kapitel 5

Abi-Saab, Georges. 1993. "The Unused Charter Capacity for Global Governance". Hintergrundpapier im Auftrag der Kommission für Weltordnungspolitik.

Aaström, Sverker. 1993. "Security Council Reform". Hintergrundpapier im Auftrag der Kommission für Weltordnungspolitik.

Bloomfield, Lincoln. 1993. "Enforcing Rules in the International Community: Governing the Ungovernable." Hintergrundpapier im Auftrag der Kommission für Weltordnungspolitik.

Caron, David. 1993. "The Legitimacy of the Collective Authority of the Security Council." American Journal of International Law. (Oktober): 552-88.

Childers, Erskine und Brian Urquhart. 1994. Renewing the United Nations System. Uppsala: Dag Hammarskjöld Foundation, Development Dialogue 1994: 1.

--. 1992. Towards a More Effective United Nations. Uppsala: Dag Hammarskjöld Foundation, Development Dialogue 1991: 1-2.

Galtung, Johan. 1993. "Global Governance for and by Global Democracy". Hintergrundpapier im Auftrag der Kommission für Weltordnungspolitik.

Haas, Ernst und Peter Haas. 1993. "Some Thoughts on Improving Global Governance." Hintergrundpapier im Auftrag der Kommission für Weltordnungspolitik.

Hansen, Peter. 1992. "Some Notes on Global Governance." Hintergrundpapier im Auftrag der Kommission für Weltordnungspolitik.

Khan, Ramatullah. 1993. "The Thickening Web of International Law." Hintergrundpapier im Auftrag der Kommission für Weltordnungspolitik.

Kwakwa, Edward. 1993. "Changing Notions of Sovereignty". Hintergrundpapier im Auftrag der Kommission für Weltordnungspolitik.

Mani, Rama. 1993. "The Role of Non-Governmental Organisationen in Global Governance - Some Notes." Hintergrundpapier im Auftrag der Kommission für Weltordnungspolitik.

McIntyre, Alister. 1994. "Reforming the Economic and Social Sectors of the United Nations." Hintergrundpapier im Auftrag der Kommission für Weltordnungspolitik.

Menon, Bhaskar. 1993. "The Image of the United Nations." Hintergrundpapier im Auftrag der Kommission für Weltordnungspolitik.

Pace, William R. 1993. "The United Nations at a Crossroads". (unveröffentlichte Version eines Gasteditorials für The Go-Between, Zeitschrift des Non-Governmental Liaison Service of the United Nations - NGLS). Februar.

Rosenau, James. 1993. "Changing Capacities of Citizens". Hintergrundpapier im Auftrag der Kommission für Weltordnungspolitik.

-- 1993. "Changing States in a Changing World." Hintergrundpapier im Auftrag der Kommission für Weltordnungspolitik.

-- 1993. "Organizational Proliferation in a Changing World." Hintergrundpapier im Auftrag der Kommission für Weltordnungspolitik.

-- 1992. The United Nations in a Turbulent World. (Occasional Paper Series, International Peace Academy). Boulder, Col.: Lynne Rienner.

Salamon, Lester M. 1994. "The Rise of the Nonprofit Sector." Foreign Affairs. Juli/August: 109.

Vereinte Nationen. 1945. Charta der Vereinten Nationen. New York.

Kapitel 6

Burley, Anne-Marie Slaughter. 1993. "International Law and International Relations Theory: A Dual Agenda." American Journal of International Law (April): 205-39.

Charney, Jonathan. 1994. "Progress in International Maritime Boundary Delimination Law." American Journal of International Law (April): 227-56.

Chayes, Abram und Antonia Handler Chayes. 1993. "On Compliance." International Organization (Frühjahr): 175-205.

Damrosch, Lori Fisler, ed. 1987. The International Court of Justice at a Crossroads. New York: Transnational Publishers, Inc.

Reisman, Michael. 1993. "The Constitutional Crisis in the United Nations." American Journal of International Law (Januar): 83-100.

--. 1990. "Intenational Law after the Cold War." American Journal of International Law (Oktober): 859-866.

Schachter, Oscar. 1991. International Law in Theory and Practice. Dordrecht: Martinus Nijhoff.

Quellennachweise für die Abbildungen

Seite 11: UNDPI (United Nations Department of Public Information). 1993. Basic Facts About the United Nations. New York: United Nations.
United Nations. 1994. World Population Prospect: Annex Tables 1994. New York: United Nations.
Hunter, Brian (ed.). 1994. Stateman´s Yearbook 1994-95. New York: Macmillian Press.
New Zealand Ministry of Foreign Affairs and Trade. 1994. Auckland: Ministry of Foreign Affairs and Trade

Seite 16: UNDP (United Nations Development Programme). 1993. Human Development Report 1993. New York: Oxford University Press.

Seite 23: UNDP. 1994. Human Development Report 1994. New York: Oxford University Press.
World Bank. 1982. World Development Report 1982. New York: Oxford University Press.

Seite 25: UNDP. 1994. Human Development Report 1994. New York: Oxford University Press.

Seite 31: United Nations. 1994. World Investment Report. New York: United Nations.
World Bank. 1993. World Development Report 1993. New York: Oxford University Press.
UNDP. 1993. Human Development Report 1993. New York: Oxford University Press.
UNDP. 1994. Human Development Report 1994. New York: Oxford University Press.

Seite 39 und 40: Union of International Organizations. 1993. Yearbook of International Organizations 1993-1994. München: K.G. Saur Verlag

Seite 124: UNDPI. 1994. United Nations Peace-Keeping. Update: May 1994. New York; United Nations.
UNDPI. 1994. Background Note: Peace-Keeping. Update: May 1994. New York; United Nations.

Seite 137:	Daten über Haushalt von Friedensoperationen wurde aus verschiedenen UN-Quellen zusammengestellt.
Seite 150:	UNDP. 1994. Human Development Report 1994. New York: Oxford University Press.
Seite 151:	World Bank. 1993. World Debt Tables 1993-94. Washington D.C.: World Bank. OECD (Organization for Economic Co-operation and Development). Press Division. June 20, 1994. „Sharp Changes in the Structure of Financial Flows to Developing Countries in Transition." Paris: OECD.
Seite 159:	UNDP. 1994. Human Development Report 1994. New York: Oxford University Press.
Seite 161:	Earth Council. 1994. Consumption. The Other Side of Population for Development." Studie für die Internationale Konferenz über Bevölkerung und Entwicklung. UNDP. 1992. Human Development Report 1992. New York: Oxford University Press.
Seite 165:	UNDP. 1993. Human Development Report 1993. New York: Oxford University Press.
Seite 183:	UNCTAD (United Nations Conference on Trade and Development). 1994. A Preliminary Analysis of the Results of the Uruguay Round and their Effects on the Trading Prospects of Developing Countries. Geneva: United Nations.
Seite 229:	ILO (International Labour Organisation), IOM (International Organization for Migration), and UNHCR (United Nations High Commissioner for Refugees). 1994. Migrants, Refugees, and International Cooperation. Geneva; ILO, IOM, and UNHCR.
Seite 230:	Daten wurden aus UNHCR-Quellen zusammengestellt.
Seite 263:	Daten wurden aus UN-Quellen zusammengestellt.
Seite 327:	Daten wurden aus UN-Quellen zusammengestellt.